JN434387

임베디드 시스템 개발을 위한

자료구조

김행곤 저

Data Structures

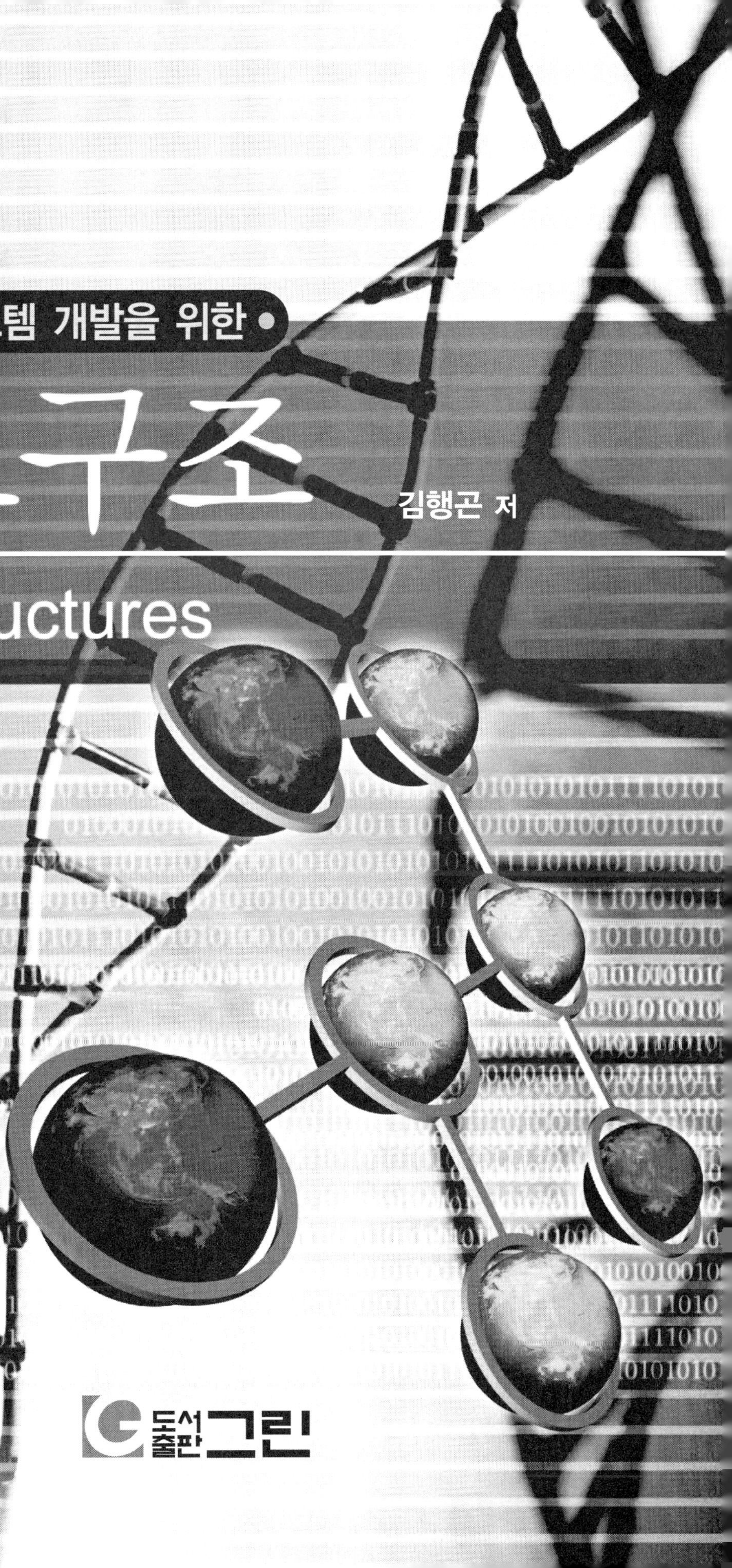

도서출판 그린

머 리 말

컴퓨터 프로그래밍 과정에서 매우 중요한 것 중의 하나는 프로그램에 의해 처리되는 자료의 형태와 성격 등을 어떻게 정의하는가 하는 것이다. 간단한 프로그램이라도 작성한 경험이 있는 사람이라면 누구나 느꼈겠지만, 원하는 결과를 얻기 위하여 우리는 매우 다양한 형태의 프로그램을 작성할 수 있다. 즉 프로그램 개발자마다 서로 다른 방법으로 자료를 정의하고 명령을 구성한다. 동일한 결과가 생성되었다 하더라도 이들 프로그램을 모두 동일한 수준의 프로그램이라고 생각해서는 곤란하다. 왜냐하면 좋은 프로그램이란 프로그램의 크기가 작아야 하고, 명령어도 알기 쉽게 표현되었으며, 기억 공간도 덜 차지하는 등의 몇 가지 요건을 갖춘 그런 프로그램이기 때문이다. 임베디드 시스템 알고리즘을 작성하기 전, 자료를 위해 필요한 추상화·객체와 행위를 자료구조라고 한다. 자료구조가 중요한 이유는 바로 어떻게 자료구조를 정의하는가에 따라 좋은 프로그램이 될 수도 있고, 좋지 않은 프로그램이 될 수도 있기 때문이다.

본서는 최근 IT 분야에서 관심의 대상이 되고 있는 임베디드 소프트웨어 시스템 개발을 위해 요구되는 기본적인 자료형에 대해 서술하였다. 초기 단계에서는 임베디드 시스템 및 자료구조 개요, 중간 단계에서는 임베디드 알고리즘 개발을 위한 배열, 스택, 큐, 리스트 등을 정리했고, 마지막 단계에서는 트리, 그래프 그리고 탐색 및 정렬을 다뤄 임베디드 시스템 개발에서 요구되는 자료구조의 전반적인 개념을 포함하고 있다. 따라서 본서가 컴퓨터공학, 특히 소프트웨어를 전공하는 학생들과 개발에 종사하는 모든 사람들에게 많은 도움이 되기를 바란다.

끝으로 이 책이 나오기까지 자료정리를 도와준 김지영 박사, 손이경 박사 그리고 박사과정 박은주 선생에게 감사하며 본서의 출판을 위해 애써주신 그린출판사 윤덕우 사장님께도 감사를 드립니다.

2006년 봄
하양 금락골에서
저 자

차 례

Chapter 1 임베디드 소프트웨어의 개요 / 1

Chapter 2 자료구조와 기본 개념 / 13

Chapter 3 배열과 레코드 / 57

차 례

Chapter 4 스택과 큐 / 99

Chapter 5 연결 리스트 /141

Chapter 6 트리(Tree) / 187

CHAPTER 1

임베디드 소프트웨어의 개요

1.1 임베디드 시스템

1.1.1 임베디드 시스템의 정의 및 특징

유비쿼터스 시대에는 물, 전기, 교통과 마찬가지로 일상생활에서 정보가 필수품이 되고 적절한 정보를 정확히 얻을 수 있어야 한다. 따라서 언제 어디서나 다양한 미디어로 모든 서비스를 구현하고 어떤 단말장치로도 컨텐츠의 유용과 이용을 처리할 수 있는 유비쿼터스 환경 구축이 필수적이다.

유비쿼터스 환경은 모든 사물에 컴퓨팅과 네트워킹을 심는 작업에서 출발한다. 물실 공간에 심을 수 있는 전자적인 요소들은 임베디드 시스템, 무선 ID(RFID: Radio Frequency IDentification) 태그, 초소형 정밀 기계(MEMS: Micro Electro Mechanical System), 센서와 칩 등이다.

임베디드 시스템(Embedded System)이란 특정 목적을 위해 컴퓨터 하드웨어와 소프트웨어로 구현된 전자 제어 시스템이며 사용자와 상호작용을 하는 반응적 시스템으로, 마이크로프로세서 혹은 마이크로 컨트롤러를 각종 전자제품이나 정보기기 등에 내장하여 실시간 컴퓨터 시스템으로 미리 정해진 특정한 기능만을 수행하기 위해 컴퓨터의 하드웨어와 소프트웨어가 조합된 전자제어시스템을 통칭한다. 일반적으로 임베디드 시스템은 보다 대형 시스템의 일부이거나 독립된 시스템이며 전자 제품에 들어가는 칩에 내장되는 운영체제와 같이 특정 하드웨어나 소프트웨어가 다른 하드웨어에 속해 있음을 의미한다. 또한 하드웨어와 소프트웨어가 조합된 형태이므로 변경이 매우 어렵다.

임베디드 시스템의 적용 분야는 무궁하지만 크게 제어분야, 단말기기 분야, 정보가전 기기 분야, 네트워크 기기 분야로 나눌 수 있다. 먼저 제어 분야에서는 공장 자동화나 가정 자동화,

로봇 제어, 공정제어 등에 적용 될 수 있으며 단말기기 분야에서는 핸드폰, PDA, 스마트 폰 등에서 적용가능하다. 정보가전 기기 분야에서는 프린터, 인터넷 냉장고, 게임기, HDTV 등 이며, 네트워크 기기분야에서는 교환기, 홈 서버, 홈 게이트웨이에 적용 할 수 있다.

임베디드 시스템의 특징은 다음과 같다.

- 처리량(Throughput) : 짧은 시간 내에 많은 양의 데이터를 처리해야 함
- 반응 시간(Response) : 발생되는 이벤트에 빨리 응답해야 함
- 테스트 용이성(Testability) : 임베디드 시스템의 테스트 환경 개발과 테스트가 쉽지 않음
- 수정 용이성(Debugability) : 스크린이나 키보드 없이 시스템의 오동작을 판별하기 어려움
- 신뢰성(Reliability) : 사용자의 개입 없이 어떤 상황도 대처할 수 있어야 함
- 기억 공간(Storage Space) : 한정된 메모리 상에 맞도록 소프트웨어를 작성해야 함
- 프로그램 설치(Installation) : 시스템의 소프트웨어를 설치하기 위해서는 별도의 도구가 필요함
- 전력 소비(Power consumption) : 휴대형 기기의 경우 소프트웨어는 전원을 작게 소모해야함
- 비용(Cost) : 하드웨어 가격 절감이 주요 관심사가 됨
- 다양성(Multiplicity) : 하드웨어 플랫폼뿐 아니라 응용분야도 매우 다양하여 표준의 단일 솔루션 제공이 어려움
- 교차 개발 환경(Cross Development Environment) : Host 시스템과 Target 시스템이 분리된 교차 개발 환경으로 소프트웨어의 개발 및 시험이 어려우므로 개방형 구조로 정의되어 있어야 함

임베디드 시스템의 적용 사례별 특성을 살펴보면 〈표 1-1〉과 같다.

〈표 1-1〉 임베디드 시스템의 적용 사례별 특성

	실시간성	입출력	GUI	CPU 처리	낮은 소비전력 요구
제 어	크 다	다 양	불필요	보 통	보 통
가 전	작 다	단 순	대형 LCD	높 다	작 다
단 말	작 다	단 순	중소형 LCD	보 통	크 다
통신장비	보 통	다 양	불필요	보 통	보 통

임베디드 시스템은 공장 자동화와 역사를 같이 한다고 볼 수 있다. 공장 자동화를 위한 임베

디드 시스템은 실시간적인 요소를 포함하고 있으며 실시간 시스템이란 정해진 시간 내에 올바른 결과를 출력하는 시스템을 말한다. 임베디드 시스템 중에는 실시간 제약조건을 만족하지 않아도 되는 시스템들도 있기 때문에 실시간 시스템이 임베디드 시스템에 포함되는 개념으로 보는 것이 타당하다.

1.1.2 임베디드 시스템의 분류

임베디드 시스템은 임베디드 미들웨어, 임베디드 시스템 소프트웨어, 임베디드 시스템 개발 도구, 임베디드 소프트웨어 플랫폼으로 분류될 수 있으며 구체적인 사례는 〈표 1-2〉와 같다.

〈표 1-2〉 임베디드 시스템의 분류

구 분	사 례
임베디드 미들웨어	분산 미들웨어: CORBA, COM, DCOM, XML 등 자바 미들웨어: JVM, J2ME 등 제어 미들웨어: Jini, Havi 등 통신 미들웨어: WLAN, WPAN
임베디드 시스템 소프트웨어	임베디드 OS: TRON, Win CE.NET, Win XP Embedded 등 디바이스 드라이버 유무선 통신 프로토콜 임베디드 DBMS
임베디드 시스템 개발도구	설계 자동화 도구 IDE 시험 도구
임베디드 소프트웨어 플랫폼	MS 닷넷 컴팩트 프레임워크 Sun ONE Brew WIPI

1.2 임베디드 소프트웨어

1.2.1 임베디드 소프트웨어의 정의 및 특징

임베디드 소프트웨어란 임베디드 시스템의 목적과 기능이 발휘 될 수 있도록 구현된 소프트웨어로 임베디드 시스템에 탑재되는 시스템 소프트웨어, 미들웨어, 응용 소프트웨어를 총칭한다. 임베디드 소프트웨어는 운영체제와 특정 목적에 관련된 응용 프로그램으로 나눌 수 있다. 임베디드 시스템이 점차적으로 복잡한 기능을 요구하면서 임베디드 운영체제를 사용하기 시작하였고, 현재까지 나온 임베디드 운영체제들은 대부분 실시간 운영체제지만, WindowsCE, Embedded Linux, RT-Linux, Embedded Java 와 같이 실시간적 요소를 그다지 충족하지 않는 운영체제들도 존재한다.

1984년 동경대 겐 사카무라 교수에 의해 추진된 TRON(The Real-time Operating system Nucleus)은 휴대전화, 네트워크 프린터, 라우터, 자동차 제어장치 등에 사용되는 임베디드 운영체제로서 ITRON(산업기기용) OS, CTRON(커뮤니케이션용) OS, BTRON(비즈니스) OS 등으로 발전하였으며 JBlend(Java+TRON)라는 TRON 칩이 내장된 정보가전 등이 급속히 보급되고 있다. 그림 1-1은 TRON의 다양한 응용 영역을 나타내고 있다.

Microsoft사에서 출시한 임베디드 운영체제에는 Win XP Embedded와 Win CE .NET이 있다. 이중 Win CE .NET은 휴대용 기기와 소용량 운영체제에 이용되며, Win XP Embedded는 대용량 운영체제에 도입되고 PC용 Windows XP 프로그램이나 드라이버와 호환성이 높다. 그림 1-2는 MS사의 임베디드 운영체제의 응용 영역을 나타낸 것이다.

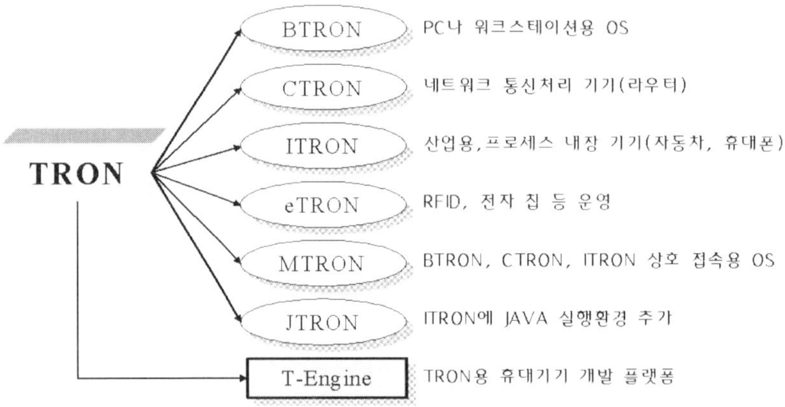

그림 1-1 Embedded OS : TRON

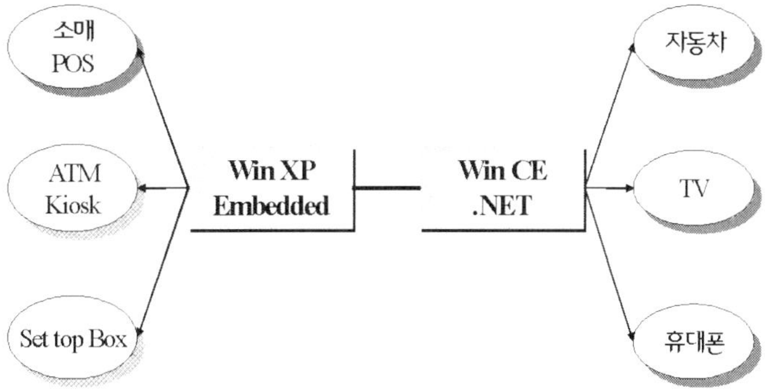

그림 1-2 Microsoft 사의 Embedded OS

임베디드 소프트웨어의 특징은 다음과 같다.

- 임베디드 소프트웨어가 실행되는 시스템의 용도에 따라 연·경성 실시간 처리를 지원하여야 함
- 소프트웨어 오동작 및 작동 중지가 허용되지 않는 임베디드 시스템에서는 고도의 신뢰성이 요구됨
- 제한된 하드웨어 자원으로 구성되는 임베디드 시스템으로 인해, 임베디드 소프트웨어는 경량화, 자원의 효율적인 관리, 저전력 지원 등의 하드웨어에 최적화하는 기술을 지원하여야 함
- 특정 시스템에서의 실행을 목적으로 개발되어야 함

1.3 임베디드 소프트웨어 연구 동향

지금까지의 IT 세대를 단계별로 구분해 보면 먼저 1단계는 메인 프레임 시대로써 대형의 고가 컴퓨터 한대를 수많은 이용자가 공유하는 형태였으며 2단계는 퍼스널 컴퓨터의 시대로서 퍼스널 컴퓨터가 보급되면서 한사람이 한대의 컴퓨터를 사용하게 되고, 이들 컴퓨터는 전용선을 통하여 네트워크화 되었으며 점차 "도구"에서 "환경"으로 발전하게 되었다. 3단계는 유비쿼터스 시대로 컴퓨터가 일상적으로 어디에서나 존재하게 된다. 즉, 여러 장소에 숨어있는 컴퓨터를 사람들은 자신이 컴퓨터를 사용하고 있다는 것을 인식하지 못한 상태에서 사용하게 된다. 인간이 가상공간 속에 들어가는 것뿐만 아니라 거꾸로 컴퓨터를 현실 세계로 가지고 오자는 것이다.

	제 1 세대	제 2 세대	제 3 세대
세대구분	메인프레임 세대	PC 세대	유비쿼터스 세대
의사소통 형태	사람과 사람의 대화	컴퓨터상에서의 익명의 대화	사물/사물&사물/인간의 대화
컴퓨터 사용형태	고가의 대형 컴퓨터 한대를 여러 사람들이 공동으로 사용	1인 1대의 컴퓨터 사용	사물 속에 숨어있는 컴퓨터를 의식하지 못한 채 사용
사이버 활동	현실 세계	인터넷 상의 가상공간	현실 + 가상공간
비고			

그림 1-3 IT 산업의 발전 과정

산업 혁명 이전에는 물리적 공간을 독점하는 것을 목표로 하였으나 IT 혁명이라 할 수 있는 인터넷의 발전으로 전자 공간으로 관심의 초점이 이동하였으며 유비쿼터스 컴퓨팅의 등장으로 물리적 공간과 전자 공간이 충돌함으로써 유비쿼터스 공간이라 할 수 있는 대안적 공간이 생겨났다. 이러한 제 3공간을 우선적으로 선점하고 지배하기 위한 각국의 노력이 가중되고 있다.

IT 혁명을 주도하고 있는 미국은 국가 기관, 대학 연구소, 첨단 기업 등을 앞세워 유비쿼터스 혁명을 선도하고 있다. UC 버클리의 '스마트 먼지(Smart Dust)'나 MIT 미디어 랩의 '생각하는 사물(Things That Think)', 컴퓨터 과학 연구소의 옥시겐(Oxygen)프로젝트 등이 대표적이다. 일본은 지난 1984년 동경대학 사카무라 켄 교수가 중심이 되어 TRON(The Real Time Operating system Nucleus)프로젝트를 제안하였으며, 일본 총무성은 IT 전략 본부를 출범시켜 관련 기술 개발에 관한 국내외 연구 동향 등을 조사하고 분석함과 동시에 IT를 활용한 새로운 가치를 창조하기 위한 'u-Japan 전략'을 추진하고 있다. 유럽도 2001년에 시작된 EU의 정보화 사회 기술 계획의 일환으로 '사라지는 컴퓨팅 계획(Disappearing Computing Initiative)'을 중심으로 유비쿼터스 혁명에 대한 대응 전략을 모색하고 있다. 사라지는 컴퓨팅의 실현을 위해 일상 사물에 소형의 내장형 장치인'Smart Its'를 삽입하여 감지, 인식, 컴퓨팅 및 무선 통신 등의 기능을 지닌 정보 인공물을 개발하는 'Smart Its'프로젝트, 컴퓨터가 식재된 섬유를 개발하는 'FICOM' 프로젝트, 센서가 포함된 투명한 잉크를 이용해 기존 종이의 용도를 증진하는 'Paper++' 프로젝트 등 16가지 프로젝트가 유럽 각국의 대학 및 연구소, 기업 등에 의해 공동으로 수행중이다.

1.3.1 미국의 개발 동향

(1) Yamacraw

Yamacraw는 광대역 전기 통신 산업에서의 획기적인 기술 발전을 도모하기 위해 Georgia University Institute를 중심으로 1999년부터 시도된 전략적 사업으로 현대의 선진 소프트웨어 공학 기술들을 임베디드 소프트웨어 개발의 영역으로 도입하기 위한 효율적인 통합 환경을 구축하였다. 즉, 기존 자산들의 재사용 접근과 컴포넌트 기반 개발 방법을 적용함으로써 지속적인 형상 변환이 가능하며 갱신이 예상 가능한 높은 품질의 임베디드 소프트웨어 제품 생산을 가능하도록 하였다. 이를 위해 다중 제품의 생산 비용이 개별적으로 단일 제품을 개발하는 비용의 합보다 적을 경우, 스코프의 경제성을 실현시킬 수 있는 다중 제품들의 생산을 위한 임베디드 소프트웨어 제품 계열 체제를 개발하였다.

(2) MoBIES(Model Based Integration of Embedded Software)

임베디드 시스템을 위한 프로세스 기반 소프트웨어 컴포넌트 설계를 위해 DARPA(Defense Advanced Research Projets Agency)가 지원하는 분산 실시간 임베디드(DRE : Distributed Real-time and Embedded) R&D의 일환으로 응용 도메인마다 가지는 특정한 요구에 따라서 시스템 컴포넌트들을 조립하거나 맞춤하는 차세대 시스템 소프트웨어 설계 기술 개발을 목적으로 한다. 임베디드 시스템 개발을 위해 2개의 작업 영역으로 구성되는데 첫 번째는 기계 및 전자 공학, 자동 제조 등에서 광범위하게 적용될 수 있는 기술들을 실현하기 위한 설계 도구 개발을 목표로 임베디드 시스템을 위한 프로세스 기반의 소프트웨어 컴포넌트 개발을 위한 작업이다. 두 번째는 임의의 도구를 통합하기 위한 Open Tool Integration Framework을 개발하는 작업으로 제품의 선문성을 부각할 수 있는 임베디드 소프트웨어 개발을 위해 시스템 요구를 물리적 모델과 통합할 수 있는 특별한 도구 생성을 위한 것으로, 임베디드 시스템을 위해 이용할 수 있는 개별 기능 및 이를 담당하는 도구들의 통합 환경을 구축한다.

1.3.2 유럽의 기술 개발 동향

(1) MOOSE

유럽의 3개국(스페인, 네덜란드, 핀란드)의 13개 기관이 임베디드 시스템의 체계적인 개발과 관리를 위한 방법론을 만들 목적으로 진행 중인 프로젝트로 일반적인 임베디드 시스템 개발 프레임워크를 만들고 이 프레임워크를 다양한 임베디드 소프트웨어 프로젝트에 적용해 검증하는 것이 최종 목표이다. 시스템 및 소프트웨어 공학, 요건 공학, 제품 품질 및 소프트웨어 프로세스 개선 방법론을 임베디드 도메인을 위한 프레임워크 및 지원도구에 통합하여 이 프레임워크가 임베디드 소프트웨어 프로젝트의 구조화, 관리 및 평가에 유용하게 활용될 수 있도록 한다. 산업적인 임베디드 소프트웨어 프로젝트에 적용해 봄으로써 프레임워크 운영상의 장점을 검증한다. MOOSE 프로젝트는 다음의 4개의 작업 단계를 가진다.

- 작업 1 : 프레임워크 개발 및 검증
  임베디드 시스템을 위한 몇몇의 특정 시스템들과 소프트웨어 공학 방법론들을 통합하기 위해 공통적인 프레임워크를 개발하고 검증한다.
- 작업 2 : 시스템 및 소프트웨어 요구 공학
  기존 시스템의 소프트웨어 요구 공학과 품질 기술, 메소드, 지원 도구 등을 복잡한 임베디드 시스템의 개발을 위해 조정하고 사용자 화하여 결합하는 것에 초점을 둔다.
- 작업 3 : 임베디드 프로덕트 아키텍처
  기존의 제품 아키텍처의 정의, 설계 및 개발 기술을 임베디드 시스템 개발을 위해 조정하고 사용자화하고 결합하는 것에 초점을 둔다.
- 작업 4 : 개선 관리
  기존의 제품 및 프로세스 개선 방법 및 기법을 임베디드 시스템 개발을 위해 결합하고 사용자화 하는데 초점을 둔다.

(2) KOALA

KOALA는 네덜란드의 필립스사에서 짧은 개발 시간 안에 큰 다형성을 실현하는 가전 소비제품 생산을 위해서 수행한 프로젝트로서 기존 제품 기능들의 "예상치 못한" 결합으로 새로운 제품을 생산할 수 있도록 각 제품들을 구성하기 위한 컴포넌트 모델 개발이 필요하였다. 따라서 급격히 변하는 상품 요구의 다형성을 지원하고 MOOSE의 규칙을 따르는 임베디드 시스템의 시장 적시성을 충족시킬 수 있는 방안으로 임베디드 시스템의 신뢰성, 융통성, 확장성, 재사용성을 보장하는 KOALA 컴포넌트 모델을 개발하게 되었다. 이때 컴포넌트의 언어 독립성 및 위치 독립성, 컴포넌트 핸들링의 다형성을 지원하는 Microsoft의 COM(Component Object Model)을 참조 모델로 하였다.

1.3.3 국내의 연구 동향

국내에서는 차세대 IT 신산업을 이끌어나갈 주요 핵심 분야로서 임베디드 소프트웨어 기술에 대한 중요성을 크게 인식하고 있다. 이를 위해 정부 및 국책 연구 기관을 중심으로 통신 정보기술과 인프라 기술을 더욱 성장시킬 수 있는 신산업 동력으로 연구 자원의 투자가 크게 증가하고 있는 추세이며, 산업체에서도 정부 연구 기관과의 협력을 체결하여 홈 서버 및 모바일 제품 생산의 핵심 기술로 임베디드 기술의 상품화에 노력을 시작하고 있다. 그러나 미국에서와 같이 막대한 연구 기금 자원을 바탕으로 장기간에 걸친 핵심 임베디드 제품 개발 지원이나 유럽에서와 같이 업체간의 협력에 의한 실질적인 임베디드 제품 개발 지원 체제가 우리나라에서는 매우 미비한 상태이다. 임베디드 소프트웨어 시스템 전체를 개발하기 위한 통합 환경이라기보다는 임베디드 소프트웨어를 구성하는 부분적인 기술 요구를 해결하기 위한 시도가 주류를 이루고 있는 실정이다.

현재 기존의 실시간 시스템과 운영체제 시스템 개발에서 진행해 온 세부 기술들을 임베디드 소프트웨어 개발을 위한 확장 연구가 진행되고 있으며, 통신, 전자, 금융, 항공, 국방, 의료 등 임베디드 소프트웨어 제품의 활용 범위가 급격히 증가되고 새로이 나타남에 따라, 각 기업에서는 기존 자사 제품의 생산에서 시작 적시성과 고품질을 달성하기 위해 소프트웨어 공학 기반의 임베디드 소프트웨어 기술 적용에 대한 요구가 점차 확산되어가고 있다.

1.4 소프트웨어 개발 생명주기

컴퓨터의 응용 분야가 넓어져 가고 있다. 초기에는 관공서나 기업에서 주로 이용되었으나, 최근에는 모든 생활 영역 뿐 아니라 모든 산업 분야에 걸쳐 이용되고 있다. 세계 소프트웨어 분야의 시장 규모는 엄청난 속도로 증가하고 있으며 이는 반도체 시장의 4배에 달하는 규모이다. 그림 1-4는 소프트웨어 분야의 시장 규모를 디지털 콘텐츠, 컴퓨터 관련 서비스, 패키지 소프트웨어 부분으로 도표로 나타낸 것이다.

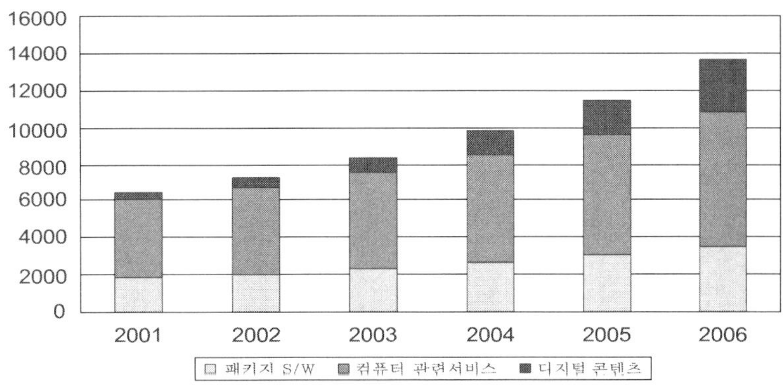

그림 1-4 세계 소프트웨어 시장 규모

1999년에서 2001년 사이에 세계 상위 10개 기업의 성장률을 비교해보면 IT 장비 분야에서는 29%의 성장률을 보이고 있지만 소프트웨어 분야에서는 46%의 성장률을 보이고 있다. 그림 1-5와 같이 향후 5년간 하드웨어 및 소프트웨어 시장의 성장률을 조사해보면 하드웨어 부분으로는 5.1%의 성장이 예측되지만 소프트웨어 부분에서는 11.8%의 성장이 예측된다.

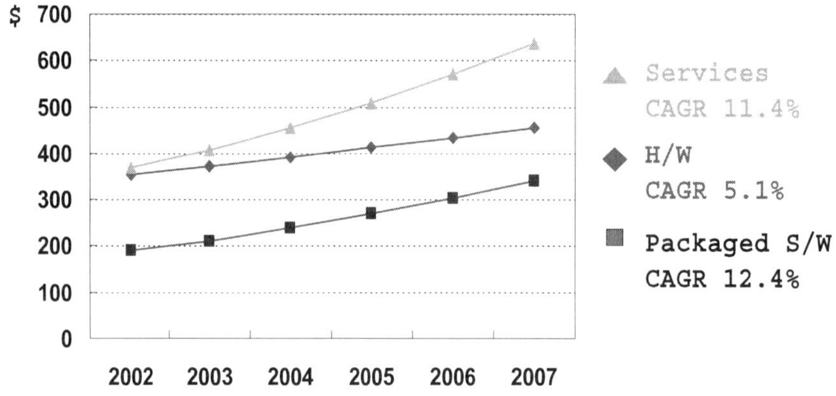

그림 1-5 소프트웨어 및 하드웨어 시장의 성장률

최근의 세계 소프트웨어 기업의 동향에서도 마이크로 소프트(MS)사, IBM, Oracle, SAP 등 소수의 다국적 기업이 시장을 지배하고 있다. 즉, 상위 10개 기업의 시장 점유율이 95년에는 6%이던 것이 2000년에는 28%로 늘어났다. 또한 IT 시장의 침체에 따라 기업간 경쟁이 더욱 격화되고 있으며, 기업 인수/합병이 활성화되어 대기업 위주의 소프트웨어 산업 구조가 강화될 것으로 전망된다. 소프트웨어 기업들의 매출액에 대한 연구 개발비는 18%로 기업들 중에서 가장 높은 것으로 나타났다. 다국적 기업들 사이에서는 MS의 .NET, Sun의 Sun one, IBM의 Linux 지원 등 유비쿼터스 환경에서의 플랫폼 경쟁이 가속화 되고 있을 뿐 아니라, 노키아와 MS의 스마트 폰 운영체제를 둘러싼 경쟁이나 SI업체와 전통적인 임베디드 시스템 업체의 경계가 무의미 해지는 등 Post PC 시대에 새롭게 형성된 하드웨어와 소프트웨어 시장에 진출하려는 타분야 기업들의 경쟁에도 직면에 있다.

이에 각국 정부는 R&D, 지적 소유권, 표준화, 기술 교육, 정부 구매, 무역 정책, 외국인 투자 유치 등의 소프트웨어 산업 지원정책을 추진하는 것뿐만 아니라 특정 기업에 의한 시장 지배력을 약화하여 공정 경쟁을 촉진하고 기술 격차를 줄이는 기회를 얻기 위해 공개 소프트웨어 이용을 장려하고 있다.

1960년대 집적회로가 개발되면서 하드웨어 가격의 하락과 대량 보급으로 응용 분야가 넓어지면서 대형 소프트웨어 시스템 구축이 요구되었다. 대형 소프트웨어 시스템을 구축하면서, 당시의 기존 소프트웨어 개발 방법들이 부적절함을 소프트웨어 엔지니어들은 경험했다. 기존의 소

규모 시스템의 개발에 적용하던 기술을 단순히 확장하는 것만으로는 대형 소프트웨어 시스템을 개발 할 수 없다는 것도 깨달았다. 많은 수의 프로젝트가 지연되었으며, 개발비용은 예상했던 것보다 훨씬 초과되었고, 신뢰도도 극히 낮아 적절히 유지 보수할 수도 없었다. 소프트웨어 개발은 위기 상황에 빠진 것이다. 하드웨어 가격은 급격하게 떨어지는데 비해 소프트웨어 가격은 폭등했다. 이른바 "소프트웨어 위기(software crisis)"에 직면하게 되었다.

소프트웨어 실패의 주 원인으로는 먼저 소프트웨어 엔지니어들의 소프트웨어에 대한 마인드(mind) 부족을 들 수 있다. 다음으로는 불충분한 소프트웨어 개발 프로젝트 관리가 원인이 될 수 있고, 마지막으로 적절한 소프트웨어 공학적인 기술의 부족을 들 수 있다.

그렇다면 소프트웨어의 개발이 왜 어려운 것일까? 이는 소프트웨어의 특성을 살펴보면 알 수 있다. 먼저 소프트웨어는 눈이 보이지 않는다. 즉, 무형의 상태이므로 개발의 시작에서 끝까지 눈으로 보고 확인할 수 있는 대상이 아니다. 또한 소프트웨어를 개발할 때 완전한 자동화가 불가능하다. 사람의 힘을 빌리지 않고서는 개발될 수 없는 것이 소프트웨어이다. 하드웨어에 비해 상대적으로 짧은 역사를 가질 뿐 아니라, 개발자가 잘못 이해하고 개발이 진행되는 경우도 발생할 수 있다. 이러한 이유에서 소프트웨어는 하드웨어에 비해 개발이 어려울 뿐 아니라 많은 에러를 포함하기 때문에 개발 완료된 소프트웨어를 테스팅하고 오류를 복구하는데 많은 시간과 비용을 부담하게 된다. 그림 1-6에서와 같이 소프트웨어 시스템의 개발비용보다는 유지보수 비용이 더 많이 소요되는 것을 알 수 있다.

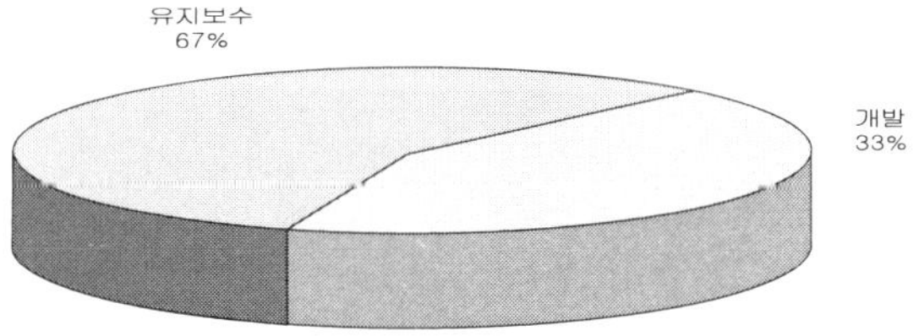

그림 1-6 개발 대 유지보수 비용

소프트웨어 위기를 해결하기 위하여 주어진 기간 내에 완성할 수 있도록 프로젝트를 효율적으로 관리하고, 프로젝트에 소요되는 비용을 예측하고, 사용자의 요구사항을 정확히 분석하여 그 요구사항대로 소프트웨어를 개발하고, 각 과정의 일들을 체계적으로 문서화하는 소프트웨어 공학이 등장하게 되었다.

자료구조는 다루고자 하는 자료 항목들간의 관계를 기술한 것으로 어떤 문제를 해결하는데 컴퓨터를 이용한 해결 과정의 일부에 속하지만 자료구조가 잘 설정되어야만 코딩을 용이하게 할 수 있고 정확하고 신속한 테스팅과 유지보수를 가능하게 한다. 즉, 실세계의 정보 구조를 컴퓨터 세계로 표현하는데 가장 적합한 자료구조를 결정하는 것은 전체 프로그램의 효율성을 좌우할 만큼 자료구조의 영향력은 매우 중요하다.

CHAPTER 2

자료구조와 기본 개념

2.1 개요

우선 이 책이 독자에게 요구하는 기본 사항부터 말해 보자. 이 책을 읽으려는 독자는 복잡한 문제에 대한 프로그래밍 능력을 갖추지 않아도 되지만, 어느 정도의 프로그래밍 능력을 갖추어야 한다. 어떠한 프로그래밍 언어로 문제를 해결하든 상관이 없으나 이 책에서의 알고리즘 소개는 널리 사용되고 있는 C와 C++ 언어를 사용하였다. 독자가 갖춰야 할 또 다른 능력은 객체지향 이산수학과 같은 수학적 배경이 있어야 한다는 것이다. 자료구조를 이해하기 위해서는 집합, 관계, 그래프, 트리 등에 대한 기초적인 개념을 먼저 습득해야 한다. 물론 이 책에서는 모든 개념 및 이론들을 가능한 한 쉽게 풀어 설명하고 있지만. 위와 같은 기초 지식이 있다면 훨씬 이해하기가 쉬울 것이다.

컴퓨터를 이용하여 문제를 해결하는 것이 그리 쉬운 일은 아니다. 특히 문제가 복잡해질수록 컴퓨터를 이용한 문제 해결은 매우 복잡해진다. 따라서 문제 해결을 위한 단계가 필요하게 되는데, 여기에서 이것을 간단히 설명해 보자. 컴퓨터 과학에서는 이러한 단계를 "소프트웨어의 생명 주기"라 하여 정의, 개발, 유지 보수 단계로 설명된다. 여기에서 말하는 소프트웨어와 우리가 평상시에 접하는 프로그램과는 엄격하게 말해서 차이가 있지만. 우리는 여기서 같은 의미로 사용하기로 하자. 정의 단계는 다시 시스템 분석, 소프트웨어 프로젝트 계획, 소프트웨어 요구 분석, 요구 명세 단계로 세분화된다. 개발 단계는 소프트웨어 설계, 코딩, 소프트웨어 시험 단계로 세분화된다.

정의 단계는 소프트웨어로 무엇을 할 것인지에 관심을 가지는 단계이다 즉, 처리되어야 할 정보는 무엇인가? 어떤 기능과 성능이 요구되는가? 어떤 인터페이스가 있어야 하는가? 등에 대해서 조사하고 정리하는 단계이다. 시스템분석 단계에서는 고객의 요구 사항을 식별하여, 소프트웨어가 어떠한 일을 수행해야 하는지 그 경계선을 설정하는 단계이다.

소프트웨어 프로젝트 계획은 소프트웨어를 개발하는 비용이 어느 정도인지를 추정하고, 자원의 할당과 업무의 추진 계획을 수립한다. 소프트웨어 요구분석 단계에서는, 소프트웨어 개발자가 사용자와의 면담을 통해서 사용자들이 어떻게 작업을 진행하고 있는지를 파악하여, 소프트웨어가 제공해야 할 기능 등을 조사하는 단계이다. 명세 단계는 요구 분석 단계에서 조사된 사항들을 정해진 형식에 맞추어 기술한다.

개발 단계에서는 소프트웨어를 어떻게 개발할 것인가에 관심을 두는 단계이다. 소프트웨어 설계 단계에서는 우선 인간, 소프트웨어, 하드웨어 사이의 인터페이스를 설정하고, 요구 사항을 해결하기 위한 소프트웨어의 구조를 결정해야 한다. 하나의 문제에 대해서 여러 개의 소프트웨어적인 해결책이 존재할 수 있는데, 여러 가지 상황을 검토하여 결정한다. 다음에는 현실 세계에 존재하는 정보 구조를 가장 효율적으로 나타낼 수 있는 자료구조를 결정해야 한다. 그리고 나서 각 자료구조에 적용할 수 있는 알고리즘을 결정하게 된다. 코딩 단계에서는 시스템 분석 단계에서 이미 결정된 프로그래밍 언어로 프로그램을 작성하게 된다. 시험 단계에서는 개발된 소프트웨어에 결함은 없는가? 사용자의 요구 사항을 정확하게 반영하였는가? 등에 대해서 시험 자료를 가지고 시험한다.

유지 보수 단계는 개발된 소프트웨어가 사용자에게 인도된 후에 발생하는 모든 작업을 포함한다. 사용자가 소프트웨어를 사용하다가 발견한 오류의 교정, 운영 체제의 교체, 보조 장치의 교체 등으로 인한 소프트웨어의 외부적 환경의 변화에 적응하고, 소프트웨어의 본래의 기능 이외의 추가적인 기능에 대한 소프트웨어의 확장 등이 대표적인 작업들이다.

이상에서 살펴본 바와 같이, 자료구조는 어떤 문제에 대한 컴퓨터를 이용한 해결 과정에서 일부에 속하지만, 그 영향력은 소프트웨어의 효율성을 좌우할 정도로 지대하다. 자료구조가 잘 설정되어야만 코딩을 용이하게 할 수 있으며, 시험을 정확하면서도 신속하게 할 수 있고, 유지 보수 또한 용이하게 할 수 있는 것이다.

뒤에서 자세히 설명하겠지만, 현실 세계의 정보 구조를 컴퓨터 세계에서 표현한 것이 자료구조인데, 정보 구조를 표현하는 데는 여러 자료구조가 후보로 나타날 수 있다. 가장 적합한 자료구조를 결정하는 것이 매우 중요하다.

2.2 자료와 자료구조

자료(data)는 단순한 관찰이나 측정 등을 통해서 현실 세계에서 수집한 사실(fact)이나 값(value)을 말하며, 정리되지 않은 상태를 전제로 한다. 정보는 설정된 어떤 기준에 따라서 정리된 자료이다. 여기에서 주의할 점은, 앞 절에서 설명한 정보와 이 절에서 설명하는 정보를 구분해야 한다는 것이다. 즉, 앞 절에서의 정보는 어떠한 사실이나 값이 현실 세계에서 나타나느냐 아니면 컴퓨터 세계에서 나타나느냐로 구분한 것이라면, 이 절에서의 정보는 자료를 인간의 편의를 위해 가공하여 지식으로 사용할 수 있느냐 없느냐로 구분된다.

자료구조(data structure)는 앞 절에서 논의한 바와 같이 현실 세계의 정보 구조에 대한 컴퓨터 세계의 표현이다. 현실 세계의 정보 구조는 여러 가지 형태로 나타날 수 있다. 단순히 어떠한 사실이나 값을 이야기 할 수도 있고, 여러 사실이나 값들의 집합일 수도 있으며, 사실이나 값들 사이에 특정한 관계가 존재할 수도 있다. 자료구조는 현실 세계의 정보 구조를 컴퓨터 세계로 사상한 것이기 때문에, 정보 구조가 갖는 관계 등을 그대로 간직해야 한다.

자료구조는 "한 집단을 구성하는 자료 항목들 간의 관계"라고 할 수 있다. 이때의 관계는 컴퓨터 또는 보조 기억 장치에 저장되는 상호간의 관계 즉 물리적 관계를 의미하는 것이 아니고 인간이 인식하는 현실 세계의 논리적 관계를 의미한다. 이러한 논리적 관계는 상호간의 선형 관계, 계층 관계 등으로 대표된다. 예를 들어, 한 학급에 40명의 학생이 있다면, 이들에 대한 어떤 과목에 대한 점수는 일반적으로 배열을 사용하여 선형 관계로 나타내는데, 그림 2-1(가)는 이러한 것을 나타내고 있다. 학번(이름)이 빠른 사람의 점수가 앞에 나타나고, 학번(이름)이 늦은 사람은 점수가 뒤에 나타나는 형태이다.

한편 일반적인 수식, 부모와 자식, 상사와 부하 등의 관계를 선형 구조로 표현하는 것은 비효율적이므로 보통 이러한 것들은 계층 구조를 이용하여 표현한다. 그림 2-1(나)는 (A+B)*C 라는 수식을 계층 구조로 나타낸 것이다.

변수(A, B, C)와 산술 연산자(+, *)를 이용하여 체계적으로 구성된 이 식의 구조는, 두 개의 피연산자 위에 산술 연산자가 나타나는 트리 구조로 표현되어 있다. 그림 2-1(다)는 대학 사회의 조직 관계를 계층 구조로 나타낸 것인데, 상사는 위에, 부하는 아래에 표현되어 있다.

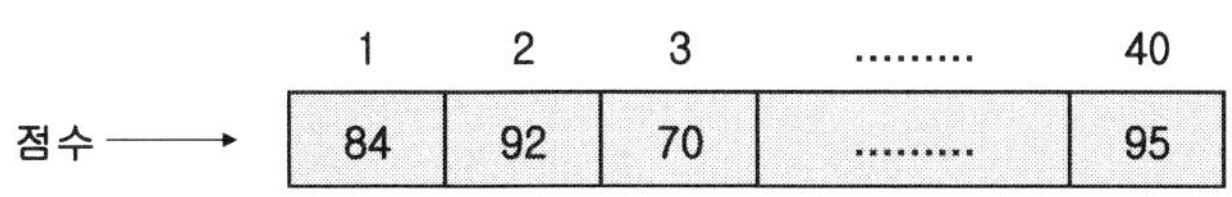

(가) 학생 점수에 대한 배열 표현

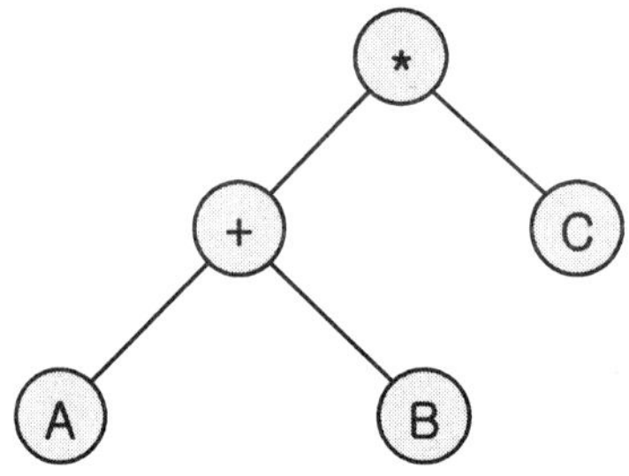

(나) (A+B)*C에 대한 계층적 표현

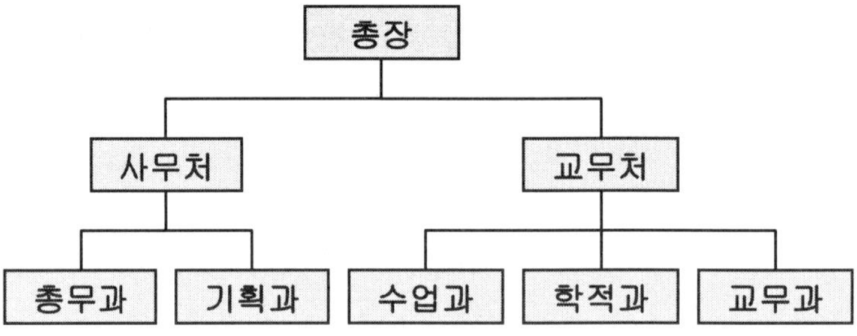

(다) 대학의 조직 구조에 대한 계층적 표현

그림 2-1 자료구조의 개요

일반적으로 자료구조를 설명하면서, 자료구조 자체만을 설명하는 경우는 드물다. 일단 자료구조가 정해지면, 그에 적용될 수 있는 연산이 한정되기 때문에, 보통은 자료구조와 그에 대한 연산(알고리즘)을 함께 논의한다. 이렇게 자료구조와 그에 대한 연산을 함께 고려하는 것은 특히 객체지향 접근 방법에서 유용하게 사용되고 있다. 앞으로, 연산을 배제한 순수한 자료구조와 연산을 포함한 자료구조를 구별하기 위하여, 연산을 배제한 순수한 자료구조는 자료 객체(data object)라고 표현하겠다. 자료구조는 추상 자료형(ADT : Abstract Data Type)으로 명세하게 되는데, 추상 자료형은 자료 객체에 대한 연산의 명세가 그 자료 객체의 표현과 연산의 구현으로부터 독립적인 표현이다. 프로그래밍 언어 중에서 Ada의 패키지(package), C++의 클래스(class)와 같은 것들을 추상 자료형으로 볼 수 있다. 추상 자료형의 명세는 크게 객체와 함수에 대한 명세로 구성된다. 객체에 대한 명세는 추상 자료형의 의미론적인 설명이고, 함수들에 대한 명세는 함수 이름, 함수의 매개 변수, 함수의 결과로 구성된다. 예를 들어, 자연수를 추상자료형으로 명세하면 리스트 2-1과 같다.

```
ADT NaturalNumber
    Object :
        순서가 있는 정수
        0에서부터 컴퓨터의 최대정수(MAXINT)까지의 값
    Function :
        for all x, y ∈ NaturalNumber, True, False ∈ Boolean
        Zero():NaturalNumber         ::= 0
        IsZero(x):boolean            ::= if (x == 0) IsZero = True
                                         else IsZero = False
        Add(x,y):NaturalNumber       ::= if (x+y <= MAXINT) Add = x + y
                                         else Add = MAXINT
        Equal(x, y):Boolean          ::= if (x == y) Equal = True
                                         else Equal = False
        Successor(x):NaturalNumber ::= if (x == MAXINT) Successor
                                          = MAXINT
                                          else Successor = x + 1
        Subtract(x, y):NaturalNumber ::= if (x < y) Subtract = 0
                                          else Subtract = x - y
end NaturalNumber
```

[리스트 2-1] 자연수에 대한 추상 자료형 명세

〈표 2-1〉은 이 책에서 다룰 자료구조들을 보이고 있다. 컴퓨터 세계에서의 자료구조는 크게 컴퓨터 주기억 장치에서 자료들 간의 관계를 나타낼 수 있는 것과 보조 기억 장치에서 자료들 간의 관계를 나타낼 수 있는 것으로 나뉘어진다. 다시, 주기억 장치에서의 자료구조 중, 원시적(primitive) 자료구조는 일반 프로그래밍 언어가 제공하는 가장 간단한 자료구조로서, 정수(integer), 실수(real number), 문자(character) 등의 단순한 원시 자료구조와 문자들로 구성되는 문자열(string) 등의 복합 원시 자료구조가 있다.

비원시적 자료구조는 원시 자료구조들의 결합, 또는 비원시적 자료구조자체 내에서 단순 자료구조들이 결합되어 구성된다. 비원시적 자료구조에서의 단순 자료구조에는 일반 프로그래밍 언어가 제공하는 배열과 COBOL, C, Pascal 등에서 제공하는 레코드 또는 구조체 등이 있다. 복합 자료구조는 선형과 비선형으로 나뉘는데, 선형 자료구조는 첫 원소와 마지막 원소 사이에 나머지 원소들이 존재하는 반면에, 비선형 자료구조는 그렇지 못하다. 다시 말해서, 선형 자료구조에 있는 원소들은 인접되게 표현할 수 없는 원소들이 존재하게 된다. 선형 자료구조에는 순차적인 관계를 갖는 자료들을 나타낼 수 있는 연결 리스트, 후입 선출의 스택, 선입 선출의

큐, 스택과 큐의 장점을 취한 데크(DEQUE)가 있다. 비선형 자료구조는 다시 트리와 그래프로 나눌 수 있는데, 트리는 그 특성에 따라 이진 트리, 일반 트리, 탐색 트리로 나눌 수 있다.

보조 기억 장치에서의 자료구조는 파일 구조이다. 수록된 순서로 자료를 읽을 수 있는(혹은 읽을 순서로 자료를 수록하는) 순차 파일 구조, 레코드가 가지고 있는 키 값으로 원하는 자료에 직접 액세스하는 직접(또는 상대) 파일 구조, 순차 파일 구조와 직접 파일 구조의 장점을 취하고, 자료들을 순차적으로 색인을 이용하여 액세스할 수 있는 색인 순차 파일 구조 등이 있다.

〈표 2-1〉 자료구조의 구분

주기억 장치에서의 자료구조					보조기억 장치에서의 자료구조
원시 자료구조		비원시 자료구조			파일 구조
단순	복합	단순	복합		
			선형	비선형	
정수 실수 문자	문자열	배열 레코드	연결 리스트 스택 큐 데크	트리 (이진, 일반, 탐색) 그래프	순차 파일 구조 상대 파일 구조 색인 순차 파일 구조 기타 파일 구조

2.3 자료의 표현

2진수를 사용하는 컴퓨터에서 자료를 나타내는 최소의 단위는 비트(bit)이다. 두 개의 비트로는 4가지 상태를 표현하며 일반적으로 n비트는 2^n가지의 서로 다른 상태를 표시할 수 있다. 이 n개의 비트 모임을 비트 스트링(bit string)이라 한다. 이 비트 스트링이 어떤 값을 가질 때 그것의 형식을 해석하는 방법에 따라 자료의 유형을 결정한다. 수치, 비수치, 논리 자료, 그리고 포인터(pointer) 등이 그것이다.

수치적 자료 표현에는 정수형과 실수형이 있다. 정수형에는 zoned decimal, packed decimal 표현, 고정 소수점 표현(fixed point method) 등이 있고, 실수형에는 부동 소수점 표현(floating point method) 등이 있다.

비 수치적 자료 표현에는 BCD(Binary Coded Decimal) 코드, EBCDIC 코드, ASCII 코드, weighted code, non-weighted code 등이 있다.

2.3.1 수치적 자료의 표현

수치적 자료는 컴퓨터 내부에서 2진 숫자(binary number)로 표현되는데, 3치수(ternary-valued number) 또는 다치수(multi-valued number) 논리 회로로 구성된 컴퓨터보다 연산의 경제성, 신뢰성, 제작비의 저렴성, 설계의 용이성을 가지고 있고 자료 처리 및 통신이 용이하기 때문이다. 이용 분야는 과학적인 계산에 주로 사용한다.

(1) 정수의 표현

㉠ zoned decimal 표현(unpacked 형식)

1바이트에 10진수의 숫자에 해당하는 BCD 코드를 저장한다.

일반 형식은 다음과 같다.

zone	digit	zone	digit	zone	digit	sign	digit

여기서 sign(부호)은 코드의 종류에 따라 다르기 때문에 해당 코드에 맞게 사용해야 한다.

- ASCII 코드
  - Digit(수)가 +일 때 : 1010(A)
  - Digit(수)가 -일 때 : 1011(B)
- EBCDIC 코드
  - Digit(수)가 +일 때 : 1100(C)
  - Digit(수)가 -일 때 : 1101(D)
- 기타 코드
  - Digit(수)가 +일 때 : 1110(E)
  - Digit(수)가 -일 때 : 1111(F)

일반적으로 EBCDIC 코드를 주로 사용하므로 양수인 경우 1100(C), 음수인 경우 1101(D)을 사용하고, 부호가 없는 경우에는 1111(F)을 사용한다.

㉡ packed decimal 표현

1바이트에 두 개의 숫자를 나타낸다.

일반 형식은 다음과 같다.

digit	digit	digit	digit	digit	digit	digit	sign

여기서 sign(부호)은 부호가 없거나 + 1100(C)이고, −는 1101(D)이다.

㉢ 고정 소수점 표현(fixed point number)

수가 극히 작을 때에 한정된 수의 비트로 수를 표현할 경우에 사용한다. 이 표현의 단점은 정밀도를 잃는 현상이 발생한다는 것인데, 이러한 것을 overflow, underflow라고 한다.

ⓐ 부호화 절대값 표현(signed magnitude)

어떤 수를 표현할 때 최상위 비트를 부호로 사용하는 표현 방식으로, 일반 형식은 다음과 같다.

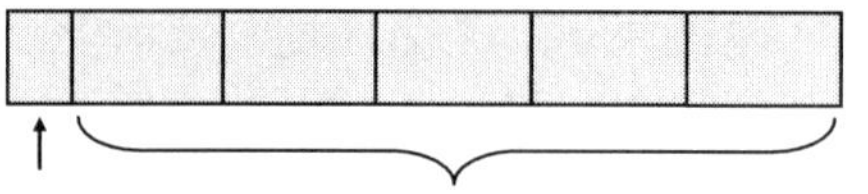

[장점] 음수의 변환이 매우 편리하다.

[단점] 음수와 양수의 0이 존재한다. 즉 양의 0값은 000 ... 000이고, 음의 0값은 100 ... 000이다. 음수를 나타낼 경우에는 비 합산만을 하더라도 가산기와 감산기가 모두 필요하므로 많은 하드웨어 비용이 요구된다.

표현 범위 : $-(2^{k-1}-1) \sim (2^{k-1}-1)$

ⓑ 1의 보수 표현(1's complement)

1의 보수 표현은 음수 변환이 용이한 표현 방식으로 1은 0으로, 0은 1로 변환하면 된다. 일반 형식은 다음과 같다.

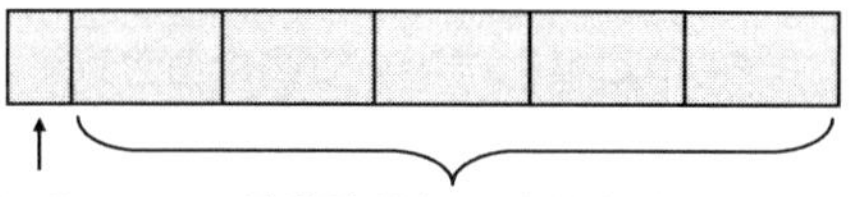

[장점] 보수를 취하기 쉽다(음수 표현이 용이하다)

[단점] 두 수를 합산할 때 올림수(carry)를 처리하는 과정이 필요하다. 그러므로 연산 속도가 2의 보수보다 느리다. 음수와 양수의 0이 존재한다. 즉 양의 0 값은 000 ... 000이고, 음의 0 값은 111 ... 111이다.

표현 범위 : $-(2^{k-1}-1) \sim (2^{k-1}-1)$

ⓒ 2의 보수 표현(2's complement)

2의 보수 표현은 1의 보수 표현에 1을 더한 표현방식으로 음수 표현이 용이하다. 일반 형식은 다음과 같다.

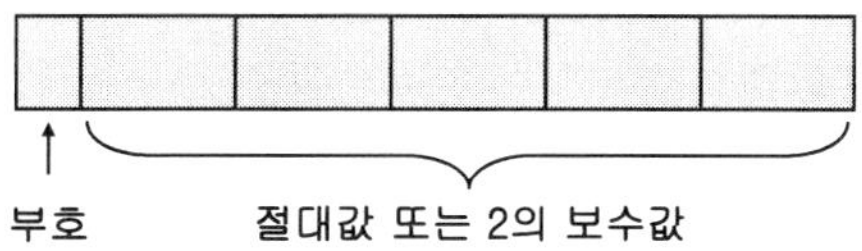

[장점] 합산시 올림수를 무시한다.

[단점] 보수를 취하기 어렵다.

표현 범위 : $-\ 2^{k-1} \sim (2^{k-1}-1)$

(2) 실수의 표현

㉠ 부동 소수점 표현(floating point method)

실수를 표현하고자 할 때 사용되는 방법으로, 정밀도를 높일 수 있으므로 과학, 공학, 수학적인 응용에서 주로 사용되며 지수 부분도 양수와 음수로 표현할 수 있다. 대부분의 컴퓨터에서는 고정 소수점 표현과 부동 소수점 표현을 둘 다 채택하고 있다. IEEE 754에서는 부동 소수점을 나타내기 위해 32 비트와 64 비트 표준을 정의하고 있으며, 32 비트 표준 형식은 다음과 같다.

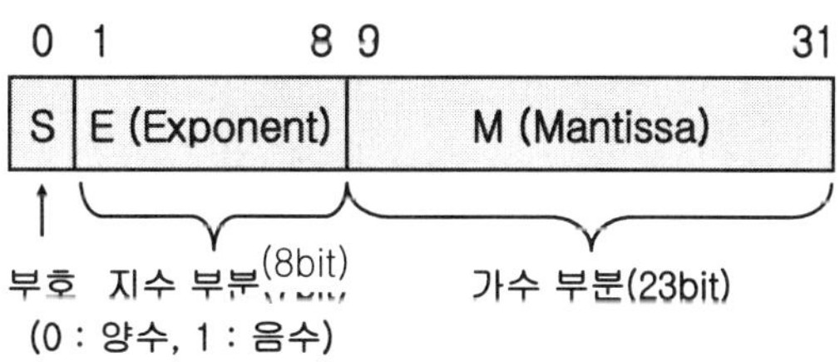

각 부분별 정의

- S(부호:Sign) : M의 부호비트이며 양수는 0, 음수는 1로 표현
- E(지수:Exponent) : 127 bias를 적용하여 -127 ~ 128 까지의 지수를 표현
- M(가수:Mantisa): 첫 번째 비트를 항상 1로 정규화하여 표현

2.3.2 비 수치적 자료의 표현

(1) BCD(Binary Coded Decimal)코드

일반적으로 6비트로 구성되는데, 상위 2비트는 자료의 성격을 표현하고, 하위 4비트는 8, 4, 2, 1의 가중치를 주어 표현한다. 구성이 6비트이므로 $2^6 = 64$개의 자료를 표현한다.

일반 형식은 다음과 같다.

〈표 2-2〉 6비트 BCD

문자	BCD code	문자	BCD code	문자	BCD code	문자	BCD code	문자	BCD code
A	110001	J	100001	S	010010	0	000000	=	001011
B	110010	K	100010	T	010011	1	000001	>	001100
C	110011	L	100011	U	010100	2	000010	+	010000
D	110100	M	100100	V	010101	3	000011	.	011011
E	110101	N	100101	W	010110	4	000100	)	011100
F	110110	O	100110	X	010111	5	000101	%	011101
G	110111	P	100111	Y	011000	6	000110	?	011111
H	111000	Q	101000	Z	011001	7	000111	_	100001
I	111001	R	101001			8	001000	@	111010
						9	001001	$	111111

(2) EBCDIC 코드(Extended Binary Coded Decimal Interchange Code)

8비트로 구성되어 있어 2^8=256개의 자료를 표현한다. 미지정 코드가 존재하므로 추가되는 정보의 표현이 가능하다.

일반 형식은 다음과 같다.

〈표 2-3〉 EBCDIC 코드

DC	00				01				10				11			
BA / 8421	00	01	10	11	00	01	10	11	00	01	10	11	00	01	10	11
0000	NUL	DLE	DS		SP	&	–									0
0001	SOH	DCI	SOS						a	j	~		A	J		1
0010	STX	DC2	FS	SYN					b	k	s		B	K	S	2
0011	EXT	TM							c	l	t		C	L	T	3
0100	PF	RES	BYP	PN					d	m	u		D	M	U	4
0101	HT	NL	LF	RS					e	n	v		E	N	V	5
0110	LC	BS	ETB	VC					f	o	w		F	O	W	6
0111	DEL	IL	ESC	EOT					g	p	x		G	P	X	7
1000	GE	CAN							h	q	y		H	Q	Y	8
1001	RLF	EM							i	r	z		I	R	Z	9
1010	SMM	CC	SM		C	I	:	:							LVM	
1011	VT	CUI	CUI	CU2	U3	.	$	,	#							
1100	FF	IFS		DC4	〈	*	%	@								
1101	CR	IGS	ENO	NAK	(	)	–	.								
1110	SO	IRS	ACK		+	;	〉	=								
1111	SI	IUS	BEL	SUB	I	.	?	″								

(3) ASCII 코드(American Standard Code for Information Interchange)

미국 표준 협회에 의해 제정된 표준형 코드로, 기능 문자와 도형 문자로 구성되어 있다. 기능 문자는 10개의 전송 제어(transmission control) 문자, 6개의 서식 제어(form effect) 문자, 4개의 장치 제어(device control) 문자, 4개의 정보 부리(information separation) 문자, 10개의 특수 기능 문자로 구성되어 있다. 도형 문자는 52개의 로마자, 대·소문자, 10개의 숫자, 32개의 특수 문자 등 94개 문자로 구성되어 있어서, 128개의 문자가 모두 사용되었으므로 여백이 없다. 그러므로, 한글을 사용하기 위해서는 도형 문자 중 52개의 영문자 난에 한글 자모를 대응시킨 7단위 한글 자모용 부호나 8번째 비트를 추가하여 사용하는 8단위 부호계를 만들어 사용한다. 7비트에 1개의 패리티비트(parity bit)를 추가하여 통신을 위한 자료를 처리할 때 오류를 검사한다.

일반 형식은 다음과 같다.

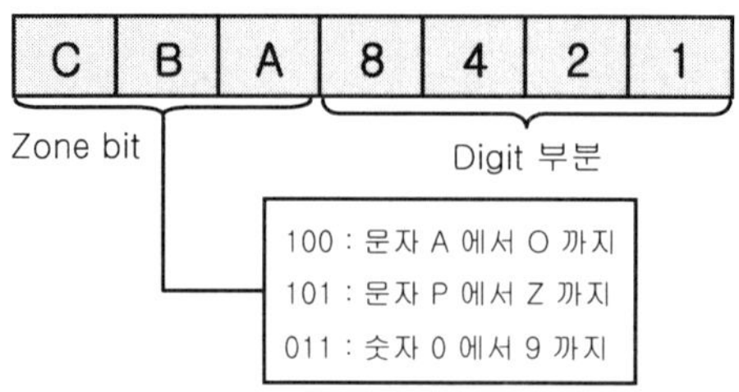

〈표 2-4〉 ASCII코드

A B C 8 4 2 1	0 0 0	1 0 0	0 1 0	1 1 0	0 0 1	1 0 1	0 1 1	1 1 1
0 0 0 0	NUL	DLE	SP	O	@	P		p
0 0 0 1	SOH	DCI	!	1	A	Q	a	q
0 0 1 0	STX	DC2	″	2	B	R	b	r
0 0 1 1	EXT	DC3	#	3	C	S	c	s
0 1 0 0	EOT	DC4	$	4	D	T	d	t
0 1 0 1	ENQ	NAK	%	5	E	U	e	u
0 1 1 0	ACK	SYN	&	6	F	V	f	v
0 1 1 1	BEL	ETB	/	7	G	W	g	w
1 0 0 0	BS	CAN	(	8	H	X	h	x
1 0 0 1	HT	EM	)	9	I	Y	i	y
1 0 1 0	LF	SUM	*	:	J	Z	j	z
1 0 1 1	VT	ESC	+	;	K	[	k	{
1 1 0 0	FF	FS	,	〈	L		l	|
1 1 0 1	CR	GS	−	=	M	]	m	}
1 1 1 0	SO	RS	.	〉	N	V	n	
1 1 1 1	SI	VS	/	?	O	.	o	DEL

(4) weighted 코드

코드화란 2진수의 각 자리수를 a_1, a_2, a_3, a_4라고 가정할 때 각 코드에 가중치를 두어 $D = w_4a_4 + w_3a_3 + w_2a_2 + w_1a_1$ 형태로 표시한 코드를 말한다.

㉠ 8421 코드

binary 코드와 유사하므로 컴퓨터에 쉽게 적용할 수 있고 자료의 인코딩(encoding)이 쉽지만, 8421 코드의 보수에는 일정한 규칙이 없다.

인코딩이란 인간이 이해 가능한 정보를 컴퓨터가 이해 가능한 정보인 2진 정보로 변환하는 것을 말하고, 디코딩(decoding)은 인코딩의 반대의 개념을 말한다.

10진수	8	4	2	1
0	0	0	0	0
1	0	0	0	1
2	0	0	1	0
3	0	0	1	1
4	0	1	0	0
5	0	1	0	1
6	0	1	1	0
7	0	1	1	1
8	1	0	0	0
9	1	0	0	1

㉡ 5421 코드

연산이 용이한 코드이다.

10진수	5	4	2	1
0	0	0	0	0
1	0	0	0	1
2	0	0	1	0
3	0	0	1	1
4	0	1	0	0
5	1	0	0	0
6	1	0	0	1
7	1	0	1	0
8	1	0	1	1
9	1	1	0	0

(5) non-weighted 코드

㉠ access-3 코드

8421 코드에 11(10진수 3)을 더한 것이며, 어떠한 경우에도 2진수가 모두 0이 될 수 없다.

10진수	access-3 코드			
0	0	0	1	1
1	0	1	0	0
2	0	1	0	1
3	0	1	1	0
4	0	1	1	1
5	1	0	0	0
6	1	0	0	1
7	1	0	1	0
8	1	0	1	1
9	1	1	0	0

㉡ shift counter 코드(Johnson 코드)

전자 회로를 쉽게 만들 수 있는 장점이 있다.

10진수	shift counter 코드				
0	0	0	0	0	0
1	0	0	0	0	1
2	0	0	0	1	1
3	0	0	1	1	1
4	0	1	1	1	1
5	1	1	1	1	1
6	1	1	1	1	0
7	1	1	1	0	0
8	1	1	0	0	0
9	1	0	0	0	0

㉢ gray 코드

아날로그-디지털 변환기(analog-digital converter)나 입·출력 장치 코드로 주로 사용하는데, 아날로그에서 디지털로, 디지털에서 아날로그로 변환이 용이하다. 연산에는 부적당한 코드이다.

[예] 8421 코드 1001를 gray 코드로 바꾸어라.

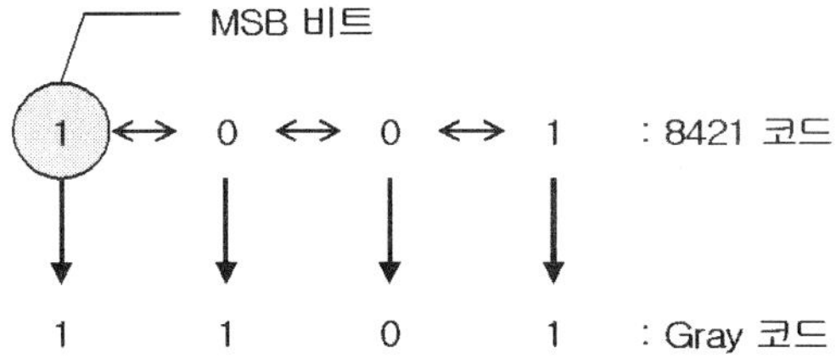

8421 코드				gray 코드			
0	0	0	0	0	0	0	0
0	0	0	1	0	0	0	1
0	0	1	0	0	0	1	1
0	0	1	1	0	0	1	0
0	1	0	0	0	1	1	0
0	1	0	1	0	1	1	1
0	1	1	0	0	1	0	1
0	1	1	1	0	1	0	0
1	0	0	0	1	1	0	0
1	0	0	1	1	1	0	1
1	0	1	0	1	1	1	1
1	0	1	1	1	1	1	0
1	1	0	0	1	0	1	0
1	1	0	1	1	0	1	1
1	1	1	0	1	0	0	1
1	1	1	1	1	0	0	0

(6) 오류 검출 코드

10진수를 코드화하여 2진수로 나타냈을 때, 오류 정보를 검출하거나 정정할 수 있도록 하는 코드이다.

㉠ 패리티 검사(parity check)

자료가 정확하게 표현되어 있는지를 판정하기 위해서 1비트를 사용하는데, even check(1의 개수가 짝수인지 check)와 odd check(1의 개수가 홀수인지 check)가 있다.

㉡ Hamming 코드

오류를 검사하고, 발견된 오류를 교정할 수 있다. Hamming 코드는 7개의 비트로 구성되는데, 3개의 비트(c1, c2, c3)는 패리트 비트이고, 4개의 비트(8421)는 digit 비트이다. 이 코드는 짝수 검사(even check)를 한다.

c1 = 1, 3, 5, 7 (1개의 개수가 짝수인지 검사)
c2 = 2, 3, 6, 7 (")
c3 = 4, 5, 6, 7 (")

패리티 비트의 구성은 다음과 같다.

c3	c2	c1

10진수	c1	c2	8	c3	4	2	1
	1	2	3	4	5	6	7
0	0	0	0	0	0	0	0
1	1	1	0	1	0	0	1
2	0	1	0	1	0	1	0
3	1	0	0	0	0	1	1
4	1	0	0	1	1	0	0
5	0	1	0	0	1	0	1
6	1	1	0	0	1	1	0
7	0	0	0	1	1	1	1
8	1	1	1	0	0	0	0
9	0	0	1	1	0	0	1

[예] Hamming 코드값 1000111이 올바르게 표현되었는지 체크하라.

1	2	3	4	5	6	7
c1	c2	8	c3	4	2	1
1	0	0	0	1	1	1

c1 = 1, 3, 5, 7에 의해서 1, 0, 1, 1 = 1(1의 개수가 짝수)
c2 = 2, 3, 6, 7에 의해서 0, 0, 1, 1 = 0
c3 = 4, 5, 6, 7에 의해서 0, 1, 1, 1 = 1

c3	c2	c1	
1	0	1	= 5

5번째 위치의 값이 틀렸고, 1이 아니고 0으로 바꾸어야 한다.

2.3.3 포인터 자료의 표현

포인터에 사용되는 변수는 메모리 셀(memory cell)의 주소를 나타낸다. 포인터 또는 이 주소에 의해 저장된 메모리 내용의 자료형을 선언하는데 C 언어에서의 정의는 다음과 같다.

element_type *p;

이것은 p가 "element_type을 가리키는 포인터" 변수임을 의미한다.

예를 들어

int *p;

는 p가 "정수형 자료를 가리키는 포인터"임을 정의한다.

이것은 p의 값이 메모리 주소이며, 그 주소에 저장된 내용은 int형임을 나타낸다. 이것을 그림으로 나타내면 다음과 같다.

p → [int]

포인터 내용을 검사하기 위해서는 주소 연산자 "&"를 사용한다.

p = &x

즉, p가 x의 주소를 가리키도록 하여 x와 *p는 같은 것이 된다.

[리스트 2-2]는 C 언어에서의 포인터 변수 이용 예를 나타낸다.

```
main()
{
    int x;
    int *p;
    p=&x;
    x=1;
    *p=2;
    printf("%d\n",x);
}
```

[리스트 2-2] 포인터 변수의 이용 예

2.3.4 문자열의 구조

(1) 정의

문자열(string)은 서로 인접한 기억 장소에 존재하는 문자들의 열을 말한다.

문자열에는 널 문자열(null string), 공백 문자열(blank string), 부 문자열(sub string) 등이 있다. 널 문자열은 하나의 문자도 갖지 않는 길이가 0인 문자열을 뜻한다. 그리고 공백 문자열은 길이가 0이 아닌 공백 문자(blank character)를 갖는 문자열을 뜻한다. 부 문자열은 문자열을 구성하는 연속적인 문자의 일부를 뜻한다.

(2) 문자열의 활용

문자열은 문서 편집기에서 편집 작업 과정에 사용되고, CPU와 주변 장치간의 입·출력을 위한 인터페이스로 사용되며, 어셈블리 언어에서는 기호 테이블이나 매크로 확장에 이용된다. 또한 컴파일러에서 토큰의 분류와 문법의 분석에 사용된다.

2.4 알고리즘과 자료구조

컴퓨터 알고리즘(algorithm)은 주어진 입력 자료를 이용하여 유한한 시간 내에 어떤 문제에 대한 결과를 얻게 하는 일련의 명령들의 집합을 의미한다. 원하는 결과를 얻기 위한 알고리즘은 명확하게 기술되어야 하고, 반드시 끝나야 한다. 일례로 운영 체제의 모니터(monitor) 프로그램은 컴퓨터 하드웨어가 고장나거나 전원을 끄지 않는 한 계속해서 반복 수행되기 때문에 알고리즘으로 볼 수 없다. 즉, 알고리즘은 다음과 같은 5가지 조건을 만족해야 한다.

① 입　력 : 외부에서의 입력 자료가 존재할 수 있다.
② 출　력 : 적어도 하나 이상의 결과 자료가 나와야 한다.
③ 명확성 : 각각의 명령들이 애매하지 않고 명확해야 한다.
④ 유한성 : 모든 경우에 대하여 한정된 단계를 처리한 후에는 반드시 종료되어야 한다.
⑤ 실제성 : 모든 것들이 실행 가능한 것이어야 한다.

그러나 프로그램에서는 알고리즘의 네 번째 조건, 즉 유한성이 아니라 무한한 처리가 가능한 경우가 발생한다. 예를 들면, 운영 체제(DOS나 UNIX)프로그램은 시스템을 파괴하지 않고 무한히 수행할 수 있다. 본 교재에서는 프로그램과 알고리즘을 상호 교환 사용하며 필히 끝이 존재하는 것으로 한다.

효과적인 알고리즘은 주어진 입력 자료의 특성을 고려해서 작성되어야 한다. 자료를 구체적으로 표현하고, 저장하는 방법은 알고리즘을 기술하는 데에 사용되는 프로그래밍 언어의 기능에 따라 다르다.

기존 프로그래밍 언어에서 제공하는 기본 자료형으로는 정수(integer), 실수(real number), 문자(character) 등을 들 수 있다. 배열(array)이나 레코드(record)는 기본 자료형으로 구성되는 자료형으로서 배열은 동일한 자료형의 원소들로 구성되고, 레코드는 다양한 자료형의 원소들로 기술된다. 복잡한 문제에 대한 알고리즘을 기술할 때 기본 자료형만 사용하는 것이 비효율적인 경우가 많다. 기본 자료형만 사용해서 알고리즘을 기술하게 되면, 초기 단계에서부터 알고리즘 기술이 너무 세분화되면서 복잡도가 증가하고, 알고리즘에 대한 유지 보수가 어렵게 되어 효율성이 떨어진다. 따라서 기본 자료형, 배열 및 레코드 등을 사용해서 더 복잡한 자료형을 기술할 필요가 있다. 추상 자료형은 자료 집합과 이것에 적용할 연산 집합으로 구성된 하나의 수학적 모형으로 정의된다. 연산은 알고리즘 기술의 기본 요소로서 기존 프로그래밍 언어에서 제공되는 +, −, *, / 등의 기본 연산과 일련의 명령문으로 기술되는 프로시저(procedure)로 구분된다. 프로시저는 기본 연산의 확장으로서 복잡한 알고리즘의 기술에 효과적으로 사용될 수 있다. 추상 자료형의 일례로서 n개의 원소를 가진 리스트 L에 적용되는 중요한 연산 예를 들어 보면 다음과 같다.

- L에서 i번째 위치에 원소 x를 추가한다.
- L에서 i번째 위치에 있는 원소를 삭제한다.
- L에서 i번째 위치에 있는 원소를 검색한다.
- L이 빈 것인가를 검사한다.
- L에서 최대치를 찾는다.

이상에서 언급한 연산들은 프로시저 형태루 기술하면 다음과 같다.

- Insert(L, i, x)
- Delete(L, i)
- Find(L, i)
- IsEmpty(L)
- MaxFind(L)

따라서 리스트

L=(S,{Insert(L, i, x), Delete(L, i), Find(L, i), IsEmpty(L), MaxFind(L)})

로 기술된다. 추상 자료형 L이 정의되면 정의된 연산들을 사용해서 알고리즘을 작성할 수 있다. 작성된 알고리즘을 실제 사용 가능한 컴퓨터에서 구현하자면 기존의 프로그래밍 언어로 자료 집합 S를 표현하고, 또한 정의된 프로시저들을 기술해야 한다.

기존 프로그램 언어에서 제공되지 않는 자료구조로서 자주 사용되는 것으로는 리스트(list), 스택(stack), 큐(queue), 트리(tree) 및 그래프(graph) 등을 들 수 있다 이러한 자료구조를 구현하는 데는 배열이나 포인터(pointer)자료가 주로 사용된다. 예를 들어서 리스트 L의 자료 집합 S를 배열로 표현할 수도 있고, 포인터로 표현할 수도 있다. 자료 집합 S의 표현 방식에 따라서 정의된 프로시저들이 다르게 기술될 수 있다. 그림 2-2는 자료 집합 S를 표현한 예를 보여주고 있다.

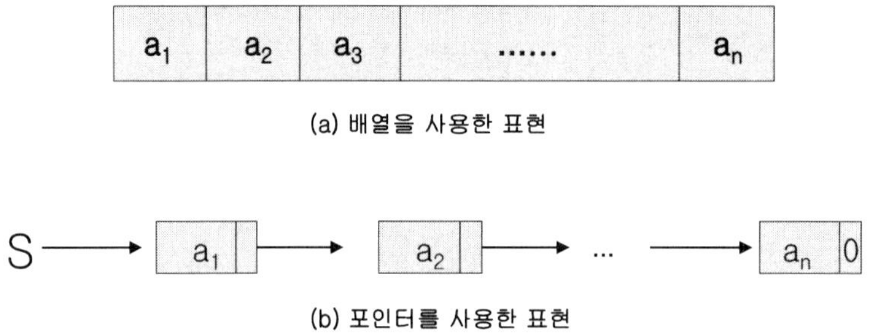

그림 2-2 자료 집합 S={a_1, a_2, ..., a_n}의 표현

자료 집합 S의 표현 방식에 따라 간단한 프로시저 IsEmpty(L)을 기술하면 다음과 같다.

㉠ 자료 집합 S가 배열로 표현된 경우

```
IsEmpty(L)
{
    if (L(last)<=0) return(true);
    else return(false);
}
```

㉡ 자료 집합 S가 포인터로 표현된 경우

```
IsEmpty(L)
{
    if (L. last==NULL) return(true);
    else return(false);
}
```

앞의 예는 리스트 L이 빈 상태인가를 검사하는 IsEmpty(L)이 자료구조에 따라 다르게 기술되는 예를 보여준 것으로서 더 구체적인 내용은 추후에 설명한다.

따라서 주어진 문제를 해결하는 과정은 적절한 추상 자료형을 기술하고, 이것을 사용하여 알고리즘을 작성한 다음에 기존 프로그래밍 언어로 프로그램을 작성하는 것이다.

2.5 알고리즘 정의 언어

어떤 문제를 풀 수 있는 알고리즘이 존재한다는 것은 주어진 입력 자료를 가지고 유한한 시간 동안에 일련의 명령을 수행하여 원하는 결과를 출력하는 컴퓨터 프로그램이 존재한다는 것을 의미한다. 컴퓨터 알고리즘을 알기 쉽게 표현하는 서술 방식이 필요한데, 이는 컴퓨터 입장에서보다는 사용자에게 친근한(user friendly) 형태로 서술되어야 하며 서술 방식은 다소 비정형적일 수 있다.

2.5.1 알고리즘 언어[C]의 기본 요소

(1) 기본 요소

C 언어에서 기본적인 자료형으로는 정수, 실수, 논리, 문자형 등이 있으며 기호(symbol)는 첫 글자가 알파벳인 일련의 문자 및 숫자의 문자열(string)로서 변수, 배열 이름, 프로그램 이름, 레코드의 항목 이름, 문장의 수준 등을 나타내는 데 사용된다. 변수, 배열, 레코드의 항목 등이 가질 수 있는 값의 형태는 정수형(int, short, long), 실수형(float, double), 문자형(char), 포인터(pointer) 등이다.

포인터 변수는 기억 공간의 주소를 값으로 가지며 다음과 같이 선언된다.

```
자료형 *p;
```

여기서 선언된 변수 p는 포인터 변수로서, 선언된 자료형의 자료에 대한 포인터이다. 또한 포인터 변수 p의 값은 다음 예와 같이 결정될 수 있다.

[예]
```
int a;
int *p;
p−&a;
*p=1;
```

앞의 예에서 변수 a는 정수형(integer)변수로 선언되었고, 변수 p는 정수자료에 대한 포인터 변수로 선언되었다. 이 때 포인터 변수 p는 변수 a의 주소를 그 값으로 가지고, p가 가리키는 장소에 상수값 1이 할당된다. p는 a의 주소를 가지고 있기 때문에 결국 변수 a의 값이 1이 된다. 산술 연산 기호는 +, =, *, /, %(나머지)를 사용하고 논리식에 사용되는 비교 기호로는 ==, !, 〈, 〉, 〈=, 〉=를 사용하며, 논리 연산 기호는 &&(AND), ||(OR), !(NOT)를 쓴다. 또한 비트단위 연산 기호로는 &(AND), |(OR), ^(eXclusve OR), ~(complement)를 사용하고, 문장에 레이블을 붙일 때는 심벌 뒤에 콜론(:)을 첨가하여 수준을 표시한다.

(2) 할당문

기호에 어떤 값을 할당할 때에는 다음과 같이 표현한다.

```
a = b;
```

이것은 기호 a에 수식 b를 할당한다.

[보기] i = k+ j;

자주 사용하는 할당문 가운데 변수의 값을 1만큼 증가 혹은 감소시키는 연산 기호로서 ++와 --를 들 수 있다.

[보기] a++; ← a = a + 1
b--; ← b = b - 1

또한 a = a + b, b = b - c처럼 동일한 변수의 값을 상수만큼 증가 혹은 감소시키는 연산 기호로서 보기와 같이 표현한다.

[보기] a += b; ← a = a + b
a -= b; ← a = a - b
a *= b; ← a = a * b
a /= b; ← a = a / b
a %= b; ← a = a % b
a &= b; ← a = a & b

동일한 값을 여러 개의 변수에 할당하는 다중 할당문(multiple assignment statement)은 다음과 같이 표현된다.

$$a = b = c;$$

이것은 기호 a와 b에 수식 c를 할당한다.

[보기] f = r = 0;

(3) 제어문

명령이 수행되는 순서를 조절하는 문장으로서 조건문, 반복문이 있다. 조건문은 if 문과 switch 문의 두 가지 형태가 있다.

if 문은 다음과 같은 양식으로 기술한다.

```
if(C) {
        S1; S2; …; Sn;
}
```

또는

```
if(C) {
        S1; S2; …; Sn;
}
else{
        T1; T2; …; Tn;
}
```

여기서 C는 조건식이고, S_i와 T_j는 문장이다.

switch 문은 여러 개의 if–else 문을 결합한 것과 같은데, 이것은 다음과 같은 양식으로 기술한다.

```
switch(c) {
        case C1 : S1;
        case C2 : S2;
        .....
        case Cn : Sn;
        default : Sn+1;
}
```

이 switch 문에서 조건 e가 C_1, C_2, …, C_n 중 C_i로 성립되면 S_i를 수행한다.

default는 아무 조건도 성립하지 않을 때 수행되지만 필요 없으면 생략할 수 있다.

```
[보기] switch(op) {
          case '+' : printf("=%f", n1+n2);
          case '-' : printf("=%f", n1-n2);
          default  : printf("기타 연산 기호");
     }
```

반복문은 여러 가지 형태가 있는데 기술한 알고리즘의 내용에 따라서 적당한 것을 선택한다. 그 의미는 거의 비슷하다.

while 반복문을 사용하여 반복하는 경우에는 다음과 같은 양식을 사용한다.

```
while (C) {
   S1; S2; …;Sn;
}
```

조건식 C가 참인 동안에는 계속 반복한다. 이것을 if 문으로 표현하면 다음과 같이 된다.

```
LOOP: if(C) {S1; S2; …; Sn; goto LOOP;}
```

```
[보기] while(i > 0 && Ki > KEY) {
          Ki = Ki + 1;
          i = i - 1;
     }
```

for 반복문을 사용하여 반복하는 양식은 다음과 같다.

```
for (식1; 식2; 식3) {
   S1; S2; …; Sn;
}
```

식1은 보통 반복 변수에 대한 지정이고, 식2는 반복 실행을 위한 조건 검사이고, 식3은 보통 반복 변수의 값을 변경시킨다.

```
[보기] for ( i = n - 1; I >= 1; i--) {
          T = Ri + 1; Ri = Ri + 1; Ri =T;
     }
```

do−while 반복문을 사용하는 양식은 다음과 같다.

```
do {
   S1; S2; …; Sn;
}
while(C);
```

조건식 C가 false가 될 때까지 반복한다. while 반복문과의 차이점은 조건을 검사하는 순서가 다르다는 점이다.

[보기]
```
do
        i++;
while(Ki >= K);
```

계속해서 반복하는 양식은 다음과 같다.

[보기]
```
while(1) {
        S1; S2; …; Sn;
}
```

while(1) 문에서 밖으로 빠져 나오려면 goto 문이나 break 문을 사용한다.

[보기]
```
if (m < n) {
        i = m;  j = n + 1;  K = Km;
        while(1) {
                do   i++;   while(Ki <= K);
                do   j++;   while(Kj <= K);
                if (i < j) {
                        T = Ki;  Ki = Kj;  Kj = T;
                }
                else break;
        }
        T = Km;
        Km = Kj;
        Kj = T;
}
```

앞의 보기는 일련의 자료 Km, Km+1, …, Kn 중 앞에서부터 Km보다 큰 것을 찾고, 뒤에서 앞쪽으로 Km보다 작은 것을 찾아서 그 위치를 i, j로 표시한다. 다음에는 이들 두 개의 위치를 교환하는 과정에서 i ≥ j가 될 때까지 무한히 반복한다.

함수를 호출할 때는 함수 이름으로 대신하였고, 필요한 입출력 변수는 함수 이름과 함께 괄호 안에 나열하였다.

```
[보기]  for(j = 2; j <= n; j++)
             insert(Rj, j-1)
```

위의 보기에서 함수 insert는 두 개의 변수를 가졌고, j를 2에서 n까지 1씩 증가시키면서 insert를 호출하기 때문에 n−1번 수행된다.

(4) 기타

독립된 함수 프로그램은 대개 다음과 같은 형식을 취하며 return문을 만나면 호출 프로시저로 복귀하게 된다.

```
함수 이름 (입출력 변수) {
     프로그램 명령들;
     return;
}
```

프로그램을 수행하는 과정에서 프로그램의 끝을 만나거나 return을 만나면 더 이상 수행하지 않고 멈춘다. 프로그램을 기술할 때 특히 주의할 것은 { }는 항상 짝이 맞도록 해야 한다는 것이다.

알고리즘 언어의 목적이 기술하는 언어의 형식에 있지 않고, 알고리즘의 내용을 전달하는 데 있으므로 의미 전달 과정에서 좀더 융통성 있게 기술할 수 있다.

2.6 프로그램의 작성

최근의 컴퓨터 산업은 하드웨어 가격의 급격한 하락과 소프트웨어 가격의 급등, 즉 '소프트웨어 위기' 시대로 인식되고 있다. 따라서 효율성과 신뢰성이 있으며 생산성이 있는 소프트웨어 개발을 위해 공학적 원리를 소프트웨어 개발 과정에 적용시키려는 노력이 많이 이루어지고 있다.

1970년대 Winston Royce는 전통적인 소프트웨어 생명 주기 모형을 제시하였으며 이는 1979년 Boehm에 의해 이전 단계로 피드백이 가능한 폭포수(waterfall) 모형으로 발전하였다. 소프트웨어 생명 주기(software life cycle)인 폭포수 모형은 요구 분석, 설계, 코딩, 시험, 그리고 운용 및 유지 보수 단계로 구분되며 각 단계별 활동 내용은 다음과 같다.

2.6.1 요구분석

개발에 필요한 기본적인 인원과 기계를 할당하고 제품에 대한 조작 개념을 확정하고 승인한다. 중간 검토, 필요한 자원, 책임의 한계, 일정, 비용 및 주요 회의 등에 관한 상세한 계획을 세운다. 또한, 시스템 사용자와 대화를 통하여 시스템이 제공할 기능, 제약 조건 및 목적 등을 설정한다. 일치된 내용은 사용자와 개발자 모두가 이해할 수 있는 방식으로 정의되어야 한다. 사용자의 요구 사항은 가능한 애매모호함이 없이 정확하고 일관성있게 기술되어야 한다.

2.6.2 설계

(1) 기본 설계

개발될 소프트웨어에 대한 전체적인 구조 및 인터페이스의 개략적인 설계를 작성한다. 이와 더불어 사용자 지침서와 시험 계획도 수립한다. 이를 세분하여 구별하면 다음과 같다.

㉠ 상세 개발 계획 : 개발의 중간 검토 단계로서 자원, 예산, 조직, 책임, 일정, 활동 범위, 기술, 제품에 대한 구체적 계획
㉡ 상세 사용 계획 : 개발과 병행되어야 할 교육, 설치, 지원 등에 대한 구체적 계획
㉢ 생산 관리 계획 : 경영 구조 계획, 품질 보증 계획, 전체적인 확인 계획
㉣ 소프트웨어 요구 명세 승인 : 기능, 수행, 인터페이스 등에 대한 완전성 및 타당성 검토
㉤ 개발 계약의 승인 : 상기 내용을 문서로 승인

(2) 상세 설계

제어구조, 자료구조, 주요 알고리즘, 각 프로그램 요소에 대하여 완전한 규격을 작성하는 단계이다. 이를 세부적으로 구분하면 다음과 같다.

㉠ 소프트웨어 제품의 설계 규격을 정한다 : 제어 구조, 물리적 및 논리적 자료구조, 자료처리 자원에 필요한 예산.
㉡ 위험 부담이 따르는 개발 내용에 대한 확인 및 해결 방안 모색.

2.6.3 코딩

구현 프로그래밍 언어를 사용하여 실제 프로그램을 작성한다. 또한, 통합 시험 계획 및 사용자 지침서에 대한 초안을 작성한다.

2.6.4 시험

작성된 각 프로그램의 단위, 즉 모듈들이 주어진 명세를 만족하는지를 시험한다. 소프트웨어를 모듈별로 코딩한 것을 전체적으로 통합시켜 전체시스템이 소프트웨어 요구 사항을 만족하는지를 시험한다. 이 단계는 모듈간의 인터페이스 시험에 중점을 둔다.

㉠ 각 모듈별 계산에 문제점이 없는가를 확인.
㉡ 각 모듈별 입출력에 문제점이 없는가를 확인.
㉢ 모든 명령어와 모든 분기 기능의 수행을 확인.
㉣ 표준 프로그래밍 기법에 따라서 작성되었는지의 여부 확인.
㉤ 모듈 수준의 완전성 확인.

2.6.5 운용 및 유지보수

시스템이 고객에게 인도되어 설치된 후 실제 업무에서 사용된다. 초기단계에서 발견되지 않은 오류를 수정하고, 새롭게 인식된 요구 사항을 위해 시스템의 구축과 서비스를 향상시키는 작업을 포함한다. 일반적으로 생명 주기 단계 중 가장 오랜 시간이 걸리는 단계이며 대부분의 비용을 차지하는 단계이다.

㉠ 시스템 인수 시험의 만족도 검토
㉡ 인도 또는 판매 시스템 제품의 완벽성 여부
㉢ 설치의 완벽성

2.7 알고리즘 분석 및 평가

알고리즘을 분석하는 주요 목적은 이를 개선할 수 있는 방법을 모색하거나, 또는 동일 연산 작업을 위해 제안된 여러 종류의 알고리즘 중에서 가장 좋은 것을 결정하기 위해서이다. 즉, 작성된 프로그램의 수행 시간을 예측하고 좀더 빠른 시간에 수행 가능한 프로그램을 구성해 보자는 것이다. 본 장에서는 알고리즘을 분석하는 방법에 대해 설명한다. 특히 알고리즘 분석의 기준으로서 소요 연산 시간에 대해 집중적으로 다룬다.

2.7.1 알고리즘 분석의 필요성

(1) 개요

우선 알고리즘 분석 방법을 제시하기 위한 전제 조건을 살펴보자. 작성된 알고리즘이 수행될 컴퓨터는 현재 널리 사용되고 있는 것이라고 가정하자. 즉, 컴퓨터는 어느 한 순간에 한 가지 연산만을 수행하고, 접근 시간이 균일한 RAM(Random Access Memory)을 가지고 있다. 어떤 알고리즘이 수행하는 연산 횟수로서 알고리즘 수행 비용이 결정된다고 본다.

이러한 가정이 장래에는 변경될지도 모른다. 병행 처리를 위주로 한 다수의 병렬 처리 시스템이 상품화된다면 한 순간에 한 가지 연산만을 수행한다는 가정이 성립되지 않는다. 더욱이 논리 회로의 가격이 저렴해져서 계산 시간보다 자료 이동시간이 비용 계산에 직접적인 요소가 될 수도 있다. 이러한 상황이 계속되면 알고리즘 평가에 대한 새로운 기준이 마련되어야 할 것이다.

주어진 알고리즘을 분석하려면 그것을 수행하는 데 필요한 연산의 종류, 즉 산술 연산, 비교, 값의 할당 등을 알아야 하고, 이들 연산을 상대적으로 평가해야 한다. 그러므로 알고리즘을 분석하기 위한 기준 연산을 결정한다. 그 다음으로 고려해야 할 사항은 알고리즘의 특징을 결정지을 수 있는 충분한 입력자료가 있어야 한다는 것이다. 알고리즘의 특징으로 최선의 입력 상태에 대한 계산 시간, 최악의 경우에 대한 계산 시간, 평균 계산 시간을 들 수 있다.

알고리즘을 분석하는 방법으로는 알고리즘 연산의 한계를 나타내는 함수를 찾는 방법과, 실제로 알고리즘을 수행시켜서 통계자료를 얻는 실험적 방법이 있다. 가령 어떤 프로그램 중 x=x+y를 한 번 수행하는 데에 소요되는 실제 시간은 컴퓨터 기종과 컴파일러에 따라서 달라질 수 있으므로 결국 얻을 수 있는 것은 명령문의 수행 빈도뿐이다. 이 숫자는 기계나 사용되는 프로그램언어와는 관계 없이 알고리즘으로부터 직접 구할 수 있다. 일반적으로 알고리즘은 다음의 기준을 사용하여 분석한다.

① 소요 연산 시간(computation time)
② 기억 장소 사용량(memory space usage)
③ 정확성(correctness)
④ 간결성(simplicity)

이 기준들 중에서 소요 연산 시간과 기억 장소 사용량이 특히 중요한데 그 이유는 다음과 같다.

첫 번째 이유는 실제적인 것으로서, 특정 입력을 성공적으로 처리하기 위하여 이 알고리즘이 필요로 하는 컴퓨터의 기억 용량과 연산 시간의 추정치나 경계치를 알 필요가 있기 때문이다. 컴퓨터의 기억 장소와 사용 시간은 매우 비싸며, 또한 많은 사용자가 컴퓨터를 동시에 사용하게 되면 기억 용량이 부족하게 되고 연산 시간이 오래 걸리게 된다. 따라서 컴퓨터로 알고리즘 분석을 수행하기 전에 미리 연필과 종이만으로 예측하는 것이 바람직하다. 또한 이와 같은 분석을 통하여 프로그램의 어느 부분이 가장 많은 시간과 기억 장소가 소요되는지(즉, 병목 현상)를 식별해 내고 이를 개선할 수 있는 판단 기준으로 사용할 수 있다.

두 번째 이유는 이론적인 것으로서, 동일한 문제를 풀기 위해 창안된 여러 개의 알고리즘을 비교하기 위한 정량적인 표준이 필요하기 때문이다. 효율이 나쁜 알고리즘은 개선하거나 버려야 한다. 즉, 가장 효율적인 알고리즘을 찾아내어 대치하는 것이 바람직하다. 때때로 두 알고리즘의 상대적 효율성을 명확하게 판정하는 것이 불가능할 때도 있다. 무작위의 입력 자료를 사용할 때에는 한 알고리즘이 평균적으로 우월한, 특정 입력 자료에서는 다른 알고리즘이 우월할 수 있다. 우리가 원하는 것은 이와 같이 알고리즘의 상대적인 장점을 판정하고 싶은 것이다.

어떤 특정한 알고리즘이 필요로 하는 연산 시간, 즉 계산량(amount of work)과 기억 장소 사용량(amount of memory)을 그 알고리즘의 복잡도(complexity)라고 부른다(따라서 알고리즘의 복잡도는 알고리즘이 얼마나 복잡한가 또는 교묘한가 하는 것과는 무관하다. 복잡한 알고리즘이라도 복잡도가 낮을 수 있다). 일반적으로 기억 장소 사용량은 쉽게 계산되므로 본 교재에서는 알고리즘의 복잡도를 연산 시간의 의미로 사용한다. 이 복잡도의 측정방법으로 실행 시간을 측정하는 것이 가장 실질적이다. 즉, 프로그램 p를 수행하는 데 소요되는 시간 Tp는 컴파일 시간과 실행 시간을 합한 것이다. 이때 컴파일 시간은 주로 무시하고 실행 시간을 고려하게 되는데 다음에 설명할 시스템 클록을 이용하여 실행 시간을 검사할 수 있다. 그러나 이 방법은 컴퓨터기종마다 또는 프로그램 언어와 프로그램 작성자에 따라 상이하므로 실행 시간 측정에 어려움이 있다. 일련의 명령의 개수를 세는 방법도 있으나 가장 일반적인 방법으로 수행 시간의 기본 연산자인 비교(comparison), *, +, 노드의 방문 등을 분리하여 평균(average), 최악(worst), 최선(best)의 상태를 검사한다. 다음의 예를 살펴보자.

[예 1] 순차 리스트 f에서 어떤 키 값 k로 레코드를 검색한다고 가정 해보자.

```
int SeqSearch (Element *f, Const int n, const int k)
// 키 값 f(1).key, .... , f(n).key를 가진 리스트 f를 순차 탐색한다.
// f[i].key==k이면 i를 반환하고, 그런 레코드가 없으면 0을 반환한다.
{
        int i = n;
        for (i = 1; f[i].key == k ; i++)
            return i;
        return 0;
}
```

리스트 2-3 순차 탐색 알고리즘

㉠ 기본 연산 : 순차 리스트의 키 값 f[i].key와 키 값 k와의 비교

㉡ 평균 복잡도 : 이 문제에서 고려해야 할 입력의 크기는 키 값이 배열에 존재할 경우와 존재하지 않을 경우를 포함하여 n + 1이다. 키 값이 배열의 j번째 위치에 있을 경우를 i_j 라 하고($i \le j \le n$), 배열에 없을 경우를 i_{n+1}이라고 하자. 또한 T(i)는 입력 i에서 수행되는 비교 횟수(즉, 단계 1의 조건 $T(i_j)$의 조건 f[i].key == k를 검사하는 횟수)를 나타낸다고 하자. 그러면 $T(i_j) = j$, ($i \le j \le n$)이고, $T(i_{n+1}) = n$이다. 평균 비교 횟수를 계산하기 위해서는 키 값이 배열에 존재할 확률과 존재한다면 특정한 위치에 있을 확률이 동등하다고 가정하자. 그러면 $P(i_j) = q/n$, ($i \le j \le n$)이고, $P(i_{n+1}) = 1 - q$이다. 따라서 순차 탐색 알고리즘의 평균 복잡도 A(n)은 다음과 같다.

$$
\begin{aligned}
A(n) &= \sum_{j=1}^{n+1} P(i_j)T(i_j) \\
&= \sum_{j=1}^{n} P(i_j)j + P(i_{n+1})n \\
&= \sum_{j=1}^{n} (q/n)j + (1-q)n \\
&= (q/n) \sum_{j=1}^{n} j + (1-q)n \\
&= (q/n)n(n+1)/2 + (1-q)n \\
&= q(n+1)/2 + (1-q)n
\end{aligned}
$$

만약 키 값이 배열에 존재한다는 사실을 알고 있다면 q = 1이므로, A(n) = (n+1)/2가 된다. 이는 평균적으로 배열의 절반은 검사해 보아야 한다는 뜻이 된다. 키 값이 배열에

있을 확률이 50%라면, $A(n) = (n+1)/4+n/2 \cong (3n/4)$이다. 이는 평균적으로 배열 원소의 3/4은 검사해야 한다는 뜻이다.

㉢ 최선 복잡도 : 키 값이가 f[1]일 경우에는 한 번의 비교로 끝나게 되므로 순차 탐색 알고리즘의 최선 복잡도 $B(n) = 1$이다.

㉣ 최악 복잡도 : 최악의 경우는 키 값이 배열의 제일 마지막 원소일 경우, 또는 배열에 존재하지 않을 경우인데, 두 경우 n개의 원소와 키 값을 비교해야만 한다. 즉, 순차 탐색 알고리즘의 최악 복잡도 $W(n) = \max\{T(ij) : i \leq j \leq n+1\} = n$ 이다.

참고로 최악의 복잡도를 발생시키는 입력은 특정 알고리즘에 따르는 것이지 문제에 따르는 것이 아니다. 위의 예에서 최악의 경우는 키 값이 배열의 마지막 위치에 있을 경우에 발생한다. 만약 알고리즘이 배열의 처음부터가 아니고 끝에서부터 찾아 올라간다면(bottom up), 최악의 경우는 배열의 첫째 위치에 키 값이 있을 경우에 발생한다(물론 키 값이 배열에 존재하지 않는 경우도 최악의 경우가 된다).

(2) 연산 시간과 복잡도 차수

기본 연산의 수행 횟수를 전체 알고리즘이 수행하는 계산량으로 간주한다는 것은 전체 알고리즘이 수행하는 계산량이 기본 연산의 수행 횟수에 대략 비례한다는 것을 전제로 한다. 이를 구체적으로 살펴보자. 만약에 어떤 알고리즘이 입력 i에 대해 T(i)만큼의 기본 연산을 수행한다면 전체적인 연산 횟수는 최대 cT(i)이며 실제 컴퓨터 실행 시간은 c′ T(i)초가 될 것이다. 여기서 c와 c′ 는 상수이며 이들은 알고리즘과 그 알고리즘이 프로그램으로 작성되어 실행되는 컴퓨터에 좌우되는 것이지 i에(따라서 입력 크기 n에) 좌우되지 않는다.

이와 같은 개념을 i의 함수로 표현되는 W와 A에도 적용될 수 있을 것이다. 만약 어떤 알고리즘이 최악의 경우로 W(n)(또는 평균적으로 A(n))의 기본 연산이 수행되면 이 알고리즘은 최악의 경우 최대 cW(n)(또는 평균적으로 cA(n))의 전체적인 연산을 수행하고 컴퓨터 실행 시간은 최악의 경우 최대 c'W(n)(또는 평균적으로 c'A(n))초가 소요될 것이다.

만약 비교하고자 하는 두 알고리즘의 계산량이 비슷하다면, 보조 연산도 포함하여 정밀하게 수행 횟수들을 계산해야 할 것이다. 즉, 알고리즘의 A(n)과 W(n)뿐 아니라 상수 c도 매우 중요하게 된다. 그러나 많은 경우 있어서, 한 알고리즘은 다른 알고리즘보다 충분히 효율적이기 때문에 c값이 중요하지 않게 된다. 예를 들어 어떤 알고리즘이 $W_1(n) = n^2$이고 다른 알고리즘이 $W_2(n) = (5n/2)$이라면, 후자가 전자보다 많은 보조 연산이 필요하다 해도 거의 모든 입력 크기에 대해서 그 실행 시간이 짧을 것이다. 만약 $c_1 = 3$, $c_2 = 10$일 때 $n > 8$이기만 하면 후자의 실행 시간이 짧다. 즉, c_1, c_2가 어떤 값이든지 간에 어떤 특정 값보다 큰 모든 n에 대해 c_2W_2는 c_1W_1보다 작다. 이때 함수W_2는 W_1보다 차수(order) 또는 증가율(growth rate)이 낮다고 말한다. 이와 같은 함수의 차수 개념은 매우 유용하므로 다음과 같이 기호화한다.
어떤 알고리즘의 계산 차수를 결정하는 것은 매우 중요하다. 실제로 실험하여 얻은 수행 시간은 계산 차수와 밀접한 관계가 있다. 그러므로 어떤 알고리즘의 계산 차수를 표기하는 방법에 대하여 살펴보기로 한다.

① Big-O 표기법

[정의1]	$f(n)=O(g(n))$은 모든 $n \ge n_0$에 대해서 $\|f(n)\| \le c\,\|g(n)\|$을 만족하는 두 개의 양의 상수 c와 n_0이 존재한다는 것을 의미한다.

정의 1에서 f(n)을 입력 자료 개수 n에 대한 어떤 알고리즘의 계산 시간이라고 할 때, 실제 계산 시간은 기계의 특성에 관계되므로 f(n)을 정확하게 계산할 수는 없다. 그러므로 알고리즘을 어떤 컴퓨터에서 수행할 때, 같은 종류의 자료에 대하여 계산 시간 f(n)의 상한선 |g(n)|을 찾아서 이를 $O(g(n))$이라 표기하고 알고리즘 계산 시간으로 간주한다.

$$\begin{aligned}\text{알고리즘 계산 시간} &= c_1 \cdot n^{m1} + c_2 \cdot n^{m2} + \cdots + c_k \cdot n^{mk} \\ &= O(n^m),\ \text{이때 } m = \max\{m_j\}\end{aligned}$$

[예 2] 어떤 문제를 풀이하는 알고리즘이 두 개 있다고 가정하자. 이들 알고리즘의 계산 시간이 각각 $O(n)$, $O(n^2)$이라고 할 때 이 알고리즘들의 계산 시간을 비교해 보자. 편의상 두 개의 알고리즘을 A와 B라고 하면 정의 1에 의하여 다음과 같이 표현된다.

$$\text{알고리즘 A의 계산 시간} = O(n) = c_1 \cdot n$$
$$\text{알고리즘 B의 계산 시간} = O(n^2) = c_2 \cdot n^2$$

㉠ $c_1 = 2$, $c_2 = 1$인 경우
알고리즘 A의 계산 시간 = 2n
알고리즘 B의 계산 시간 = n^2
만일 n>2이면 알고리즘 A가 B보다 계산 시간이 적다.

㉡ $c_1 = 10^4$, $c_2 = 1$인 경우
알고리즘 A의 계산 시간 = $10^4 n$
알고리즘 B의 계산 시간 = n^2
10^4보다 큰 경우에만 알고리즘 A가 B보다 계산 시간이 적다.

[예 2]에서 보는 바와 같이 알고리즘의 우수성을 비교하려면 각 알고리즘 계산 시간에 대한 상수를 알아야 한다. 그러나 이러한 상수는 각 알고리즘을 프로그램화하여 수행해 보기 전에는 알 수 없다. 앞에서 지적하였듯이 사용된 프로그램 언어의 종류나 컴퓨터의 특성에 따라서 계산 시간이 달라지므로 알고리즘 분석에는 그 계산 차수를 구하는 것으로 만족할 수밖에 없다. 함수 f(n)이 어떤 함수 g(n)에 대해

$$\lim (f(n)/g(n)) = \text{상수} \neq 0$$

일 때 f(n)은 차수가 g(n)이라고 말한다. 그리고 이것을 "$f(n) = O(g(n))$"이라고 표현한다.

예를 들어 다항식 $f(n) = 2n^5 + 6n^4 + 6n^2 + 18$ 일때,

$$\lim ((2n^5 + 6n^4 + 6n^2 + 18)/n^5) = 2$$

이므로 $O(n^5)$이다. 즉 $f(n) = 2n^5 + 6n^4 + 6n^2 + 18$을 $f(n) = O(n^5)$으로 표현한다.

이와 같이 함수의 차수란 그 함수의 최고 차수, 즉 그 함수를 지배하는 차수를 말하게 된다. 다음은 모두 옳은 표현이다.

$100n^5$은 $O(n^5)$
$1+2+3+\cdots+n = n(n+1)/2 = O(n^2)$
1024는 $O(1)$
$n+\log n$은 $O(n)$
($O(1)$은 복잡도가 상수임을 의미함).

즉, 복잡도를 O로 표현함으로써 가장 지배적인 항만을 고려하고 낮은 차수의 항과 상수는 고려 대상에서 제외하게 된다.

차수를 사용하여 알고리즘의 복잡도를 표현할 때 다음은 모두 같은 의미이다.

이 알고리즘의 실행 시간은 g(n)에 비례한다. = 이 알고리즘의 실행 시간(또는 복잡도)은 차수 g(n)이다. = 이 알고리즘의 실행 시간은 $O(g(n))$이다. = 차수 g(n)(또는 $O(g(n))$의 알고리즘이다.

우리가 두 알고리즘을 비교할 때 제일 먼저 해야 할 일은 두 알고리즘의 차수가 높은지, 낮은지, 같은지를 알아내야 한다. 물론 두 알고리즘의 차수가 같다면 기본 연산 횟수뿐만 아니라 기본 연산당 보조 연산의 횟수를 정확하게 계산해서 비교해야 할 것이다.

알고리즘을 개발하거나 개선할 때도 같은 지침을 적용할 수 있다. 먼저 복잡도의 차수를 감소할 수 있는 수정 방안을 찾고, 다음으로 그 차수에 영향을 미치지 않도록 하면서 세부적으로 작업량을 감소하는 방안을 적극 고려해야 한다.

[예 3] 동일한 문제에 대한 알고리즘 A와 B가 있다. 입력 자료 수 n에 대한 A의 연산 수는 n^2이고 B의 연산수는 n $\log_2 n$이라 하자.

단위 연산 시간을 10^{-6}초라고 할 때 알고리즘 A와 B의 실제 계산 시간을 알아보자.

㉠ n = 1024일 때

알고리즘 A의 연산 수 = 1024^2 = 1,048,576

알고리즘 B의 연산 수 = 1024 $\log_2 1024$ = 10,240

A의 계산 시간 = 1,048,576×10^{-6}초 ≈ 1.05초

B의 계산 시간 = 10,240×10^{-6}초 ≈ 0.01초

㉡ n = 2048일 때

알고리즘 A의 연산 수 = 4,194,304

알고리즘 B의 연산 수 = 22,528

A의 계산 시간 = 4.2초

B의 계산 시간 = 0.02초

[예 3]을 살펴보면 입력 자료 수 n이 2배로 증가할 때 $O(n_2)$ 알고리즘을 수행하는 시간은 4배로 증가하지만 $O(n \log_2 n)$ 알고리즘을 수행하는 시간은 2배를 약간 초과하는 정도에 그친다. 즉, n이 커질수록 O(n2)와 $O(n \log_2 n)$의 차이는 더욱 커진다. 일반 컴퓨터자료 처리에서 입력자료의 수는 보통 수천 개 이상이므로 알고리즘의 계산 차수를 $O(n^2)$에서 $O(n \log_2 n)$으로 개선시키는 효과는 매우 크다고 하겠다. 알고리즘 계산 시간을 나타내는 식으로서 흔히 볼 수 있는 것은 다음과 같다.

$$O(1) < O(\log n) < O(n) < O(n \log n) < O(n^2) < O(n^3) < O(2^n)$$

$O(1)$은 계산 시간이 상수임을 나타내고 $O(2^n)$을 제외한 나머지는 모두 상이한 다항식으로 존재하며, 이들을 다항 시간(polynomial time)이라 한다. 그러나 2^n의 상한이 될 다항식이 존재하지 않으므로 $O(2^n)$이라 나타내고, 이것을 지수 시간(exponential time)이라 한다. n이 커짐에 따라 다항 시간과 지수 시간의 차이는 매우 커진다. 따라서 지수 시간 알고리즘을 다항 시간 알고리즘으로 개선한다면 이는 매우 큰 성과라고 할 수 있다.

어떤 알고리즘의 복잡도의 차수가 2^n, n^n, n!, $(n!(n/2.56)^n)$과 같이 n의 지수로 표현될 때,

이 알고리즘을 지수형 알고리즘(exponential algorithm)이라고 부른다. 만약 복잡도의 차수가 n^3, n^2, n log n, log n 즉 n^c(c는 상수)와 같이 다항식(polynomial)으로 표현될 때 이 알고리즘을 다항식 알고리즘(polynomial algorithm)이라고 부른다. 다항식 알고리즘은 주어진 문제의 입력의 크기 n이 너무 크지만 않으면 풀 수 있으나 지수형 알고리즘은 n이 아주 작은 값이 아니면 거의 풀 수가 없다. 예를 들어 외판원 문제(traveling salesman problem)에서는 현재까지 알려진 바로는 지수형 알고리즘뿐이며 $O(n!)$이다. 한 사람의 판매원이 20개 도시를 모두 방문해야 하는데 한 도시를 오직 한 번만 방문해야 한다고 하자. 이 문제를 풀기 위해 현재까지 알려진 알고리즘으로는 비교나 가산 등 기본 연산에 10^{-7}초가 소요되는 빠른 컴퓨터를 사용한다 해도 7,000여 년이나 소요된다.

이 책에 자주 나타나는 대표적인 복잡도는 7종류인데 빠른 순서로 나열하면 다음과 같다.

- $O(1)$: "상수형(constant)"이라고 한다. 복잡도가 입력 크기와 독립적임을 나타낸다.

```
x = x + y    /* 수행 빈도수 = 1 */
```

- $O(\log_2 n)$: "대수형(logarithm)"이라고 한다. 주로 주어진 문제를 어떤 상수 개의 작은 문제로 분할하여 푸는 알고리즘에서 나타난다.
- $O(n)$: "선형(linear)"이라고 한다. 각 입력마다 어느 정도의 연산을 처리해야 하는 경우에 나타난다.

```
for(i = 1; i<= n; i++)    /* 수행 빈도수 = n */
x = x + y;
```

- $O(n \log_2 n)$: "n $\log_2$ n형"이라고 한다(특별한 용어가 없음). 주어진 문제를 작은 문제로 분할하여 이를 독립적으로 풀고, 다시 이 해들을 통합함으로써 전체 문제를 푸는 알고리즘에서 나타난다.
- $O(n^2)$: "평방형(quadratic)"이라고 한다. 반복 loop가 두 번 겹치는(double nested loop) 알고리즘에서 나타난다.

```
for(i = 1; i<= n; i++)
for(j = 1; j<= n; j++)    /* 수행 빈도수 = n^2 */
x = x + y;
```

- $O(n^3)$: "입방형(cubic)"이라고 한다. 반복 loop가 세 번 겹치는(triple nested loop) 알고리즘에서 나타난다.
- $O(2^n)$: "지수형(exponential)"이라고 한다. 문제의 가능한 해를 일일이 검사하는 알고리즘에서 나타난다. 실용적이지 못한 알고리즘이지만 실제 문제에서 자주 나타난다.

〈표 2-5〉 계산 시간 함수치

$\log_2 n$	n	$n \log_2 n$	n^2	n^3	2^n
0	1	0	1	1	2
1	2	2	4	8	4
2	4	8	16	64	16
3	8	24	64	512	256
4	16	64	256	4096	65536
5	32	160	1024	32768	4294967296

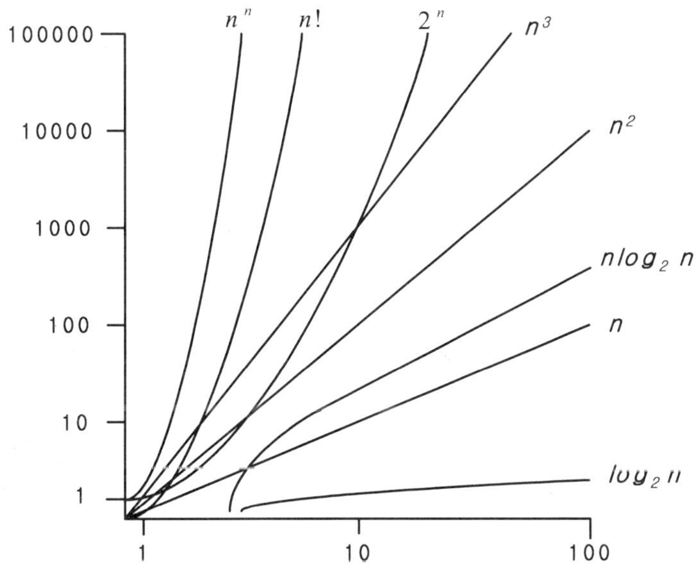

그림 2-4 전형적인 계산 시간 함수의 변화

그림 2-4는 위의 함수의 n에 대한 증가율을 보여 준다(대수 눈금 사용).

그러나. Big-O 복잡도 분석은 많이 사용되는 방법이지만 다음과 같은 한계성이 있다.

- 복잡한 알고리즘에서는 분석이 매우 어렵다.
- 가장 바람직한 분석인 평균 복잡도를 구하는 것이 어렵다.
- 세밀한 측정 방법이 아니므로 작은 차이를 식별하지 못한다.
- 자료가 적은 경우에는 알고리즘의 성능을 반영하지 못한다.

② Ω (Omega) 표기법

지금까지 살펴본 Big－O 표기법은 알고리즘 계산 시간의 상한을 나타내는 데 사용한다. 경우에 따라서는 어떤 문제에 대한 알고리즘 계산 시간의 하한도 매우 중요하므로 이를 표기하기 위한 수학적 정의가 또한 필요하다.

[정의2]	$f(n) = \Omega(g(n))$은 모든 $n \geq n_0$에 대하여 $\lvert f(n)\rvert \geq c\lvert g(n)\rvert$을 만족하는 두 개의 양의 상수 c와 n_0이 존재한다는 것과 같다.

③ Θ (Theta) 표기법

Ω 표기법은 Big－O 표기법의 반대 경우로서 계산 시간 f(n)의 하한을 정의한 것이다. 경우에 따라서는 알고리즘 계산 시간의 상한과 하한이 같을 수 있으므로 이를 표기하기 위한 정의도 필요하다. 즉,

$$f(n) = O(g(n)) = \Omega(g(n))$$

인 경우가 있다. 이런 것을 표기하기 위해 다음과 같은 수학적 정의를 내린다.

[정의3]	$f(n) = \Theta(g(n))$이라는 것은 모든 $n \geq n_0$에 대하여 $c_1\lvert g(n)\rvert \leq \lvert f(n)\rvert \leq c_2\lvert g(n)\rvert$을 만족하는 세 개의 양의 정수 c_1, c_2, n_0이 존재한다는 것과 같다.

만일 $f(n) = \Theta(g(n))$이면 g(n)은 f(n)의 상한인 동시에 하한이 된다. 이것은 어떤 알고리즘에 대한 최선의 경우와 최악의 상태의 자료에 대한 계산시간이 상수 배 차이로 비슷하다는 것을 의미한다.

(3) 실행 단계에서의 연산 복잡도 측정

알고리즘의 복잡도를 계산하는 방법은 앞에서와 같이 알고리즘 언어나 프로그램의 리스트로부터 기본 연산을 계산하는 방법이 가장 합리적인 방법이다. 여기에서는 프로그램을 실제로 실행(execute)하면서 복잡도를 측정하는 방법을 살펴보기로 한다.

한 가지 방법은 프로그램에서 실행되는 명령문의 개수를 세는 방법이다. 분석하고자 하는 프로그램의 중요한 위치에 다음과 같이 계수기(counter) 실행문을 삽입하여 프로그램의 실행이 끝나면 그 값을 출력한다. 이를 위해 컴파일 할 때에 이러한 계수기를 자동적으로 삽입하여 각 실행문의 실행 횟수를 계산할 수 있도록 개발된 패키지도 사용할 수 있다 (예 : IBM의 FETE).

```
COUNT(1) = COUNT(1) + 1
                :
COUNT(2) = COUNT(2) + 1
                :
```

다른 한 가지 방법은 프로그램의 실제 실행 시간을 측정하여 이것을 알고리즘의 복잡도로 간주하는 방법인데 자주 사용되고 있다.

대부분의 컴퓨터 시스템은 프로그램을 실행할 때 실제로 소요된 실행 시간(CPU time이라고도 함)을 측정하는 유틸리티(utility)를 제공하고 있다. 프로그램 전체에 대해 측정할 수도 있고 일부분에 대해서만 측정할 수도 있다.

우선 측정하고 싶은 프로그램의 바로 앞에 다음과 같은 실행문을 삽입한다.

```
CALL CLOCK(TIME_IN)
```

여기서 CLOCK은 컴퓨터 시스템이 제공하는 유틸리티 루틴을 나타낸 것인데 컴퓨터 시스템마다 다르므로 사용자 설명서를 참조하여야 한다.

측정하려는 프로그램의 끝 바로 다음에 다음의 실행문을 삽입한다.

```
CALL CLOCK(TIME_OUT)
TIME = TIME_OUT - TIME_IN
```

TIME의 값이 실행 시간이 된다. 즉, 측정하려는 프로그램이 시작하는 곳과 끝나는 곳에서 시간을 측정하고 그 차이를 계산함으로써 실행 시간을 계산한다. 일반적으로 이 루틴은 백분의 1초까지 측정한다.

이 방법은 다음과 같은 이유에 의해 정확하게 실행 시간을 측정하지 못한다.

측정 단위 시간에 비해 실행 속도가 너무 빠르다. 예를 들어 측정 시계의 단위 시간이 0.0001초인데 비해 한 개의 실행문이 수행되는 시간은 10^{-7}초 정도이다. 따라서 짧은 측정 단위 시간 동안에도 수만 번의 실행을 할 수 있으므로 실행 시간이 충분히 크지 않으면 정확성을 잃게 된다. 또한 프로그램의 실행 시간을 측정할 때 컴퓨터가 동시에 존재하는 많은 작업을 교대로 수행하므로(이를 시분할(time sharing)이라고 함) 작업을 교대할 때마다 발생하는 시간적 오차가 누적되기 때문이다. 예를 들어 많은 사람이 사용하는 낮에 측정한 실행 시간보다 밤에 측정한 실행 시간이 짧아지게 된다.

그러나 실행 시간을 측정하여 알고리즘의 복잡도를 비교하는 것은 자주 이용되고 있다. 실행 시간의 측정만으로 두 알고리즘을 비교하는 것은 설득력이 약하지만 복잡도 차수(order)를 계산하고 그 보조 수단으로 실행 시간을 측정하거나, 또는 비교하려는 알고리즘의 복잡도가 같은 경우에 실행 시간을 비교한다. 또한 경험적(heuristic) 알고리즘을 비교할 때에는 이 방법이 많이 사용된다.

실행 시간의 측정치는 사용 컴퓨터 시스템의 종류에 따라 크게 달라지므로 측정된 알고리즘의 실행 시간을 언급할 때에는 사용 컴퓨터 시스템과 사용 컴파일러를 반드시 명시하여야 한다. 두 알고리즘의 복잡도를 비교할 때 서로 다른 컴퓨터 시스템에서의 실행 시간을 사용하는 것은 무의미하기 때문이다. 참고로 프로그램의 실행 시간(CPU time)은 컴퓨터가 사용한 전체 시간인 경과 시간(elapsed time)과는 다르므로 구별하여야 한다. 경과 시간은 실제 시간에 사용되지 않는 시간, 즉 시분할 처리에 의한 다른 사람의 프로그램 수행 시간, 데이터 입출력에 필요한 시간 등도 포함하므로 실제 실행 시간보다 더 길 수 있다.

시간을 재는 데 필요한 함수는 C언어의 표준 라이브러리에서 제공하며 이것은 C언어의 헤더 파일 <time.h>로 수행시킬 수 있다. C언어에서 시간을 측정하는 방법은 2가지가 있다. 〈표 2-6〉은 이 두 가지 방법의 차이점을 보여 준다.

〈표 2-6〉 시간 측정 방법

	방법1	방법2
시작 시간	start=clock( );	start=time(NULL);
종료 시간	stop=clock( );	stop=time(NULL);
반환 타입	clock_t	time_t
결 과	duration= ((double)(stop−start))/CLK_TCK;	duration=(double) difftime(stop.start)

[리스트 2-3]은 CLK_TCK에 의한 실행 시간 측정 예를 나타낸 것이다.

```
#include <stdio.h>
#include <time.h>
#define MAX_SIZE 1601
#define ITERATIONS 26
#define SWAP(x, y, t) ((t)=(x), (x)=(y), (y)=(t))
void main(void)
{
     int I, j, position;
     int list[MAX_SIZE];
     int sizelist[] = {0, 10, 20, 30, 40, 50, 60, 70, 80, 90, 100, 200,
              300, 400, 500, 600, 700, 800, 900, 1000, 1100, 1200, 1300,
              1400, 1500, 1600};
```

```
    clock_t start, stop;
    double duration;
    printf("          n                    time\n");
    for(i=0;  i<ITERATIONS;  I++) {
        for(j=0;  j<sizelist[i];  j++)
                            list[j] = sizelist[i]-j;
        start = clock();
        sort(list, sizelist[i]);
        stop = clock();
        /* CLK_TCK = 초당 똑딱거리는 수 */
        duration = ((double)(stop-start)/CLK_TCK;
        printf("%6d   %f\n, sizelist[1], duration);
    }
}
```

[리스트 2-3] Sort 알고리즘 실행 시간 측정 리스트

(4) 기억 장소 사용량

알고리즘의 기억 장소 사용량 분석은 연산 시간 분석보다 쉽다. 어떤 프로그램이 사용하는 기억 장소의 사용량은 프로그램의 연산 시간과 마찬가지로 프로그램과 사용 컴퓨터의 종류에 따라 달라진다. 그러나 단지 알고리즘을 검토해 봄으로써 기억 장소의 사용량에 대해 어느 정도 판단할 수 있다. 프로그램에서 사용하는 상수, 변수 및 입력 자료를 위해 기억 장소가 필요하고 또한 프로그램의 명령 및 자료를 처리하고 계산에 필요한 정보를 기억하기 위해서도 기억 장소가 필요하다. 이러한 기억 장소를 계산하면 기억 장소의 사용량이 산출된다. 그러나 일반적으로 기억 장소 사용량의 계산은 자료를 저장하는 기억 장소만을 계산한다. 만약 기억 장소 사용량이 특정 입력에 따라 달라진다면 평균적 또는 최악의 경우를 분석 할 수 있다. 연산 시간 분석과 마찬가지로, 기억 장소 사용량도 차수(order) 기호로 표현한다.

모든 알고리즘은 특정 자료구조를 사용하고 있으며 이 자료구조는 처리해야 할 자료의 종류, 필요한 연산의 종류와 빈도 등에 의해 적절히 선택된 것이다. 알고리즘은 이러한 자료구조에 따라 결정된 것이므로 가장 효율적인 알고리즘이라고 할 수는 없다. 때때로 자료구조를 선택할 때에 연산 시간 대 기억 장소 사용량간의 절충 관계(time−space trade−off)가 발생한다. 즉 연산 시간을 감소시키기 위하여 기억 장소 사용량을 증가시키거나, 기억 장소 사용량을 감소시키기 위해 연산 시간의 증가를 감수해야 한다.

알고리즘에 대한 기억 장소 사용 분석은 보통 시간 분석보다 다소 쉽지만 공간 분석이 요구

될 경우 시간 분석과 같은 방법을 이용한다.

보통 공간 분석은 자료값을 저장하기 위해 필요한 공간을 분석하는 것으로 알고리즘 자체를 저장하는 것은 아니다. 또한 시간 분석과 마찬가지로 공간 함수도 차수 개념으로 표현된다.

다음은 주어진 어떤 큰 문제에 대한 최적해(optimal solution)를 구하고자 할 때, 효과적으로 알고리즘을 설계하는 데 있어 상당히 중요하고 이를 해결할 수 있는 분할 정복, greedy, 동적 프로그래밍, 역추적 기법 등을 간략하게 살펴보기로 한다.

㉠ 분할 정복 기법

분할 정복(divide and conquer) 설계 기법은 n개의 입력 자료를 가진 문제에 대해 입력 자료를 k개(1 〈 k 〈 n)의 분리된 부분 집합으로 분해하여 k개의 부분 문제들로 나누고 이들 각각에 대한 부분해(sub solution)를 구하고 이들을 결합하여 주어진 전체 문제에 대한 해를 구하는 방법이다.

또한 부분해들에 대한 해를 구할 때에도 해결되어야 할 부분 문제들이 비교적 큰 상태이면 분할 정복 기법이 재적용될 수 있다. 분할 정복 기법을 적용함으로써 발생되는 부분 문제들은 대부분 원래 주어진 문제와 동일한 형태이다. 따라서 이러한 경우에 분할 정복 기법의 재적용은 자연적으로 순환적 프로시저(recursive procedure) 형태로 표현된다.

㉡ greedy 기법

가장 간단한 설계 기법으로 매우 광범위한 문제들에 대해 적용 가능하며 비록 전부는 아니지만 대부분의 문제들이 n개의 입력을 가지고 어떤 제한 조건들을 만족하는 부분 집합을 구하는 문제들이다. 이때 어떤 제한 조건들을 만족하는 임의의 부분 집합을 적정해(feasible solution)라 하며, 주어진 목적 함수를 최대화 또는 최소화시키는 적정해를 최적해(optimal solution)라 한다.

㉢ 역추적 기법

가장 일반적인 기법들 중의 하나이며 해(solution) 집합을 구하기 위한 검색 문제나 어떤 제약 조건들을 만족하는 최적해를 구하는 많은 문제들이 이 기법을 적용하여 해결될 수 있다.

역추적(backtracking) 기법을 적용하기 위해서 요구되는 해는 하나의 N−tuple(X_1, X_2, …, X_n)로서 표현되어야 한다. 단 Xi는 어떤 유한집합으로부터 선택되어진다.

역추적 알고리즘은 훨씬 적은 수행을 함으로써 동일한 답을 구할 수 있다는 장점이 있다.

㉣ 동적 프로그래밍 기법

동적 프로그래밍(dynamic programming) 알고리즘은 작은 부분 문제에 대해 결과와 해를 저장하여 큰 부분 문제에 대한 해를 구할 때 계산할 필요 없이 재이용된다. 또한 이 기법은 순환적(recusive) 알고리즘이 반복적으로 많은 부분 문제를 해결하고자 할 때 적합한 방법이다.

이와 같은 기법 외에 다른 방법으로 효율적인 해를 구하지 못하는 NP-complete 문제에 접했을 때 그 문제에 대한 입력 자료들이 해를 구하는 데 특정한 성질을 가지고 있는지, 또한 쉽게 발견된 근접해가 정확한 해를 계산하는 데에 사용되는지를 결정해야 한다. NP라는 것은 비결정적 다항식(non-deterministic polynomial)의 약칭으로 Knapsack, Coloring, Bin packing, Traveling Salesman 문제 등이 여기에 포함된다.

(5) 정확성

알고리즘이 정확하다는 것은 옳은 입력이 주어졌을 때 유한한 시간 내에 옳은 결과를 출력해 내는 것을 뜻한다. 알고리즘의 정확성은 증명되어야 하는데, 만약 알고리즘이 매우 짧고 간단하면 간단한 예제를 사용하여 손으로 알고리즘을 수행(hand-simulation)해 봄으로써 비공식적으로 증명할 수 있다. 비록 이 방법은 공식적인 증명은 되지 못하나 간단한 문제에서는 그것으로도 충분할 수 있다.

문제가 크고 복잡할 경우에는 이를 작은 부분(segment)으로 분할하여, 각 부분들이 모두 정확한 것을 증명함으로써 전체 알고리즘이 정확한 것을 증명 할 수 있다. 이 방법을 사용하려면 알고리즘이나 프로그램이 별개의 작은 부분으로 분할될 수 있고 각 부분들이 개별적으로 증명될 수 있도록 작성되어야 한다. 이 책에서 다루는 대부분의 알고리즘은 작은 부분으로 되어 있으며 이들이 모여서 큰 프로그램이 작성되기 때문에 매우 긴 알고리즘의 정확성을 증명하는 것은 어렵지 않다. 알고리즘의 정확성을 엄밀하게 증명하기 위해서는 수학적 귀납법을 사용하여야 하지만 이 책에서는 생략하기로 한다.

(6) 간결성

가장 간결한 방법으로 문제를 푸는 것이 항상 가장 효율적이지는 않다. 간단한 방법일지라도 많은 연산시간과 기억장소가 소요될 수 있기 때문이다. 이 것은 연산시간과 기억 장소 사용량에 대한 분석이 간결성보다 더 중요하게 고려되어야 한다는 뜻이다. 그러나 알고리즘의 간결성은 바람직한 성질이다. 이는 알고리즘의 정확성을 쉽게 증명할 수 있게 하고 또한 프로그램의 작성, 수정작업을 쉽게 하기 때문이다. 그러나 자주 사용되어야 하는 알고리즘이라면 알고리즘을 선택할 때 효율성을 간결성보다 중요하게 고려하여야 한다.

CHAPTER 3

배열과 레코드

3.1 순차 리스트

본 장에서는 배열로 처리할 수 있는 자료 형태인 리스트(list)를 정의하고 이를 나타내는 자료구조를 살펴본다.

리스트는 간단하면서도 매우 일반적으로 사용되는 자료형이다. 예를 들면, 한 주일의 요일 리스트는 (일요일, 월요일, 화요일, 수요일, 목요일, 금요일, 토요일) 건물의 층 리스트는 (지하, 1층, 2층, 3층), 제2차 세계 대전의 연도 리스트는 (1941, 1942, 1943, 1944, 1945), 오늘 중으로 배달해야 할 제품 번호 리스트는 (1001, 1332, 4820, 5371) 등이다. 이와 같은 리스트는 일반적으로 원소가 순차적으로 표현되므로 순차 리스트(sequential list), 순서 리스트(ordered list), 또는 선형 리스트(linear list)라고 부른다. 순차 리스트는 일반적으로 다음과 같이 집합으로 표현될 수 있디.

$$A=(a_1,\ a_2,\ \cdots,\ a_n)$$

여기서 a_i는 집합 A의 원소이다. 만약 $n = 0$이면 A는 비어 있다(empty 또는 null)라고 한다. 원소는 어느 위치에서든 삽입과 삭제가 가능하며 따라서 원소의 개수가 변할 수 있다. 리스트에서 수행하는 연산은 순회, 탐색, 정렬, 삽입, 삭제, 합병 등이다. 따라서 이러한 연산들이 효과적으로 수행될 수 있도록 순차 리스트를 표현하는 방법, 즉 자료구조를 선택해야 한다.

순차 리스트를 표현하기 위해 기본적으로 두 가지의 자료구조가 사용된다. 가장 보편적인 자료구조는 배열이며 리스트 원소 a_i를 배열의 첨자 i와 관련시킨다. 즉, 원소 a_i와 a_{i+1}간의 순차적인 관계를 배열 원소간의 순차적인 위치 i와 i+1에 나타낸다. 리스트의 특정 원소를 검색하거나 수정하는 것은 배열의 첨자를 사용함으로써 쉽게 수행된다. 그러나 원소를 삽입하거나 삭제할 경우에는 배열의 순차적 구조가 부적합하다. 이것은 배열 원소의 순서를 제대로 유지시키기 위하여 많은 원소들을 이동시켜야 하기 때문이다. 이러한 단점을 해결하기 위하여 다음 방법이 사용된다.

순차 리스트를 표현하는 다른 한 방법은 리스트 원소간의 순차적인 관계를 일단 비순차적으로 저장하고(즉, a_i와 a_{i+1}을 순서 없이 임의적으로 저장하고) 포인터(또는 링크)를 사용하여 원소들 간의 순차적인 관계를 유지하도록 한다. 이러한 자료구조가 4장에서 공부할 연결 리스트(linked list)이다. 연결 리스트의 구조에서는 배열에서 쉽지 않았던 삽입, 삭제 연산이 효율적으로 수행된다.

순차 리스트의 자료구조를 선택할 때에는 어떤 연산이 주로 수행될 것인지를 파악하여야 한다. 배열은 순회, 탐색, 정렬 연산이 매우 쉽게 수행되는 자료구조이므로 비교적 원소의 삽입, 삭제가 없는 자료에 사용되며 삽입, 삭제가 빈번한 자료의 순차 리스트에는 연결 리스트가 유용하다.

3.2 배열의 정의

둘 이상의 변수가 공통적인 성질을 가지고 있을 경우에 임의의 첨자를 이용하여 하나의 변수로 처리할 수 있다.

그림 3-1에서와 같이 A라는 변수가 n개로 구성된 경우 A(1)은 A의 첫 번째 원소이고, A(2)는 A의 두 번째 원소이며, A(n)은 마지막인 n번째 원소를 가리킨다. 이와 같이 A(1), A(2), …, A(n)을 A(i)로 표시하며 i를 변수로 하여 1에서 n까지 변경시킬 수 있음을 의미한다. 여기서 A와 같은 집단의 묶음을 대표하는 이름을 배열명이라고 하며 배열을 구성하는 각각의 변수 A(1), A(2), …, A(n)을 배열 원소라고 부른다. 또한 배열명에 첨자를 사용하여 배열을 이루는 변수 i와 같은 것을 첨자 변수라 부른다.

즉, 배열이라 함은 연속적으로 저장된 기억 공간의 위치를 의미하게 되고 또는 첨자(index)가 정의되어 그 첨자와 연관된 값(value)에 의해서 이루어지는 쌍의 집합(index, value)으로 되는 경우가 있다. 이때 첨자에 연관되어 값을 대응시키는 것을 사상(mapping)이라고 한다. 배열은 사용하는 첨자의 수에 따라 1차원, 2차원, 3차원 배열 등이 있다.

배열에 대한 추상 자료형을 나타내면 [리스트 3-1]과 같다.

```
class Array{
    // object : IndexSet의 index 각 값에 대하여 float 타입의 value가 존재하는
    // <index, value>쌍의 집합,
    // IndexSet는 일차원 또는 다차원의 유한 순서집합
    // 예를 들어, 일차원 배열의 경우 {0, 1, 2, …, n-1}이고,
    // 2×2 이차원 배열의 경우 {(0,0),(0,1),(1,0),(1,1)}이 된다.

public :
 Array(int j, RangeList list, float initValue=defaultValue);
    // 생성자 Array는 j-차원의 배열을 생성
    // k 번째 인덱스 범위는 list의 k 번째 원소에 의해 주어진다.
    // 인덱스 집합의 각 인덱스 i에 대해 <i, initValue>를 배열에 삽입

float Retrieve(index i);
    // if(i ∈ 인덱스집합) 배열내의 인덱스 i에 대응하는 원소값 반환
    // else 오류를 출력

void Store(index i, float x);
    // if(i ∈ 인덱스집합)배열내의 <i,y>의 쌍을 삭제하고
    // <i,x>의 쌍을 삽입
    // else 오류를 출력
}
```

[리스트 3-1] 배열의 추상 자료형

3.2.1 1차원 배열

가장 단순한 배열의 형태가 1차원 배열(one-dimensional array 또는 vector)이다. (그림 3-1)에는 1차원 배열 A가 n개의 원소로 이루어져 있는 것을 나타내고 있다. 배열 원소의 첨자는 배열 안에 정해진 원소들의 순서 중에서 그 원소의 위치를 표시한다. 첫 번째 배열 원소는 A(1)로 표시한다. 즉, 배열 원소는 그 자체의 이름을 갖지 않으며 배열명에 첨자를 사용하여 배열 안에서의 그 원소의 상대적인 위치를 나타내도록 한다.

1차원 배열 A의 첨자가 l 부터 u까지의 값을 가질 때 A(l :u)로 표시하고 l 을 하한치(lower bound), u를 상한치(upper bound)라고 한다. l 은 일반적으로 1이지만 프로그래밍 언어에 따라 음수 또는 0일 수도 있으며 주어진 문제에 따라 결정된다. 배열에 있는 원소 개수를 배열의 크

기(size)(길이[length] 또는 범위[range]라고도 함)라 하며 A(l:u)의 크기는 u−l+1이다. A(1 :n)은 간단히 A(n)으로 표현하며 그 크기는 n이다.

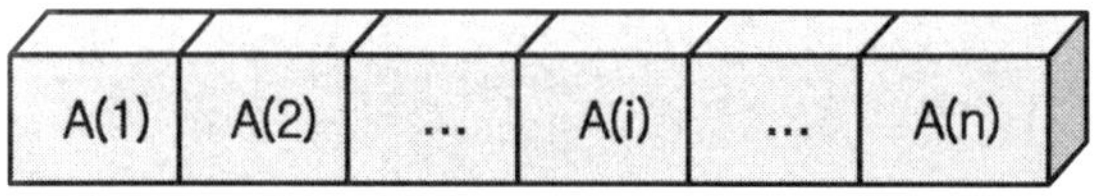

그림 3-1 1차원 배열A의 표현

3.2.2 2차원, 3차원 배열

2차원 배열(two−dimensional array 또는 matrix, table)은 1차원 배열이 중복되어 구성된다. 즉, 2차원 배열 B에 1차원 배열이 m개 있고 각 1차원 배열에 n개의 원소가 있다면 2차원 배열 B는 논리적으로 그림 3−2와 같이 m×n행렬로 표현할 수 있다. 2차원 배열 B의 원소를 지정하기 위하여 두 개의 첨자를 사용하여 B(i, j)와 같이 표시하며 첫째 첨자는 배열의 행(row)을, 둘째 첨자는 배열의 열(column)을 나타낸다. 따라서 B(i, j)는 그림 3−2에 보인 바와 같이 배열 B에서 i번째 행의 j번째 열에 있는 원소를 가리킨다.

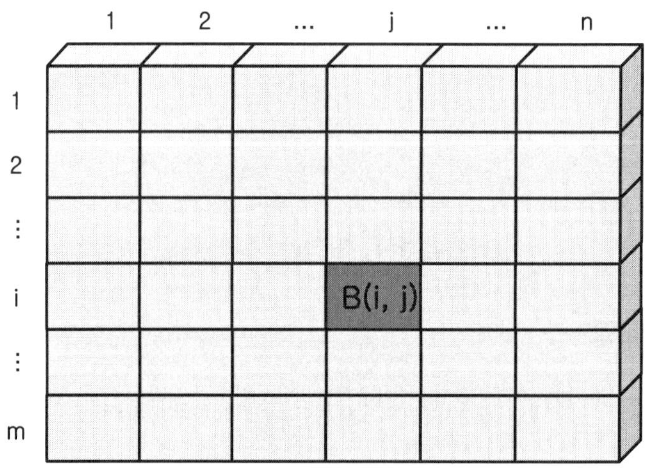

그림 3-2 2차원 배열 B와 배열 원소 B(i, j)

2차원 배열을 하한치와 상한치를 사용하여 더 일반적으로 표시해 보자. 행첨자의 하한치와 상한치를 각각 l_1, u_1이라 하고 열 첨자의 하한치와 상한치를 각각 l_2, u_2라고 하면 2차원 배열 B는 B(l_1:u_1, l_2:u_2)와 같이 표현할 수 있다.

B의 한 행에 있는 원소의 개수는 u_1-l_1+1이며, 한 열에 있는 원소의 개수는 u_2-l_2+1이다.

따라서 B의 전체 원소 개수는 $(u_1 - l_1 + 1) \times (u_2 - l_2 + 1)$이다.

3차원(three-dimensional array) 이상의 배열도 1차원과 2차원 배열의 개념을 확대하여 정의할 수 있다.

일반적으로 n차원 배열에서 한 원소를 지정하기 위해서는 n개의 첨자가 필요하다.

n차원 배열을 하한치와 상한치로 표현하면 $A(l_1{:}u_1,\ l_2{:}u_2,\ \cdots,\ l_n{:}u_n)$과 같고 전체 원소 개수는 $(u_1 - l_1 + 1) \times (u_1 - l_1 + 1) \times \ \cdots\ \times (u_n - l_n + 1)$이다.

(그림 3-3)은 3차원 배열 C(1:o, 1:m, 1:n)을 표현한 예로서, C(i, j, k)는 i면 j행 k열의 원소를 의미한다. 4차원 이상의 배열을 그림으로 표현하기는 어렵다.

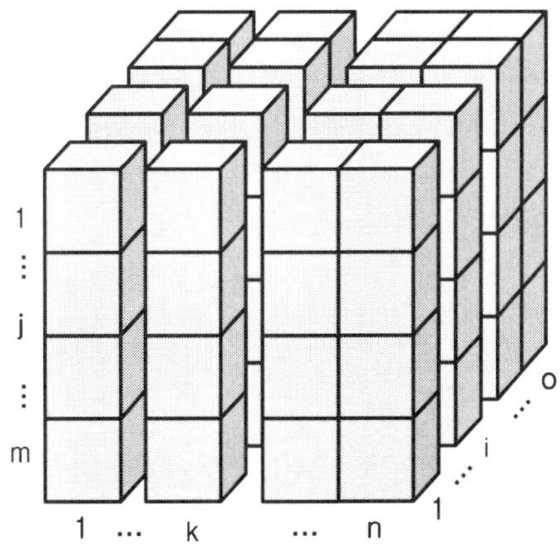

그림 3-3 3차원 배열의 표현

3.3 배열의 저장 방법

배열은 대부분의 고급 프로그래밍 언어에서 내장된(built-in) 자료구조로 제공되고 있으므로 프로그래머가 저장 방법을 선택할 수가 없다. 그러나 배열이 기억 장소 내부에서 어떻게 저장되는지에 대해서 살펴볼 필요가 있다. 다른 자료구조에서와 마찬가지로, 배열을 기억 장소에 표현하는 방법에도 여러 가지가 있다. 이 표현 방법들은 다음의 네 가지 성질을 기준으로 하여 평가될 수 있다.

① 배열 원소를 처리할 때의 단순성
② 경로를 따라 순회할 때의 용이성
③ 저장 장소 이용의 효율성
④ 배열을 확장할 때의 용이성

이 네 가지 전부를 최적화하기는 불가능하다. 먼저 1차원 배열에 대해 살펴본 다음에 다차원 배열에 대해 고려한다.

3.3.1 1차원 배열의 저장 방법

1차원 배열을 기억 장소에 저장시키는 방법은 기억 장소에 저장되는 물리적인 순서를 그림 3-1에 보인 배열의 논리적 순서와 같도록 저장하는 것이다. 즉, 원소 A(i+1)의 저장 장소가 A(i)의 저장 장소에 바로 인접하도록 한다(여기서 i=1, …, u−1).

원소 A(i)가 시작되는 주소를 계산하기 위해서는 다음 사항을 알아야 한다.

- 배열 A에 할당된 저장 장소가 시작되는 주소(base address)
- 각 원소의 크기

배열이 시작되는 주소를 B라 하고 배열 원소의 크기를 S바이트라고 가정하자. 만약 배열 A의 하한치 l 이 1이라면 배열의 i 번째 원소가 시작하는 주소는 B+(i−1)×S로 계산한다. 이는 크기가 S인 i−1개의 원소가 i 번째 원소보다 앞에 저장되기 때문이다. 그림 3-4와 같이 만약 하한치 l이 1이 아닌 일반적인 경우에 i번째 원소의 시작 주소는 B+(i−l)×S인데 이것은 1−(−2), 즉 3개의 원소 A(−2), A(−1), A(0)이 A(1)의 앞에 오기 때문이다.

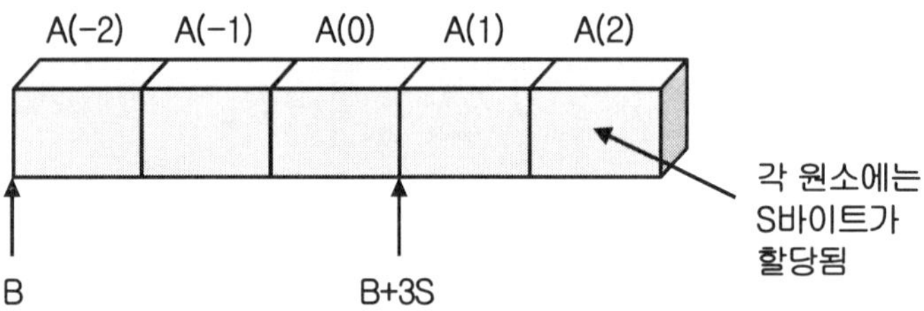

그림 3-4 배열 A(−2:2)에서 A(1)의 시작 주소

중요한 점은 원소 A(i)의 위치를 위와 같이 계산할 수 있으므로 모든 i에 대해 그 계산 시간이 같으며 또한 계산된 주소로 직접 가서 그 원소를 처리할 수 있다는(direct access)것이다. 따라서 i가 크든 작든 A(i)를 검색할 때 소요되는 시간은 일정하다. 이것은 배열의 매우 중요한 특성이다.

3.3.2 2차원 배열의 저장 방법

그림 3-5는 그림 3-2에 보인 2차원 배열의 논리적 표현을 개념적으로 각 원소의 위치를 보

이기 위하여 입체적으로 나타낸 것이다. 그러나 실제 컴퓨터의 기억 장소는 선형적으로 구성되어 있으므로, 다차원 배열을 선형적 형태로 구성하여야 한다.

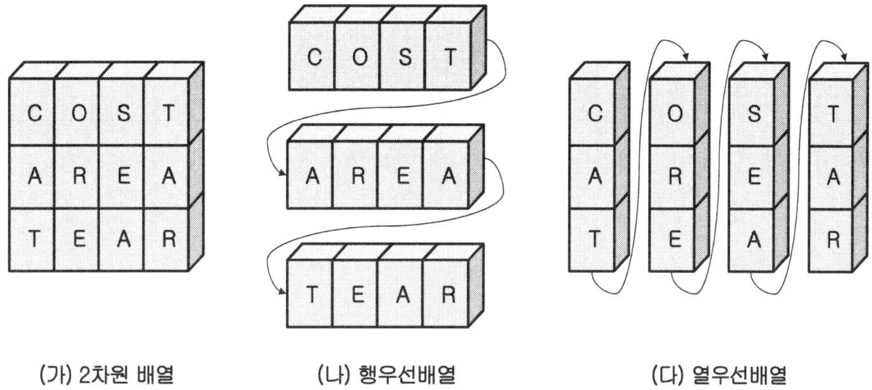

그림 3-5 배열의 우선 관계

다차원 배열을 선형적 형태로 구성하는 방법은 행우선 또는 열우선 방법이 있다(그림 3-5). 먼저 첫째 행, 둘째 행, 셋째 행 등의 방법으로 저장할 수 있다. 예를 들어 그림 3-6(가)에 보인 2차원 배열 A(1:4, 1:6)의 논리적 표현을 기억 장소에서 물리적으로 (나)와 같이 저장한다. 이 방법을 행우선 순서(row major order) 방법이라고 하며 COBOL, Pascal, PL/1, C 등의 프로그래밍 언어에서 사용하는 배열의 저장 장소 할당 방법이다.

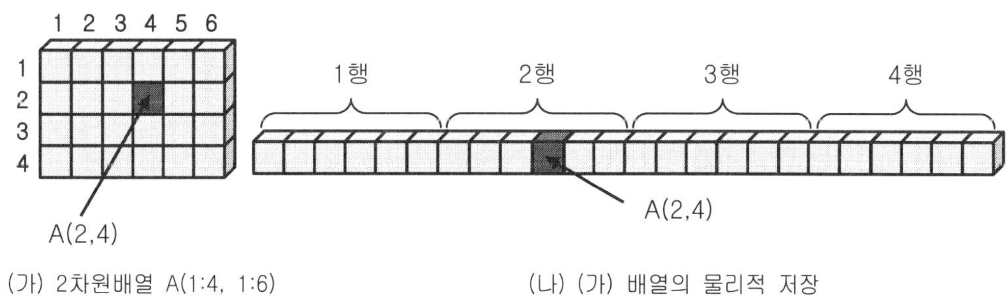

그림 3-6 2차원 배열의 행우선 방법에 의한 저장

그림 3-6의 A(4,6) 2차원 배열에서 A(i, j)의 주소를 계산하는 방법에 대해 알아보자. B를 배열의 시작 주소라 하고 각 원소의 크기를 S바이트라 할 때, A(i, j)의 주소는 B+(i−1)×6×S+(j−1)×S와 같이 계산된다. 그 이유는 A(i, j)보다 앞에 오는 행은 i−1개이며, 각 행의 길이는 6×S이고, 또한 i행에서 A(i, j)보다 앞에 나오는 원소의 개수는 j−1개이기 때문이다. 예를 들어 A(2, 4)의 주소는 B+9×S이다.

이를 일반화하면 $A(l_1{:}u_1,\ l_2{:}u_2)$에서 a(i, j)의 주소는 $B+(i-l_1)\times(u_2-l_2+1)\times S+(j-l_2)\times S$와 같이 계산된다. 그림 3-7은 배열 Z(−2:2, 4:6)에서 원소 Z(0,6)의 위치를 보이고 있다. 이 원소의 주소는 $B+(0-(-2))\times(6-4+1)\times S+(6-4)\times S$, 즉 $B+8\times S$이다.

2차원 배열을 선형적 형태로 저장하는 다른 한 방법은 열(column) 순서로 저장하는 방법이며 이를 열우선 순서(column major order)라고 한다. 그림 3-7(가)를 이 방법으로 저장하면 그림 3-8과 같다. FORTRAN에서는 열우선 순서 방법에 의해 배열의 저장 장소가 할당된다.

B와 S를 앞에서와 같이 정의하면 열우선 순서 방법에 의한 A(i, j)의 시작 주소는 행 우선 순서방법에서와 비슷한 이유로 $B+(j-1)\times4\times S+(i-1)\times S$와 같이 계산된다. 일반적인 $A(l_1{:}u_1,\ l_2{:}u_2)$의 경우에는 $B+(j-l_2)\times(u_1-l_1+1)\times S+(i-l_1)\times S$와 같다.

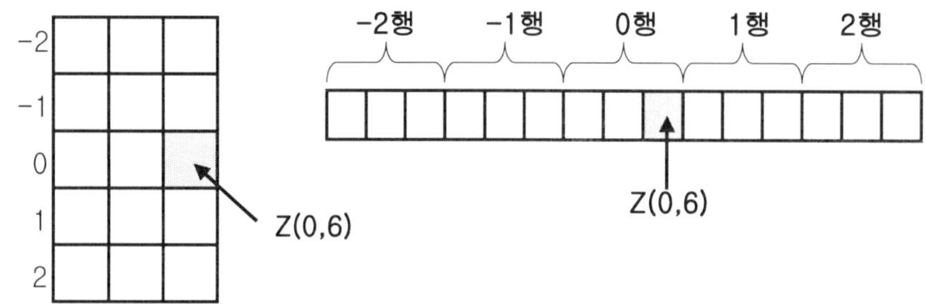

(가) 배열 Z(-2:2,4:6)　　　(나) 행우선 저장 형태

그림 3-7 행우선 저장의 예

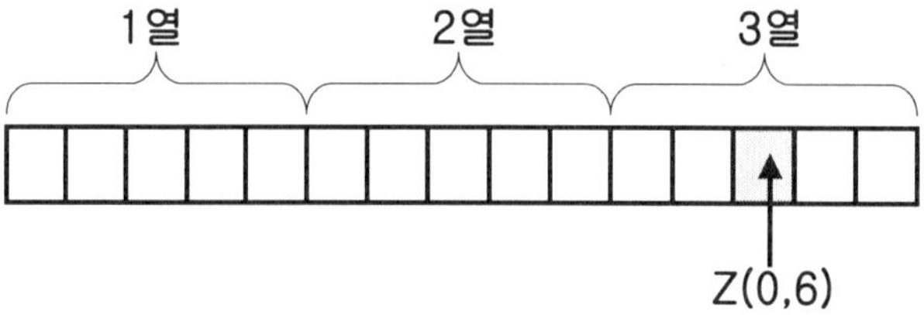

그림 3-8 열우선 저장의 예

3.3.3 3차원 배열의 저장 방법

그림 3-9는 3차원 배열 A(1:3, 1:2, 1:3)이 행우선 순서로 저장된 것을 보이고 있다. (가)는 3차원 배열을 논리적으로 표현하기 위하여 3차원 배열의 첫째 첨자를 면, 둘째 첨자를 행, 셋째 첨자를 열로 나타낸 것이며, (나)는 이 배열이 컴퓨터 내부에서 물리적으로 저장된 것을 보이고 있다. 이 행우선에서의 3차원 배열의 주소 계산은 A(1, 1, 1)을 B로 하면 A(i, 1, 1)은 i면 1행 1열의 주소인데 $B+(i-1)\times2\times3$이며, A(i, j, 1)은 i면 j행 1열의 주소인데 $B+(i-1)\times2\times3+$

$(j-1)\times3$이다. $A(i, j, k)$는 $B+(i-1)\times2\times3+(j-1)\times3+(k-1)$이 된다.

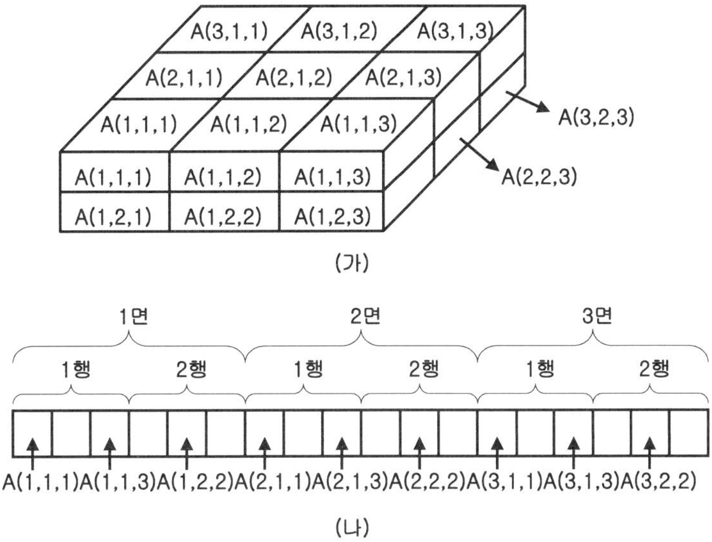

그림 3-9 3차원 배열을 행우선으로 저장

이를 일반화하여 $A(l_1:u_1,\ l_2:u_2,\ l_3:u_3)$에서 $A(i, j, k)$의 주소를 행우선 순서로 구하면 $B+(i-l_1)\times(u_2-l_2+1)\times(u_3-l_3+1)+(j-l_2)\times(u_3-l_3+1)+(k-l_3)$이다. 또한 $A(i, j, k)$의 주소를 열우선 순서로 구하면 $B+(k-l_3)\times(u_1-l_1+1)\times(u_2-l_2+1)+(j-l_2)\times(u_1-l_1)+(i-l_1)$이다(각 원소의 크기 S는 1바이트라고 가정하여 생략하였음).

그림 3-10은 그림 3-9의 3차원 배열이 열우선 순서로 저장된 것을 보이고 있다. 3차원 이상의 배열에서는 행우선 순서, 열우선 순서를 각각 우첨자 우선 순서(right subscript major order), 좌첨자 우선 순서(left subscript major order)라고 부르고 있다. 이 용어의 개념을 사용하면 그림 3-9와 그림 3-10의 설명이 더욱 분명해진다. 예를 들어 우첨자 우선 순서는 가장 오른쪽 첨자, 즉 열첨자가 우선적으로 변하고, 다음에는 오른쪽에서 둘째 첨자, 즉 행첨자가 변하면서 저장된다.

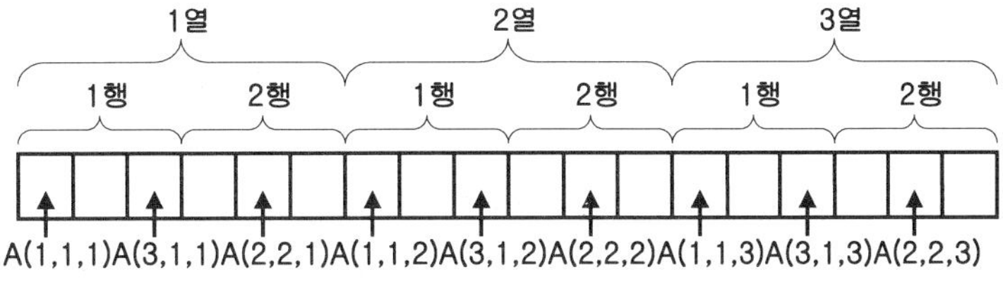

그림 3-10 3차원 배열을 열우선 순서로 저장

위에서 설명한 바와 같이 배열 원소의 주소는 계산에 의해 알게 되는데 이러한 방법을 계산 주소 방법(computed–address method)이라고 한다. 이 방법을 사용하는 자료구조는 배열 이외에 스택, 큐 등이 있다. 자료구조에서 한 원소의 위치를 알아내는 방법에는 계산 주소 방법 이외에 포인터 주소 방법(pointer[또는 link]–address method)이 있다. 이 방법에서는 자료 원소의 위치를 계산하지 않고 그 위치를 변수값(즉, pointer 또는 link)으로 기억시켜 놓은 방법이다. 이 방법을 사용하는 자료구조에는 연결 리스트가 있다.

각 배열의 위치 선정을 정리하면 다음과 같다(각 배열 원소의 크기는 1바이트, 배열의 시작 번지는 B라고 가정한다).

- 1차원 배열
  $A(n)$에서 $A(i)$의 번지 $= B + (i-1)$

- 2차원 배열
  ① 행우선 $A(m, n)$에서 $A(i, j)$의 번지 $= B + (i-1)n + (j-1)$
  ② 열우선 $A(m, n)$에서 $A(i, j)$의 번지 $= B + (j-1)m + (i-1)$

- 3차원 배열
  ① 행우선 $A(u_1, u_2, u_3)$의 $A(i, j, k)$의 번지
  $= B + (i-1)u_2 u_3 + (j-1)u_3 + (k-1)$
  ② 열우선 $A(u_1, u_2, u_3)$의 $A(i, j, k)$의 번지
  $= B + (k-1)u_1 \cdot u_2 + (j-1)u_1 + (i-1)$

3.4 배열의 응용 예

3.4.1 배열의 연산

대부분의 프로그래밍 언어에서 배열은 내장된 자료구조이므로 배열 선언에 의해 쉽게 처리된다. 본 절에서는 배열에서의 순회, 삽입 및 삭제 연산에 대해 간단히 살펴본다.

먼저 순회 연산에 대해 살펴보자. 예를 들어 배열 A의 각 원소를 인쇄하거나 또는 모든 원소의 값을 합산하는 연산은 배열 A를 순회함으로써 처리된다. 즉, 각 원소를 오직 한 번만 읽어내어 처리하면 된다. 배열의 순회 연산은 반복(loop)을 사용하여 간단히 처리되는데 그 이유는 배열이 선형 구조이기 때문이다.

반복을 사용할 때 주의할 사항에 대해 살펴보자. 앞 절에서 언급한 바와 같이 프로그래머가 배열의 저장 방법을 선택하여 사용할 수 없으므로 프로그래밍 언어의 저장 방법에 맞추어 프로그램을 작성해야 한다.

예를 들어 A(500, 20)의 모든 원소 값을 합하는 다음과 같은 프로그램을 생각해 보자.

```
int sum(){
int i, j, total;
for(i=1; i<=500; i++)
   for(j=1; j<=20; j++)
      total = total + A(i,j);
return total;
}
```

FORTRAN 프로그램 언어에서는 열우선 순서 방법에 의해 배열 원소들이 저장되어 있으므로 위와 같이 행 단위로 연산을 하면 계산 효율이 저하된다. 더욱이 가상 기억 장치(virtual memory)를 사용할 경우, 한 배열 내의 원소가 다른 저장 장소에 나뉘어져 있게 되므로 인접하지 않은 원소를 찾기 위해서는 다른 저장 장소를 처리해야 하므로 계산 시간의 낭비를 초래하게 된다. 몰론 Pascal과 같이 행우선 순서 방법을 사용하는 언어에서는 위의 프로그램형태가 바람직하다.

배열 저장 방법에 대해 주의해야 할 다음 예를 살펴보자. FORTRAN에서 배열 a(1:3, 1:2)의 출력문 WRITE(6,*) A는 WRITE(6,*) A(1,1), A(2,1), A(3,1), A(1,2), A(2,2), A(3,2)와 동일하다. 즉 열우선 순서 방법에 의해 저장된 순서대로 출력된다. 따라서 FORTRAN에서 행 단위로 출력하려면 다음과 같이 프로그램을 작성해야 한다.

```
WRITE(6,*) ((A(i,j), j = 1,2), i=1,3)
```

배열 A에 새로운 배열 원소를 삽입하는 연산을 살펴보자. 만약 삽입될 원소가 리스트 끝에 와야 한다면 쉽게 삽입된다. 그러나 삽입될 위치가 리스트의 중간이라면 이 위치 이후에 있는 모든 원소들은 뒤로 이동시켜야 한다. 기존의 배열 원소를 삭제하는 연산도 이와 비슷하다. 삭제될 원소가 리스트의 끝에 있다면 단지 그 원소만 삭제하면 되지만 리스트의 중간에 있다면 그 위치 이후에 있는 모든 원소들을 앞쪽으로 이동시켜야 한다. 이와 같이 배열에서 원소를 삽입하거나 삭제할 때 다른 원수를 재배열해야 한다는 것은 배열의 큰 단점이며, 만약 삽입/삭제 연산의 횟수가 많다면 배열은 효율적인 자료구조가 되지 못한다. 배열의 이러한 단점을 해결하기 위한 자료구조로서 연결 리스트가 있으며 이것은 4장에서 공부하게 된다.

배열을 사용할 때의 장점을 정리하면 다음과 같다.

- 배열은 자료를 의미 있는 집단으로 구성하는 데 효과적이다.
- 배열 이름과 첨자를 사용함으로써 여러 자료를 각기 다른 이름으로 처리할 필요를 최소화 시킨다.
- 첨자를 사용함으로써 배열 내의 원소의 위치를 즉시 찾아낼 수 있다.
- 첨자를 반복(loop)에 사용함으로써 배열에 저장된 자료를 전부 또는 선택된 부분을 효율적으로 처리할 수 있다.

배열을 사용하면 이러한 여러 장점이 있으므로 많은 응용 분야에서 적절한 자료구조로서 이용되고 있다.

3.4.2 희소 행렬과 전치

본 절에서는 응용 분야에서 자주 발생하는 배열의 한 특별한 형태인 희소행렬(sparse matrix)을 효율적으로 표현하는 방법에 대해 살펴본다. 희소 행렬이란 0의 값을 갖는 원소가 비교적 많은 행렬을 말하는데 희소 여부의 명확한 정의는 없다. 그림 3-11의 행렬 A에서는 전체 48개의 원소 중에서 10개만이 0이 아닌데 이 행렬은 희소하다고 할 수 있다.

$$
\begin{bmatrix}
0 & 13 & 0 & 27 & 0 & 0 \\
0 & 0 & 0 & 0 & 8 & 31 \\
0 & 0 & 0 & 2 & 0 & 0 \\
0 & 0 & 0 & 0 & 0 & 0 \\
15 & 73 & 0 & 0 & 0 & 0 \\
0 & 0 & 0 & 0 & 32 & 0 \\
0 & 14 & 0 & 0 & 0 & 0 \\
0 & 0 & 0 & 0 & 47 & 0
\end{bmatrix}
$$

그림 3-11 희소 행렬의 예

희소행렬의 원소 전부를 기억 장소에 저장하는 것은 별로 필요하지 않은 자료인 0을 많이 저장해야 하므로 낭비가 된다. 본 절에서는 희소 행렬에서 0이 아닌 원소만을 저장하는 방법을 살펴본다.

이를 위한 한 방법은 0이 아닌 각 원소를 (행, 열, 원소값)의 세 값으로 표현하여 이들을 행의 오름차순으로(행의 값이 같으면 열의 오름차순으로) 정렬하여 하나의 배열로 저장하는 것이다.

예를 들어 0이 아닌 원소의 개수를 t라하면 그림 3-11의 희소 행렬은 그림 3-12와 같이 배열 V(0:t, 1:3)로 나타낼 수 있다(여기서 t=10). 이 저장 방법에서 하나의 원소를 표현하기 위해 별도의 기억 장소가 필요하지만 많은 0의 원소를 표현하지 않게 되므로 기억 장소가 절약된다. 만약 희소 행렬이 1차원이면 각 원소는 (행, 원소값)의 쌍으로 표현될 것이다. 일반적으로 n차원의 희소 행렬은 V(0:t, 1:n+1)로 나타낼 수 있다.

	행	열	원소값
V[0]	8	6	10
[1]	1	2	13
[2]	1	4	27
[3]	2	5	8
[4]	2	6	31
[5]	3	4	2
[6]	5	1	15
[7]	5	2	73
[8]	6	5	32
[9]	7	2	14
[10]	8	5	47

(가) 희소 행렬

	행	열	원소값
V[0]	6	8	10
[1]	1	5	15
[2]	2	1	13
[3]	2	5	73
[4]	2	7	14
[5]	4	1	27
[6]	4	3	2
[7]	5	2	8
[8]	5	6	32
[9]	5	8	47
[10]	6	2	31

(나) (가)에 대한 전치 행렬

그림 3-12 그림 3-11의 희소 행렬을 다른 방법으로 표현한 그림

이 방법으로 희소 행렬을 표현하면 한 가지 단점이 있다. 즉, 이 배열에 0이 아닌 원소를 새로 첨가한다든가 또는 0이 아닌 원소를 0으로 수정하게 되면,(그림 3-11의 배열에서는 단순히 그 원소값을 그 자리에서 수정하면 되지만, 그림 3-12의 표현에서는 원소의 순서까지 수정해야만 한다.

예를 들어 A(1, 4)의 27을 0으로 수정하게 되면 배열 V의 2번 행이 삭제되므로 3번 행부터 10번 행을 위로 이동시켜 2번 행부터 9번 행이 되도록 해야 한다. 마찬가지로 A(3, 1)의 0을 9로 수정하게 되면 배열 V의 5번 행에(3, 1, 9)가 새로 삽입되어야하므로 기존의 5번 행부터 10번 행이 아래로 이동하여 6번 행부터 11번 행으로 되어야 한다. 그러나 배열 A에서는 이러한 수정 작업이 수정되는 원소가 있는 그 자리에서 수행되므로 매우 간단하고 빠르게 처리될 수 있다.

배열 V의 이러한 단점은 앞 절에서 설명한 바와 같이 배열이라는 자료구조의 일반적인 단점이다. 이러한 단점을 해결하기 위한 희소 행렬의 저장 방법으로서 연결 리스트의 자료구조를 사용할 수 있다.

그림 3-12(나)는 예제 행렬에 대한 전치 행렬이다. 행렬을 전치하기 위해서는 행과 열을 바꾸어야 한다. 이것은 원래 행렬의 각 원소 A(i, j)가 전치행렬에서는 원소 B(j, i)가 된다는 것을 의미한다. 원래의 행렬이 행우선으로 구성되어 있을 때 [리스트 3-2]는 희소 행렬의 전치 알고리즘이며 각 행 i에 대해서 원소 (i, j, 값)을 가져와서 전치 행렬의 원소 (j, i, 값)으로 저장한다.

```
void TRANSPOSE (int A[], int B[]){
int m, n, t, q, p, col;
m = A(0,1); n = A(0,2); t = A(0,3);
B(0,1) = n; B(0,2) = m; B(0,3) = t;
if(t > 0){
q=1;
for(col = 1; col <= n ; col++)
      for(p=1; p<= t; p++) {
            if(A(p,2) == col)
              {
              B(q,1) = A(p,2);
              B(q,2) = A(p,1);
              B(q,3) = A(p,3);
              q = q + 1;
              }
             else
              break;
         }
   }
}
```

[리스트 3-2] 희소 행렬의 전치 알고리즘

3.4.3 다항식

이제 순서 리스트를 필요로 하는 문제를 1차원 배열로 해결하는 상황을 살펴보자. 이 문제는 뒷 장에서 언급할 리스트 처리 기법의 필요성을 암시하는 예제이다. 이 문제를 해결하기 위해서는 기호로 표현된 다항식을 조작하기 위한 일련의 함수를 구축해야 한다. 수학적 관점에서 보면 다항식은 각 항이 ax^e의 형태로 이루어진 항들의 합이다. 여기서 x는 변수이고 a는 계수,

e는 지수이다. 다음 두 다항식의 예를 보자.

$$A(x) = 3x^{20} + 2x^{5} + 4, \quad B(x) = x^{4} + 10x^{3} + 3x^{2} + 1$$

다항식에서 가장 큰 지수를 차수(degree)라 부른다. 계수가 0인 항은 생략하여 나타내지 않는다. 지수가 0인 항은 $x^0=1$이므로 변수를 생략한다. 다항식의 합과 곱에 대해서는 수학적 표준 정의가 있다. 예를 들어 $A(x)=\sum a_i x^i$와 $B(x)=\sum b_i x^i$로 된 두 개의 다항식이 있다고 가정하면 이 두 다항식의 합과 곱은 각각

$$A(x) + B(x) = \sum(a_i + b_i)x^i$$
$$A(x) \cdot B(x) = \sum(a_i x^i)\cdot\sum(b_i x^i)$$

로 된다. 마찬가지로 다항식의 뺄셈과 나눗셈뿐만 아니라 다른 유형의 연산들도 정의할 수 있다.

그러면 다항식의 추상 자료형의 정의에서부터 시작해 보자. 정의된 일부 연산들은 다항식의 조작을 위해 이 후의 프로그램에서 필요한 것들이다. [리스트 3-3]은 이 정의를 보여주고 있다.

다항식을 표현하는 방법은 순차 구조(sequential structure) 방법과 비순차적 구조(non-sequential structure) 방법이 있다. 본 절에서는 순차 구조, 즉 배열을 이용한 다항식 처리에 대해 살펴보자.

일반적으로 다항식 A(x)는

$$A(x) = a_n x^n + a_{n-1}x^{n-1} + \cdots + a_1 x + a_0$$

와 같이 쓸 수 있고, $a_n \neq 0$인 경우, A의 차수는 n이 된다. 이와같은 다항식을 배열로 표현할 경우 두 가지로 쓸 수 있다.

```
class Polynomial {
     // object : p(x) = a0x^e0 + … anx^en; <ei, ai>의 순서쌍으로 된 집합
     // ai ∈ Coefficient 이고, ei ∈ Exponent 이다.
     // Exponent는 ≥ 0 인 정수로 가정한다.
public :
     polynomial();
     // 다항식 p(x) = 0을 반환
     int operation!();
     // if *this 가 0의 다항식이면 1을 반환 아니면 0을 반환
     Coefficient Coef(Exponent e);
```

```
    // *this에 있는 e의 계수를 반환
    Exponent LeadExp();
    // *this에서 가장 큰 지수를 반환
    Polynomial Add(Polynomial poly);
    // *this와 poly의 합을 반환
    Polynomial Mult (Polynomial poly);
    // *this와 poly의 곱을 반환
    float Eval(float f);
    // *this에 f를 대입한 값을 계산하여 그 결과를 반환
}
```

[리스트 3-3] 다항식의 추상 자료형

첫째 방법은 길이 n+2인 1차원 배열을 이용해서 지수가 감소되는 순서에 따라서 계수를 나열하는 방법이다. 즉,

$$A=(n,\ a_n,\ a_{n-1},\ \cdots,\ a_1,\ a_0)$$

로 표현된다. 이때 n은 A의 차수이다. 예를 들어 $A(x) = 10x^3 + 8x + 15$인 경우 이 방법은, A=(3, 10, 0, 8, 15)로 표현할 수 있다. 이 방법은 덧셈, 곱셈 등의 연산에는 매우 간단한 반면 기억 장소의 낭비가 심한 단점이 있다. 즉, $A(x) = x^{500} + 2$인 경우,

$$A=(500,\ 1,\ 0,\ 0,\ 0,\ \cdots,\ 0,\ 0,\ 0,\ 2)$$

로, 여기서 0의 개수가 499개나 나타나게 되며, 이를 우리는 희소상태라고 한다. 이 기억 장소 낭비의 단점을 보완하기 위해서 계수가 0이 아닌 경우만 이용하는 방법을 고려할 수 있다. 즉, 위의 다항식 A(x)에서 0이 아닌 계수만 취하면, 다항식은 다음과 같이 된다.

$$c_{m-1}x^{e_{m-1}}+c_{m-2}x^{e_{m-2}}+\cdots+c_0x^{e_0}$$

c_i는 A의 0이 아닌 계수이고, 지수 e_i는 내림차순 $e_{m-1}>e_{m-2}>\cdots>e_0\geq0$이 된다. 이와는 다르게 $A(x) = a_nx^n$인 경우에 $m = 1$, $c_0 = a_n$, $e_0 = n$이 된다.

여기서 A의 전체 길이는 2m +1이고 m은 0이 아닌 항의 수, 그리고 e_i, c_i는 지수와 계수쌍$(0\leq i\leq m)$이다. 예로 $A(x) = 5x^3 + 4x + 15$인 경우,

$$A = (3,\ 3,\ 5,\ 1,\ 4,\ 0,\ 15)$$

이고, 앞의 예 $A(x) = x^{500} + 2$인 경우는 A = (2, 500, 1, 0, 2)로 표현된다. 이 방법은 맨 처음 공간이 크기를 나타내야 하고 계수를 처리하기 위해서 지수를 조사해야 하는 단점이 있어 알고리즘이 복잡해지지만 그렇게 심각한 단점은 아니다. 특히 최악의 경우(차수가 n, n+1개의 계수 모두가 0이 아닌 경우)에는 처음 고려한 표현 방법보다 기억 장소를 2배나 차지하게 된다.

두 개의 다항식 $A(x) = 4x^{500} + 5$, $B(x) = x^5 + 20x^4 + 10x^3 + 5x^2 + 1$은 다음과 같이 저장할 수 있다.

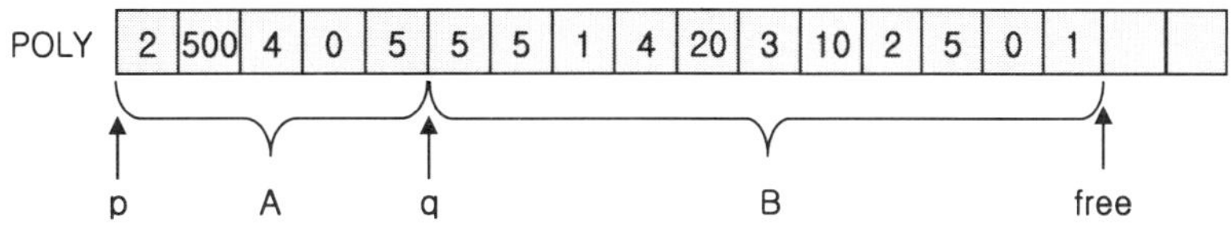

3.4.4 문자열 처리

이제까지는 구성 원소가 수치형인 자료구조만을 고려해 왔다. 이 절에서는 그 구성 원소가 문자인 자료형, 즉 문자열(string)에 관해 알아 보겠다.

자료의 표현에서 문자열은 매우 중요하다. 문서 편집, CAI(Computers Aided Instruction), 자연 언어 등의 컴퓨터 응용에서도 중요한 역할을 한다. 문자 처리를 위한 프로그램 언어인 LISP, SNOBOL등에서는 문자 처리가 용이하다. FORTRAN, Pascal, C와 같은 언어에서는 다양한 형태의 문자 처리 함수가 필요하다. 이와 같은 일련의 문자열은 기억 공간의 연속된 영역, 즉 배열의 집합을 의미한다.

배열의 기억 장소에 연속적으로 저장된 "DATA STRUCTURES AND ALGORITHM"이라는 문자열은 그림 3-13과 같이 표현될 수 있다.

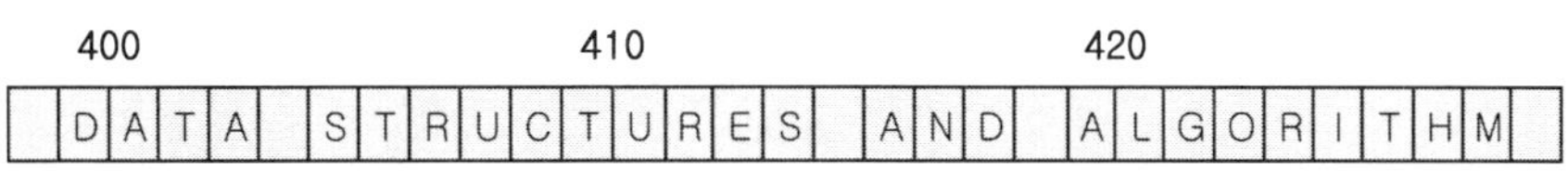

그림 3-13 배열 기억 장소에 저장된 문자들

추상 자료형의 한 예로 문자열이 $S = s_0, s_1, \cdots, s_{n-1}$의 형태를 갖는다고 정의해 보자. 이때 s_i는 프로그래밍 언어의 문자 집합의 원소가 된다. 만일 n이 0이면 S는 공백 또는 널 문자열이다.

문자열을 명세하는 데에는 몇 가지 유용한 연산들이 있는데, 그 중에는 새로운 공백 문자열의 생성, 문자열의 읽기 또는 출력, 두 문자열의 연결(concatenation), 문자열의 복사와 같이 다른 자료구조에서 사용되는 연산과 흡사한 것들이 있다. 그러나 문자열의 비교, 문자열에 일부 문자열의 삽입, 문자열로부터 일부 문자열의 삭제, 문자열에서 특정 패턴의 식별 등과 같이 문자열 자료구조만이 지닌 독특한 연산들도 있다.

[리스트 3-4]의 문자열 추상 자료형 명세에는 기본적인 연산들이 열거되어 있다. 〈표 3-1〉은 C 언어에서의 문자열 함수를 나타낸 것이다. 이 표에서 알 수 있듯이 실제로 문자열에는 더 많은 유형의 연산들이 있다.

```
class String
{
    //object : 0개 이상의 문자들의 유한 순서 집합
    public
        String(char *init, int m);
        // *this를 길이 m인 문자열 init로 초기화하는 생성자

        int operator == (String t);
        // if (*this가 표현하는 문자열이 t와 동등하면) return 1(TRUE)을 반환
        // else 0 (FALSE)을 반환

        int operator!();
        // if *this가 공백이면 1(TRUE)을 반환; else 0(FALSE)을 반환

        int Length();
        // *this의 문자수를 반환

        String Concat (String t);
        // *this 뒤에 t를 접합시킨 문자열을 반환

        String Substr(int i, int j);
        // *this에서 i, i+1, i+2, ... , i+j-1의 위치에 있는 j개의 문자열을 반환
        // 이들이 유효한 위치가 아니면 공백 문자열을 반환

        int Find(String pat);
        // *this의 어떤 i에서 시작하는 부분 문자열이 pat와 부합하는 경우
        // 인덱스 i를 반환
        // pat가 공백이거나 *this의 부분 문자열이 아닌 경우에는 -1을 반환
}
```

[리스트 3-4] 문자열 추상 자료형

〈표 3-1〉 C 언어에서의 문자열 함수 리스트

함수 리스트	설 명
strcat(char dest, char* src)	dest 문자열과 src 문자열 연결 : dest 문자열로 결과 변환
strncat(char dest, char* src, int n)	src 문자열 중 n개의 문자와 dest 문자열을 연결: dest 문자열로 결과 반환
strcmp(char str1, char* str2)	두 문자열의 비교 : str1 〈 str2이면 〈0 반환. str2 = str2이면 0 반환. str1 〉 str2이면 〉0 반환.
strncmp(char str1, char* str2, int n)	str1과 str2의 앞에서부터 n개의 문자 비교 : str1 〈 str2이면 〈0 반환. str2 = str2이면 0 반환. str1 〉 str2이면 〉0 반환.
strcpy(char dest, char* src)	src 문자열을 dest로 복사 : dest 문자열로 결과 반환.
strncpy(char dest, char* src, int n)	src 문자열 중 n개의 문자를 dest 문자열로 복사: dest 문자열로 결과 반환.
strlen(char* s)	s의 길이 반환
strchr(char* s, int c)	s중에서 c의 내용이 처음 나오는 곳의 포인터 반환: c의 내용이 없으면 NULL을 반환.
strrchr(char* s, int c)	s중에서 c의 내용이 마지막으로 나오는 곳의 포인터 반환: c의 내용이 없으면 NULL을 반환.
strtok(char* s, char* delimiters)	s로부터 토큰을 반환 : 토큰을 delimiters 사이의 것.
strstr(char* s, char* pat)	s중에서 pat의 시작을 가리키는 포인터의 반환.
srtspn(char* s, char* spanset)	s를 검색해서 그것들 중 spanset에 표함되는 것들의 길이 반환
srtcspn(char* s, char * spanset)	s를 검색해서 그것들 중 spanset에 포함되지 않는 것들의 길이 반환.
strpbrk(char* s, char* spanset)	s를 검색해서 spanset에 포함되어 있는 문자 중 처음 나온 문자의 포인터 반환.

C 언어에서 문자열은 널 문자, 즉 \0으로 끝나는 문자 배열을 의미한다. 예를 들어 다음과 같은 문자열을 가정해 보자.

```
#define MAX_SIZE 100    /* 문자열의 최대 크기 */
char s[MAX_SIZE]={"dog"};
char t[MAX_SIZE]={"house"};
```

그림 3-14는 이 문자열들이 메모리 내에서 내부적으로 어떻게 표현되는지를 보여 준다. 여기서 주의할 것은 이 두 문자열을 위한 배열에 한계가 있다는 점이다.

s[0]	s[1]	s[2]	s[3]
d	o	g	\0

t[0]	t[1]	t[2]	t[3]	t[4]	t[5]
h	o	u	s	e	\0

그림 3-14 C 언어에서의 문자열의 표현

위의 배열은 다음과 같이 선언할 수도 있다.

```
char s[]=("dog");
char t[]=("house");
```

이와 같은 선언문을 사용하면 컴파일러는 각 단어가 널(\0) 문자만을 더 포함할 수 있도록 기억 공간을 할당한다. 이 두 문자열을 연결하여 "doghouse"라는 새로운 문자열을 생성해 보자. 이를 위해 〈표 3-1〉의 함수 strcat을 사용할 수 있다. 두 문자열은 strcat(s, t)에 의해 연결되고 결과는 s에 저장된다.

(1) 문자열 연산

㉠ 문자열 할당

하나의 문자열 변수가 나타내는 내용을 다른 문자열 변수에 복사시키는 것이다. 즉, str1과 str2가 두 문자열 변수라 하면, 이때 str1=str2라는 문장은 str2의 내용을 str1에 그대로 복사하게 된다.

㉡ 문자열 삽입과 삭제

두 문자열 str1, str2가 있을 때, str1의 i 번째 위치에 str2를 삽입한다고 하자. 즉, str1인 "SALT LIGHT"의 5번째 위치에 str2인 "AND"를 삽입시키면 "SALT AND LIGHT"가 된다.

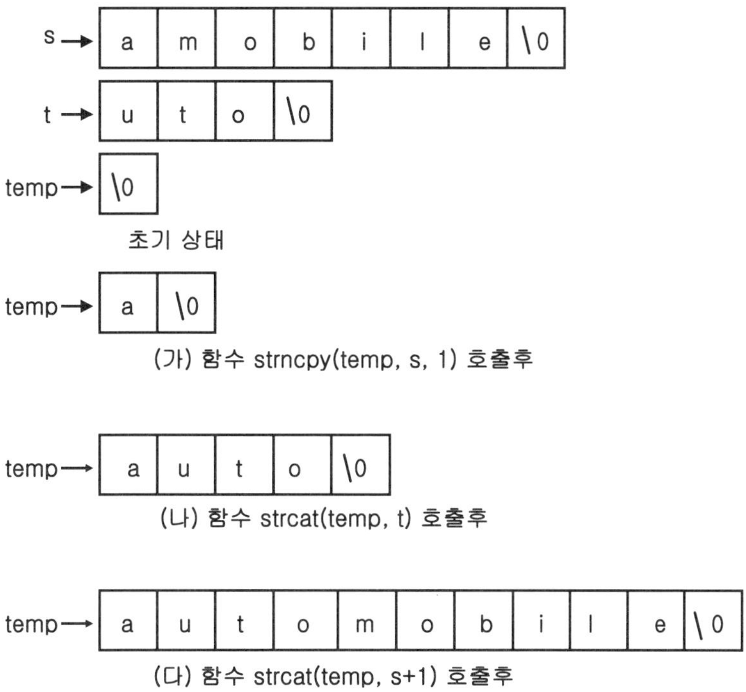

그림 3-15 문자 삽입 예

그림 3-15와 같이 첫 번째 문자열은 "amobile", 두 번째 문자열은 "uto"라 가정하고 첫 번째 문자열의 두 번째 위치에 "uto"를 삽입하여 "automobile"이라는 문자를 생성해 보자. 그림 3-15에서 보인 것처럼 단지 세 번의 함수 호출을 사용하여 이를 수행할 수 있다. 그림 3-15(가)에서 temp는 공백 문자열을 가리키며, strncpy를 사용하여 s로부터 처음 i개의 문자를 temp로 복사해 온다. 이때, i=1이므로 "a"라는 문자가 생성되고, 그림 3-15(나)에서는 temp와 t를 연결시켜 "auto"라는 문자열이 생성된다. 마지막으로, s의 나머지 부분을 temp에 덧붙인다.

strncpy가 처음 i개의 문자를 복사했으므로 문자열의 나머지는 (s+i) 주소에 있고, 최종 결과는 그림 3-15(다)와 같다.

[리스트 3-5]에서는 한 문자열에 또 다른 문자열을 삽입하는 함수를 보이고 있다. 이 함수는 일반적으로 C언어의 <string.h>에 포함되지 않는다. 둘 중 한 문자열이 공백일 수 있기 때문에 이 상태를 검사하는 문장이 필요하다. 이때, STRINS(s, t, 0)의 호출은 strcat(t, s)와 같은 결과가 된다.

```
void STRINS(char *S, char *t, int i)
{
     char string[MAX SIZE], *temp=string;
    if (i<1  && i>strlen(S)){
         fprintf(stderr, "삽입하려는 위치가 범위를 벗어남\n");
         exit(1);
    }
    if(!strlen(S))
         strcpy(s,t);
     else if(strlen(t)) {
         strncpy(temp, s, i);
         strcat(temp,t);
         strcat(temp, (s+i));
         strcpy(s, temp);
     }
}
```

[리스트 3-5] 문자열 삽입

㉢ 문자열 대체

대체란 특별한 문자열을 찾아 그 문자열에서 제거시킨 후 그 위치에 다른 문자열을 삽입시키는 것을 의미한다. 여기서 집합 개념 ⊂를 사용해서 "~의 부분 집합"또는 "~에 포함된 것"을 의미하게 된다. 즉 다음은

200000 ⊂ 월급 ← 250000
200000이 월급의 부분 집합이면, 200000이 250000으로 대체된다.

3.4.5 패턴 매칭

이제 좀더 복잡한 문자열 응용을 위한 알고리즘을 고려해 보자. 두 개의 문자열 STR과 PAT가 있을 때, PAT는 STR을 탐색하기 위한 패턴이라고 가정하자. 즉, STR이 "DATA STRUCTURE"이고 PAT가 "STRU"이면 "참"이 되나 PAT가 "ALGORITHM"이면 "거짓"이 된다. PAT가 STR 내에 있는지를 결정하는 가장 쉬운 방법은 내장 함수 strstr을 사용하는 것이다. [리스트 3-6]은 PAT가 STR 내에 있는지 식별하는 알고리즘이다.

```
void IDENTIFYING(char STR[], char PAT[])
{
    int t=strstr(STR, PAT);
    if(t ==" ")
        printf("문자열 STR에 패턴 PAT가 있다.");
    else
        printf("문자열 STR에 패턴 PAT가 없다.");
} /* IDENTIFYING */
```

[리스트 3-6] 패턴 매칭

함수 strstr(STR, PAT)은 PAT가 STR 내에 없을 경우 널 포인터를 반환하며, PAT가 STR내에 있다면 t는 STR 내에서 PAT의 시작 포인터를 가지게 되고, 결과적으로 t의 위치에서 시작되는 전체 문자열이 출력된다.

비록 strstr이 패턴 매칭(pattern matching)에 아주 적합한 것처럼 보이지만 다음과 같은 두 가지 이유에서 별도의 패턴 매칭 함수를 개발하는 것이 필요하다.

① 함수 strstr은 ANSI C의 새로운 기능이어서 우리가 원하는 컴파일러에서 동작하지 않을 수도 있다.

② 패턴 매칭 함수의 구현에는 여러 가지 다른 방법들이 있다. 이 중 가장 쉽지만 가장 비효율적인 방법은 패턴을 발견하거나 그 문자열의 끝에 도달할 때까지 각 문자를 순차적으로 검사하는 것이다. PAT가 STR 내에 없다면 이 방법은 $O(nm)$의 계산 시간이 걸린다. 여기서 n은 PAT의 길이이고, m은 STR의 길이이다. 별도의 패턴 매칭 함수를 만든다면 이보다 더 효율적인 성능을 가질 수 있다.

```
void NFIND(char *string, char *pat)
{
  int i,j,start=0;
  int lasts=strlen(string)-1;
  int lastp=strlen(pat)-1;
  int endmatch=lastp;

  for(i=0; endmatch<=lasts; endmatch++, start++)  {
    if(string[endmatch]==pat[lastp])
```

```
        for(j=0,i=start; j<lastp && string[i]==pat[j]; i++,j++)
            ;
        if(j==lastp)
            return start;    /* successful */
    }
    return -1;
}
```

[리스트 3-7] 패턴의 마지막 문자를 먼저 검사하는 패턴 매칭

패턴의 길이 strlen(PAT)가 문자열에서 나머지 문자 수보다 큰 경우에 함수를 종료시키면 이 순차적 패턴 매칭 기법을 개선할 수 있다. 또한 나머지 문자들을 검사하기 전에 PAT와 STR의 첫 번째 문자와 마지막 문자를 검사함으로써 성능 향상을 기할 수 있다. 이와 같은 수정 사항들이 [리스트 3-7] 함수 NFIND에 나타나 있다.

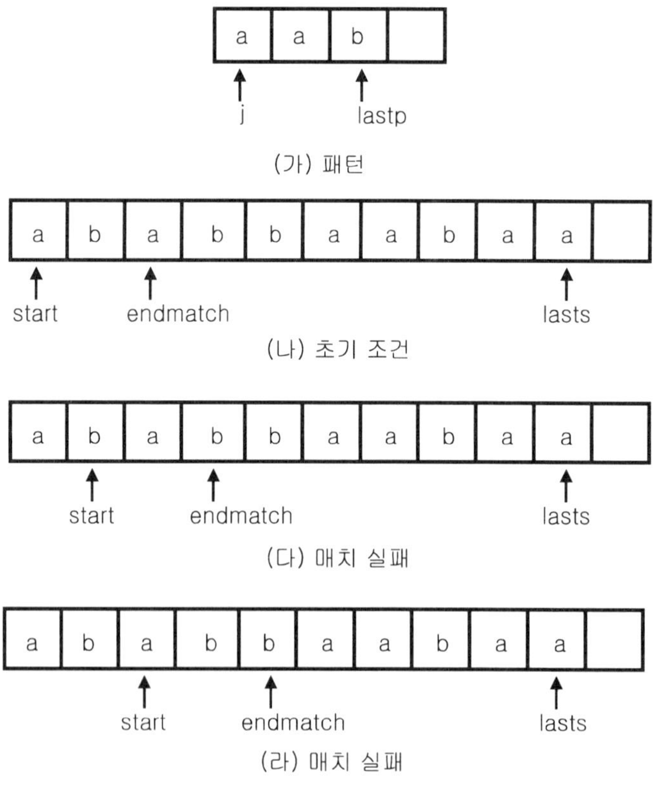

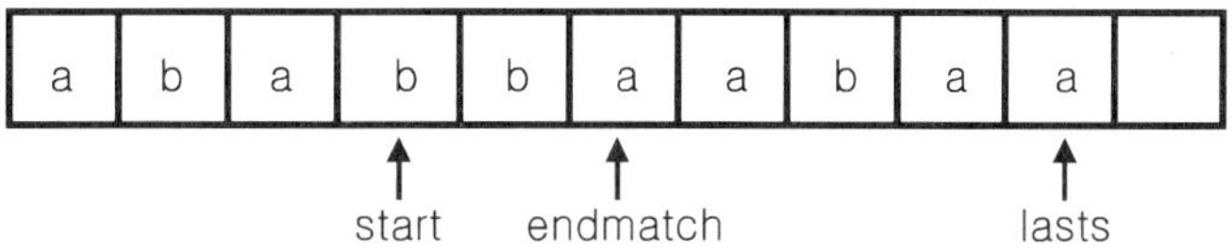

(마) 매치 실패

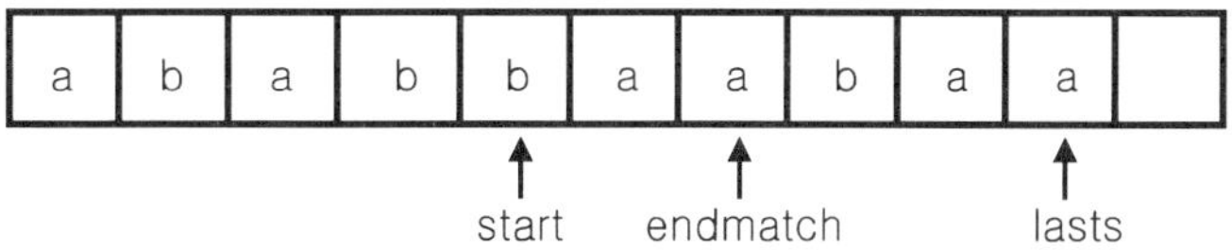

(바) 매치 실패

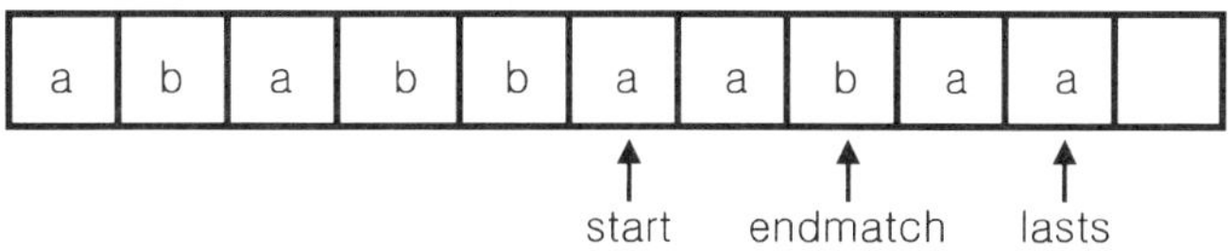

(사) 매치

그림 3-16 문자열 패턴 시뮬레이션

PAT는 "aab"이고 STR = "ababbaabaa"라 가정할 때 그림 3-16에서는 NFIND가 PAT의 문자들과 STR의 문자들을 비교하는 방법을 보여 준다. lasts와 lastp가 STR과 PAT 배열의 끝을 각각 가리킬 때, NFIND는 먼저 STR[endmatch]와 PAT[lastp]를 비교한다. 그러면 NFIND는 매치가 안되는 경우가 발생하거나 PAT가 모두 매치될 때까지 두 문자열에서 이동을 위해 i와 j를 사용한다. 변수 start는 매치되지 않을 경우 i를 재설정하기 위해 사용된다.

NFIND의 알고리즘 분석을 STR = "aa···a"와 PAT = "a···ab"인 경우에 적용하면 문자열에 대한 연산 시간은 그 문자열의 길이 O(m)에 비례한다. 이는 확실히 순차적인 방법보다 더 효율적이다. 순차 방법에 대한 개선은 평균연산 시간을 빠르게 하지만 최악의 경우의 연산 시간은 여전히 O(nm)이다.

이상적으로는 알고리즘이 O(strlen(STR)+strlen(PAT)) 시간에 동작하는 것을 원한다. 이것은 이 문제를 푸는 최적의 시간 복잡도이다. 왜냐하면 최악의 경우에는 패턴과 문자열의 모든 문자들을 적어도 한 번씩 검색해야 하기 때문이다. 패턴에 대한 문자열의 탐색은 문자열에서 뒤로 진행되는 일이 없어야 한다. 즉, 매치되지 않는 경우 패턴 내의 문자와 매치되지 않는 패턴 내의 위치 정보를 이용하여 어디에서부터 탐색을 계속할 것인가를 결정해야 한다. 예로서 우선 다음과 같은 문자열이 있다고 가정해 보자.

```
PAT = "abcabcacab"
```

문자열 S를 $S=s_0s_1 \cdots s_{m-1}$이라 하고, s_i에서부터 매치되는지 여부를 결정한다고 가정하자. $s_i \neq a$이면 당연히 s_{i+1}과 a를 비교해야 한다. 마찬가지로 $s_i=a$이고 $s_{i+1} \neq b$이면 s_{i+1}이 a인지를 비교해야 한다. $s_is_{i+1}=ab$이고, $s_{i+2} \neq c$이면 다음과 같은 상황이 발생한다.

```
s   = "- a b ? ? ? . . . ?"
PAT = "a b c a b c a c a b"
```

여기서 ?는 S내의 그 문자가 무엇인지 모른다는 것을 의미한다. S의 첫 번째 ?는 s_{i+2}에 해당하고 $s_{i+2} \neq c$이다. 이 시점에서는 PAT의 첫 문자와 s_{i+2}를 비교함으로써 매치를 위한 탐색을 계속해야 할 것이다. 이것은 이미 s_{i+1}이 PAT의 두 번째 문자인 b와 같고 $s_{i+1} \neq a$라는 것을 알기 때문에 PAT의 이 문자와 s_{i+1}을 비교할 필요가 없기 때문이다. 이제 PAT의 처음 네 문자가 매치되고 그 이후 매치되지 않는 경우, 즉 $s_{i+4} \neq b$인 경우를 가정해 보면 다음과 같은 상황이 발생한다.

```
s   = "- a b c a ? ? . . ?"
PAT = "a b c a b c a c a b"
```

매치를 위한 탐색은 s_{i+4}와 PAT에 있는 두 번째 문자 b를 비교함으로써 계속될 수 있다. 이곳은 패턴 PAT를 오른쪽으로 이동시켜서 부분적인 매치가 일어나는 첫 번째 위치이다. 이와 같이 패턴 내의 문자들을 알고 S 내의 문자와 매치되지 않는 패턴 내의 위치를 알아내어 S 내에서 후진하지 않고 패턴내의 어느 위치부터 탐색을 계속할 것인지 결정할 수 있다. 이를 정형화하기 위해서 한 패턴에 대한 실패 함수(failure function)를 다음과 같이 정의한다.

[정의 3.1]	임의의 패턴 $p=p_0p_1 \cdots p_{n-1}$이 있을 때 이 p의 실패 함수 f는 다음과 같이 정의된다. $f(j) = \begin{cases} \text{제일 큰 } i<j : p_0p_1 \cdots p_i = p_{j-i}p_{j-i+1} \cdots p_j,\ i \geq 0\text{인 } i\text{가 존재하는 경우} \\ -1 \quad : \text{그 외의 경우}(\ i \geq 0\text{인 } i\text{가 존재하지 않는 경우}) \end{cases}$

예를 들어 패턴 PAT="abcabcacab"에 대해 f는 다음과 같다.

j	0	1	2	3	4	5	6	7	8	9
PAT	a	b	c	a	b	c	a	c	a	b
f	−1	−1	−1	0	1	2	3	−1	0	1

실패 함수의 정의로부터 패턴 매칭을 위한 다음과 같은 규칙을 구할 수 있다. 만약 $s_{i-j} \cdots s_{i-1} = p_0 p_1 \cdots p_{j-1}$이고, $s_i \neq p_j$인 부분 매치가 일어난다면 j가 0이 아닐 때 s_i와 $p_{f(j-1)+1}$을 비교하는 것으로 매칭을 재개할 수 있다. 이와 같은 패턴 매칭의 규칙을 함수화한 것이 [리스트 3-8]의 함수 PMATCH이다.

```
#include <stdio.h>
#include <string.h>
#define max_string_size 100
#define max_pattern_size 100
int pmatch();
void fail();
int failure[max_pattern_size];
char string[max_string_size];
char pat[mx_pattern_size];

int pmatch(char *string, char *pat)
{
     int i=0,j=0;
     int lens=strlen(string);
     int lenp=strlen(pat);
     while(i<lens && j<lenp) {
         if(string[i]==pat[j]) {
             i++;
             j++;
         }
         else if(j==0) i++;
             else j=failure[j-1]+1;
     }
     return ((j==lenp_ ? (i-lenp) : -1);
}
```

[리스트 3-8] 문자열의 패턴 매칭 알고리즘

(1) PMATCH 알고리즘의 분석

while 루프는 문자열이나 패턴의 끝에 도달할 때까지 반복된다. i는 결코 감소되지 않기 때문에 i를 증가시키는 문장은 m = strlen(STR)번 이상 실행되지 않는다. j의 값을 failure[j−i] + 1로 재설정하면 j의 값은 감소된다. 그래서 이것은 j++ 문장에 의해 증가되는 것보다 더 많이 실행될 수 없다. 그렇지 않으면 j는 그 패턴에서 벗어나게 된다. j++문장이 실행될 때마다 I도 또한 증가하기 때문에, j는 m번 이상 증가할 수 없다. 결과적으로 [리스트 3−8] 내의 각 문장은 m번 이상 실행되지 않으므로 함수 PMATCH의 복잡도는 $O(m)=O(\text{strlen}(STR))$이 된다.

PMATCH의 분석에서, 실패 함수를 $O(\text{strlen}(PAT))$ 시간 내에 계산할 수 있다면 전체 패턴 매칭 과정은 문자열과 패턴 길이의 합에 비례하는 시간 내에 이루어질 수 있음을 알 수 있다. 다행히도 실패 함수의 계산은 빨리 수행될 수 있다. 이것은 다음과 같이 재작성된 실패 함수에 근거한다.

[정의 3.2]	임의의 패턴 $p=p_0p_1\cdots p_{n-1}$이 있을 때 이 p의 실패 함수 f는 다음과 같이 정의된다. $f(j)=\begin{cases} -1 & : j=0 \\ f^m(j-1)+1 & : \text{m은 } p_{f^k(j-1)+1}=p_j\text{를 만족하는 k중 가장 작은 정수} \\ -1 & : \text{위 식을 만족하는 k가 없을 경우} \end{cases}$ [$f^1(j)=f(j)$이고 $f^m(j)=f(f^{m-1}(j))$임에 주의하라.]

```
void FAIL(char *pat)
{
    int n=strlen(pat);
    failure[0]=-1;
    for(j=1;j<n;j++) {
        i=failure[j-1];
        while((pat[j] != pat[i+1]) && (i>=0))
            i=failure[i];
        if(pat[j]==pat[i+1])
            failure[j]=i+1;
        else failure[j]=-1;
    }
}
```

[리스트 3-9] 실패 함수의 계산

<정의 3.2>는 패턴의 실패 함수를 개선하는 [리스트 3-9]의 함수를 생성한다.

FAIL 알고리즘의 분석은 while 루프를 반복할 때마다 i의 값은 f의 정의에 의해 감소되며 변수 i의 안쪽 루프를 반복하는 위치에서 재설정된다. 그러나 이것은 −1로 재설정되거나(초기 또는 안쪽 루프의 이전 반복이 마지막 else 문을 통과할 때), 이전 반복의 마지막 값보다 1이 더 큰 값으로 (failure[j]=i+1문이 실행될 때) 재설정된다. 바깥 루프는 n+1 번만(n은 패턴 길이)반복되기 때문에, i값은 많아야 n−1번 증가된다.

따라서 n−1번 이상 감소되지 않는다. 결론적으로 말해서 안쪽 루프는 전체 알고리즘을 통해 많아야 n−1번 반복되고 fail의 연산 시간은 O(n)=O(strlen(PAT) + strlen(STR))이라는 것이다.

3.5 레코드

3.5.1 레코드 정의

레코드는 논리적으로 서로 연관된 원소들이 모여 하나의 집단을 만든 것이다. 그 집단을 대표하는 이름을 레코드명이라 하고, 레코드의 원소를 필드(field)라고 부른다. 필드마다 개별적인 이름이 주어진다. 예를 들어 사원 급여를 전산화하는 경우를 생각해 보자. 급여에 대한 가장 중요한 정보는 문자 자료형인 기본 급여액 필드, 정수 자료형인 사원 번호 필드, 부양 가족수 필드 등의 자료가 필요하다. 그림 3-17은 사원 급여에 필요한 자료의 형태를 보이고 있다.

홍길동	350000	3	23298
← NAME →	← SALARY →	← DEPEND →	← ID_NUMBER →

그림 3-17 급여 레코드의 자료 형태의 예

PAY_RECORD

NAME (사원이름)	SALARY (급여)	DEPEND (부양가족수)	ID_NUMBER (사원번호)

그림 3-18 급여 레코드의 필드

```
01 PAY_RECORD
   02 NAME
   02 SALARY
   02 DEPEND
   02 ID_NUMBER
```

그림 3-19 급여 레코드의 선언

그림 3-19는 사원 급여 레코드 PAY_RECORD를 논리적으로 표현한 것이다. 일반적으로 레코드를 표현하는 방법은 우선 필드를 사각형으로 나타내고 그 속에 이름을 기록한다. 필드를 순서적으로 인접시켜 전체 레코드를 나타내고 레코드의 이름은 첫 필드 위에 기록한다.

앞에서 배운 배열의 원소는 모두 같은 종류의 자료형이어야 한다. 즉, 한 배열 안에 정수, 실수, 문자가 섞여 있을 수 없다. 배열의 원소는 개별적인 이름이 없으며 배열 안의 상대적인 위치에 의해서만(즉, 첨자를 사용하여) 구별된다. 그러나 레코드의 원소는 같은 종류의 자료형일 필요는 없으며 레코드의 원소는 그 위치에 의해 구별되는 것이 아니고 개별적인 이름에 의해 구별된다.

많은 응용 문제에서 여러 자료가 논리적으로 집단을 구성하며, 그 집단의 각 구성 원소가 모두 주어져야만 자료로서 활용 가치가 있다. 이러한 집단이 레코드이다. 많은 경우 레코드는 보조 기억 장치에 저장되지만 자주 사용되는 레코드는 주 기억 장치에 저장된다.

3.5.2 레코드 프로그램

COBOL, Pascal, PL/1 등의 프로그래밍 언어에서 레코드 구조는 내장된 자료구조로 선언되고 처리된다. 그러나 표준 FORTRAN에서는 레코드 구조가 내장된 구조로 제공되지 않는다. 그러나 요즈음에는 레코드 구조의 중요성을 인식하여 컴퓨터 시스템에 따라서는 레코드 구조를 내장한 FORTRAN도 개발되어 있다.

COBOL 등의 언어에서는 일반적으로 레코드를 계층적(gierarchical) 구조로 선언한다. 즉, 레코드의 이름은 PAY_RECORD이며 이 레코드는 NAME, SALARY, DEPEND, ID_NUMBER의 네 개의 필드로 구성되어 있다. 레코드 이름과 필드 이름 수치는 계층 수준을 나타내며 level 번호라고 부른다. 01은 레코드 이름을 나타내고 02는 이 레코드의 필드를 나타낸다.

레코드가 선언되면 다음과 같이 레코드 전체를 읽거나 기록할 수 있다.

```
READ PAY_RECORD
```

이것은 다음과 동일한 문장이므로 레코드 이름을 사용하는 것이 매우 편리함을 알 수 있다.

```
READ NAME, SALARY, DEPEND, ID_NUMBER
```

즉, 서로 연관된 변수들을 모아서 레코드를 구성하면 레코드의 전체 필드를 레코드의 이름만을 사용하여 처리할 수 있다.

같은 종류의 레코드가 여러 개 모인 집합을 파일(file)이라고 한다. 만약 위의 사원 급여 레코드 20개가 모여 사원 급여 파일이 구성된다면 위 레코드구조의 첫 줄을 다음과 같이 배열 형태로 대치하여 이 파일을 표현한다.

```
1        PAY_RECORD(20)
```

한 필드 안에 여러 개의 자료가 저장되어야 할 때에도 위와 유사한 배열 형태로 표현한다. 예를 들어 수강 학생이 다음과 같이 구성된다고 하자.

```
1        STUDENT(20)
    2        NAME
    2        TEST(3)
    2        FINAL
    2        GRADE
```

STUDENT(20)은 이 파일에 학생 20명이 있다는 의미이며 TEST(3)은 각 학생당 3개의 시험 점수가 있다는 의미이다. 따라서 각 레코드에는 6개의 자료 항목(item)이 있으며 전체적으로는 120개의 자료 항목이 있다.

3.6 구조 및 유니언

3.6.1 구조

배열은 형이 같은 자료의 모임이다. C 언어에서는 형이 다른 자료를 집단화하는 다른 방법이 있는데 이를 구조(structure)라 하고 struct라 표기한다. 구조(다른 프로그래밍 언어에서는 레코드라 부른다)는 자료 항목의 집단으로서 각 항목은 타입과 이름으로 식별된다. 예를 들어, 다음

과 같은 구조의 선언은

```
struct {
      char      name[10];
      int       age;
      float     salary;
    } person;
```

이름이 person이고, 세 개의 필드를 갖는 구조 변수를 생성한다.

- 문자 배열로 된 이름
- 사람의 나이를 나타내는 정수값
- 각 개인의 월급을 나타내는 실수값

이러한 필드에 다음과 같은 방법으로 값을 할당할 수 있다. 구조에 멤버 연산자로서 "."을 사용하고 있음에 유의하라. 이 연산자는 구조 내에 있는 특정멤버를 선택하는 데 사용된다.

```
strcpy(person.name, "james");
person.age = 10;
person.salary = 350000;
```

다음과 같이 typedef 문을 사용하여 구조 자료형을 생성할 수 있다.

```
typedef   struct human being {
     char      name[10];
     int       age;
     float     salary;
};

또는

typedef   struct {
     char      name[10];
     int       age;
     float     salary;
} human_being;
```

human_being은 구조의 정의를 통해 정의된 형 이름이며, 이후 다음과 같이 변수로 선언할 수 있다.

```
human_being person1, person2;
```

다음과 같은 부분 프로그램을 살펴보자.

```
if(strcmp(person1.name, person2.name)
    printf("두 사람의 이름이 다르다.\n");
else
    printf("두 사람의 이름이 같다.\n");
```

만일에 if(person1==person2)라고 표기하여 전체 구조의 동등성을 검사할 수 있거나, person1==person2라고 써서 person2 구조의 모든 필드값을 person1의 대응된 필드의 값으로 치환할 수 있다면 편리할 것이다.

구조의 동등 여부를 직접 검사할 수는 없지만 [리스트 3-10]과 같은 함수를 사용하여 이를 처리할 수 있다. 여기서 TRUE와 FALSE는 다음과 같이 정의된다고 가정하자.

```
    #define       TRUE    1
    #define       FALSE   0
    int human_equal(human_being person1, human_being person2)
    {
/*만약 person1과 person2가 동일인이라면 TRUE를 반환하고, 그렇지 않으면 FALSE를 반환*/
    if(strcmp(person1.name, person2.name))
        return FALSE;
    if(person1.age != person2.age)
        return FALSE;
    if(person1.salary != person2.salary)
        return FALSE;
    return TRUE;
    }
```

[리스트 3-10] 구조의 동등성을 검사하는 함수

전체적인 함수 호출은 다음과 같다.

```
if(humans) equal(person1, person2))
     printf("두 사람은 동일인이다.\n");
else
     printf("두 사람은 동일인이 아니다.\n");
```

또한 구조 속에 또 다른 구조를 정의할 수 있다. 예를 들어, human_being 구조 속에 생년월일을 포함시키고자 하는 경우에는 다음과 같이 작성한다.

```
typedef   struct {
          int      month;
          int      day;
          int      year;
          } date;
typedef   struct human being {
          char      name[10];
          int        age;
          float      salary;
          date      dob;
          };
```

생년월일이 1944년 2월 11일인 사람은 date struct에 대해 다음과 같은 값을 갖게 된다.

```
person1.dob.month=2:
person1.dob.day=11;
person1.dob.year=1944;
```

3.6.2 유니언(Union)

human_being의 예에서 성별을 구별한다고 하자. 그래서 남성의 경우에는 턱수염을 기르는지의 여부를, 여성의 경우에는 출산 아동의 수를 파악한다고 하자. 이런 경우를 위해 C 언어에서는 유니언(union)이라는 것을 제공한다. 유니언의 선언은 구조와 유사하지만 유니언의 필드들은 그들의 메모리 공간을 공용해야 한다. 이것은 유니언의 어느 한 필드만이 어느 한 시점에 활동적이 되어 사용 가능하다는 것을 의미한다. 예를 들어, 성별에 관련된 필드를 추가하기 위해서는 human_being의 정의를 다음과 같이 변경하면 될 것이다

```
typedef struct sex_type {
  enum tag_field { female, male } sex;
  union {
      int children;
      int beard;
      } u;
  };
typedef struct human_being {
      char   name[10];
      int    age;
      float  salary;
      date   dob;
      sex_type sex_info;
};
human_being person1, person2;
```

다음과 같이 person1, person2에 값을 할당할 수 있다.

```
person1.sex_info.sex=male;
person1.sex_info.u.beard=FALSE;
person2.sex_info.sex=female;
person2.sex_info.u.children=4;
```

먼저 태그(tag) 필드에 값을 지정해서 이 값이 union에 있는 필드의 활동성을 결정한다. 이후 union의 적당한 필드에 값을 지정한다. 예를 들어, 만약 sex_info.sex의 값이 male일 경우에는 sex_info.u.beard 필드에 TRUE 또는 FALSE 의 값을 넣는다. 마찬가지로 female인 경우에는 sex_info.u.children필드에 정수값을 지정한다. C 언어는 union에서 필드를 올바르게 사용했는지의 여부를 검사하지 않는다. 이를테면 sex_info.sex 필드의 값으로 female값을 지정하고, 그 다음에 sex_info.u.beard 필드에 TRUE값을 지정했다고 하자. 이것은 올바른 사용이 아니지만, C언어는 union의 올바른 필드들을 사용했는지 확인하기 위해 검사를 하지는 않는다.

대부분의 경우 C 컴파일러가 메모리상의 구조의 필드를 어떻게 저장하는지 정확히 알 필요는 없다. 일반적으로, 다음과 같은 구조 정의가 있다면

```
struct { int i, j; float a, b;);
또는
struct { int i; int j; float a; float b;);
```

이 값들은 구조 정의에서 명세된 순서로 오름차순 구조의 위치를 이용하여 저장될 것이다. 그러나 실제로는 두 개의 연속적인 구성 요소를 메모리상에서 적절히 맞추기 위해 구조 내에 빈 공간을 주거나 채워 놓기를 할 수도 있다.

struct나 union 타입의 객체 크기는 필수적인 채워 넣기를 포함해서 가장 큰 구성 요소의 표현을 위해 필요한 저장 공간의 크기가 된다. 구조는 같은 유형의 메모리 경계에서 시작하고 끝나야 한다. 예를 들어 짝수 바이트이거나 4, 8, 16 등의 배수가 되는 메모리 경계를 말한다.

3.6.3 자체-참조 구조

자체-참조 구조(self-referential structure)는 구성 요소 중에 자기 자신을 가리키는 포인터가 한 개 이상 존재하는 구조를 말한다. 자체-참조 구조는 명시적으로 메모리를 할당받고 또 반납하기 위해 보통 동적 기억 장소 관리 루틴(malloc( )과 free( ))을 필요로 한다. 다음 예를 생각해 보자.

```
typedef struct list {
        char   data;
        list   *link
};
```

구조 list의 각 인스턴스는 data와 link의 두 구성 요소를 가지고 있다. data는 한 개의 문자이고 link는 list 구조에 대한 포인터이다. link의 값은 한 인스턴스의 메모리 주소이거나 널 포인터이다. 세 개의 구조를 생성하고, 이들의 각 필드에 값을 할당하는 다음과 같은 문장에 대해 생각해 보자.

```
list item1, item2, item3;
item1.data ='a';
item2.data ='b';
item3.data ='c';
item1.link = item2.link = item3.link = NULL;
```

구조 item1, item2, item3은 각각 자료 항목 a, b, c와 널 포인터를 포함하고 있다. 여기서 item2의 널 link 필드를 item3에 대한 포인터로 대체하고, item1 안에 있는 널 link 필드를 item2를 가리키는 포인터로 대체하면 이 구조들을 서로 연결할 수 있다. 이 내용은 4장에서 자세히 다룬다.

```
item1.link = &item2;
item2.link = &item3;
```

실 습 예 제

① 다항식을 더하는 프로그램

다음은 3.4.3절의 PADD 알고리즘을 사용하여 다항식을 더하는 프로그램이다. 프로그램을 수행하여 실행결과를 출력하고 소스를 분석하라.

```
typedef struct polynode
{
      int coef;
      int exp;
      struct polynode* next;
} POLY;

POLY* append(POLY*, int, int);
void writelist(POLY*);
POLY* padd(POLY* a, POLY* b);
char compare(int, int);
void attack(int, int, POLY**);

void main()
{
      POLY* a= 0, *b=0, *c =0;
      int coef, exp;
      scanf("%d %d", &coef, &exp);

      while(coef!=0)
      {
          a = append(a, coef, exp);
          scanf("%d %d", &coef, &exp);
      }
```

```
    scanf("%d %d", &coef, &exp);

    while(coef!=0)
  {
        b = append(b, coef, exp);
        scanf("%d %d", &coef, &exp);
    }

    writelist(a);
    writelist(b);
    c = padd(a, b);
    writelist(c);
    getch();
}

void attack(int c, int e, PLOY** d)
{
    POLY* x;
    x = (POLY*)malloc(sizeof(POLY));
    x->coef = c; x->exp = e;
    (*d)->next = x;
    *d = x;
}

POLY* padd(POLY* a, POLY* b)
{
    POLY* p, *q, *d, *c;
    int x;
    p = a; q = b;
    c = (POLY*)malloc(sizeof(POLY));
    d = c;
    while(p && q)
    {
        switch(compare(p->exp, q->exp))
        {
```

```
            case '=' :
                x = p->coef + q->coef;
                if(x)
                    attack(x, p->exp, &d);
                p = p->next; q = q->next;
                break;
            case '<' :
                attack(q->coef, q->exp, &d);
                q = q->next;
                break;
            case '>' :
                attack(p->coef, p->exp, &d);
                p = p->next; /* a의 다음 항목 */
        }
    }

    while(p)
    {
        attack(p->coef, p->exp, &d);
        p = p->next; }
        while(q)
        {
            attack(q->coef, q->exp, &d);
            q = q->next; }
            d->next = 0;
            p = c; c= c->next; free(p);
            return(c);
        }

POLY* append(POLY* ptr, int coef, int exp)
{
    if(ptr == 0)
    {
        ptr = (POLY*)malloc(sizeof(POLY));
        ptr->coef = coef; ptr->exp = exp;
```

```
        ptr->next = 0;
    }
    else
        ptr->next = append(ptr->next, coef, exp);

    return(ptr);
}

void writelist(POLY* ptr)
{
    if(ptr)
    {
        printf("\n%d %d", ptr->coef, ptr->exp);
        writelist(ptr->next);
    }
}

char compare(int x, int y)
{
    if(x==y) return('=');
    else if(x>y) return('>');
    else return('<');
}
```

② 다항식 계산을 위한 Horner의 방법

horner의 법칙이라 함은 『x에 대한 다항식이 있을 때, x = 2를 대입한다고 가정하자. 하나하나 적어서 답을 구할 수도 있지만, 그에 관한 공식도 존재한다. 이를 [다항식 계산을 위한 horner의 방법]이라고 한다.』

$$【\ F(\chi) = (\alpha_n \chi^n) + (\alpha_{n-1} \chi^{n-1}) + \cdots\cdots + (\alpha_1 \chi^1) + C\ 】$$

라는 식에 $x = T$를 대입하여 $F(T)$를 구한다고 한다면, horner의 방법을 써서 이렇게 구할 수 있다.

【 $F(T) = ((((a_n T + a_{n-1}) * T + a_{n-2}) * T + a_{n-3}) * T + \cdots\cdots + C)$ 】

[예제] $F(x) = 3x^3 + 2x^2 + 2x + 1$에 $X=2$를 대입하여 $F(2)$를 구하시오.

〈방법1〉 $x=2$대입
$F(2) = (3*8) + (2*4) + (2*2) + 1 = 37$

〈방법2〉 Horner의 방법
$F(2) = (((3*2 + 2)*2 + 2)*2 + 1) = 37$

다음은 horner의 방법을 사용을 사용한 프로그램이다.

```
#include<iostream.h>

void horner()
{
    int *a, n, x, out;
    cout << "Input n, the coefficients, and x " << endl;
    cin >> n;
    a = new int[n+1];
    for (int loop = 0; loop <= n; loop++)
      cin >> a[loop];
    cin >> x;
    for (loop = n, out = 0; loop >= 0; loop--)
      out = out * x + a[loop];
    cout << out << endl;
}

void main()
{
    horner();
}
```

CHAPTER 4

스택과 큐

4.1 스택의 정의

3장에서 배운 순차 리스트 자료구조인 배열은 원소를 삽입/삭제하는 위치가 제한되지 않은 매우 일반적인 구조다. 즉, 배열의 양쪽 끝이나 배열의 중간 어느 곳에서든 삽입/삭제가 가능하다. 그러나 스택은 원소의 삽입과 삭제연산이 한쪽 끝에서만 발생하도록 제한되는 특별한 자료구조이다. 이 연산들이 발생하는 한쪽 끝을 스택의 top이라고 부른다. 따라서 스택에서 처리할 수 있는 원소는 top에 있는 원소뿐이다. 스택의 삽입 연산을 push라 부르고 삭제 연산을 pop이라고 부른다.

삽입과 삭제의 두 연산이 스택의 같은 한쪽 끝에서만 발생하므로 삭제되는 원소는 삽입된 반대 순서의 원소들이다. 즉, 먼저 삽입된 것이 나중에 삭제된다. 이러한 현상을 후입 선출 (Last In First Out, LIFO)이라고 하며 일상생활에서도 많이 볼 수 있다.

스택의 보편적인 예는 책상에 쌓아 놓은 파일 상자이다. 그림 4-1(가)와 같이 파일 상자는 제일 위쪽(top) 파일 상자만 꺼낼 수 있도록 되어 있고(즉, 중간의 파일 상자는 꺼낼 수 없도록 되어 있고), 새로운 파일 상자는 스택의 top에만 올려놓게 되어 있다. 또 다른 스택의 예는 그림 4-1(나)에 보인 기차 선로 시스템이다. 차량을 대피시킬 때 사용되며, 제일 마지막으로 들어온 차가 제일 먼저 빠져나간다.

자료 처리 문제에서 발생하는 스택의 예를 살펴보자. 자료 처리 과정의 어떤 단계를 당분간 연기하고 다른 단계를 수행해야 하며, 다시 이 단계 중에 또 다른 단계를 수행해야 할 때, 연기되는 단계들을 차례로 스택에 기록함으로써 처리 순서를 잊지 않도록 할 수 있다.

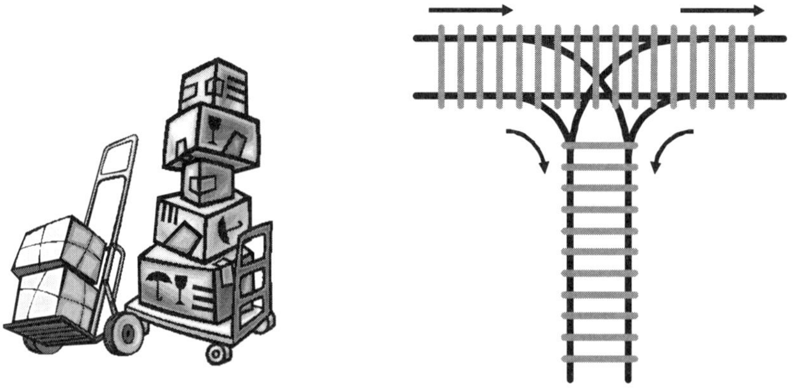

(가) (나)

그림 4-1 스택의 예

4.2 스택의 저장 방법

스택은 광범위하게 사용되고 있으나 대부분의 프로그래밍 언어에서는 내장된 자료형으로 제공되지 않는다. 따라서 프로그래밍 언어의 기존 기능을 사용하여 스택의 연산을 모의 실험, 즉 스택을 만들어서 사용해야 한다. 본 절에서는 배열을 사용하여 모의 실험을 한다.

```
template <class KeyType>
    class Stack
    {
        // object: 0개 이상의 원소를 가진 유한 순서 리스트
        public :
            stack (int MaxStackSize=DefaultSize);
            // 최대 크기가 MaxStackSize인 공백 스택을 생성
            Boolean IsFull();
            // 스택 내에 있는 원소의 수가 스택의 최대 크기와 같은 경우 TRUE(1);
            // 그렇지 않은 경우 FALSE(0)을 반환

            void Push(const KeyType& item);
            //IsFull()이 TRUE이면 StackFull()을 호출하고,
            //그렇지 않으면 스택에 item을 삽입
```

```
        Boolean IsEmpty();
        // 스택 내에 있는 원소의 수가 0인 경우 TRUE(1),
        // 그렇지 않은 경우 FALSE(0)을 반환

        KeyType* Pop(KeyType&);
        //IsEmpty()가 TRUE이면 StackEmpty()을 호출하고 0을 반환,
        //그렇지 않으면 스택의 top 원소를 제거하고 그 포인터를 반환

        Void StackFull();
        //스택이 가득차 있음을 나타내는 에러 메시지 출력

        Void StackEmpty();
        //스택이 비어 있음을 나타내는 에러 메시지 출력
}
```

[리스트 4-1] 스택 추상 자료형

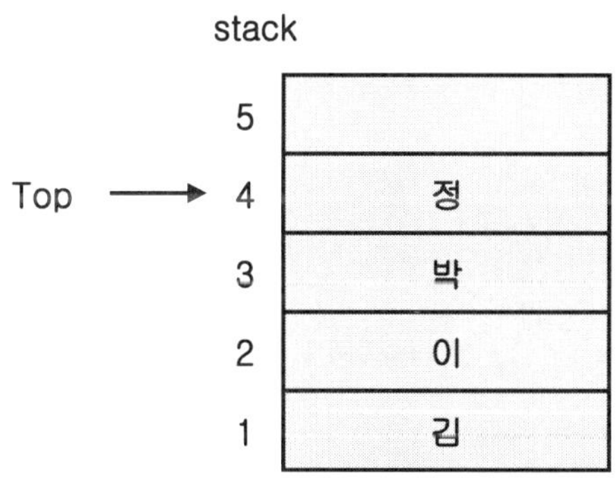

그림 4-2 스택을 배열로 표현

스택을 저장하는 가장 간단한 방법은 1차원 배열을 사용하는 것이다. 이때 배열의 크기는 스택에서 수행될 삽입을 모두 처리할 수 있도록 충분히 커야 한다. 스택에 대한 추상 자료형을 표시하면 [리스트 4-1]과 같다.

배열 stack과 정수 변수 top을 사용하여 스택을 표현해 보자. 배열을 그림 4-2와 같이 수직으로 나타내어 위 부분(top)에 큰 첨자가 오도록 한다. 정수 변수 top은 가장 위 부분에 있는 원소를 가리키도록 한다.

그림 4-3을 예를 들어, 배열로 표현된 스택에서의 삽입(즉, push)과 삭제(즉, pop) 연산을 살펴보자. 스택이 (가)와 같이 처음에는 비어 있다고 가정하자. 먼저 '김', '이', '박'을 계속 삽

입하면 (나), (다), (라)와 같다. 다음에 한 원소를 삭제하면 (마)와 같고, 다시 한 원소를 삭제하면 (바)와 같다. 다시 '정', '홍'을 삽입하면 (사), (아)처럼 된다.

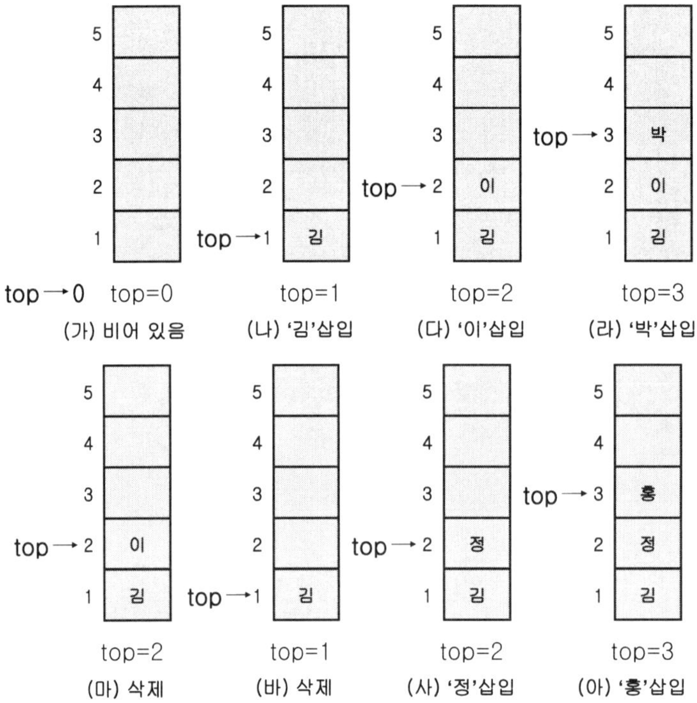

그림 4-3 스택에서의 삽입/삭제 연산의 예

[리스트 4-2]와 [리스트 4-3]은 스택에서의 삽입/삭제 연산을 C언어로 나타낸 것이다.

```
void Push(int *top, element item)
{
    if(*top >= MAX_STACK_SIZE-1) {
        stack_full();
        return;
    }
    stack[++ *top]=item;
}
```

[리스트 4-2] 스택에서의 삽입

```
element Pop(int * top)
{
    if(*top == -1)
        return stack_empty();
    return stack[(*top)--];
}
```

[리스트 4-3] 스택에서의 삭제

비록 스택을 배열의 범주에 포함시키지만, 스택과 배열은 서로 다른 자료구조이다. 배열에는 삽입과 삭제가 발생하는 장소에 제한이 없으나 스택에서는 top이 가리키는 원소만 처리할 수 있다. 따라서 배열에 저장된 스택에서 LIFO 원칙을 지킬 수 있도록 하는 것은 프로그램 작성자의 책임이다.

스택을 배열에 저장하므로 스택도 배열이 갖는 제한을 갖게 된다. 즉, 스택은 동일 자료형의 원소만 저장해야 하고, 배열의 차원(dimension)에 의해 원소의 개수에 제한을 받는다. 스택의 길이는 시간이 지남에 따라 길어지기도 하고 줄어들기도 하여 최대 원소 개수에 제한이 없지만 배열은 일정한 크기를 갖는다. 크기가 가변적인 스택을 크기가 고정된 배열에 표현하는 제한성은 크게 염려하지 않아도 된다. 그 이유는 대부분의 문제에서 스택이 갖게 될 최대 원소 개수를 사전에 추정할 수 있기 때문이다.

4.3 큐의 정의

큐(queue)는 한쪽 끝에서 자료가 삽입되고 반대쪽 끝에서 삭제가 일어나는 순차 리스트이다. 큐의 예는 그림 4-4와 같이 은행, 식당 또는 버스 정류장에서 서비스를 받기 위해 줄을 서 있는 원리와 같다. 즉, 앞에 서 있는 사람이 먼저 서비스를 받게 되고, 나중에 온 사람은 줄의 맨 뒤에 서서 차례를 기다려야 한다.

그림 4-4 큐의 예

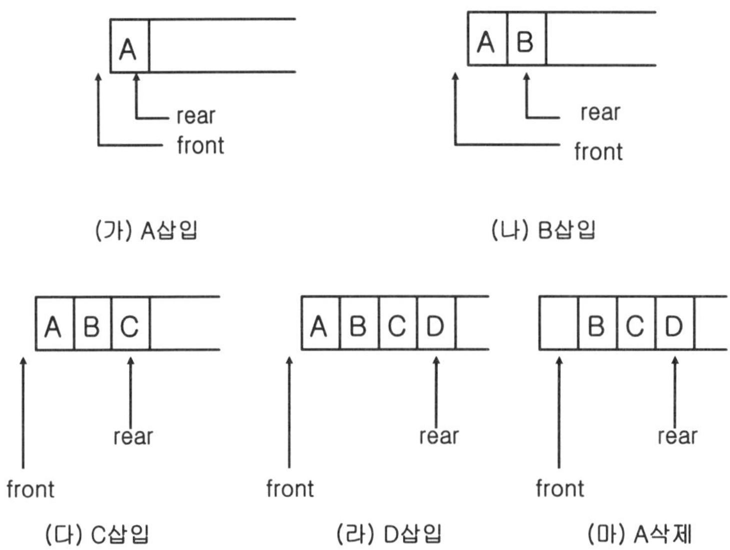

그림 4-5 큐에서의 삽입과 삭제

임의의 큐 Q = (a_1, ⋯, a_n)이 있을 때 a_1은 앞(front) 원소이고, a_n은 뒤(rear) 원소이다. 또 i값이 $1 \le i < n$일 때 a_{i+1}은 a_i의 뒤에 있다고 말한다. 큐에 대한 제약은 만약 원소 A, B, C, D를 순서대로 큐에 삽입한다면 제일 먼저 삭제되는 원소가 A라는 것이다. 그림 4-5는 이러한 큐의 일련의 동작을 보여준다. 큐에서는 제일 먼저 삽입된 원소가 제일 먼저 삭제되기 때문에 선입 선출(First-in First-Out : FIFO) 리스트라고 한다. [리스트 4-4]는 큐에 대한 추상 자료형 명세를 나타낸다.

```
template <class KeyType>
Class Queue
```

```
{
//object : 0개 이상의 원소를 갖는 유한 순서 리스트
public :
    Queue(int MaxQueueSize = DefaultSize);
    //최대 크기가 MaxQueueSize인 공배 큐를 생성

    Boolean IsFull();
    //큐내의 원소의 수가 최대크기와 같을 경우 True(1) 반환
    //그렇지 않을 경우 False(0)을 반환

    Void Insert(const KeyType& item);
    //만약 큐가 가득차 있으면 QueueFull()을 호출
    //그렇지 않을 경우 큐의 맨 뒤에 원소를 삽입

    Boolean IsEmpty();
    //큐내의 원소의 수가 0인 경우 True(1) 반환
    //그렇지 않은 경우 False(0) 반환

    KeyType* Delete();
    //만약 큐가 비어 있다면 QueueEmpty()를 호출한 다음 0을 반환
    //그렇지 않을 경우 큐의 맨 앞에 있는 원소를 삭제, 반환

    void QueueFull ();
    //큐기 기득 치 있음을 나타내는 에러 메시지 출력

    void QueueEmpty();
    //큐가 비어 있음을 나타내는 에러 메시지 출력

}
```

[리스트 4-4] 큐의 추상 자료형

큐를 순차 기억 장소로 표현하는 것은 스택보다 더 어렵다. 함수 Insert와 Delete는 구조적으로 스택의 함수 push, pop과 유사하다. 스택의 push, pop함수는 top 변수를 사용하지만, 큐의 Insert함수는 rear를 증가시키고 Delete 함수는 front를 증가시킨다. C 언어에서의 전형적인 함

수 호출은 insert(rear, item)와 item = delete(front, rear)이다. 함수 insert를 호출할 때에는 변경된 rear 값이 그대로 유지될 수 있도록 rear 주소를 매개변수로 넘겨주고, 함수 delete를 호출할 때에는 변경된 front 값이 그대로 유지될 수 있도록 front 주소를 넘겨주지 않아도 되지만 큐가 공백 상태인지를 검사할 때에는 rear 값을 사용한다. [리스트 4-5]는 C 언어로 큐에서의 삽입을 표현한 경우이다. 또, [리스트 4-6]은 큐에서의 삭제를 나타낸다.

```
void insert(int *rear, element item)
{
    /* queue에 item을 삽입 */
    if(*rear==MAX_QUEUE_SIZE-1) {
        QueueFull();
        return;
    }
    queue [++ *rear]=item;
}
```

[리스트 4-5] 큐에서의 삽입

```
element delete(int *front, int rear)
{
    /* queue의 앞에서 원소를 삭제 */
    if(*front==rear) {
        return QueueEmpty(); /* 오류 key를 반환 */
    return queue[++ *front];
}
```

[리스트 4-6] 큐에서의 삭제

front	rear	Q[1]	Q[2]	Q[3]	Q[4]	설명
0	0					공백 큐
0	1	J1				J1의 삽입
0	2	J1	J2			J2의 삽입
0	3	J1	J2	J3		J3의 삽입
1	3		J2	J3		J1의 삭제
2	3			J3		J2의 삭제

그림 4-6 순차 큐에서의 삽입과 삭제

큐의 순차적 표현에서 나타나는 문제점은 다음 예제가 잘 보여주고 있다.

[예] 작업 스케줄링

큐는 컴퓨터 프로그래밍에서 많이 사용된다. 큐의 가장 보편적인 이용은 운영 체제에 의한 작업 큐(job queue)의 생성이다. 만약 운영 체제가 우선 순위를 사용하지 않는다면 작업들을 시스템에 들어간 순서대로 처리될 것이다. 그림 4-6은 큐를 순차 표현으로 구현할 때, 운영체제가 작업들을 처리하는 과정을 보여준다. 작업들이 큐에 들어가고 나옴에 따라 큐는 점차 오른쪽으로 이동하는 것이 분명하다. 이것은 결국 rear 값이 n보다 커져서 큐가 포화 상태가 된다는 것을 의미한다. 이렇게 되면 queue_full은 전체 큐를 왼쪽으로 이동시켜서 첫 번째 원소가 Q[1]에 위치하고 front = 0이 되도록 하여야 한다. 그리고 rear 값도 다시 적절하게 조정해야 한다. 이와 같은 배열 원소의 이동은 시간이 많이 든다. 특히 배열에 원소가 많이 있는 경우에는 상당한 처리 시간을 필요로 한다. 즉, queue_full 신호가 일어났을 때, 반드시 큐에 n개의 원소가 있다는 것을 나타내는 것은 아니다. 따라서 이때 첫 번째 원소를 Q[1]에 오게 하고 front를 0으로 하고 rear 값을 조정할 것이다(그림 4-7).

만일 큐를 원형으로 취급하면 앞에서 언급한 문제를 해결할 수 있다. 즉, 큐를 Q(0 : n-1) 형태로 선언하는데, 이 방법에서는 front와 rear를 0으로 초기화한다. front는 항상 큐의 첫 번째 원소로부터 시계 반대 방향으로 하나 앞의 위치를 가리키게 한다. rear는 큐의 현재 끝을 가리킨다. 그리고 front = rear가 되기만 하면 큐는 공백 상태이다.

front	rear	Q[1]	Q[2]	Q[3]	…	Q[n]	연산 과정
0	n	J_1	J_2	J_3	…	J_n	꽉 찬 상태
1	n		J_2	J_3	…	J_n	J_1 서비스(삭제)
0	n	J_2	J_3	J_4	…	J_{n+1}	J_2 로부터 J_n까지 앞으로 1씩 이동 후, 맨 뒤에 J_{n+1} 삽입
1	n		J_3	J_4	…	J_{n+1}	J_2 서비스 삭제
0	n	J_3	J_4	J_5	…	J_{n+2}	이동 및 J_{n+2} 삽입

그림 4-7 큐의 이동과 입력

그림 4-8은 n = 6인 큐를 나타낸 것이다.

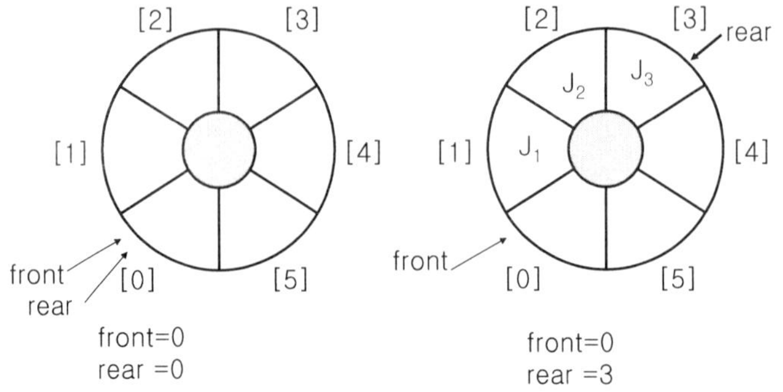

그림 4-8 공백 원형 큐와 공백이 아닌 원형 큐

그림 4-9는 n = 6인 두 큐의 포화 상태를 나타낸다. 이와 같은 포화 큐에는 한 원소분의 여유 공간만 있게 되는데, 여기에 하나의 원소를 더 삽입하면 front = rear가 되어 공백 상태와 포화 상태를 구별할 수 없다. 따라서 n−1개의 원소만 저장할 수 있다는 규정을 정의한다.

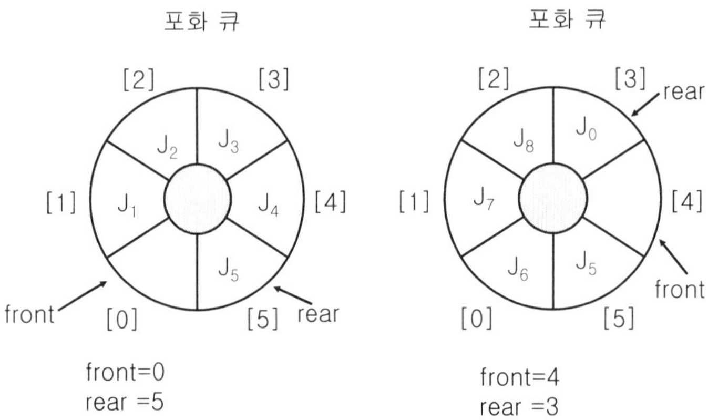

그림 4-9 포화 원형 큐

원형 큐(Circular Queue)에 대한 삽입과 삭제 연산의 구현은 원형 회전을 시켜야 하므로 약간 더 복잡하다. 이것은 모듈로(modulo) 연산자를 이용해서 달성할 수 있다. [리스트 4−7]의 함수 insert에서 rear 인덱스의 원형 회전은 "*rear = (*rear +1) % n;"와 같이 처리한다. 여기서 주의할 점은 원소를 Q[rear]에 삽입하기 전에 먼저 rear를 회전시킨다는 것이다.

```
void insert(int front, int *rear, element item)
{
 /* queue에 item을 삽입 */
 *rear = (*rear +1) % n;
```

```
  if(front == *rear) {
     QueueFull(rear); /* rear를 리셋시키고 오류를 프린트 */
  return
 }
  queue[*rear] = item;
 }
```

[리스트 4-7] 원형 큐에서의 삽입

[리스트 4-8]의 함수 delete에서는 다음 문장과 같이 front를 원형 회전시킨 뒤에, 그 원소를 삭제한다.

```
  element delete(int *front, int rear)
  {
     element item;
     /* queue의 front 원소를 삭제하여 그것을 item에 놓음 */
     if (*front == rear)
          return QueueEmpty() ; /* queue_empty는 오류 키를 반환 */
     *front = (*front +1) % n;
     return queue[*front];
  }
```

[리스트 4-8] 원형 큐에서의 삭제

여기서 중요한 점은 삽입 연산에서의 포화 상태에 대한 검사와 삭제 연산에서의 공백 상태에 대한 검사가 같다는 것이다. 그러나 삽입인 경우 front = rear일 때, 큐의 첫 번째 원소는 Q[front]가 아니라 시계 방향으로 하나 앞에 있기 때문에 실제로는 하나의 여유 공간(Q[rear])이 있는 상태이다.

앞에서도 언급했지만 만일 여기에 하나의 원소를 더 삽입하면 front와 rear가 똑같아지므로 포화 상태와 공백 상태를 구별할 수 없게 된다. 이 문제를 피하기 위해서 함수 QueueFull을 사용하여 큐에서는 최대로 n이 아닌 n−1개의 원소만을 허용하게 하면 된다.

n개 모두를 사용하기 위해 tag를 이용해서 구현하는 방법이 있다. 즉, tag = 0이면 큐가 비어 있는 상태이며 tag =1이면 꽉 찬 상태를 표시한다.

이 알고리즘은 [리스트 4-9]과 [리스트 4-10]에 나타난다. 여기서는 tag에 대한 검사 조건으로 효율성(속도)이 떨어지는 단점이 있다.

```
element TAG_INSERT(int front, int *rear, element item, int tag){
 if(tag == 1)
   return isfull();
   *rear=(*rear+1) % n;
   if(front == *rear){
   tag = 1;
   queue[*rear] = item;
      }
 }
```

[리스트 4-9] tag를 이용한 원형 큐에서의 삽입

```
element TAG_DELETE(int *front, int rear, element item, int tag){
 if(rear == *front && tag == 0)
     return isempty();
 *front = (*front +1 ) % n
 if(rear == *front)
 {
     tag= 0;
     return queue[*front];
 }
 }
```

[리스트 4-10] tag를 이용한 원형 큐에서의 삭제

4.4 데크[Deque]

데크[Deque]는 Double-Ended QUEue의 약어로 스택과 큐를 혼합한 상태이며 양쪽 끝 모두에서 삽입과 삭제가 일어날 수 있는 자료구조이다. 이 구조는 스택의 한쪽 끝에서 삽입과 삭제가 동시에 일어날 경우 그 위치(주소)를 알려 주는 포인터가 1개 필요하듯이 2개의 포인터가 양쪽 끝을 가리키게 된다. 데크는 선형 구조이므로 배열을 이용하여 구현할 수 있으며, 하나의 배열을 선언한 뒤 두 개의 포인터를 선언한다.

그림 4-10은 데크를 이용하여 원소를 삽입, 삭제하는 예이다. (마)의 END2에서는 더 이상 삽입시킬 영역이 없다. 이 경우 데크 수행을 위해 영역의 중앙을 중심으로 해서 한 자리씩 이동

시키게 된다. 이와 같은 이동은 끝에 도달했을 때 큐를 처리하는 방법과 동일하다.

데크는 양쪽 끝에서 원소의 삽입과 삭제가 일어나는데, 포인터가 데크의 양쪽을 가리킬 경우 삽입이 일어날 수 없어 오버플로우가 발생하게 된다.

이러한 문제를 해결하기 위해서는 원소들을 데크의 가운데 부분으로 자주 이동시켜야만 한다. 이와 같은 방법은 데크의 응용적인 방법으로 양쪽 끝 부분에 저장될 장소가 같아지도록 적당한 위치로 원소들을 이동시키는 과정이 필요하다.

데크의 언더플로우는 큐나 스택에서와 같이 비어 있는 상태에서 삭제가 일어나는 것과 비슷하다. 데크는 양쪽 끝 모두에서 삽입과 삭제가 일어나는데, 삽입과 삭제가 제한됨으로써 두 가지 종류로 구분할 수 있다. 먼저 입력 제한 데크(Scroll)는 입력을 한쪽으로만 가능하도록 제한하는 형태이며, 출력 제한 데크(Shelf)는 출력이 한쪽 끝으로만 제한되는 경우이다.

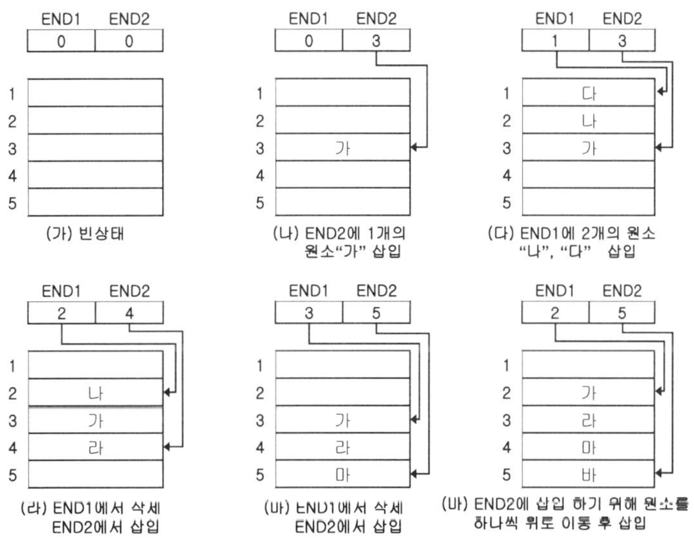

그림 4-10 데크의 운영 표현

4.5 다중 스택과 큐

앞에서 소개한 구조는 하나의 스택과 큐가 필요한 경우에 하나의 배열을 이용하여 표현하는 방법이었으나, 프로그래머가 여러 개의 스택이나 큐를 필요로 할 때 각각에 대하여 구조들을 표현한다는 것은 다수 어려운 점이 있다.

스택과 큐는 선형 구조로 되어 있어 배열을 이용하여 표현이 가능하였고, 앞에서 한계 범위가 있는 하나의 스택과 큐를 배열로 표현한 것과 같이, 여러 개의 스택과 큐도 한계 범위를 정할 수 있으므로, 한 개의 큰 배열로 여러 개의 스택이나 큐 구조를 나타낼 수 있다.

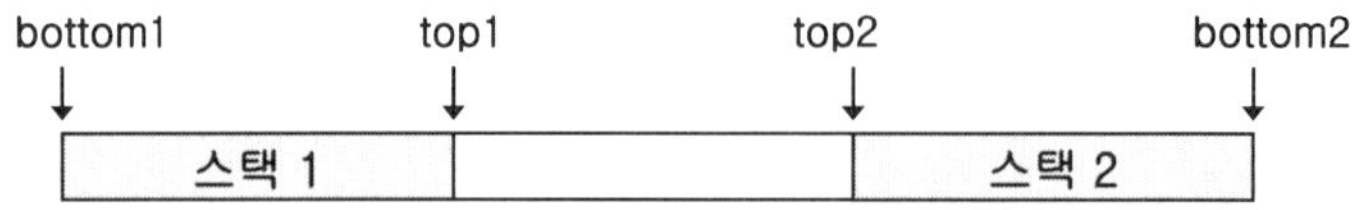

그림 4-11 하나의 배열을 이용하여 2개의 스택을 표현(이중스택)

간단한 방법으로 두 개의 스택(스택 1, 스택 2)을 한 개의 배열로 표현해 보자. 배열의 양쪽 끝 중에서 한쪽 끝을 스택 1의 bottom으로, 다른 한쪽 끝을 스택 2의 bottom으로 정하면 그림 4-11과 같이 표현된다. 스택 1과 스택 2 사이에는 빈 공간이 존재할 수 있다. 이런 방법을 확장하여 1개의 배열 $A(l:m)$에 대해 n개의 스택이 필요한 경우에는 n개의 스택으로 나누면 된다. $A(l:m)$을 분할할 때 스택의 크기를 알고 있으면 여러 개의 기대되는 스택을 차등 분배하면 되지만, 특별한 정보가 없을 경우 $A(l:m)$을 동등한 크기로 균등 분배하면 된다. 배열의 크기 m을 n으로 나누면 하나의 스택 크기는 $\lfloor m/n \rfloor$이 되고, 각 스택 i에 대해 bottom과 top을 가리키는 포인터는 B(i), T(i)이다. 만약 스택 i가 비어 있으면 $B(i)=T(i)=\lfloor m/n \rfloor * (i-1)$, $(1 \le i \le n)$이 되고 가득 찬 상태는 $T(i) = B(i+1)$이 된다.

그림 4-12는 균등 분배한 스택의 초기 구조이다.

그림 4-13에서 $T(i) = B(i+1)$이므로 i번째 스택은 가득 찬 상태를 나타낸다. 스택이 가득 찬 상태의 처리 알고리즘의 주요 목적은 $A(l:m)$에서 빈 공간을 이용하여 i번째 스택에 원소를 삽입시켜 주는 것으로 다음과 같은 절차로 구성된다.

① 스택 j와 j+1 사이에 빈 공간이 있는 즉, $t[j] < b[j+1]$을 만족하는 최소의 $j(i<j<n)$를 찾아서 만약 j가 존재한다면 i+1, i+2, …, j를 오른쪽으로 하나씩 이동시켜 스택 i와 i+1 사이에 빈 공간을 만든다.

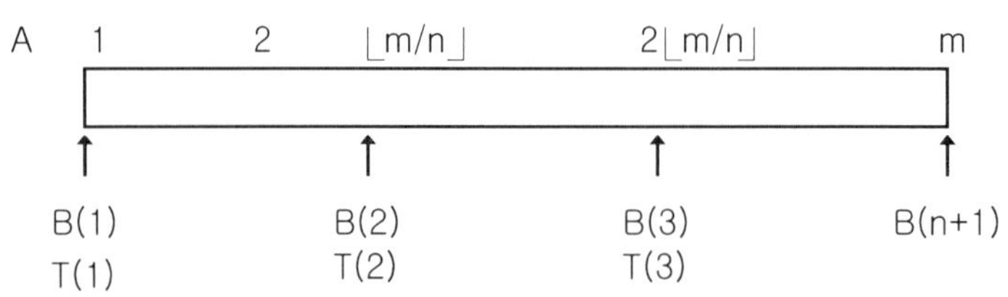

그림 4-12 배열 A(1:m)에서 n개의 스택에 대한 초기 구조(균등 분배)

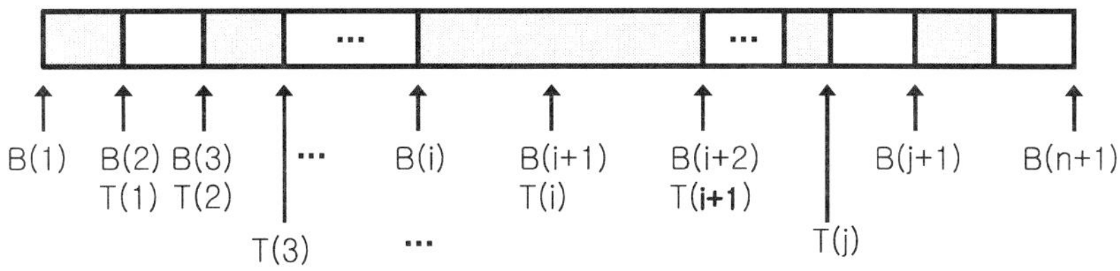

그림 4-13 스택 i와 스택 i+1이 만난 구조(A에 공간이 존재할 경우)

② ①의 방법에서 마땅한 j값을 찾지 못하면 스택 i의 왼쪽을 조사한다. 스택 j와 j+1 사이에 빈 공간이 있는, 즉 t[j]<b[j+1](0≤j<i)을 만족하는 최대의 j를 찾아서, 만약 그와 같은 j가 존재한다면, 스택 j+1, j+2, …, i를 왼쪽으로 한 자리씩 이동시켜 스택 i와 i+1 사이에 빈 공간을 만든다.

③ ①과 ②의 방법에서 만족하는 j가 없으면 A(1:m)의 기억 공간은 가득찬 상태이다.

[리스트 4-11]과 [리스트 4-12]는 다중 스택에서의 삽입과 삭제 알고리즘이다.

```
void MSTACKInsert(int i, int x){   /* i번째 스택에 x를 push */
    static final int max=10;
    int top[]=new int[2];       /* n개의 top */
    int bottom[]=new int[3];   /*  n+1개의 bottom  */
    int A[]=new int[max];
    if(top(i) == bottom(i+1))
        return MSTACK_FULL(i);
    else
        {
            top(i) = top(i) + 1;
            A(top(i)) = x;
        }
} /* MSTACKInsert  */
```

[리스트 4-11] 다중 스택에서의 삽입 알고리즘

```
void MSTACKDelete(int i, int x){   /* i번째 스택에 pop */
     static final int max=10;
     int top[]=new int[2];       /* n개의 top  */
     int bottom[]=new int[3];   /*  n+1개의 bottom   */
     int A[]=new int[max];
     if(top(i) == bottom(i))
         return MSTACK_EMPTY(i);
     else
     {
          x = A(top(i));
          top(i) = top(i) - 1;
     }
} /* MSTACKDelete */
```

[리스트 4-12] 다중 스택에서의 삭제 알고리즘

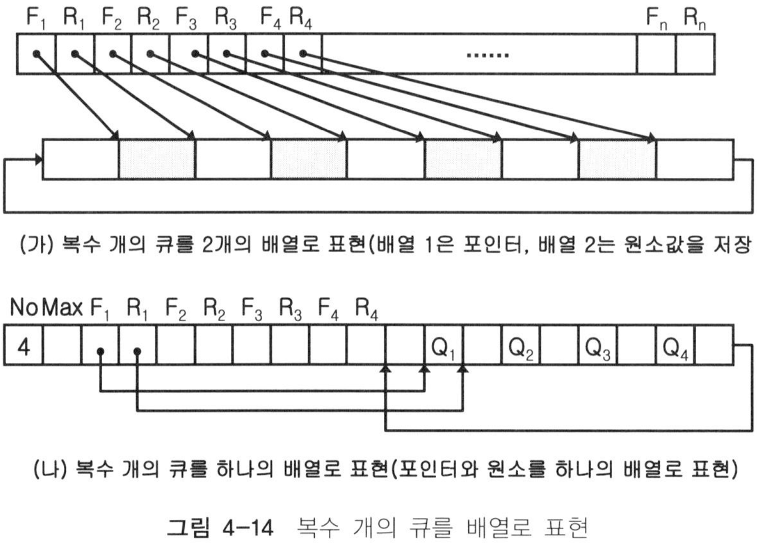

그림 4-14 복수 개의 큐를 배열로 표현

그림 4-14는 다중 큐를 포인터 배열과 자료 원소 배열로 구분한 것((가)번 그림)과 포인터와 자료 원소를 하나의 배열로 표현한 것((나)번 그림)을 나타내고 있다.

4.6 스택과 큐의 응용

4.6.1 부 프로그램 호출

일반적인 프로그램에서 부 프로그램 호출(subroutine call)과 복귀(return)또는 순환(recursion) 문제, 그리고 다음 절에서 다룰 산술식 표현 문제를 해결하는 데에 스택을 이용하면 상당히 효과적으로 처리할 수 있다.

그림 4-15는 주 프로그램이 부 프로그램 A_1을 호출하고, A_1이 부 프로그램 A_2를 호출하고, A_2가 부 프로그램 A_3를 호출하는 것을 나타낸다. 부 프로그램 호출은 복귀문(return)을 만났을 때 주 프로그램의 부 프로그램 호출 다음 문장으로 다시 돌아오는데, 컴퓨터는 부 프로그램 호출 바로 다음 문장 주소를 저장해 놓아야 한다.

그림 4-16에서 다음 문장 주소들은 q, r, s, t순으로 생성된다(q는 주 프로그램이 끝나고 운영 체제(operating system)로 돌아갈 주소).

이 순서에 의해 스택에 저장하면 스택의 동작 구조 LIFO에 따라 sub A_3→sub A_2→sub A_1→주 프로그램→운영 체제로의 순서에 맞도록 t의 주소로 복귀가 일어나고, 다시 s, r, q순으로 복구된다. 이 경우에 큐를 이용했다고 생각하면 실행은 실패가 된다(그림 4-10).

proc MAIN	proc A_1	proc A_2	proc A_3
…	…	…	…
…	…	…	…
call A_1	call A_2	call A_3	…
r:	s:	t:	…
…	…	…	…
end	end	end	end

그림 4-15 부 프로그램 호출의 연속

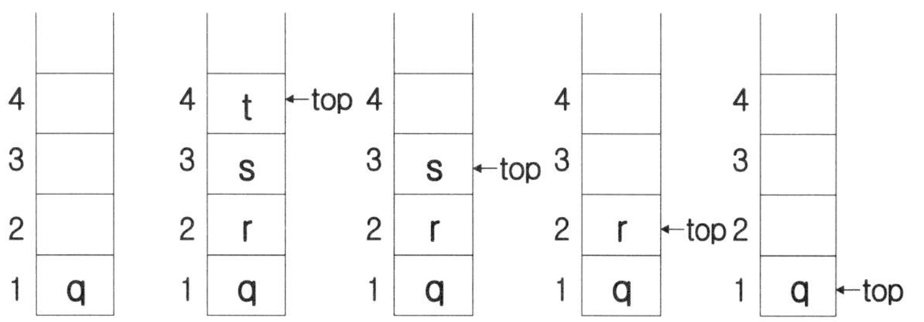

(가) 초기상태 (나) A_3수행 끝 (다) A_2 수행 끝 (라) A_1 수행 끝 (마) 주 프로그램 끝

그림 4-16 스택을 이용한 부 프로그램 이용 동작

4.6.2 수식의 계산

처음에 수식의 계산은 사람의 손으로 일일이 계산해 왔으나 최근에는 탁상용 계산기 또는 프로그래밍이 가능한 컴퓨터를 이용하게 됨에 따라, 컴퓨터에 어떻게 프로그램을 작성하여 적용할 것이며, 작성된 수식의 계산을 어떻게 기계어로 번역할 것인가의 문제가 발생하게 되었다.

간단한 산술 연산에서 사람은 간단히 계산할 수 있지만, 컴퓨터를 이용할 경우 먼저 프로그래밍을 작성하고 프로그래밍 언어가 기계어로 바뀌는 과정을 이해하지 않으면 안 된다. 예를 들어

```
산술식 A + B * C에서, 사람은 ①부터 ⑤까지 한눈에 볼 수 있으므로,
       ↑ ↑ ↑ ↑ ↑
       ① ②③④⑤
```

④의 곱셈부터 계산하고 ②의 덧셈을 하는 과정을 이해하지만 컴퓨터는 한 문자 단위로 처리하기 때문에 왼쪽 ①부터 한 문자씩 읽어 들여 ①, ②, ③의 세 문자를 가지고 ②의 덧셈 연산을 먼저 처리하게 된다.

따라서 이런 문제를 해결하기 위해 연산자 우선 순위(operator priority)가 필요하다. 산술식의 구성 요소는 연산자(operator)와 피연산자(operand)로 이루어지는데, 위 식에서 ②와 ④는 연산자이고 ①, ③, ⑤는 피연산자가 된다. 연산자에는 산술 연산자(+, −, *, /, **)와 수치 자료와 문자 자료의 크기를 비교하기 위해 사용되는 연산자(=, 〈〉, 〈, 〉, 〈=, 〉=)가 있다. 또한 연산자는 단항 연산자(unary operator)와 이항 연산자(binary operator)로 구별되는데 단항 연산자는 피연산자가 하나인 연산자로 "+3" 또는 "−5" 등에서의 "+"와 "−"이고, 이항 연산자는 피연산자가 2개 필요한 연산자로 보통의 +, −, *, / 등의 산술 연산자와 =, 〈〉, 〈, 〉, 〈=, 〉=등의 관계 연산자, 그리고 and, or 등의 논리 연산자를 말한다.

〈표 4-1〉 연산자 우선 순위

연산자	우선 순위
**, 단항 −, 단항 +	6
*, /	5
+, −	4
〈, 〈=, =, 〉=, 〉	3
and	2
or	1

산술식에서 괄호를 사용하면 A+(B*C)와 (A+B)*C의 계산 값은 서로 다르다는 것을 알 수

있지만, 괄호가 없는 경우에는 연산자의 우선 순위가 필요하게 됨을 알 수 있다. 관계 연산에서 문자와 문자의 비교는 코드값들에 의해 우선 순위가 있기 때문에 가능하다. 〈표 4-1〉은 연산자 우선 순위를 나타낸 것이다.

컴퓨터 프로그램에서 수식의 계산은, 우리가 보통 표현하는 식 A+B와 같이 피연산자 사이에 연산자가 존재하는 중위(infix) 표기식을 받아 들여 적당한 기계어로 번역하기 쉽도록 먼저 다른 표기식으로 변형시킨다.

컴파일러(compiler)는 중위 표기식을 역 폴란드 표기 방법이라고 부르는 후위(postfix) 표기로 변형하고 변형된 후위 표기로부터 기계어를 생성한다.

후위 표기식은 연산자가 피연산자보다 뒤에 오는 성질이 있고 폴란드 표기 방법인 전위(prefix) 표기식은 역으로 연산자가 피연산자보다 앞에 나오는 성질이 있다. 이러한 중위 표기, 후위 표기, 전위 표기를 산술식을 표현하기 위한 폴리쉬 기법(polish notation)이라 한다. 이 책에서는 가장 많이 사용되는 후위 표기식을 다루기로 한다.

중위 표기식을 전위 표기식이나 후위 표기식으로 변형시키는 방법에는 두 가지가 있다.

첫 번째는 식에서 연산자의 전후에 적당한 개수의 괄호를 붙여 안쪽 괄호에 둘러싸인 부분부터 처리하는 방법이고, 두 번째는 식에서 좌로부터 1문자씩 검사하면서 연산자를 스택에 쌓아 놓고 연산자의 우선 순위에 의하여 처리하는 방법이다.

첫 번째 방법은 최초의 FORTRAN 컴파일러에서 취한 방법으로 연산자의 전후에 적당한 개수의 괄호를 붙여 안쪽 괄호에 둘러싸인 부분부터 처리하는 것이다. 그 규칙은 다음과 같다.

+, −	→	))) + (((,))) − (((
*, /	→	)) * ((,)) / ((
**(또는 ↑)	→	) ** (
식의 좌측 끝	→	(((
식의 우측 끝	→	)))

예를 들어, A + B ** C *D의 식은 다음과 같이 변형될 수 있다.

```
(((A))) + (((B)      **      (C))      *      ((D)))
↑        ↑           ↑                 ↑          ↑
맨좌측   +연산자     **연산자          *연산자    맨우측
```

이 방법은 괄호를 붙이거나 안쪽 괄호를 찾기 위하여 주어진 식을 여러 번 검사하여 충분히 괄호를 붙여 준 뒤 연산자에 대응하는 오른쪽 괄호 뒤에 연산자를 옮겨 주고 모든 괄호를 제거하면 후위 표기식으로 고쳐진다.

예를 들면, 중위 표기식 A / B ** C + D * E − A * C를 연산자 우선 순위에 의하여 괄호를 붙여 주고 연산자를 그 연산자에 대응되는 오른쪽 괄호 바로 다음으로 이동시킨 후 모든 괄호를 제거하면 다음과 같은 후위 표기식이 된다.

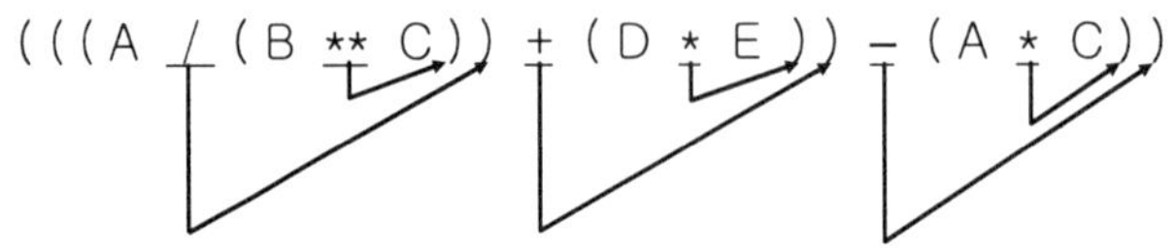

→ (((A (BC) **) / (DE)*) + (AC)*) −
→ABC ** / DE *+ AC * − (후위 표기식)

또한 괄호를 이용하여 간단히 전위 표기식으로 고치는 방법은 후위 표기식의 방법과 다르게 연산자를 그 연산자에 대응되는 왼쪽 괄호 바로 앞으로 연산자를 이동하고 모든 괄호를 제거하면 전위 표기식이 된다.

다음은 중위 표기식의 산술식을 전위 표기식으로 변형시키는 과정이다.

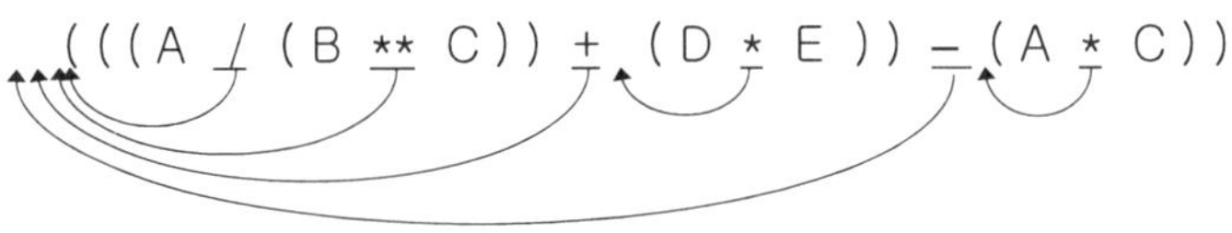

이와 같은 방법은 괄호를 붙여 주거나 제거하는 과정에서 여러 번 검사해야 하는 단점이 있다.

두 번째 방법은 식을 한 번만 검사하여 중위 표기식을 후위 표기식으로 변형시키는데 먼저 스택이 준비되어야 한다. 먼저 스택을 이용하여 중위 표기의 산술식 A + B *C를 후위 표기식으로 변형시키자. 토큰(token)이란 산술식에서 독립된 성분으로, 산술식 A + B * C는 5개의 토큰으로 이루어졌다. 여기서 사용된 스택은 연산자만을 저장하게 되고 피연산자는 바로 출력시킨다.

〈표 4−2〉와 같이 피연산자 A는 바로 출력되고 스택에 저장된 연산자가 없으므로 연산자 +는 스택에 저장된다. 다음의 입력 피연산자 B도 출력되고 연산자 *는 스택 안의 연산자 +와 우선 순위를 비교하여 *의 우선 순위가 높으므로 연산자 *도 스택에 저장한다.

또한 피연산자 C는 바로 출력되고 식에 대한 입력이 끝났으므로 스택의 출력 방식 LIFO로 출력하면 후위 형태인 ABC*+로 변환된다.

〈표 4-2〉 스택을 이용한 변환 과정(중위 표기식 → 후위 표기식)

다음 입력 토큰	스택	출력
없음	빈 상태	없음
A	빈 상태	A
+	+	A
B	+	AB
*	+*	AB
C	+*	ABC
없음	+	ABC*
없음	빈 상태	ABC*+

```
precedence stack[MAX_STACK_SIZE];
/* isp 와 icp 배열 -- 인덱스는 lparen, rparen, plus, minus, times,
   divide, mod, eos 의 값 */
static int isp[] = {0,19,12,12,13,13,13,0};
static int icp[] = {20,19,12,12,13,13,13,0};

void postfix(void)
{
/* 수식을 후위 표기식으로 출력한다. 수식 문자열, 스택, top은 전역적이다. */
  char symbol;
  precedence token;
  int n = 0;
  int top = 0;   /* eos를 스택에 놓는다. */
  stack[0] = eos;   /* eos : end of stack */
  for (token = get_token(&symbol, &n); token != eos;
                                     token = get_token(&symbol, &n)) {
    if(token == operand)
      printf("%c", symbol);
    else if (token == rparen){
      while(stack[top]!=lparen) {
          print_token(delete(&top));
      delete(&top);
    }
   else {
     while (isp[stack[top]]>=icp[token])
```

```
        print_token(delete(&top));
      add(&top, token);
    }
  }
  while((token = delte(&top)) != eos)
   print_token(token);
  printf("\n");
  }
```

[리스트 4-13] 중위 표기식을 후위 표기로 변환하는 함수

[리스트 4-13]은 중위 표기식을 후위 표기식으로 변환시키는 알고리즘이다.

또 다른 예로 식 A − (B * C + D)의 안쪽 괄호는 스택에 저장하고 다음 연산자 *와 + 비교에서 *의 우선 순위가 높으므로 *가 출력된다. 그리고 오른쪽 괄호가 다음에 오는 문자로 나타났을 때 스택안에서 제일 위에 오는 왼쪽 괄호까지 모두 출력시킨다. 또한 식 A − (B * C + D) * E에 대해서 처음에는 스택안에 −(*순으로 저장되는데 −와 *의 우선 순위는 괄호로 인하여 스택에서 비교될 수 없기 때문에 *가 저장되었으며, 후위 표기는 괄호를 포함하지 않기 때문에 출력에서 무시된다.

〈표 4-3〉 스택을 이용한 산술식 변환(중위 표기식→후위 표기식)

다음에 오는 기호	스택	출력
없음	빈 상태	없음
A	빈 상태	A
−	−	A
(	−(	A
B	−(	AB
*	−(*	AB
C	−(*	ABC
+	−(+	ABC*
D	−(+	ABC*D
)	−	ABC*D+
*	−*	ABC*D+
E	−*	ABC*D+E*
∞	빈상태	ABC*D+E*−

〈표 4-4〉 후위 표기로 만들기 위한 연산자들의 우선 순위

기호	스택안에서 우선 순위 (ISP)	읽은 기호를 스택에 저장하기 위한 우선 순위(ICP)
)	–	–
**	3	4
*, /	2	2
+, –	1	1
(	0	4

이런 문제의 해결책으로, 연산자의 우선 순위는 〈표 4-4〉와 같이 생각할 수 있다.

앞의 알고리즘에서 스택 안의 연산자 우선 순위(ISP : in-stack priority)가 새로 들어오는 연산자 우선 순위(ICP : in-coming priority)보다 크거나 같으면 스택에서 연산자를 꺼낸다.

따라서 읽은 기호를 스택에 저장하기 위한 우선 순위는 앞의 예에서 스택에 저장된 '–'와 스택에 저장하기 위해 읽은 기호 '('의 비교에서 '('의 우선 순위가 높으므로 '–' 다음에 스택 안에 '('를 저장하였다. 스택 안에서 출력의 경우 우선 순위는 스택 안에 저장된 순서 '–(+'와 다음에 읽은 문자 ')'인 경우에 ')'는 연산자 우선 순위에서 가장 낮으므로 스택 안에서 제일 위에 있는 '('까지 출력된다.

반대로 후위 표기식은 중위 표기식으로 표현하여 보자.

예를 들어, 후위 표기의 산술식 AB + CD –E *F + *에 대해 중위 표기의 변환 과정은 다음과 같다.

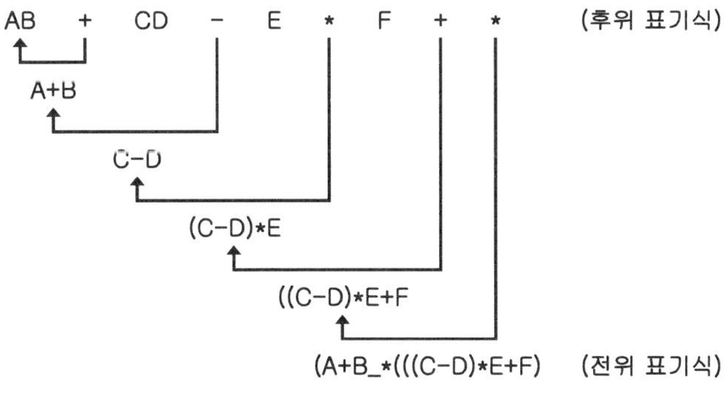

우선 이 문제에서 산술식 AB + CD – E * F + *를 하나의 문자열로 취급하고 이 문자열에서 부분 문자열로 분류하면서 수행하면 된다.

문자열의 처음에서, 연산자에 의해 수행될 두 피연산자를 하나의 부분 문자열로 취급한다. 즉, (AB+)→(A+B), (CD–)→(C–D). 다음 연산자 +의 피연산자는 F와 ((C–D)*E))가

되어 변환된 식은 (A+B)*(((C−D)*E)+F)가 된다. (C−D), ((C−D)*E) 등은 피연산자가 되는데 사실은 이 식들이 연산되는 순서이기 때문에 (C−D) 또는 (A+B)는 괄호 속이 연산되어 어떤 하나의 값이 된다. 즉, (C−D)=T_2, (A+B)=T_1이다. 여기서 T_1, T_2는 피연산자이다.

후위 표기로 변환된 문자열은 컴파일러가 문자열의 왼쪽부터 시작하여 오른쪽 문자열까지 읽어가면서 실행하게 되는데 이때에도 스택을 이용한다. 피연산자는 읽은 순서에 의하여 스택에 순서적으로 저장하고 연산자를 만났을 때 스택에 저장된 피연산자1, 피연산자2를 출력시켜 연산하게 된다.

후위 표기로 된 문자열은 연산자의 우선 순위와 그 밖의 조건에 제약을 받지 않고 오로지 앞에서부터 나오는 연산자의 위치 순서에 의해서 처리되므로 처리 과정이 쉬워지는 특징이 있다.

[리스트 4−14]는 후위 표기식을 실행시키는 알고리즘이다. 이것은 전역 변수로 되어 있는 후위 표기식 expr을 연산한다. '\0'은 수식의 끝을 나타낸다. stack과 top은 전역 변수이다. 함수 get_token은 토큰의 타입과 문자 심벌을 반환한다. 피연산자는 한 문자로 된 숫자임을 가정한다.

```
#define MAX_STACK_SIZE 100
#define MAX_EXPR_SIZE 100
typedef enum {lparen, rparen, plus, minus, times, divide, mod, eos,
operand} precedence;
int stack[MAX_STACK_SIZE];
char expr[MAX_EXPR_SIZE];

int eval(void) {
 precedence token;
 char symbol;
 int op1, op2;
 int n =0;   /* 수식 문자열을 위한 카운터 */
 int top = -1;
 token =get_token(&symbol, &n);
 while (token != eos)
  if( token == operand)
    add(&top, symbol- '0' ); /* 스택 삽입  */
 else {
     op2 = delete(&top); /* 스택 삭제 */
```

```
        op1 = delete(&top);
        swich (token) {
            case plus: add(&top, op1+op2);
                break;
            case minus: add(&top, op1-op2);
                break;
            case divide: add(&top, op1/op2);
                break;
            case mod: add(&top, op%op2);
        }
    }
    token = get_token(&symbol, &n);
}
return delete(&top); /* 결과를 반환  */

} // eval의 끝

precedence get_token(char *symbol, int *n)
{
/* 다음 토큰을 취한다. symbol은 문자 표현이며, token은 그것이 열거된 값으로 표현되고,
명칭으로 반환된다. */
 *symbol = expr[(*n)++];
 switch (*symbol) {
    case '(' : return lparen;
    case ')' : return rparen;
    case '+' : return plus;
    case '-' : return minus;
    case '/' : return divide;
    case '*' : return times;
    case '%' : return mod;
    case ' ' : return eos;
    default : return operand; /* 오류 검사는 하지 않고 기본값은 피연산자 */
  }
}
```

[리스트 4-14] 후위 표기식의 계산

〈표 4-5〉 후위 표기의 산술식을 계산하는 과정

스택	연산 과정	후위 표기식
없음	없음	ABC ** / DE * + AC * −
ABC	A, B, C를 스택에 저장	** / DE * + AC * −
AT1	T1←B**C(T1 저장)	/ DE * + AC * −
T2	T2←A/T1(T2 저장)	DE * + AC * −
T1DE	D,E를 스택에 저장	* + AC * −
T2T3	T3←D*E(T2 저장)	+ AC * −
T4	T4←T2+T3(T4 저장)	AC * −
T4AC	A, C를 스택에 저장	* −
T4T5	T5←A*C(T4 저장)	−
T6	T6←T4−T5	

위의 알고리즘을 이용하여 다음 예를 실행시켜 보자.

A / B ** C + D * E − A * C (중위 표기식)
⇒ ABC ** / DE * + AC * − (후위 표기식)

앞의 실행 과정은 후위 표기의 문자열에서 왼쪽부터 한 문자식 읽어 들여 피연산자를 만나면 무조건 순차적으로 스택에 저장하며, 만일 연산자일 경우 스택에서 역순으로 피연산자2, 피연산자1을 꺼내 연산하게 된다. 연산의 결과는 다음과 같이 컴파일러가 특별히 정하는 함수값에 할당되며, 앞의 경우 계산된 결과값 T_0이 스택에 남게 된다.

T_i = 피연산자1 ⊕ 피연산자2 (i = 1, 2, 3, … ⊕ : 연산자)

4.6.3 미로 찾기 문제

쥐를 미로에 넣고 출구를 찾도록 하는 것은 심리학 실험에 있어서 잘 알려진 고전적인 실험이다. 이 실험에서는 쥐를 출구가 하나뿐인 미로에 넣고 쥐가 출구를 찾을 때까지 움직임을 관찰한다. 물론 출구에는 쥐를 자극하여 유도하는 음식물을 놓아둔다. 쥐가 한 번도 길을 잘못 들지 않고 출구를 찾을 때까지 실험을 반복해서 쥐가 미로를 배우는 곡선을 그린다.

이제 미로를 찾는 컴퓨터 프로그램을 만들어 보자. 이러한 프로그램의 경우 쥐가 미로를 찾는 것보다 그 효율이 더 나쁠 수 있다. 쥐는 올바른 길을 찾기 위해 여러 가지 서로 다른 경로를 시도한다. 컴퓨터 프로그램도 마찬가지다. 그러나 컴퓨터 프로그램은 이미 지나온 경로들을 쥐보다 더 잘 기억하여 다음 번의 움직임에 참고한다. 미로 찾기 프로그램에서 제일 먼저 생각할 것은 미로의 표현이다. 미로를 위한 가장 간단한 표현은 2차원 배열을 사용하는 것이다. 이 2차원 배열을 MAZE라 하고 $1 \leq i \leq m$이고 $1 \leq j \leq n$이라 할 때 다음과 같이 나타내어진다.

MAZE(i, j)
- 0 : i 에서 j 까지의 길이 있음.
- 1 : i 에서 j 까지의 길이 없음.

그리고 미로의 입구는 MAZE(1, 1)로, 출구는 MAZE(m, n)으로 표시하자. 미로를 나타내는 그림 4−17을 보면, 입구가 되는 MAZE(1,1)에서 시작하여 MAZE(i, j)가 0인 경로를 따라가면서 더 이상 나아갈 수 있는 길이 없으면 되돌아와 다시 다른 경로를 따라서 결국에 가서는 MAZE(m, n)으로 나타내어지는 출구에 도달하게 된다.

```
0 1 0 0 0 1 1 0 0 0 1 1 1 1 1
1 0 0 0 1 1 0 1 1 1 0 0 1 1 1
0 1 1 0 0 0 0 1 1 1 1 0 0 1 1
1 1 0 1 1 1 1 0 1 1 0 1 1 0 0
1 1 0 1 0 0 1 0 1 1 1 1 1 1 1
0 0 1 1 0 1 1 1 0 1 0 0 1 0 1
0 1 1 1 1 0 0 1 1 1 1 1 1 1 1
0 0 1 1 0 1 1 0 1 1 1 1 1 0 1
1 1 0 0 0 1 1 0 1 1 0 0 0 0 0
0 0 1 1 1 1 1 0 0 0 1 1 1 1 0
0 1 0 0 1 1 1 1 1 0 1 1 1 1 0
```

그림 4−17 미로의 표현

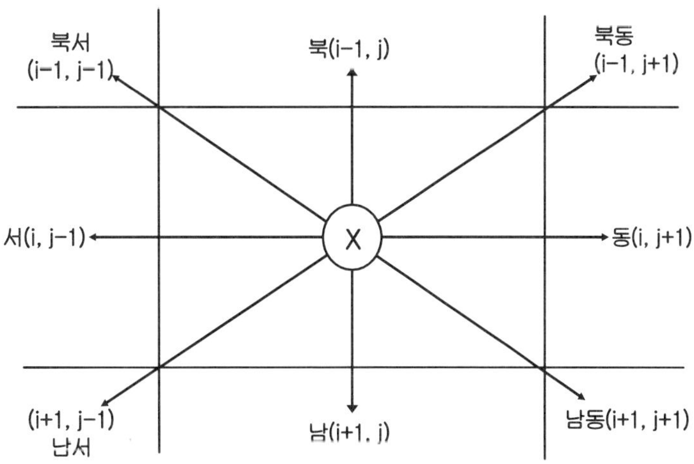

그림 4−18 위치 (i, j)로부터의 움직임

이제 2차원 배열에 의해 표시되는 미로 내부의 한 위치 MAZE(i, j)를 평면상의 좌표(i, j)로 나타내자. 그리고 (i, j) 위치에 있을 경우에 어떠한 방향으로 움직일 수 있는가를 생각해 보자. 그림 4-18은 X라고 표시되어 있는 좌표 (i, j)로부터 움직일 수 있는 모든 가능한 방향을 보여준다. 이러한 8가지의 위치 가운데 해당되는 MAZE(g, h)의 값이 0인 곳만이 다음 번의 위치로 선정될 수 있다.

여기에서 주의할 점이 있다. 미로의 모든 곳이 여덟 개의 가능한 방향을 갖는 것은 아니다. 예를 들어, 미로의 가장자리에 있으면 다음 번에 나아갈 수 있는 방향은 매우 제한적이다. 미로의 입구에서는 나아갈 수 있는 가능한 방향은 기껏해야 세 방향이다. 나아갈 수 있는 가능한 방향의 개수를 미로의 각 위치에서 모두 균일하게 하기 위하여 MAZE(m, n)의 배열을 바깥쪽으로 확장하여 MAZE(0, 0)부터 시작하여 MAZE(m+1, n+1)까지의 원소를 갖도록 한다. 또한 바깥쪽으로 확장된 배열의 원소들은 모두 그 값을 1로 하여 더 이상의 길이 존재하지 않도록 한다. 그림 4-19는 앞의 그림 4-11의 미로 표현을 확장하여 보여 준다. 이렇게 미로를 확장하게 되면 원래 미로의 각 위치에 대해 여덟 가지의 모든 가능한 방향의 움직임에 관해 균일하게 조사할 수 있다.

미로를 그림 4-19와 같이 확장한 후 현재의 위치 (i, j)에서 움직일 수 있는 방향을 차례대로 선택하여 다음의 위치가 어떻게 되는가를 알아보자. 문제의 해결을 간단히 하기 위하여 현재의 위치에서 가능한 모든 움직임의 방향에 관해서 시계 방향으로 1부터 8까지 번호를 부여한다. 예를 들어 1번 방향은 현재의 위치 (i, j)에서 북쪽 방향을 의미하고, 만일 이 방향으로 움직임이 가능하다면 다음 번 위치는 (i-1, j)가 된다. 이는 MAZE(i-1, j)의 값이 0인 경우에만 가능하다. 이러한 경우, 현재의 위치 (i, j)와 움직임의 방향에 의해 새로운 좌표 (i-1, j)가 계산될 수 있는데 이를 또 다른 배열로 만들어 사용하면 매우 편리하다. 이 배열의 이름을 MOVE라 하면 이는 그림 4-20과 같다. 이 그림은 북쪽을 1번 방향으로 하고 시계 방향으로 순서대로 번호를 붙여 나갈 때, 현재의 위치를 (i, j)라고 하면 선택된 방향에 의한 i값과 j값의 변화를 보여준다.

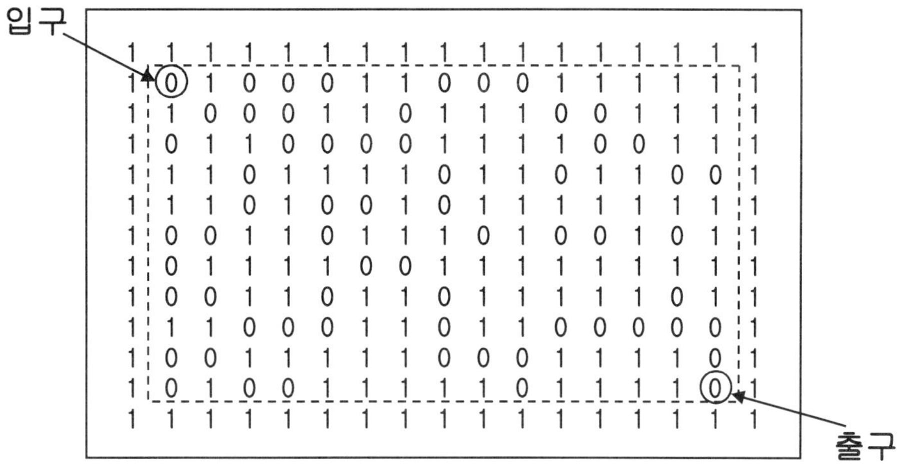

그림 4-19 확장된 미로의 표현

MOVE	1(i의 변화)	2(j의 변화)	비 고
1	−1	0	북
2	−1	1	동북
3	0	1	동
4	1	1	동남
5	1	0	남
6	1	−1	서남
7	0	−1	서
8	−1	−1	서북

그림 4-20 움직임에 의한 다음 번 좌표의 계산

예를 들어, 현재 (i, j) 위치에서 움직임의 방향으로 3이 선택된다면 이 움직임에 의한 새로운 i값은 움직이기 전의 i값과 같고, 새로운 j값은 움직이기 전에 j값에 1을 더한 값이 된다. 또 다른 예로, 현재의 위치 (i, j)에서 남쪽으로 움직인다면 새로운 (i, j)는 MOVE 배열을 이용하여 다음과 같이

```
i := i + MOVE(5, 1)
j := j + MOVE(5, 2)
```

로 계산되며, 만일 현재의 위치가 (3, 4)라면 이 움직임에 의한 새로운 (4, 4)가 된다. 이렇게 하여 현재의 위치와 움직이고자 하는 방향이 주어지면 이 움직임에 의한 새로운 위치는 간편하게 구할 수 있다.

미로에서 한 위치를 움직일 때마다 몇 가지 방향 가운데 움직일 방향을 선택해야 한다. 여러 가지의 방향으로 움직임이 가능한 경우에는 그 가운데 한 방향을 먼저 선택하여 움직여 나가야 한다. 그런데 문제는 선택되는 움직임이 항상 출구를 향해 나아가도록 해주지는 않는다. 이렇게 잘못된 길을 선택했다면 나중에 다시 돌아와 선택되지 않았던 다른 방향을 시도할 수 있도록 현재의 위치와 선택된 방향을 기억시켜야 한다. 거듭 강조하지만, 방향의 선택은 북쪽부터 시작하여 시계 방향으로 조사해 나간다.

마지막으로, 한번 지나갔던 길을 다시 가는 일을 막기 위하여 미로의 각 위치를 지나갔는지의 여부를 나타내는 배열이 필요하다. 이러한 배열을 MARK라 하면 배열 MARK는 배열 MAZE와 그 크기가 같다. MARK(i, j)의 초기값은 모든 i와 j에 대해 지나갔던 일이 없음을 나타내는 0이며, 위치(i, j)를 지날 때마다 MARK(i, j)의 값은 1로 된다. 이렇게 하면, 나중에 방향을 선택할 때에도 MARK를 살펴보고 전체 지나갔던 길인지 아닌지를 판별할 수 있다. 미로 문제의 해결을 위해 사용되는 STACK 구조를 보면 다음과 같다.

```
next_row = row + move[dir].vert;
next_col = col + move[dir].horiz;
#define MAX_STACK_SIZE 100
typedef struct{
      short int row;
      short int col;
      short int dir;
} element;
element stack[MAX_STACK_SIZE];
```

이제 미로 찾기 문제를 풀기 위한 알고리즘을 고려하면 [리스트 4-15]와 같다. 이 알고리즘을 프로그램으로 작성하기 위해서는 현재의 위치와 선택되는 방향의 기억을 어떠한 기법으로 수행할 것인가를 결정하여야 한다.

미로 찾기 문제의 성격으로 보아, 만일 출구를 발견하지 못한 상태에서 더 이상 나아갈 수 없다면 이전의 위치로 되돌아가서 다시 나아갈 길을 선택하게 된다. 이는 현재의 위치와 선택되는 방향을 스택에 저장하고 필요한 경우에 스택의 top에서 자료를 제거하여 이용할 수 있음을 의미한다. 미로 찾기를 위한 알고리즘의 수행 시간은 O(mn)이다.

```
void path(void)
{
```

```
    int i, row, col, next_row, next_col, dir, found = FALSE;
    /* 차례대로 : 반복문을 위한 변수, 행, 렬, 다음행, 다음렬, 방위, 현재 위치에서 다음
       이동할 곳을 찾았는지 여부 */

    element position;
    /* 현재 위치에 대한 좌표값을 갖는 구조체 변수 */

    mark[1][1] = 1;      /* 처음 시작지점 */
    top =0;              /* 스택에 처음 시작위치를 입력. */
    stack[0].row = 1;
    stack[0].col = 1;
    stack[0].dir = 1;

    while(top > -1 && !found) {
    /* 도착지점을 찾지 못할 경우 즉 길이 막혔을 경우 루프를 벗어남.(스택으로 모든 자료값
       을 del시키면서 처음 시작위치로 돌아올 때까지 다음 이동위치를 찾아보았지만 못찾았
       을 경우 top은 -1이 된다 */
      next_row=row+move[dir].vert;
      next_col=col+move[dir].horiz;
      if(next_row == EXIT_ROW && next_col == EXIT_COL)
          found=TRUE;
      else if(!maze[next_row][next_col]
                  && !mark[next_row][next_col]) {
          mark[next_row][next_col]=1;
          position.row=row;
          position.col=col;
          position.dir=++dir;
          add(&top,position);
          row=next_row;
          col=next_col;
          dir=0;
      }
      else ++dir;
    }
}
```

```
if(found) {
 printf("The path is:\n");
 printf("  row col\n");
 for(i = 0; i<=top; i++)
     printf("%2d%5d", stack[i].row, stack[i].col);
 printf("%2d%5d\n",row,col);
 printf("%2d%5d\n",EXIT_ROW,EXIT_COL);
 }
 else printf("The maxe does not have a path\n");
}
```

[리스트 4-15] 미로 찾기를 위한 알고리즘

실 습 예 제

1 다음과 같이 정수를 저장하는 원형큐를 컴파일하고 수행하여 그 결과를 제출하라.

```
#include <stdio.h>
#define MAX_QUEUE_SIZE 6
#define ERROR 1000000L
int queue[MAX_QUEUE_SIZE];
int rear = 0;
int front = 0;

void addq(int item)
{
      int new_rear;
      new_rear = (rear+1) % MAX_QUEUE_SIZE;
      if (front == new_rear)
      {
          printf ("큐가 가득찼습니다. \n");
          return;
      }
      rear = new_rear;
      queue[rear] = item;
}

int deleteq()
{
      if (front == rear)
      {
          printf ("큐가 비어 있습니다.\n");
          return ERROR;
      }
```

```
    front = (front+1) % MAX_QUEUE_SIZE;
    return queue[front];
}
void main()
{
    addq(10);
    addq(20);
    addq(30);
    printf ("deleteq() = %d \n", deleteq());
    printf ("front = %d, rear = %d\n", front, rear);
    printf ("deleteq() = %d \n", deleteq());
    printf ("front = %d, rear = %d\n", front, rear);
    printf ("deleteq() = %d \n", deleteq());
    printf ("front = %d, rear = %d\n", front, rear);
}
```

2. 다음과 같은 순서로 정수를 큐에 추가 또는 삭제하도록 위의 프로그램을 변경하라. 각 단계에서 front와 rear의 값을 출력하라.

10추가 -> 20추가 -> 30추가 -> 40추가 -> 50추가 -> 60추가 -> 삭제 -> 삭제 -> 삭제 -> 70추가

3. 현재 원형큐에 들어 있는 원소들을 다음과 같은 형식으로 출력하는 함수 queue_print()를 작성하라. main()에서 원소를 문제 2와 같이 추가/삭제 할때마다 queue_print()함수를 호출하여 스택의 모습을 출력하라.

```
              20              30
         10                        40
         front ->__           50 <- rear
```

4) 큐는 데이터 흐름 제어에 있어서 유용하다. 큐는 I/O 인터페이스에서 아주 흔하게 사용된다. 큐는 소스(source)에 의하여 생성된 데이터들을 싱크(sink)에 의하여 처리되기 전에 잠시 저장한다. 큐를 사용하는 주된 이유는 큐를 사용하게 되면 소스와 싱크 프로세스를 분리시킬 수 있기 때문이다. 만약 큐가 없다면 하나를 생산하고 바로 처리하고 또 하나를 생산하고 바로 처리해야 할 것이다. 큐가 있음으로써 소스 프로세스는 싱크 프로세스가 처리하는 것을 기다리지 않고 바로 다시 다음 것을 생산할 수 있다. 이러한 소스와 싱크 프로세스 분리는 시스템의 성능을 상당히 향상시킨다.

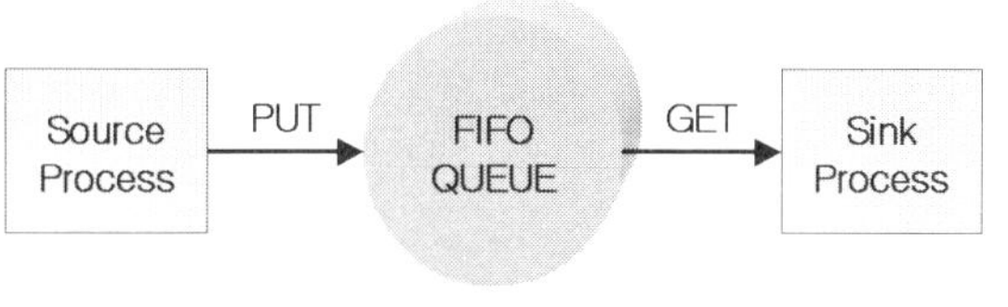

아마 여러분들도 PC를 사용하면서 큐의 편리함을 경험하였을 것이다. 예를 들면 CPU가 이전에 입력한 명령어들을 처리하고 있을 때에도 여러분들은 다음 명령어를 타이핑할 수 있다. 이것이 가능한 이유는 여러분들이 치는 키들이 키보드 큐에 저장되기 때문이다. CPU가 다시 한가해지면 CPU는 키보드 큐에서 데이터를 꺼내간다. 큐는 또 프린터에서도 사용된다. 프린터가 한글자 한글자를 인쇄하기를 기다리는 대신 여러분은 한꺼번에 데이터를 프린터의 데이터 큐로 보내 놓을 수 있다. 프린터는 한글자의 인쇄가 끝나면 큐에서 다음 글자를 꺼내 갈 것이다. 큐의 장점은 인쇄가 백그라운드에서 수행되고 있어도 컴퓨터를 계속 사용할 수 있다는 점이다 컴퓨터에는 많은 생산자/소비자 응용이 있다. 다음 테이블에서 요약하였다.

Source/Producer		Sink/Consumer
keyboard input	->	program which interprets
program with data	->	printer output
program sends message	->	program receives message
microphone adn A/D	->	program which saves sound data
program which has sound data	->	D/A and speaker

완전하게 생산자/소비자 문제를 구현하려면 생산자와 소비자를 동시에 수행시켜야 한다 그러나 여기서는 생산자를 먼저 수행시키고 소비자를 나중에 수행시키기로 한다. 다음의 프로그램을 수행시켜 결과를 제출하라.

```
void main()
{
    int items_produced;
    int items_used;
    int i, k;

    srand((unsigned)time(NULL));

    for (k=0; k<10; k++)
    {
        items_produced = rand() % 10;
        for ( i = 0; i<items_produced; i++)
        {
            addq(rand()%10);
        }
        items_used = rand() % 10;
        for (i = 0; i < items_used; i++)
        {
            printf ("%d\n", deleteq());
        }
    }
}
```

5. 위의 프로그램에서 생산되는 정수와 소비되는 정수를 화면에 출력하도록 하라.

6) 앞의 프로그램에서 생산되는 물품이 정수가 아닌 다음과 같은 구조체라고 하면 위의 프로그램이 어떻게 변경되어야 하는가?

```
typedef struct {
    int product_category;
    int product_name;
    int product_serial_no;
} product_str;
```

7) 다음은 3.6.3절의 미로찾기 알고리즘을 사용하여 작성한 예제이다. 실행시켜 결과를 출력하고 소스를 분석하시오.

```
#include <stdio.h>
#include <string.h>
#include <stdlib.h>
#include <conio.h>

#define MAX_STACK_SIZE 100        /* 스택의 최대 길이 */
#define ROW_SIZE 11               /* 현 미로의 최대 행 길이 */
#define COL_SIZE 15               /* 현 미로의 최대 열 길이 */
#define TRUE 1
#define FALSE 0

typedef struct {                  /* 미루탐색 경루가 들어갈 스택 */
        int row;
        int col;
        int dir;
}element;
element stack[MAX_STACK_SIZE];

int top = -1;                     /* 스택의 top변수 */

typedef struct {                  /* 8방향의 좌표를 가질 구조체 */
        int vert;
```

```
        int horiz;
}offsets;
offsets move[8];

int mark[ROW_SIZE+2][COL_SIZE+2] ; /* 탐색한 경로를 표시할 배열 */
int  maze[ROW_SIZE+2][COL_SIZE+2] = {
    /* 미로를 구성하는 배열 (바깥테두리는 모두 1로 표시)*/
    {1,1,1,1,1,1,1,1,1,1,1,1,1,1,1,1,1},
    {1,0,1,0,0,0,1,1,0,0,0,1,1,1,1,1,1},
    {1,1,0,0,0,1,1,0,1,1,1,0,0,1,1,1,1},
    {1,0,1,1,0,0,0,0,1,1,1,1,0,0,1,1,1},
    {1,1,1,0,1,1,1,1,0,1,1,0,1,1,0,0,1},
    {1,1,1,0,1,0,0,1,0,1,1,1,1,1,1,1,1},
    {1,0,0,1,1,0,1,1,1,0,1,0,0,1,0,1,1},
    {1,0,1,1,1,1,0,0,1,1,1,1,1,1,1,1,1},
    {1,0,0,1,1,0,1,1,0,1,1,1,1,1,0,1,1},
    {1,1,1,0,0,0,1,1,0,1,1,0,0,0,0,0,1},
    {1,0,0,1,1,1,1,1,0,0,0,1,1,1,1,0,1},
    {1,0,1,0,0,1,1,1,1,1,0,1,1,1,1,0,1},
    {1,1,1,1,1,1,1,1,1,1,1,1,1,1,1,1,1}};

int EXIT_ROW = ROW_SIZE, EXIT_COL = COL_SIZE;
        /* 미로의 시작점은 1,1이고 끝나는 점을 가리키는 변수 */

void path(void);                    /* 미로를 탐색하는 함수 */
void add(int *top, element item);   /* 스택에 자료를 삽입하는 함수 (push) */
element del(int *top);              /* 스택에서 자료를 삭제하는 함수 (pop) */
void stack_full();                  /* overflow일 때의 처리 */
element stack_empty();              /* 스택에 자료가 없을 때의 처리 */


void main(void)
{
    int i, j;
    for(i=0;i<=ROW_SIZE+1; i++)
```

```
        for(j=0; j<=COL_SIZE+1; j++) mark[i][j]=0; /* mark배열을 0으로
        초기화 */
    move[0].vert = -1;          move[0].horiz =  0;
        /* 8가지 방향에 대한 좌표변동값을 저장 */
    move[1].vert = -1;          move[1].horiz =  1;
    move[2].vert =  0;          move[2].horiz =  1;
    move[3].vert =  1;          move[3].horiz =  1;
    move[4].vert =  1;          move[4].horiz =  0;
    move[5].vert =  1;          move[5].horiz = -1;
    move[6].vert =  0;          move[6].horiz = -1;
    move[7].vert = -1;          move[7].horiz = -1;

    path();             /* 미로 탐색함수를 실행 */
}

void path(void)
{
    int i, row, col, next_row, next_col, dir, found = FALSE;
    /* 차례대로 : 반복문을 위한 변수, 행, 렬, 다음행, 다음렬, 방위, 현재 위치에서 다음
    이동할 곳을 찾았는지 여부 */

    element position;
    /* 현재 위치에 대한 좌표값을 갖는 구조체 변수 */

    mark[1][1] = 1;     /* 처음 시작지점 */
    top =0;             /* 스택에 처음 시작위치를 입력. */
    stack[0].row = 1;
    stack[0].col = 1;
    stack[0].dir = 1;

    while(top > -1 && !found) {
    /* 도착지점을 찾지 못할 경우 즉 길이 막혔을 경우 루프를 벗어남.(스택으로 모든 자료값을
    del시키면서 처음 시작위치로 돌아올 때까지 다음 이동위치를 찾아보았지만 못찾았을 경우
    top은 -1이 된다 */
```

```
        position = del(&top); /* 스택의 가장최근에 입력된 자료를 현재의 위치로 지정 */
        row=position.row;
        col=position.col;
        dir=position.dir;
        while(dir < 8 && !found) {
/* 순차적으로 8가지 방향을 검사해 보며 탐색을 하므로, dir이 8과 같다는건, 즉 모든 방향을
다찾아 보았지만, 다음 이동할 위치를 못찾았다는 내용임 */

            next_row = row + move[dir].vert;    /* 현 좌표에서 이동할 수 있는 위치를
            계산 */
            next_col = col + move[dir].horiz;

            if(next_row == EXIT_ROW && next_col == EXIT_COL) found = TRUE;

/* 만약 그곳이 출구라면 도착 표시 */
/* 아니라면, 그곳이 0즉 갈수 있는 곳이고, 기존에 한번도 오지 않았던 곳이라면, 그곳의 좌표
를 스택에 입력, 아니면, 다음 이동할 수 있는 위치로 다시 반복 */

            else if(!maze[next_row][next_col] &&
            !mark[next_row][next_col]) {
                    mark[next_row][next_col] = 1;
                    position.row = row;
                    position.col = col;
                    position.dir = ++dir;
                    add(&top, position);
                    row = next_row;
                    col = next_col;
                    dir = 0;
            }
            else ++dir;
        }
    }

    if(found) {     /* 출구를 찾았으면, 스택에 저장된 좌표들을 출력 */
```

```
        printf("The path is:\n");
        printf("  row col\n");
        for(i = 0; i<=top; i++) {
            printf(" <%3d,%3d> ", stack[i].row, stack[i].col);
            if((i+1)%6 == 0) printf("\n");
        }
        printf(" <%3d,%3d> ", row, col);
        printf(" <%3d,%3d>\n", EXIT_ROW, EXIT_COL);
    }
    else printf(" The maze does not have a path\n");   /* 못찾았으면 에러표시 */
}

void add(int *top, element item)             /* 스택에 자료를 삽입 */
{
    if(*top >= MAX_STACK_SIZE-1) {
        stack_full();
        return;
    }
    stack[++(*top)] = item;
}

element del(int *top)         /* 스택에 자료를 꺼냄 */
{
    if(*top == -1)
        return stack_empty();
    return stack[(*top)--];
}

void stack_full()
{
    fprintf(stderr, "Stack is full !! \n");
}

element stack_empty()
{
```

```
    element item;
    item.col = -1;
    item.dir = -1;
    item.row = -1;
    fprintf(stderr,"Stack is empty !! \n");
    return item;
}
```

CHAPTER 5

연결 리스트

3장에서는 순차 리스트를 표현하기 위한 자료구조로 배열에 대해 알아보았다. 선형 리스트는 원소들 간의 논리적인 관계가 순차적으로 인접해 있다는 성질과 주 기억 장치의 물리적인 구조가 인접되게 구성되어 있다는 성질을 이용한 것이다.

본 장에서는 순차 리스트를 표현하는 두 번째 방법으로서 연결 리스트에 대해 서술한다. 먼저 배열이 효율적이지 못한 경우를 살피고, 이를 해결하기 위한 방법으로서 자료를 비순차적으로 저장하는 연결 리스트 구조를 정의한다. 다음에는 연결 리스트에서 수행되는 연산과 연결 리스트의 변형 구조 및 응용에 대해 살펴본다. 연결 리스트는 그 자체로서 중요할 뿐 아니라 앞으로 다룰 많은 자료구조에서 이 구조가 사용되므로 매우 중요하다.

5.1 배열과 연결 리스트

순차 리스트의 1차원 배열에서 원소는 자료값만 보관하고 그 배열에 할당한 저장 공간에서 각 원소를 바로 이웃한 위치에 저장하여 표현한다. 그러기 위해서 항상 저장 공간은 고정된 크기의 연속된 기억 공간이여야 한다. 즉, 어떤 상수값 c에 대하여

① 2차원 배열에서 a_{ij}가 LOC_{ij}위치에 저장되어 있으면 $a_{i,j+1}$은 LOC_{ij+c}, 즉 a_{ij}의 위치에서 일정한 거리만큼 떨어진 곳에 위치한다.

② 큐에서 i번째 원소가 LOC_i 위치에 있다면 i+1번째 원소는 원형 표현으로 (LOC_{i+c}) % n 위치에 존재한다.

③ 스택의 현재 top 원소가 LOC_i에 있다면 바로 아래의 원소는 LOC_{i-c}에 있다.

이와 같은 순차 리스트의 배열 표현은 구현이 쉽다는 장점이 있는 반면에, 리스트의 중간에 새로운 원소를 삽입하거나 중간 원소를 제거한다면 원소의 빈번한 이동으로 인해 비효율적인 문제가 발생한다. 예를 들어, 그림 5-1(가)의 순차 리스트에서 그림 5-1(나)와 같이 '김선애', '김수현' 학생 사이에 '김설영' 학생을 삽입하고 '김선애' 학생을 삭제하는 경우를 살펴보자. 배열을 이용하여 이 리스트를 나타낸다면 '김설영' 학생의 삽입으로 '김미정 김민정 김선애' 학생이 앞으로 이동되거나 '김수현 김옥경 김정화' 학생이 뒤로 이동되어야 한다. 또한 '김선애' 학생의 삭제로 '김미정 김민정' 학생이 뒤로 한 자리씩 이동하거나 '김설영 김수현 김옥경 김정화' 학생이 앞으로 한 자리씩 이동해야 한다. 이와 같이 순차 리스트의 배열에서 한 원소를 삽입하거나 삭제하기 위해서는 배열의 많은 원소를 재배열해야 하므로 많은 시간이 소요되며 기존의 확정된 크기의 배열에 새로운 원소를 첨가함으로써 과잉 상태(overflow) 발생도 빈번하다.

이와 같은 순차적인 표현의 배열을 사용할 때의 단점을 해결하기 위하여 제안된 표현 방법이 연결 리스트(linked list)이다. 연결 리스트 구조에서는 순차 리스트 내의 연속적인 원소가 배열 구조에서처럼 순차적으로 저장되는 것이 아니고 기억 장소 내의 어느 곳에나 위치할 수 있도록 한다(즉, 순차 리스트를 비순차적으로 표현함). 따라서 배열의 순차적 구조에서는 원소의 저장순서가 순차적 리스트의 논리 순서와 일치하지만, 연결 리스트 구조에서는 반드시 일치하지는 않는다.

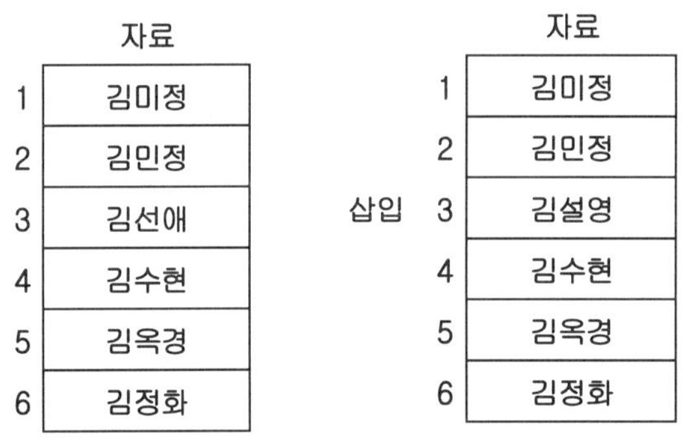

(가) 초기 배열　　(나) '김설영' 삽입 후 '김선애' 삭제

그림 5-1 배열 원소의 삽입과 삭제에 의한 재배열

배열에서는 원소들이 순차적으로 저장되어 있으므로 배열 원소의 위치는 3장에서의 주소 계산 방식을 이용하면 쉽게 구할 수 있다. 그러나 연결 리스트에서는, 순차 리스트의 원소들이 인접하여 저장되지 않기 때문에, 다음 원소를 찾기 위해서 각 원소마다 다음 원소에 대한 위치 정보(주소)를 추가로 저장해 두어야 한다. 이러한 위치 정보가 리스트의 다음 원소를 가리키므로 포인터(pointer)라고 부르며, 다음 원소와 연결시킨다는 의미로 링크(link)라고도 부른다. 따라서 연결 리스트에서는 배열과는 달리 자료 원소의 값 이외에 링크값이 포함되어야 하는데 이 구조는 자료값과 링크값을 필드로 하는 레코드 구조로 표현된다. 연결 리스트 구조를 설명할

때에는 레코드라는 용어 대신에 노드(node)라는 용어를 보편적으로 사용한다. 노드의 구조는 그림 5-2(가)와 같이 표현한다. 그림 5-2(나)는 하나의 자료 부분과 하나의 링크 부분 또는 여러 개의 자료 부분과 여러 개의 링크 부분으로 구성된 경우를 보이고 있다. 이상의 용어를 사용하여 연결 리스트를 정의하면, 연결 리스트는 노드라는 자료 원소가 순차적으로 구성된 집합이며 순차 순서는 링크에 의해 주어진다. 한 노드의 링크값은 그 노드에 연결된 다음 노드의 주소이다.

그림 5-3은 연결 리스트의 논리적 표현을 보이고 있다. 화살표는 노드가 순서적으로 연결되어 있음을 나타낸다. 연결 리스트의 최초 노드를 가리키기 위하여 HEAD라는 변수를 사용한다. 리스트가 끝난 것을 나타내기 위해 마지막 노드의 링크에는 편의상 0을 저장한다. 연결된 노드가 기억 장소 내에 실제로 인접해 있지 않음을 강조하여 보이기 위해 (나)와 같이 표현하기도 한다.

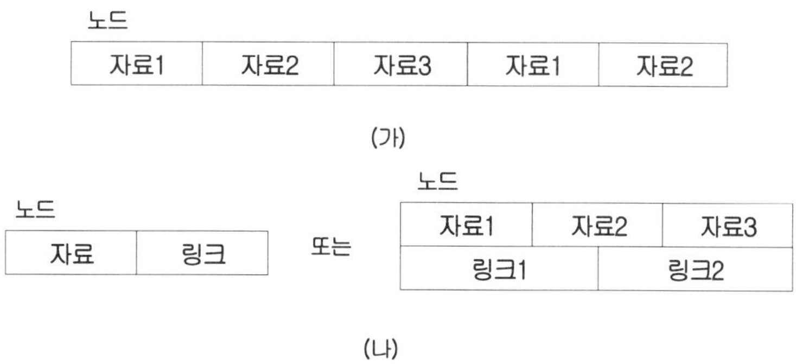

그림 5-2 노드의 논리적 표현

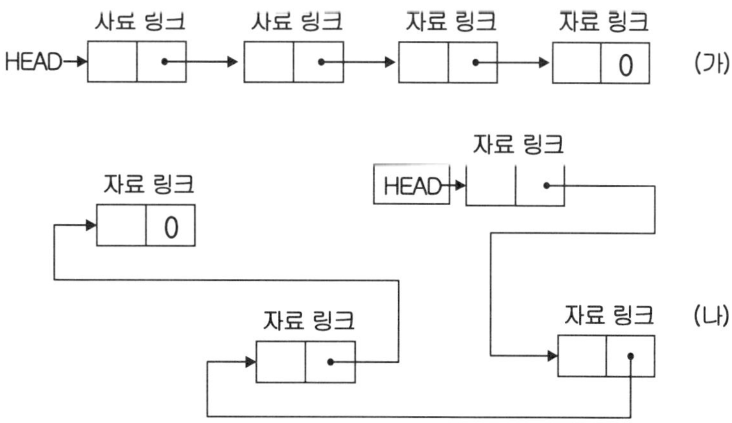

그림 5-3 연결 리스트의 논리적 표현

5.2 연결 리스트의 저장 방법

연결 리스트 구조를 저장하는 방법에는 두 가지가 있다. 하나는 배열 구조를 이용하는 것이고, 다른 하나는 특정 프로그램 언어들이 제공하는 포인터 자료형을 사용하는 것이다.

먼저 배열 구조를 사용하여 연결 리스트를 저장하는 방법에 대해 살펴보자. 그림 5-4(가)에는 순차 리스트를 연결 리스트로 표현하기 위하여 배열을 어떻게 사용할 수 있는가를 보이고 있다. 리스트 원소는 '자료'라는 1차원 배열에 저장되어 있고, 원소들 간의 순서를 나타내기 위해 '링크'라는 배열을 하나 더 사용한다. 배열 '링크'에 저장된 값은 배열 '자료'에서 다음 순서의 원소를 가리킨다. 즉, 다음 순서에 해당하는 원소가 있는 배열의 첨자값을 나타낸다.

예를 들어, 그림 5-4(가)에서 HEAD가 8이므로 이 리스트는 자료(8), 즉 '강동희'에서 시작한다. 다음 자료 원소의 위치에 대한 정보는 링크(8)에 있으며 그 값은 3이므로 다음 원소는 자료(3), 즉 '권기열'이 된다. 다음 자료 원소는 링크(3)에 의해 자료(4)인 '김미정'임을 알 수 있다. 이러한 방법에 의해 리스트의 모든 자료들을 차례대로 검색할 수 있다.

연결 리스트 구조에서 삽입이나 삭제 연산이 배열에서 하는 것보다 효율적임을 보이기 위하여 먼저 '설정옥'을 삽입하는 과정을 살펴보자.

① 현재 사용하고 있지 않은 노드를 하나 찾는다. 이 노드의 주소는 2이다.
② 이 노드의 자료 부분에 '설정옥'을 저장한다.
③ 이 노드의 링크 부분에는 링크값 '0'을 준다.
④ 이 노드의 앞 노드가 되는 1번 노드의 링크 부분에는 이 노드를 가리키도록 '2'를 저장한다.

그림 5-4(나)는 '설정옥'이 삽입된 후의 결과를 보이고 있다. 특히 주목할 것은 '설정옥'을 삽입하면서 리스트에 있는 다른 원소들은 전혀 움직이지 않았다는 점이다. 즉, 링크 부분을 사용함으로써 기억 장소가 더 소요되긴 하지만 원소들이 배열의 어느 곳에든 순서 없이 흩어져 있을 수 있기 때문에, 새로운 원소를 삽입하면서 나머지 원소들을 전혀 이동시키지 않아도 된다.

	자료	링크
1	박명진	0
2	–	–
3	권기열	4
4	김미정	9
5	–	–
6	마은숙	10
7	–	–
8	강동희	3
9	남계화	6
10	민혜경	1
11	–	–

헤드 = 8

(가) 초기 상태

	자료	링크
1	박명진	2
2	설정옥	0
3	권기열	4
4	김미정	9
5	–	–
6	마은숙	10
7	–	–
8	강동희	3
9	남계화	6
10	민혜경	1
11	–	–

헤드 = 8

(나) '설정옥' 삽입 후

	자료	링크
1	박명진	2
2	설정옥	0
3	권기열	9
4	김미정	9
5	–	–
6	마은숙	10
7	–	–
8	강동희	3
9	남계화	6
10	민혜경	2
11	–	–

헤드 = 8

(다) '김미정', '박명진' 삭제 후

그림 5-4 연결 리스트를 배열 구조에 저장하는 예

다음은 '김미정'을 삭제하는 과정을 살펴보자. 이때 필요한 작업은 단지 '김미정' 바로 앞에 오는 원소, 즉 '권기열'을 찾아서 이 노드의 링크 부분에 '김미정' 대신에 '남계화'의 위치를 저장하는 것이다. 이 경우 역시 자료를 이동할 필요가 없다. '김미정'의 링크 부분이 '남계화'를 가리키고는 있지만 '김미정'은 리스트에 더 이상 존재하지 않는다. 물론 배열 내에는 존재하지만 리스트에서는 삭제되어 버렸기 때문이다. 이 삭제된 장소는 추후에 다시 사용할 수 있도록 하는데 자세한 내용은 다음 절에서 다룬다. '박명진'의 삭제도 위와 같은 방법을 수행된다.(그림 5-4(다) 참조).

연결 리스트를 배열로 저장하는 것은 배열의 첨자를 사용하여 노드와 노드를 연결시키는 것이 편리하기 때문이다. 그러나 링크값으로 사용되는 첨자의 실제 값은 리스트의 마지막임을 표시하는 0을 검사하는 것을 제외하고는 연결 리스트 처리에서 중요하지 않다. 이는 연결 리스트를 사용하는 프로그램을 작성할 때 거의 특정 주소를 지정하여 처리하지 않기 때문이다. 예를 들어, for 루프는 배열을 처리하는 자연스러운 방법이지만, 연결 리스트를 표현하는 배열을 처리하기 위해서 이를 사용할 수는 없다. 왜냐하면, 연결 리스트의 중요한 개념은 자료 원소를 링크를 통해서 서로 관련시키는 것이지 그들의 상대적 주소를 계산해서 관련시키는 것이 아니기 때문이다. 예를 들어, 노드를 가리키는 포인터 변수를 PTR이라고 할 때 PTR은 사실 배열의 첨자 값이지만 PTR+1이라는 표현은 전혀 의미가 없다. 왜냐하면 PTR+1로 지정된 노드는 PTR로 지정된 노드와 아무런 관계가 없기 때문이다. 그뿐 아니라 그러한 노드가 리스트 안에 존재하지 않을 수도 있다.

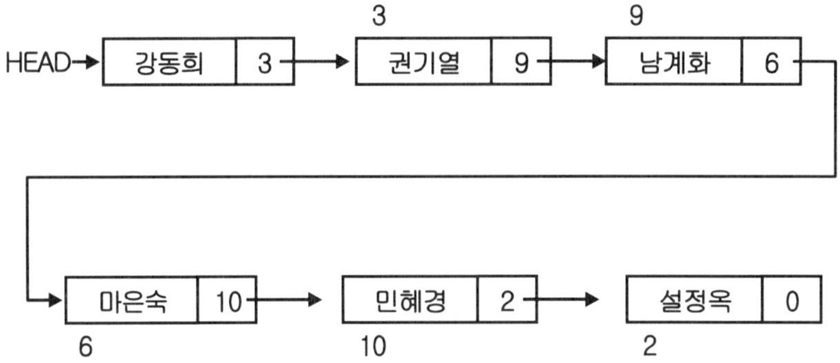

그림 5-5 그림 5-4(다)를 논리적으로 표현

그림 5-5는 첨자가 포인터 역할을 한다는 것과 배열 구조는 단지 연결 리스트가 들어가는 틀을 나타낸다는 것을 보이고 있다. 여기에서는 링크 부분에 첨자 값을 기록하고 있지만, 이 수치 자체가 중요한 것이 아니므로 이 값을 기록하지 않고 화살표만으로 표현하는 것이 더 일반적이다.

이상에서 우리는 연결 리스트를 표현하기 위하여 배열 구조를 이용하는 간접적인 방법을 설명하였다. 즉, 연결 리스트를 배열의 틀 속에 넣고 배열의 첨자를 링크값으로 사용하여 한 노드를 다른 노드와 연결시켰다.

연결 리스트를 저장하는 다른 한 가지 방법은, 프로그래밍 언어가 제공하는 포인터라는 내장 자료형을 사용하는 경우로서, 프로그래머가 이를 이용하여 연결 리스트를 정의하는 방법이다. 이러한 자료형을 제공하는 프로그래밍 언어에서는, 기억 장치 내에 노드의 저장 장소를 확보하여 그 주소를 포인터로 사용하게 된다. C, Pascal, PL/1 등이 이러한 포인터를 제공하고 있으며 FORTRAN에서는 포인터 자료형을 제공하지 않는다.

연결 리스트에서는 자료 원소의 주소를 알아내기 위해 포인터 값을 컴퓨터 기억 장소 내에 저장시켜 놓는데 이 방법을 포인터 주소 방법(pointer-address method 또는 link-address method)이라고 부른다. 자료 원소의 위치를 알아내는 방법은 이외에도 2장에서 공부한 계산 주소 방법(computed-address method)이 있으며 배열, 스택, 큐 등에서 사용된다. 포인터 주소 방법이 일반적으로 계산 주소 방법보다 시간이 더 소요되는데 이는 원소를 처리하기 위해서는 항상 포인터를 통해야 가능하기 때문이다. 그러나 링크를 사용함으로써 자료 원소의 처리에 유연성이 있으므로 더 바람직한 경우가 많다.

연결 리스트 구조가 항상 최선의 방법은 아니다. 이 방법에는 많은 이점이 있지만 이를 위해 다음과 같은 추가적인 요구 사항이 필요하다.

① 모든 자료 원소는 포인터라는 추가 자료를 가져야 하므로 추가 기억 장소를 필요로 한다.
② 연결 리스트는 원소를 임의적으로 처리(random access)할 수 없다. 배열 구조에서는 어느 원소라도 그 주소에 의해 임의적 또는 직접적으로 처리되지만 연결 리스트에서는 원하는 노드까지 그 경로를 추적해 가야 한다.
③ 링크를 처리하기 위해 계산 시간이 소요된다.

일반적으로 연결 리스트 구조를 사용하는 것은 다음의 조건 중 적어도 하나를 만족해야 한다.

① 포인터를 사용함으로써 컴퓨터 실행 시간, 저장 장소 사용량, 프로그램의 복잡성이 상당히 감소된다.
② 극단적인 경우, 문제가 너무 복잡하여 연결 리스트 이외의 방법은 실제적이지 못하다.

컴퓨터를 사용하는 특정 업무에서 자료의 삽입/삭제가 빈번하지 않을 경우에는 연결 리스트보다는 표준 배열을 사용하여 필요할 때마다 부분적으로 자료 원소들을 이동시키는 것이 더 나은 방법이 될 것이다.

5.3 단순 연결 리스트

가나다 순의 과일 이름으로 구성된 순차 리스트(감, 레몬, 바나나, 밤, 사과)를 화살표로 표시된 링크를 가진 노드들의 연결 리스트로 표현하면 그림 5-6과 같다. 리스트에서는 첫 번째 노드를 가리키는 포인터의 이름(HEAD)이 그 리스트의 이름이 되고, 포인터는 그 값을 명시적으로 나타내지 않고 화살표로 그 값이 있다는 것만 나타낸다. 이것은 다음과 같은 사실을 강조하기 위해서다.

① 노드들은 순차적으로 인접하지 않는다.
② 노드들의 위치는 실행 시마다 바뀔 수 있다.
③ 리스트를 사용하여 프로그램을 작성할 때, 리스트의 끝을 검사하는 경우를 제외하고는 대부분의 경우 특정 주소값을 검색하지 않는다.

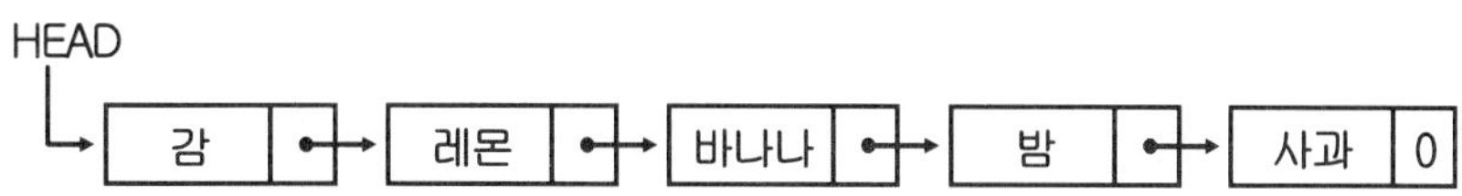

그림 5-6 연결 리스트를 표현하는 일반적인 방법

순차 리스트보다 연결 리스트에서 임의의 원소의 삽입/삭제 연산이 더 효율적인 이유를 살펴보자. 그림 5-6에서 '레몬'과 '바나나'사이에 '밀감'을 삽입하기 위해서는 다음과 같은 절차를 따른다.

① 현재 사용하지 않는 노드 하나를 가져온다. 이 노드의 주소를 X라 하자.
② 이 노드의 자료 부분에 '밀감'을 저장한다.
③ X의 링크 부분에는 현재 '레몬'이 가진 노드의 링크 부분에 있는 '바나나'의 주소를 가리키도록 한다.
④ '레몬'을 가진 노드의 링크 부분이 X주소를 가리키도록 한다.

그림 5-7은 '밀감'을 삽입한 후의 변화를 보여 주고 있다. 이 그림에서 자료의 이동이 필요 없는 대신에 링크 부분을 위한 저장 공간이 필요하다.

이제 리스트에서 '바나나'를 삭제해 보자. 필요한 작업은 단지 '바나나' 바로 앞의 원소 '레몬'을 찾아서 그 링크 부분 값을 '바나나'의 링크 부분 값으로 대체하는 것이며, 그림 5-8에서 보여주고 있다. 그림 5-7에서와 마찬가지로 자료 이동이 필요 없다. 비록 '바나나'의 링크 부분이 여전히 '밤'을 가리키고 있지만 '바나나'는 더 이상 리스트 상에 존재하지 않게 된다.

이상에서 간단히 살펴보았듯이 연결 리스트를 만들기 위해서는 다음과 같은 기능이 필요하다는 것을 알 수 있다.

① 노드의 구조, 즉 노드의 필드들을 정의 : C 언어에서는 재귀 참조 구조를 사용한다.
② 필요할 때 노드를 생성하는 수단 : C 언어에서는 malloc() 함수를 사용한다.
③ 더 이상 필요하지 않은 노드의 삭제 : C 언어에서는 free() 함수를 사용한다.

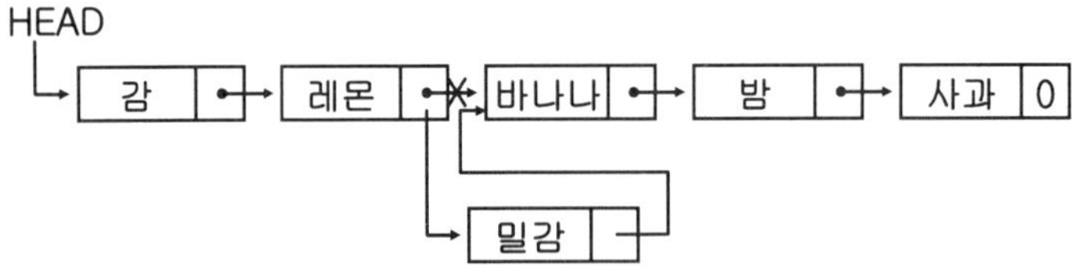

그림 5-7 레몬 뒤에 밀감 삽입

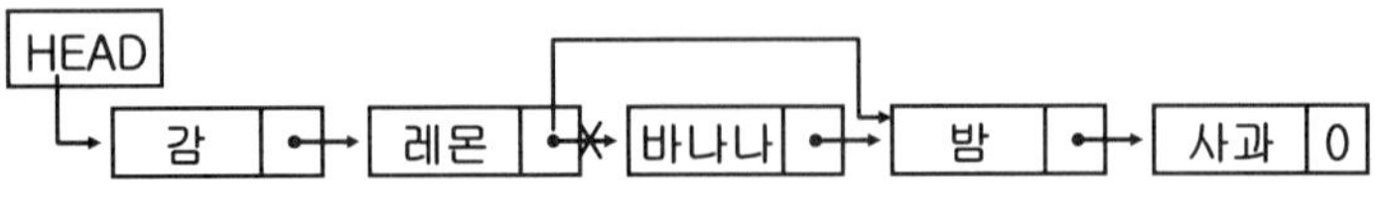

그림 5-8 바나나를 삭제

5.4 연결 리스트의 연산

단어들의 연결 리스트를 생성하기 위하여 먼저 리스트를 위한 노드 구조를 정의한다. 이 구조에서는 각 필드들의 자료형을 정의한다. 앞에서 보았듯이, 이 구조는 문자 배열과 다음 노드에 대한 링크를 포함해야 하며, 이를 위해 다음과 같은 선언이 필요하다.

```
typedef struct list_node *list_pointer;
typedef struct list_node {
        char data[4];
        list_pointer link;
        };
list_pointer ptr = NULL;
```

위의 선언은 자체 참조 구조(self-referential structure)의 예를 포함하고 있다.
리스트의 새 노드를 얻기 위해 다음과 같은 메모리 할당 함수를 사용한다.

```
ptr = (list_pointer) malloc(sizeof(list_node));
```

이때 ptr에 의해 지정된 노드의 영역은 다음과 같이 참조될 수 있다.

```
ptr->data[0], ptr->data[1], ptr->data[2], ptr->data[3], ptr->link
```

이것을 그림으로 살펴보면 다음과 같다.

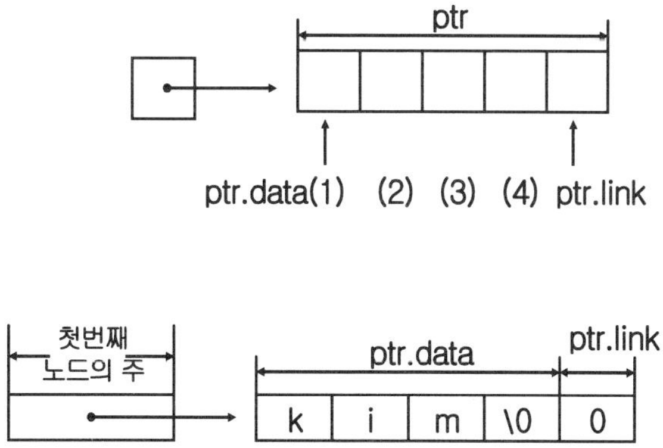

그림 5-9 노드의 필드 참조

이 구조에 'kim'이란 단어를 리스트에 넣을 때에는 다음의 문장을 사용한다.

```
strcpy(ptr -> data, "kim");
ptr -> link = NULL;
```

결과는 그림 5-9의 구조를 생성한다.

[리스트 5-1]의 알고리즘 MAKE_LIST는 두 개의 노드를 가진 연결 리스트를 생성한다. 여기에서 malloc() 함수를 사용하여 노드를 위한 기억장소를 할당한다. 첫 번째 노드의 자료 부분에는 '감', 두 번째 노드의 자료 부분에는 '배'를 넣는다. 첫 번째 노드의 링크 부분은 두 번째 노드를 가리키며, 두 번째 노드의 링크 부분은 널 값을 갖는다(그림 5-10 참조).

헤드가 연결 리스트의 최초 원소를 가리킨다고 할 때, 리스트가 비어 있는 경우, 즉 리스트의 노드가 전혀 없는 경우에는 HEAD = 0이 된다. X가 임의의 노드 포인터라고 하고, X 노드 뒤에 자료 부분 값이 '감'인 노드를 삽입할 경우, 그림 5-11과 같이 나눠서 생각할 수 있다.

```
list_pointer make_list()
{
  list_pointer first, second;
  first = (list_pointer)malloc(sizeof(list_node));
  second = (list_pointer)malloc(sizeof(list_node));
  second->link = NULL;
  second->data = 배;
  first->data = 감;
  first->link = second;
  return first;
}
```

[리스트 5-1] 리스트 생성

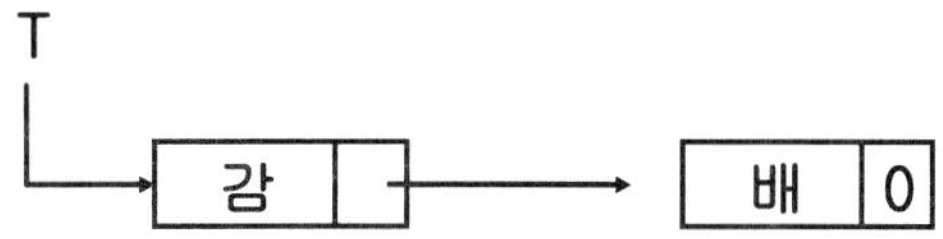

그림 5-10 예제 리스트

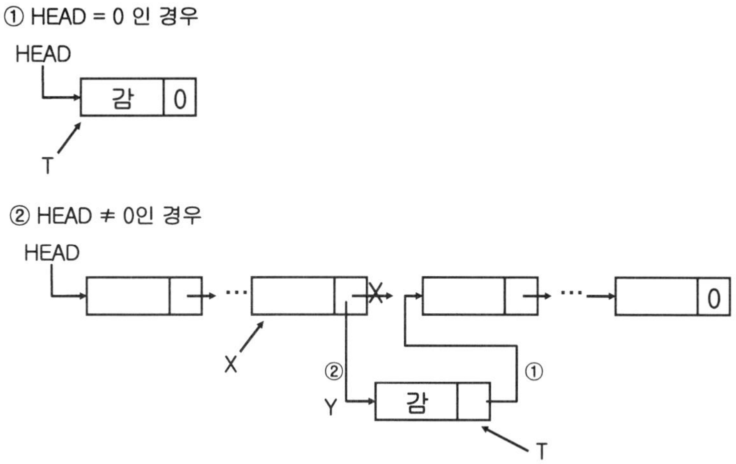

그림 5-11 연결 리스트 삽입

[리스트 5-2]는 연결 리스트 temp의 X 노드 다음에 '감'을 자료값으로 갖는 노드를 삽입하는 알고리즘을 나타내고 있다.

```
void insert(list_pointer *ptr, list_pointer node)
{
  list_pointer temp;
  temp = (list_pointer)malloc(sizeof(list_node));
  if (IS_FULL(temp)){
    fprintf(stderr, "The memory is full\n");
    exit(1);
  }
  temp->data = 감;
  if (*ptr) {
    temp->link = node->link;
    node->link = temp;
```

```
    }
    else {
        temp->link = NULL;
        *ptr = temp;
    }
}
```

[리스트 5-2] 연결 리스트에서의 삽입

임의의 노드를 리스트에서 삭제하는 것은 삽입보다 약간 더 복잡한데, 이것은 노드의 위치에 따라 삭제하는 방법이 다르기 때문이다. 여기서 HEAD와 X는 위와 같고 또한 Y는 X 노드의 앞 노드를 가리키며, X = HEAD인 경우에는 Y = 0이 된다.(그림 5-12 참조).

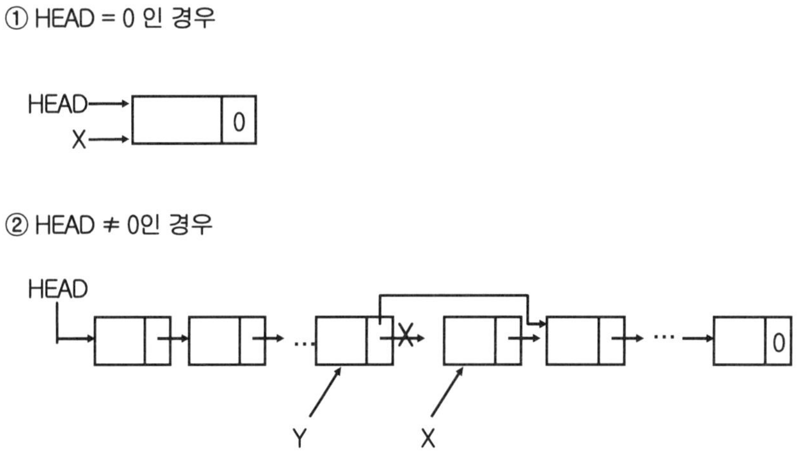

그림 5-12 연결 리스트에서의 삭제

```
void delete(list_pointer *ptr, list_pointer trail, list_pointer node)
{
    if (trail)
        trail->link = node->link;
    else
        *ptr = (*ptr)->link;
    free(node);
}
```

[리스트 5-3] 리스트 삭제

[리스트 5-3]은 연결 리스트상의 삭제 알고리즘이다.

연결 리스트에 있는 노드들의 자료 부분을 출력하기 위해 먼저 시작 노드를 가리키는 ptr의 자료 부분 내용을 출력한 뒤에 ptr을 그 링크 부분에 있는 주소로 대치한다. 리스트의 끝에 이를 때까지 자료 부분의 내용 출력과 다음 노드로의 이동을 계속한다[리스트 5-4].

```
void print_list(list_pointer ptr)
{
  printf("The list contains: ");
  for (; ptr; ptr = ptr->link)
    printf("%4d",ptr->data);
  printf("\n");
}
```

[리스트 5-4] 리스트 출력

5.5 동적 연결 스택과 큐

3장에서는 스택과 큐를 순차적으로 표현하였다. 순차적 표현 방법은 스택이나 큐가 하나만 있을 때에는 효율적이나, 여러 개의 스택이나 큐가 동시에 존재할 때에는 이들을 순차적으로 표현할 효율적인 방법은 없다. 이러한 문제는 연결 리스트를 이용하여 해결할 수 있는데, 그림 5-13은 연결된 스택과 큐의 예를 보여 주고 있다.

그림 5-13(가)의 top 앞에 한 노드를 삽입하면 스택에 한 원소를 삽입한 것과 같다. top이 가리키는 노드를 삭제하면 스택에서 한 원소를 삭제하는 것과 같다. 연결 큐에서도 그림 5-13 (나)에서와 같이 rear 뒤에 새로운 노드를 삽입하거나 front가 가리키는 노드를 삭제하여 큐를 구현할 수 있다.

여기서는 n개의 스택과 m개의 큐를 연결 리스트를 이용하여 운용하는 알고리즘을 살펴보자. 먼저 C 언어에서 노드를 구조체로 정의하면 다음과 같다.

```
#define MAX_STACKS 10
typedef struct {
        int key;
        /* other fields */
        } element;
```

```
typedef struct stack *stack_pointer;
typedef struct stack {
        element item;
        stack_pointer link;
        };
stack_pointer top[MAX_STACKS];
```

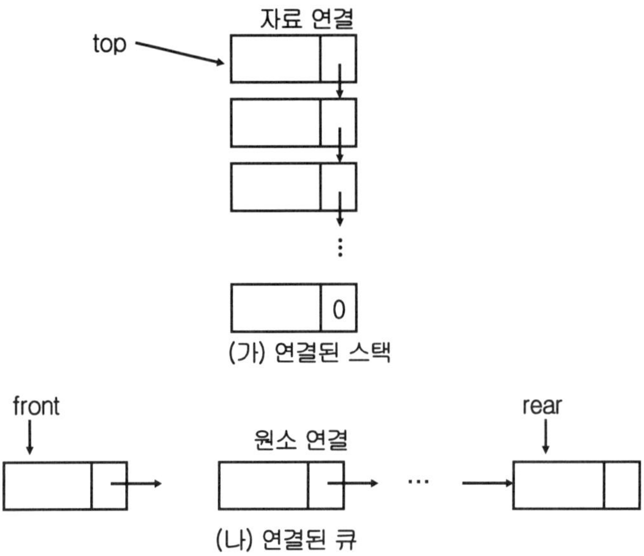

그림 5-13 연결된 스택과 큐

포인터에 대한 다음과 같은 배열이 사용된다.

top(i) = i 번째 스택의 top 노드($1 \le i \le n$)
F(i) = i 번째 큐에서의 앞(front) 노드($1 \le i \le m$)
R(i) = i 번째 큐에서 뒤(rear) 노드 ($1 \le i \le m$)

초기 조건은 다음과 같다.

top(i) = 0 ($1 \le i \le n$)
F(i) = 0 ($1 \le i \le m$)

경계 조건은 다음과 같다.

top(i) = 0 (i 번째 스택이 빈 경우)

F(i) = 0 (i 번째 큐가 빈 경우)

i번째 연결 스택에 item을 삽입하는 C 언어 표현은 [리스트 5-5]와 같다.

```
void add(stack pointer *top, element item)
{
/* 스택의 top에 원소삽입 */
   stack pointer temp =
                  (stack pointer) malloc(sizeof (stack));
   if (IS FULL(temp)) {
      fprintf(stderr, "The memory is full\n");
      exit(1);
   }
   temp->item = item;
   temp->link = *top;
   *top = temp;
}
```

[리스트 5-5] 연결된 스택에서의 삽입

한편 i번째 연결 스택에서 한 항목을 삭제하는 알고리즘은 [리스트 5-6]과 같다.

```
element delete(stack pointer *top) {
/* 스택으로부터 원소 삭제 */
   stack pointer temp = *top;
   element item;
   if (IS EMPTY(temp)) {
      fprintf(stderr, "The stack is empty\n");
      exit(1);
   }
   item = temp->item;
   *top = temp->link;
   free(temp);
   return item;
}
```

[리스트 5-6] 연결된 스택에서의 삭제

add와 delete 함수에는 top의 주소를 매개변수로 전달함으로써 top이 스택의 꼭대기에 있는 항목을 가리키도록 한다. 함수 add는 새 노드인 temp를 생성하여 item 필드에는 item을, link 필드에는 top을 넣는다. 그런 다음 변수 top은 temp를 가리킨다. 전형적인 함수 호출은 add(&top[stack_no], item)이다. 함수 delete는 item을 반환하고, top은 그의 링크 부분에 있는 주소를 가리키도록 변경된다. 삭제된 노드는 시스템 메모리에 반환된다.

연결 리스트를 이용한 m개의 큐를 사용하기 위해서는 먼저 자료구조를 다음과 같이 선언해야 한다.

```
#define MAX_QUEUES 10
typedef struct queue *queue_pointer;
typedef struct queue{
        element item;
        queue_pointer link;
        };
queue_pointer front[MAX_QUEUES], rear[MAX_QUEUES];
```

리스트 5-7은 i번째 연결 큐에 item을 삽입하는 알고리즘이다.

```
void addq(queue pointer *front, queue pointer *rear, element item)
{
/* 큐의 rear에 원소 삽입 */
   queue pointer temp =
                    (queue pointer) malloc(sizeof(queue));
   if (IS FULL(temp)) {
      fprintf(stderr, "The memory is full\n");
      exit(1);
   }
   temp->item = item;
   temp->link = NULL;
   if (*front) (*rear)->link = temp;
   else *front = temp;
   *rear = temp;
}
```

[리스트 5-7] 연결 큐에서의 삽입

한편 i번째 연결 큐에서의 자료 삭제 알고리즘은 [리스트 5-8]과 같이 나타낼 수 있다. 함수 deleteq가 함수 addq보다 더 복잡한데, 이것은 큐의 상태가 공백인지를 조사해야 하기 때문이다.

```
element deleteq(queue_pointer *front)
{
/* 큐에서 원소의 삭제 */
   queue_pointer temp *front;
   element item;
   if (IS_EMPTY(*front)) {
       fprintf(stderr, "The queue is empty\n");
       exit(1);
   }
   item = temp->item;
   *front= temp->link;
   free(temp);
   return item;
}
```

[리스트 5-8] 연결된 큐의 front에서 삭제

5.6 연결 리스트의 응용

5.6.1 다항식

(1) 다항식의 단순 연결 리스트 표현

2장에서 다항식과 희소 행렬에 대해서 논의했는데, 이들을 비순차적 구조인 연결 리스트로 표현하는 것을 살펴보자. 이들을 연결 리스트를 이용하여 표현하면 순차적 표현의 단점을 극복하여, 크기가 고정되지 않아 변동이 있는 경우에 효율적이다. 일반적으로 다항식은 다음과 같이 표현된다.

$$A(x) = a_{m-1}x^{e_{m-1}} + \cdots + a_0x^{e_0}$$

여기서 a_i는 0이 아닌 계수이고 $e_{m-1} > e_{m-2} > \cdots > e_1 > e_0 \geq 0$이다. 연결 리스트로 다항식을

표현할 때 다음과 같은 계수, 지수, 링크 부분이 필요하다.

계수(coef)	지수(expon)	링크(link)

이 구조를 C 언어로는 다음과 같이 표현할 수 있다.

```
typedef struct poly_node * poly_pointer;
typedef struct poly_node {
        int coef;
        int expon;
        poly_pointer link;
        };
poly_pointer a,b,d;
```

그림 5-14는 다음과 같은 다항식을 어떻게 저장하는가를 보여 주고 있다.

$$a = 3x^{14} + 2x^{8} + 1$$
$$b = 8x^{14} - 3x^{10} + 10x^{6}$$

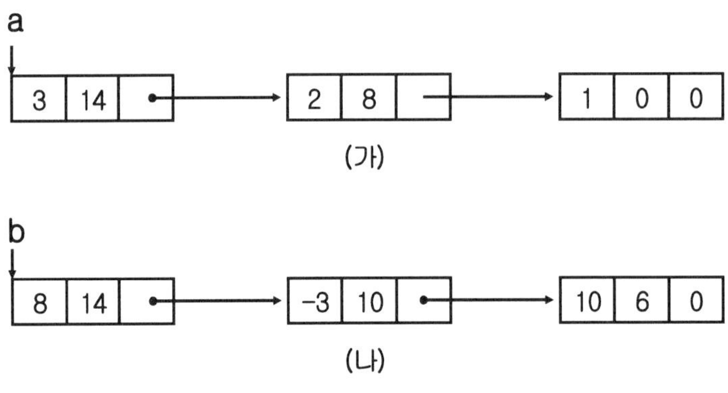

그림 5-14 다항식의 표현

(2) 다항식의 덧셈

연결 리스트로 표현된 두 개의 다항식을 더하려면, 각 다항식에 대한 연결 리스트의 시작 노드(포인터 a와 b가 가리킴)의 지수항들을 비교해 보아야 한다. 만일 두 노드의 지수가 같으면 계수를 더해서 결과 다항식에 새로운 항을 만들고, 다음 노드를 가리키도록 포인터 a와 b를 이동시킨다. 만약 b가 가리키는 노드의 지수보다 a가 가리키는 노드의 지수가 작으면, b의 노드와 같은 노드를 만들어 결과 다항식 d에 첨가시키고 다음 노드를 가리키도록 b를 이동시킨다. 반대로 a가 가리키는 노드의 지수보다 b가 가리키는 노드의 지수가 작으면, a의 노드와 같은 노드를 만들어 결과 다항식 d에 첨가시키고 다음 노드를 가리키도록 a를 이동시킨다. 그림 5-15는 그림 5-14의 두 다항식에 대한 덧셈 과정을 보여 주고 있다.

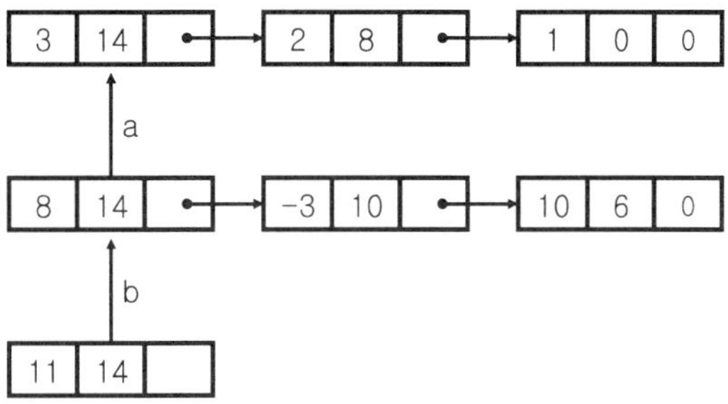

(가) a의 지수 = b의 지수

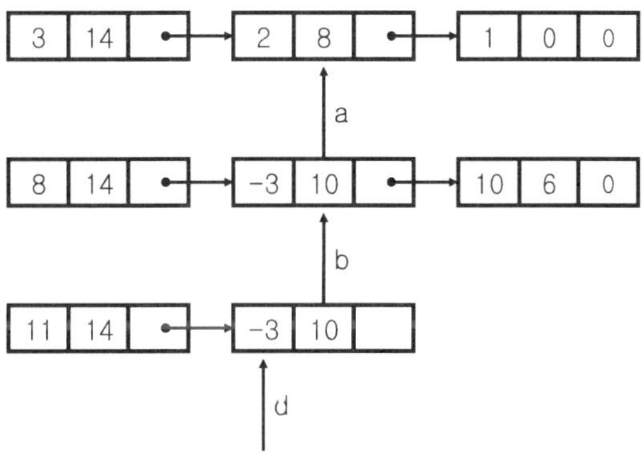

(나) a의 지수 < b의 지수

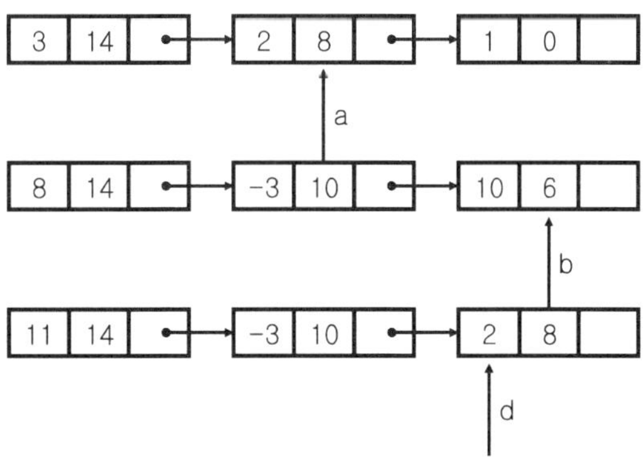

(다) a의 지수 > b의 지수

그림 5-15 d = a + b의 처음 세 항을 생성

새로운 노드가 만들어질 때마다 계수와 지수 부분에 값을 지정하고 그것을 결과 다항식의 마지막 노드 뒤에 첨가한다. 새로운 노드를 첨가할 때마다 결과 다항식의 마지막 노드를 찾는 작업을 피하기 위해, d로 하여금 결과 다항식의 마지막 노드를 가리키도록 한다. 다항식 덧셈의 완전한 알고리즘은 [리스트 5-9]에 나타나 있다.

```
poly_pointer padd(poly_pointer a, poly_pointer b)
{
/* 다항식 a와 b의 합을 반환 */
    poly_pointer front, rear, temp;
    int sum;
    rear = (poly_pointer)malloc(sizeof(poly_node));
    if (IS_FULL(rear)) {
        fprintf(stderr, "The Memory is full\n");
        exit(1);
    }
    front = rear;
    while (a && b)
        switch (COMPARE(a->expon,b->expon)) {
            case -1: /* a->expon < b-expon */
                attach(b->coef,b->expon,&rear);
                b = b->link;
                break;
            case 0: /* a->expon = b->expon */
                sum = a->coef + b->coef;
                if (sum) attach(sum,a->expon,&rear);
                a = a->link; b = b->link; break;
            case 1: /* a->expon > b->expon */
                attach(a->coef,a->expon,&rear);
                a = a->link;
        }
    /* a의 나머지를 복사, b의 나머지를 복사 */
    for (; a; a = a->link) attach(a->coef,a->expon,&rear);
    for (; b; b = b->link) attach(b->coef,b->expon,&rear);
    rear->link = null;
    /* 여분의 초기 노드 삭제 */
```

```
    temp = front; front = front->link; free(temp);
    return front;
}
void attach (float coefficient, int exponent, poly_pointer *ptr)
{
    /* coef = coefficient, expon = exponent인 새 노드를 생성하여, 이 노드를 ptr
       이 지정하는 노드에 추가. ptr을 이 새 노드를 지정하도록 갱신된다 */
    poly_pointer temp;
    temp = (poly_pointer)malloc(sizeof(poly_node));
    if (IS_FULL(temp)) {
        fprintf(stderr, "The memory is full\n");
        exit(1);
    }
    temp->coef = coefficient;
    temp->expon = exponent;
    (*ptr)->link = temp;
    *ptr = temp;
}
```

[리스트 5-9] 다항식 덧셈 알고리즘

연결 리스트 다항식의 덧셈 알고리즘 PADD의 연산 시간을 결정하려면, 먼저 다음과 같은 세 가지 비용 요소 중에서 어떤 연산이 비용에 가장 많은 영향을 미치는지를 결정해야 한다.

① 계수 덧셈
② 지수 비교
③ d를 위한 새로운 노드 생성

각 연산을 한 번 수행하는 데에 하나의 시간 단위가 소요된다고 가정하면 알고리즘 PADD의 전체 시간은 이 연산들의 수행 횟수에 의해서 결정되며, 이 수행 횟수는 다항식 A와 B가 가지고 있는 항의 수에 의존한다. 여기서는 A와 B가 각각 m개와 n개의 항을 가진다고 가정하자.

$$A(x) = a_{m-1}x^{e_{m-1}} + \ldots + a_0x^{e_0}$$

$$B(x) = b_{n-1}x^{f_{m-1}} + \ldots + b_0x^{f_0}$$

여기서 a_i, $b_i \neq 0$이고, $e_{m-1} \cdots > e_0 \geq 0$, $f_{n-1} > \cdots > f_0 \geq 0$이다. 이 때 계수 덧셈의 횟수의 범위는 다음과 같다.

$$0 \leq \text{계수 덧셈의 횟수} \leq \min\{m, n\}$$

덧셈 횟수가 최소인 경우는 두 다항식이 지수가 같은 항을 하나도 갖지 않을 때 나타나며, 최대인 경우는 하나의 다항식 지수들이 다른 다항식 지수의 부분 집합일 때 나타난다.

지수비교는 while루프가 한번 반복 될 때마다 한 번씩 이루어진다. 그리고 그때마다 a나 b또는 a, b 모두 다음 항으로 이동된다. 또한 항의 총수가 m+n을 넘을 수 없게 된다. 예를 들어 m+n−1번의 비교가 일어나는 경우는 쉽게 만들 수 있다. 즉, m = n이고 다음 조건을 만족하면 된다.

$$e_{m-1} > f_{m-1} > e_{m-2} > \cdots > e_1 > f_1 > e_0 > f_0$$

이때 d의 최대 항 수가 m+n이므로, 최대 m+n개의 새로운 노드가 만들어진다(여기서는 d의 맨 앞에 있다가 나중에 제거되는 부가 노드는 제외한 것이다). 따라서 PADD의 명령문들의 최대 수행 횟수는 m+n이므로 연산 시간은 $O(m+n)$이다. 이것은 이 알고리즘이 실제로 프로그램 되어 수행될 때 걸리는 시간은

$$c_1m + c_2n + c_3 (\text{단, } c_1, c_2, c_3\text{는 상수})$$

이 된다는 것을 의미한다. 다항식 덧셈을 위한 어떤 알고리즘도 0이 아닌 항은 적어도 한 번 검토해 보아야 하므로, PADD의 연산 시간은 어떤 상수 인수 내에서 최적이라고 할 수 있다.

(3) 다항식의 제거

연결 리스트는 다항식 연산에 적절하기 때문에 연결 리스트를 이용한 다항식의 입력, 출력, 덧셈, 뺄셈, 곱셈 등의 프로시저들을 쉽게 작성할 수 있다.

다항식 a(x), b(x), c(x)를 읽어 d(x) = a(x) * b(x) + c(x)를 계산하는 알고리즘은 다음과 같이 작성할 수 있다.

```
poly_pointer a, b, d, e
.
.
.
```

```
a= read_poly();
b = read_ply();
d = read_poly();
temp = pmult(a,b);
e = padd(temp,d);
print_poly(e);
```

[리스트 5-10] e(x) = a(x) * b(x) + d(x)를 계산

하지만 위의 계산으로 그치지 않고, 또 다른 다항식에 대한 연산을 계속한다면, temp로 나타나는 노드들을 다시 활용하는 것이 효율적이다. 이것은 위의 프로그램에서 temp는 두 개의 다항식을 곱한 중간 결과만을 유지하기 위해 생성되었으므로, temp에 있는 노드들을 반환하면 다른 다항식 연산에 사용할 수 있다. [리스트 5-11]은 ptr이 가리키는 리스트에 있는 노드들을 반환하는 알고리즘이다.·

```
void erase(poly_pointer *ptr)
{
/* ptr이 가리키는 다항식을 제거 */
   poly_pointer temp;
   while (*ptr) {
      temp = *ptr;
      *ptr = (*ptr)->link;
      free(temp);
   }
}
```

[리스트 5-11] 리스트의 반환

(4) 원형 연결 리스트

[리스트 5-11]에서 리스트에 있는 노드들을 반환하기 위해서는 T의 마지막노드까지 방문해야 하며, 이는 리스트 T에 n개의 노드가 있는 경우에 O(n)만큼의 실행 시간을 필요로 한다. 리스트 구조를 약간 변형하면 리스트의 모든 노드를 훨씬 효과적으로 반환할 수 있다. 즉 그림 5-16과 같이 마지막 노드가 리스트의 첫 번째 노드를 가리키도록 하는 것인데, 이것은 원형 연결리스트(circular linked list)라고 한다. 이에 비해 체인(chain)은 마지막 노드의 링크 부분

값이 0인 단순 연결 리스트이다.

앞에서 언급한 바와 같이 더 이상 사용하지 않는 노드는 반환시켜 나중에 다시 사용할 수 있도록 하는 것이 좋다. 반환된 노드들을 체인 형태의 리스트로 유지하고 반환될 리스트는 원형연결 리스트로 표현된다면 반환될 리스트의 노드 수에 관계없이 일정한 시간에 노드들을 반환시킬 수 있다. 새로운 노드가 필요하면 가용 리스트를 조사하여 가용 리스트가 공백이 아니면 그 중에 하나를 사용하도록 하면 된다.

[리스트 5-12]의 함수 cerase를 사용하면 리스트의 노드 수에 관계없이 일정시간, 즉 $O(1)$만큼의 시간에 원형 연결 리스트를 삭제할 수 있다. [리스트 5-12]는 원형 연결 리스트의 삭제 알고리즘을 나타내고 있으며, 그림 5-17은 원형 연결 리스트의 삭제 과정에서 링크들이 변화를 보여 주고 있다.

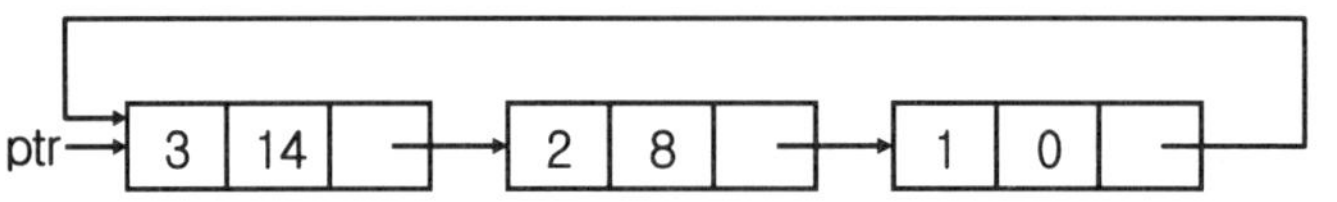

그림 5-16 $y = 3x^{14} + 2x^{8} + 1$의 원형 연결 리스트 표현

```
void cerase(poly_pointer *ptr)
{
/* 원형 리스트 ptr 제거 */
    poly_pointer temp;
    if (*ptr) {
        temp = (*ptr)->link;
        (*ptr)->link = avail;
        avail = temp;
        *ptr = NULL;
    }
}
```

[리스트 5-12] 원형 리스트의 삭제

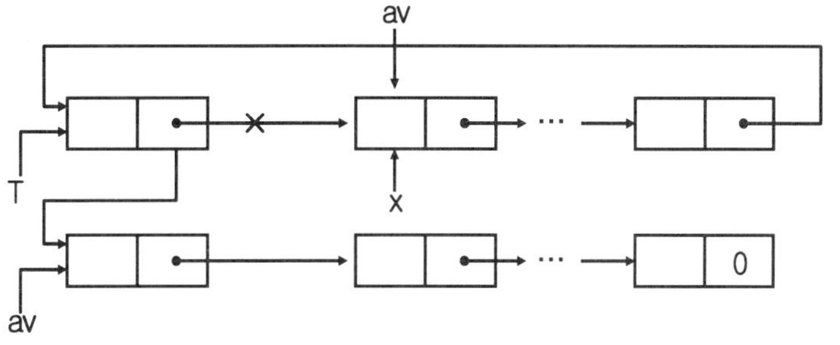

그림 5-17 가용 리스트에 원형 리스트를 반환

제로 다항식(zero polynomial)의 특별한 경우를 처리하기 위해, 각 다항식은 머리 노드(head node)를 갖도록 한다. 즉, 제로 또는 제로가 아닌 다항식 모두가 부가적인 노드를 갖게 하는 것이다. 이 노드의 지수와 계수 부분은 의미가 없기 때문에 제로 다항식은 그림 5-18(가)와 같이 나타내고, $y=5x^{10}+4x^{6}+1$과 같이 제로가 아닌 다항식은 그림 5-18(나)와 같이 나타낼 수 있다.

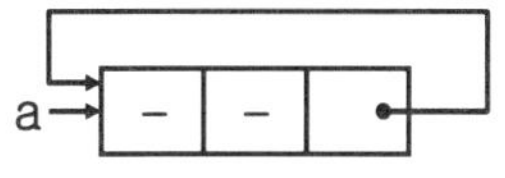

(가) 제로 다항식

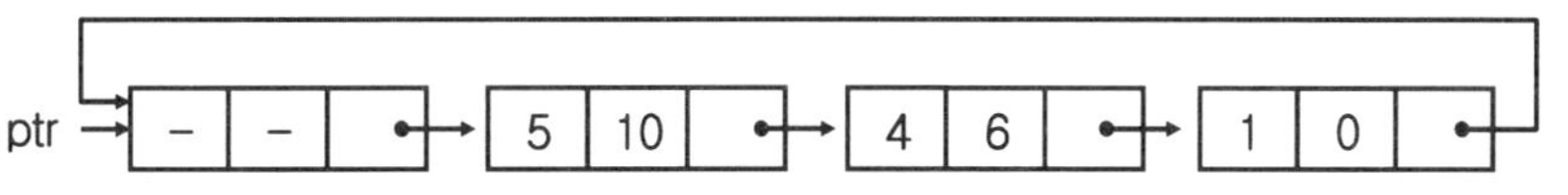

(나) $5x^{10}+4x^{6}+1$에 대한 원형 연결 리스트 표현

그림 5-18 다항식의 표현

5.6.2 연결 리스트의 추가적 연산

(1) 역방향 연결

그림 5-19는 연결 리스트의 체인의 순서를 반대로 바꾸는 예를 보이고 있으며, [리스트 5-13]은 체인을 역순으로 재구성하는 알고리즘을 나타내고 있다.

이 알고리즘은 while 루프가 체인의 노드 수 n번만큼 수행되므로, 연산시간은 $O(n)$으로 선형적이다.

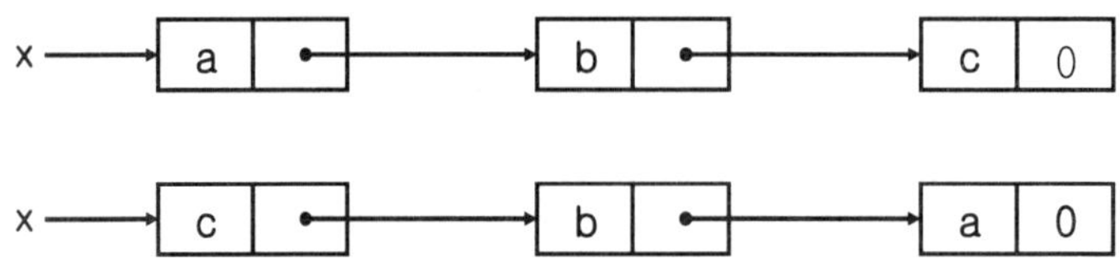

그림 5-19 리스트의 역방향 연결

```
typedef struct list node *list pointer;
typedef struct list node {
        char data;
        list pointer link;
        };
list pointer invert(list pointer lead)
{
/* lead가 가리키고 있는 리스트를 invert */
    list pointer middle, trail;
    middle = NULL;
    while (lead) {
        trail = middle;
        middle = lead;
        lead = lead->link;
        middle->link = trail;
    }
    return middle;
}
```

[리스트 5-13] 리스트의 역방향 연결

(2) 리스트 연결

다음은 두 개의 연결 리스트 x, y를 연결하는 것이다.

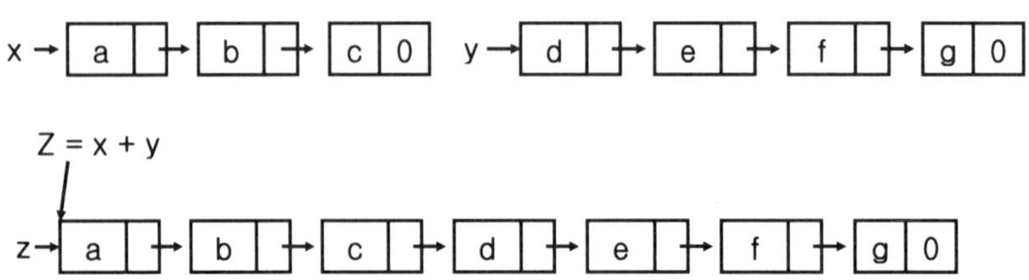

그림 5-20 리스트 연결

이러한 두 연결 리스트의 연결에 대한 알고리즘은 [리스트 5-14]에 나타나 있으며, 연산 시간은 첫 번째 리스트의 길이에 비례한다.

```
list_pointer concatenate(list_pointer ptr1, list_pointer ptr2)
{
  list_pointer temp;
  if(IS_EMPTY(ptr1)) return ptr2;
  else {
    if(!IS_EMPTY(ptr2)) {
    for (temp =ptr1; temp -> link; temp = temp -> link);
        temp ->link =ptr2;
      }
      retrun ptr1;
   }
}
```

[리스트 5-14] 리스트 연결 알고리즘

(3) 길이 연산

그림 5-21에 나타난 연결 리스트의 길이는 이 연결 리스트에 존재하는 노드의 수, 즉 4가 된다.

[리스트 5-15]에는 연결 리스트의 길이를 계산하는 알고리즘이 나타나 있으며, 이 알고리즘도 연결 리스트의 노드 수에 비례한 연산 시간에 수행된다.

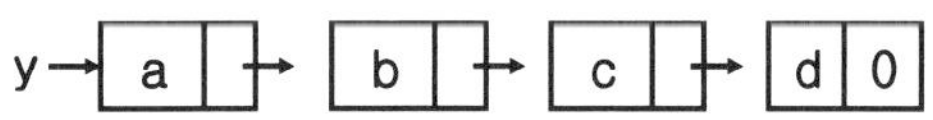

그림 5-21 연결 리스트의 예

```
int length(list_pointer ptr)
{
/* 원형 리스트 ptr의 길이를 계산한다. */
list_pointer temp;
int count = 0;
if (ptr) {
  temp = ptr;
```

```
    do {
      count ++;
      temp = temp -> link;
    } while (temp !=ptr);
  }
  retrun count;
}
```

[리스트 5-15] 길이 연산에 대한 알고리즘

5.6.3 동치 관계[equivalence relation]

컴퓨터 과학 분야에서는 동치 관계를 종종 사용하는데 여기에서는 동치 관계를 연결 리스트로 나타내어 처리하는 과정을 살펴본다. 우선 동치 관계의 특성부터 살펴보기로 하자. x, y, z를 어떤 집합에 속하는 원소라고 가정하며 동치 관계는 기호 ≡로 나타내기로 한다면, 다음과 같은 특성을 가지고 있다.

① 어떠한 x에 대해서도 $x \equiv x$가 성립한다. 즉, x는 자기 자신과 동치이다. 따라서 ≡는 반사적(reflexive)이다.
② 어떠한 x, y에 대해서도 $x \equiv y$이면 $y \equiv x$가 된다. 따라서 ≡는 대칭적(symmetric)이다.
③ 어떠한 x, y, z에 대해서 $x \equiv y$이고 $y \equiv z$이면 $x \equiv z$이다. 따라서 ≡는 이행적(transitive)이다.

[정의]	집합 S에 대하여 관계가 반사적, 대칭적, 이행적이면, 그러한 관계를 집합 S에 대해 동치 관계라 한다. 그리고 그 역도 성립한다.

동치 관계의 예는 아주 많다. 예를 들어, 동일(=) 관계는 다음을 만족하므로 동치 관계이다.

① $x = x$
② $x = y$이면 $y = x$
③ $x = y$이고 $y = z$이면 $x = z$

동치 관계는 집합 S를 다음 성질을 만족하는 동치 부류(equivalence class)들로 나누어 놓는다. 즉, S의 두 원소 x와 y에 대하여 $x \equiv y$이면 x와 y는 같은 동치 부류에 속하며 그 역도 성립한다. 예를 들어, 1~12까지 번호를 붙인 12개의 원소가 다음과 같은 관계를 보인다면

1≡5, 4≡2, 7≡11, 9≡10, 8≡5, 7≡9, 4≡6, 3≡12, 12≡1

동치 관계 ≡의 반사성, 대칭성, 이행성에 따라 이 12개의 원소들은 다음과 같은 동치 부류로 나누어진다.

{1, 3, 5, 8, 12}; {2, 4, 6}; {7, 9, 10, 11}

동치 부류를 결정하는 알고리즘은 다음과 같이 두 단계에 걸쳐 수행된다. 첫 번째 단계에서는 동치쌍(equivalence pair) (i, j)를 읽어 기억한다. 두 번째 단계에서는 1에서부터 시작하여 1과 j가 같은 동치 부류에 속함을 나타내는 (1, j) 형태의 모든 쌍을 찾는다.

```
void equivalence()
{
  initialize;
  while (there are more pairs) {
    read the next pair <i,j>;
    process this pair;
  }
  initialize the output;
  do
    output a new equivalence class;
  while (not done);
}
```

[리스트 5-16] 동치관계의 개략적인 알고리즘

이행성에 의하여 (j, k) 형태의 쌍이 있으면, k도 1과 같은 동치 부류에 속하게 된다. 이러한 방식으로 1이 포함된 동치 부류의 모든 원소를 찾아 표시하게 하고 출력한다. 그리고 남은 동치 부류에 대해서도 같은 방법으로 계속한다. 개략적인 알고리즘은 [리스트 5-16]과 같다.

m과 n은 각각 동치쌍의 수와 원소의 수를 나타낸다. 먼저 이들 쌍을 저장하는 자료구조를 결정해야 한다. 이를 위해 필요한 연산자들을 살펴보자. 쌍(i, j)는 1부터 n사이의 임의의 두 정수로 구성되므로 배열 pair(n, m)을 사용하면 쉽게 해결할 수는 있다. 즉, i행은 입력시 i와 직접 쌍으로 이룬 모든 j원소를 포함하게 만든다. 그러나 이 방법은 배열의 극히 일부 원소만 사용하게 되므로 기억 장소의 낭비가 심하며 새로운 쌍(i, j)를 i행에 넣기 위해서는 i행 내의 빈 공간을 찾아야 되거나 추가의 공간을 사용해야 되므로 많은 시간을 소모하게 된다.

```
void equivalence()
{
  initialize seq to NULL and out to TRUE;
  while (there are more pairs) {
    read the next pair, <i,j>;
    put j on the seq[i] list;
    put I on the seq[j] list;
  }
  for (i = o; I < n; i++)
    if (out[i]) {
      out[i] = FALSE;
      output this equivalence class;
  }
}
```

[리스트 5-17] 동치 관계의 구체적인 알고리즘

따라서 각 행을 연결된 리스트로 표현하기로 하자. 이때 노드는 자료 부분과 연결 부분만으로 구성된다. 그러나 i번째 해에 대한 임의의 접근이 필요하므로 n개 리스트의 머리 노드를 저장하기 위한 일차원 배열 HEAD(n)을 사용한다.

알고리즘의 두 번째 단계에서는 어떤 원소 i가 이미 출력되었는지를 알려주는 수단이 필요하다. 이를 위해 배열 OUT(n)과 상수 1(참)과 0(거짓)을 사용한다. 보다 구체적인 내용은 [리스트 5-17]에 기술되어 있다.

앞에서 사용된 자료를 가지고 이 알고리즘을 실험해 보자. while 루프가 끝난뒤에 리스트는 그림 5-22와 같다. 각각의 동치 관계 i=j에 대해 두 개의 노드를 사용한다. HEAD(i)는 입력시 i와 직접적으로 동치 관계에 있는 모든 숫자를 나타내는 노드들의 리스트를 가리킨다.

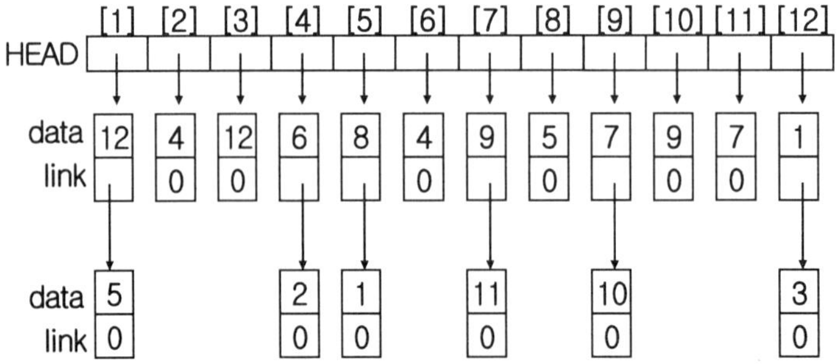

그림 5-22 동치쌍들이 입력된 뒤의 리스트

두 번째 단계에서는 OUT(index) = 0인 첫 번째 i($0 \le i \le n$)를 찾기 위하여 배열 HEAD를 탐색하고 리스트 HEAD(i)의 각 원소들을 출력한다. 이행성에 의해서 i와 같은 부류에 속하는 나머지 리스트들을 처리하기 위하여 이들의 노드들로 구성된 스택을 만든다. 이것은 링크 부분을 그들이 가리키던 방향과는 반대로 가리키도록 변경하여 만든다.

동치 관계 알고리즘에서 HEAD와 OUT의 초기화 작업은 O(n) 시간이 걸린다. 단계 1에서 동치쌍들을 입력하는 데에는 각 쌍마다 상수 시간이 걸린다. 따라서 입력쌍의 개수를 m이라 하면, 단계 1의 전체 연산 시간은 O(m+n)이 된다. 단계 2에서 각 노드는 연결 스택에 기껏해야 한 번씩 들어간다. 그리고 단지 2m개의 노드만 있고 for 루프는 n번 실행되므로 이 단계의 연산시간은 O(m+n)이다. 따라서 전체 연산 시간은 O(m+n)이 된다.

동치 관계를 처리하는 어떤 알고리즘도 m개의 동치쌍과 n개의 변수들을 최소한 한번씩은 조사해야 하므로 연산 시간이 O(m+n)보다 적은 알고리즘은 있을 수 없다. 따라서 이 동치 알고리즘은 상수 범위 내에서 최적이라고 할 수 있다. 그러나 이 알고리즘은 O(m+n)만큼의 기억장소를 차지한다.

5.7 이중 연결 리스트(doubly linked list)

이제까지 살펴본 연결 리스트에서는 링크가 하나만 있기 때문에 리스트를 한쪽 방향으로만 처리할 수 있었다. 그러나 리스트를 한쪽 방향으로만 처리할 수 있다는 제한은 많은 응용 분야에서 비효율을 야기한다. 예를 들면, 연결리스트에서 어떤 특정 노드를 찾을 때, 리스트의 첫 노드부터만 찾아갈 수 있고, 방금 처리했던 리스트의 중간 노드에서부터 시작하거나 리스트가 구성된 반대 방향으로 찾을 수는 없다. 또한 리스트에서 특정 노드를 삭제 또는 삽입 할 때에는 그 노드의 앞 노드를 알아야 하기 때문에 리스트를 처음부터 차례로 살피면서 삭제 또는 삽입 대상 노드의 앞 노드를 식별해야 한다. 이러한 문제들은 리스트의 처음부터 오직 한쪽 방향으로만 찾기 때문에 비효율적이다.

따라서 이러한 문제에 대해서는 리스트를 양쪽 방향으로 처리하는 것이 바람직하다. 리스트를 양쪽 방향으로 처리하기 위해서는 각 노드에 두 개의 링크 부분을 사용한다. 한 링크 부분은 단순 연결 리스트에서와 같이 후행 노드를 가리키도록 하고 다른 한 링크 부분을 갖는 연결 리스트를 이중 연결 리스트(doubly linked list 또는 two-way chain)라고 부른다. 후행 노드를 가리키는 링크를 오른쪽 링크, 선행 노드를 가리키는 링크를 왼쪽 링크라 하고 리스트의 첫 번째 노드를 HEAD가 가리키고 마지막 노드를 TAIL이 가르킨다고 하면 이중 연결 리스트의 논리적 구조는 그림 5-23과 같이 표현된다.

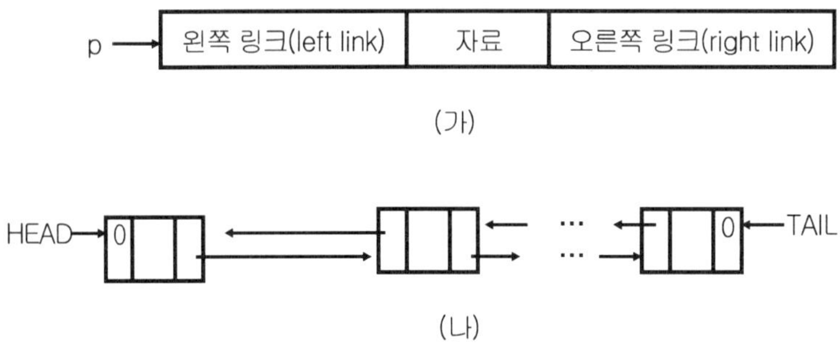

그림 5-23 이중 연결 리스트

여기서 주의할 것은 첫 노드의 왼쪽 링크 부분과 마지막ㅋ 노드의 오른쪽 링크 부분에는 0이 들어간다는 점이다. 이것은 각기 왼쪽 방향 리스트와 오른쪽 방향 리스트의 마지막 노드임을 의미한다. 이중 연결 리스트는 왼쪽 링크를 사용하여 매우 효율적인 리스트 처리를 할 수 있다.

예를 들어 어떤 노드의 선행 노드를 알아야 하는 모든 연산에서 왼쪽 링크를 사용한다. 단순 연결 리스트에서는 특정 노드의 선행 노드를 알기 위해(예를 들어, 노드의 삽입과 삭제 연산에서처럼) 추가 포인터를 사용해야 하거나 또는 머리 노드부터 다시 시작하여 링크를 따라 그 특정 노드를 찾을 때까지 계속 탐색해 나가야만 한다. 이 연산에 많은 시간이 소요된다. 왼쪽 링크를 새로 첨가함으로써 이러한 탐색을 하지 않아도 되므로 매우 효율적이다. 그러나 이는 각 노드의 두 번째 링크를 위한 추가 저장 장소를 지불한 대가이다. 이중 연결 리스트에서 임의의 노드 오른쪽에 새로운 노드 p를 삽입시키는 알고리즘은 [리스트 5-18]과 같으며, 삽입 과정은 그림 5-24에 나타나 있다.

```
void dinsert(node_pointer node, node_pointer newnode)
{
/* insert newnode to the right of node */
  newnode->llink = node;
  newnode->rlink = node->rlink;
  node->rlink->llink = newnode;
  node->rlink = newnode;
}
```

[리스트 5-18] 이중 연결 리스트에서의 삽입

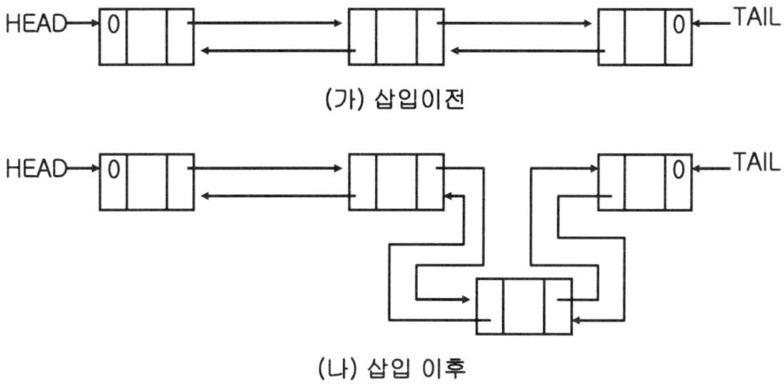

그림 5-24 이중 연결 리스트에서 중앙에 노드 삽입

```
void ddelete(node_pointer node, node_pointer deleted)
{
  if (node == deleted)
    printf("Deletion of head node not permitted.\n");
  else {
    deleted->llink->rlink = deleted->rlink;
    deleted->rlink->llink = deleted->llink;
    free(deleted);
  }
}
```

[리스트 5-19] 이중 연결 리스트에서의 삭제

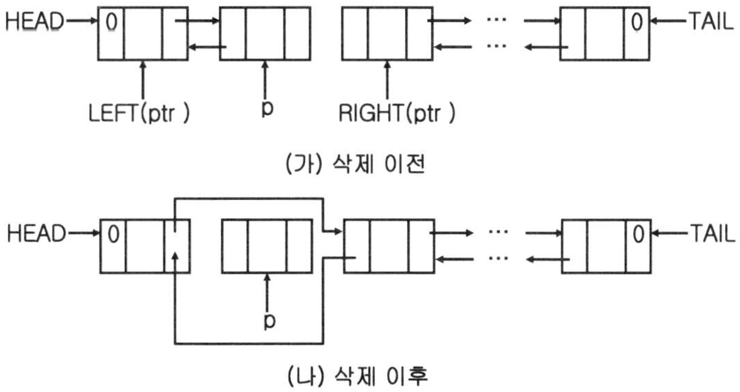

그림 5-25 이중 연결 리스트에서의 노드 삭제

4이중 연결 리스트에서 노드 p를 삭제하는 알고리즘은 [리스트 5-19]에 나타나 있으며, 삭제 과정은 그림 5-25에 나타나 있다.

5.8 동적 기억 장치 관리

다중 프로그래밍(multi-programming) 환경에서 한 프로그램이 60K의 메모리가 필요하고 다른 프로그램은 100K, 또 다른 프로그램은 300K를 요구한다고 가정해 보자. 이와 같은 기억 장소를 필요로 할 때 운영 체제는 그 기억 공간에 알맞는 크기의 연속된 영역을 할당해야 한다. 또 프로그램의 실행이 끝나면 거기에 할당된 기억 공간을 사용하지 않는 상태로 바꾸어 다른 프로그램이 다시 사용할 수 있도록 해야 한다.

예를 들면, 기억 간이 100K이고 프로그램 A_1, A_2, A_3, A_4, A_5가 각각 10K, 15K, 6K, 8K, 20K의 크기를 요구한다고 하자. 이때 기억 공간에 할당된 구조를 살펴보면 다음과 같다.

A_1(10K)	A_2(15K)	A_3(6K)	A_4(8K)	A_5(20K)	비사용 영역(41K)

1K 10K 25K 31K 39K 59K 100K

만일 프로그램 A_2와 A_4가 실행이 끝나서 그들이 사용했던 기억공간을 사용하지 않는 영역으로 만든다면 다음과 같다.

A_1(10K)	비사용	A_3(6K)	비사용	A_5(20K)	비사용 영역(41K)

1K 10K 25K 31K 39K 59K 100K

연결 리스트 구조를 이용하여 사용되지 않은 영역만을 표현한다면 다음과 같이 나타낼 수 있다.

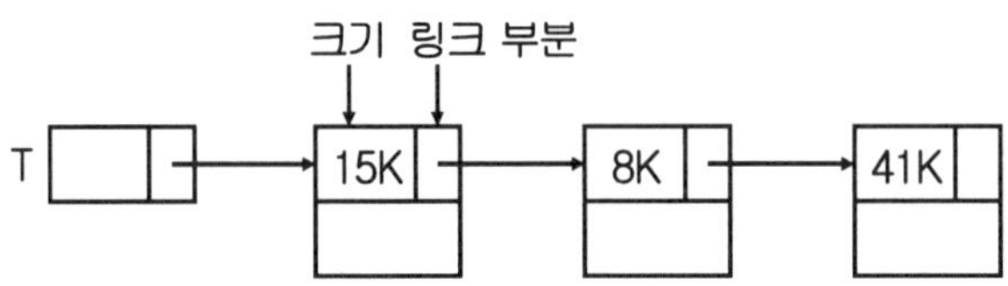

다른 프로그램이 기억 공간을 요구할 때에는 사용되지 않은 영역 중에서 알맞은 크기의 기억 공간을 할당하면 되는데 기억 공간의 할당 방법은 크게 세 가지로 구분된다. 즉, 최초 적합

(first-fit), 최적 적합(best-fit), 최악 적합(worst-fit) 방법이 있다.

5.8.1 최초 적합 방법

기억 공간이 필요할 때 사용되지 않은 영역의 처음부터 찾기 시작하여 요구되는 크기를 충족시킬 수 있는 부분이 발견되면 그 부분을 할당시키는 방법이다. 예를 들어, 그림 5-26과 같은 기억 공간의 상태를 가정하자. 여기서 빗금 친 부분은 사용하지 않는 영역이다.

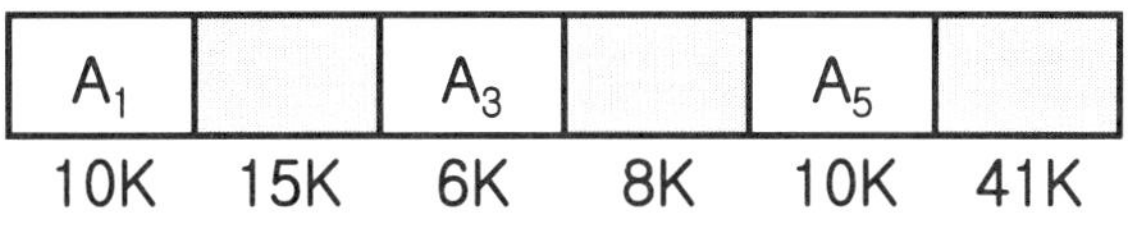

그림 5-26 기억 공간 상태

사용하지 않은 영역을 연결 구조로 나타내면 다음과 같다.

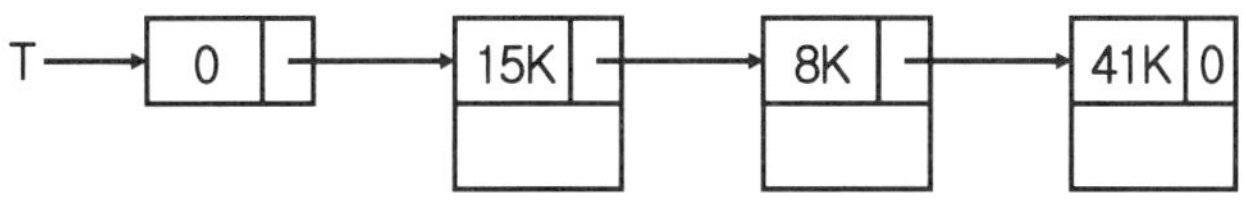

이때, 프로그램들이 요구하는 기억 공간의 크기가 9K, 5K, 9K, 22K 네 가지가 있다고 가정하면 다음과 같이 처리된다.

① 9K를 할당하기 위해서 사용하지 않는 영역 중 처음 나오는 곳 15K에 할당시키며 나머지는 6K가 되어 다음과 같이 변한다.

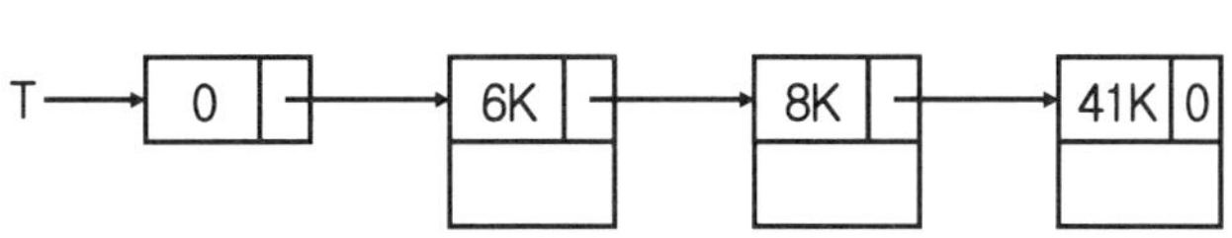

② 5K의 프로그램의 할당은 사용하지 않는 영역 중 처음 나오는 6K에 할당시킨다.

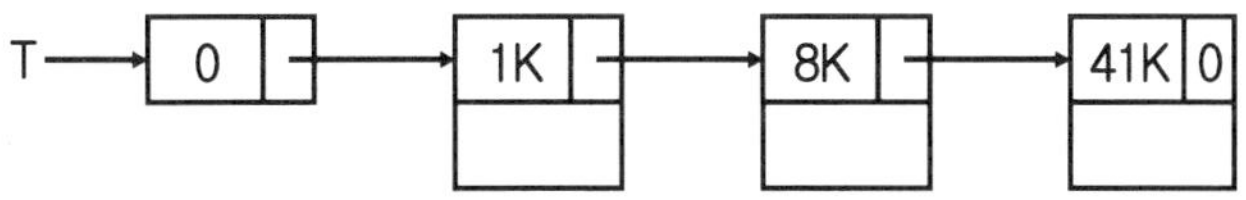

③ 다음 9K 프로그램의 할당은 사용하지 않은 영역 중 처음 나오는 충분한 크기인 41K에 할당시킨다.

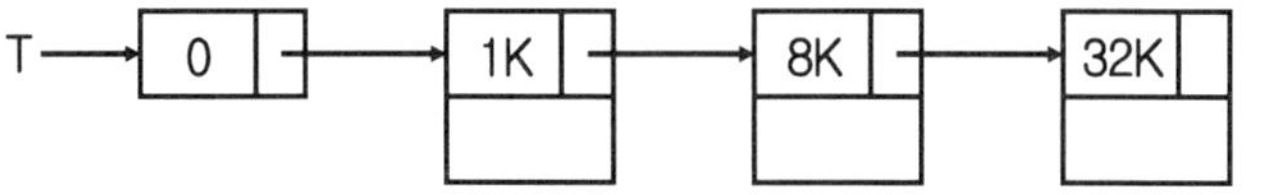

④ 22K의 프로그램은 사용하지 않은 영역 중에서 앞에 나오는 1K와 8K에는 할당할 수 없으므로 그 다음에 나오는 유용한 32K에 할당시킨다.

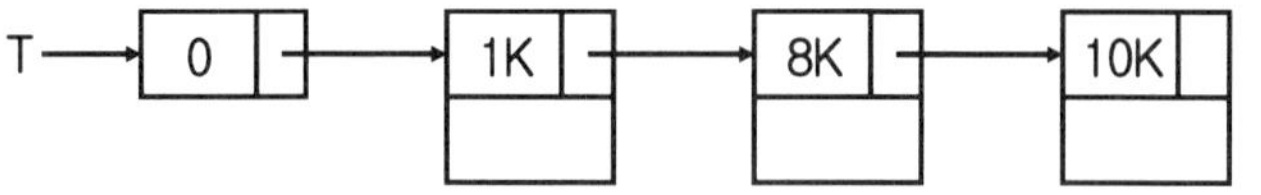

최초 적합 방법을 사용할 경우의 장점을 살펴보면 다음과 같다. 첫째, 평균적으로 사용하지 않는 부분의 반만 찾아도 원하는 장소를 찾을 수 있다. 둘째, 수행이 다 끝난 다음 다시 사용하지 않은 영역으로 되는 경우에는 사용하지 않는 다른 부분에 인접해 있는가를 검토하는 데에 편리하다. 셋째, 시작 주소가 낮은 사용 부분부터 높은 부분에 큰 장소가 비게 된다. 따라서 큰 장소가 필요할 때의 요구를 만족시킬 수 있는 확률이 높다.

이 최초 적합 방법의 단점은 다음과 같다. 첫째, 앞의 예 ②에서 5K를 할당하면 1K의 여분이 남게 된다. 대개의 프로그램은 1K 이상의 크기를 요구하므로 이것은 쓸모없게 된다.

이것은 기억 장소의 조각화 또는 단편화(fragmentation)라 한다. 이와 같은 조각이 많이 생기게 되면 기억 공간을 할당하는 데 시간이 많이 걸리는 문제가 발생한다. 이와 같은 문제를 조각화된 것들을 모두 한 곳에 모아 주면 해결된다. 둘째, 충분히 큰 기억공간을 찾는 작업이 항상 사용하지 않은 영역의 처음에서 시작되므로 단편들이 앞부분에 모이는 경향이 생긴다. 그러나 이 경우에는 크기가 0인 헤드 노드를 가진 원형 연결 리스트 형태로 해결할 수 있다. [리스트 5-20]은 최초 적합에 대한 알고리즘이다.

```
p=f;          /* p는 자유공간을 운행하는 포인터 */
allock = null;
q = null;
while(p! null && p->size (n){
    q = p;
    p = p -> next;
  }
```

```
if(p!= null){
  S = p -> size;
  allock =p + s- n;      /* allock는 할당되는 block의 위치 */
   if( q == null)        /* 자유공간이 리스트로부터 제거  */
     f = p -> next;      /* p가 첫블럭의 경우의 삭제   */
   else
       q-> next = p -> next;
 else
     p-> size= s - n;     /*  size의 수정   */
}
```

[리스트 5-20] 최초 적합 알고리즘

5.8.2 최적 적합 방법

사용되지 않는 기억 공간 중에서 요구되는 크기를 충족시킬 수 있는 부분 중 가장 적당한 크기의 영역을 찾아서 할당하는 방법을 말한다. 예를 들어 다음과 같은 기억 공간 상태에서 프로그램들이 각각 9K, 5K, 9K, 40K를 요구한다고 가정하여 할당해 보자.

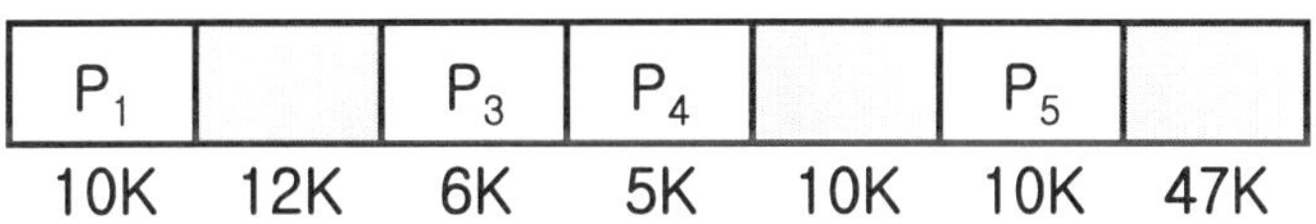

① 9K 프로그램을 할당하기 위해서 사용하지 않은 영역 중에서 가장 근접하는 크기의 영역은 10K이다. 그러므로 10K영역에 할당된다.

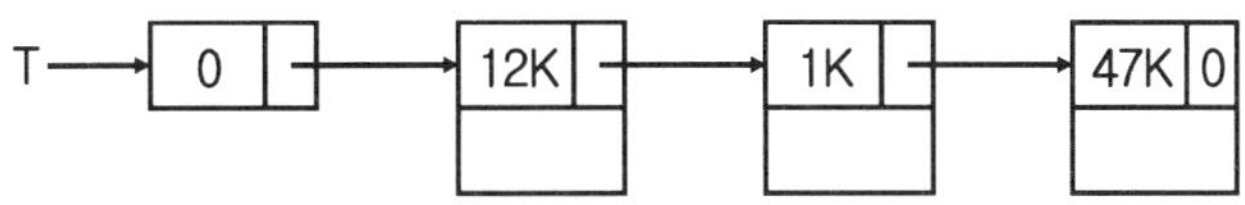

② 5K의 프로그램 할당을 위해서 12K에 할당된다.

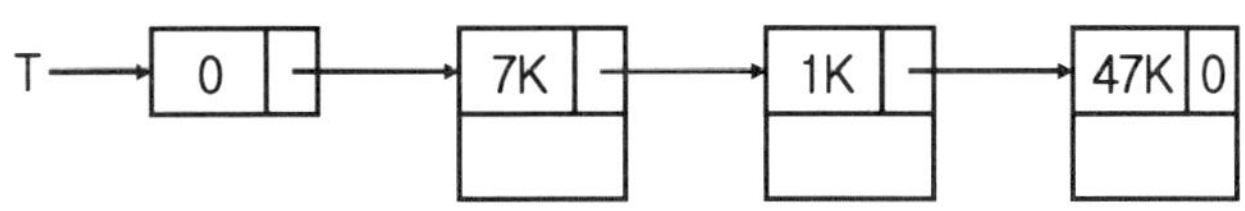

③ 다음 9K의 프로그램을 할당하기 위해서 가장 근접된 영역은 30K밖에 없으므로 여기에 할당시킨다.

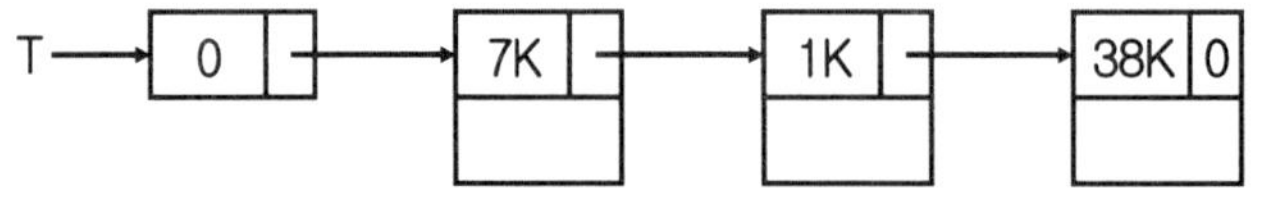

④ 다음 40K의 프로그램의 할당에 있어서는 처리할 만한 크기의 영역이 지금 현재는 없으므로 할당이 되지 못하는 상태가 된다.

이 방법은 장점을 살펴보면 다음과 같다. 첫째, 최적의 부분을 찾기 때문에 최초 적합 방법이 경우와는 달리 큰 부분을 쪼개는 일이 드물다. 둘째, 사용되지 않은 영역들의 거의 대부분이 크기순으로 되어 있으므로 이를 찾는 데 시간이 덜 걸린다. 그러나 최초 적합과 최적 적합 방법에서의 근본적인 문제점은 여러 개의 사용하지 않는 작은 부분이 생긴다는 것이다. 즉, 조각화의 발생이다. 이와 같은 것을 해결하기 위해서는 재배치와 페이징 기법 등이 가용된다.

실 습 예 제

① 포인터와 배열

다음 프로그램을 수행시켜 보라. 배열 이름이 포인터와 같은지를 확인한다.

```
#include <stdio.h>
void main (void)
{
    int a[10] = {10, 20, 30, 40, 50, 60, 70, 80 ,90, 100};
    int *p
    p = a;
    printf("%d %d %d \n", *p, *(p+1), *(p+2));
    printf("%d %d %d \n", *a, *(a+1), *(a+2));
    printf("%d %d %d \n", a[0], a[1], a[2]);
}
```

② 포인터의 사칙 연산에 대해서 살펴보자. 어떤 결론을 내릴 수 있는가?

```
char *pc;
int *pi;
float *pf;
double *pd;
pc = (char *)malloc(100*sizeof(char));
pi = (int *)malloc(100*sizeof(int));
pf = (float *)malloc(100*sizeof(float));
pd = (double *)malloc(100*sizeof(double));

printf ("pc = %lu\n", pc);
printf ("pc+1 = %lu\n", pc+1);
printf ("pc-1 = %lu\n", pc-1);
```

```
printf ("pi = %lu\n", pi);
printf ("pi+1 = %lu\n", pi+1);
printf ("pi-1 = %lu\n", pi-1);
```

③ 이번에는 노드들을 동적으로 생성하여 보자. 먼저 다음의 프로그램 소스를 입력하고 컴파일하여 수행하여 보라.

```
#include <stdio.h>
#include <malloc.h>
#include <string.h>

typedef struct node {
     char data[4];
     struct node *link;
} node_str;

node_str *ptr= NULL;

main()
{
     node_str *p1, *p2;
     p1 = (node_str *)malloc(sizeof(node_str));
     strcpy(p1 -> data, "bat");
     p1 -> link = NULL;
     ptr = p1;
     p2 = (node_str *)malloc(sizeof)malloc(node_str));
     strcpy(p2 -> data, "sat");
     p2 -> link = NULL;
     p1 -> link = p2;
     display_list();
}
```

4) 위의 프로그램에 노드를 삭제하고 추가할 수 있는 다음과 같은 전용함수들을 추가하여 보라. 삽입과 삭제가 올바르게 되는지를 확인하여 보라.

```
insert (node_str *node, node_str *temp)
{
     if (ptr) {
          temp -> link = node -> link;
          node -> link = temp;
     }
     else {
          temp -> link = NULL;
          ptr = temp;
     }
}

delete (node_str +*trail, node_str *node)
{
     if (trial)
          trail -> link = node -> link;
     else
          ptr = ptr -> link;
     free(node);
}

main()
{
     node_str *n1, *n2;
     n1 = (node_str *)malloc(sizeof(node_str));
     strcpy (n1-> data, "cat");
     insert (ptr, n1);
     n2 = (node_str *)malloc(sizeof(node_str));
     strcpy(n2 -> data, "bat");
     insert (n1, n2);
     delete (n1, n2);
     display_list();
}
```

5 두 개의 운형 연결리스트 A, B가 있을 때 이들을 A에 모두 합치고 B는 공백 상태로 만드는 합병함수를 작성하라. 단 합병 함수의 시간복잡도는 O(1)이이야 한다.

〈힌트〉 노드의 링크 필드가 첫 번째 노드를 가리키는 포인터일 때까지 노드들을 진행하면서 노드의 데이터를 출력하면 된다.

```
#include <stdio.h>
// 노드의 정의는 단순 연결 리스트와 같다.
typedef struct node {
      char data[4];
      struct node *link;
} node_str;
// 첫 번째 원형 연결 리스트의 정의
node str an3={"a3", NULL};
node str an2={"a2", &an3};
node str an1={"a1", &an2};
//첫 번째 원형 연결리스트 헤드포인터
node_str *aptr=&an1;
//두 번째 원형 연결리스트 정의
node_str bn3 = {"b3", NULL};
node_str bn2 = {"b2", &bn2};
node_str bn1 = {"b1", &bn1};
//첫 번째 원형 연결리스트 헤드 부인터
node_str *bptr = &bn1;
//단순 연결리스트를 원형 연결리스트로 바꾼다
init_lists()
{
an3.link = &an1;
bn3.link = &bn1;
}
//원형 연결리스트의 내용을 출력한다.
void display_list (node_str *p)
{
      node_str *startp;
```

```
    startp = p;
    if (p == NULL) return;
    printf ("헤드 포인터");
do {
        printf("-------> %s", p->data);
        p = p-> link;
    } while (p != startp);
    printf("-----> 처음으로 \n");
}

//원형 리스트 2개를 합병한다.
// 시간 복잡도가 O(1)인점을 유의하라.
//즉 아무리 많은 노드가 있더라도 합병하는데는 일정한 시간만 소요된다.

node_str *merge_clist(node_str *pa, node_str *pb)
{
    nodestr *temp;
    temp = pa -> link;
    pa -> link = pb -> link;
    pb -> link = temp;
}
main ()
{
    init_lists();
    display_list(aprt);
    merge_clist(aptr, bptr);
    display_list(aptr);
}
```

⑥ 다음의 이중 연결 리스트를 구현하는 프로그램 코드를 입력, 컴파일, 수행하라.

```
#include <stdio.h>
#include <stdlib.h>
#include <memory.h>

typedef struct dnode {
     int data
     struct dnode *llink;
     struct dnode *rlink;
} dnode_str;

dnode_str dummy;
dnode_str *head_node;

void dlist_init()
{
     head_node = &dummy;
     dummy.llink = &dummy;
     dummy.rlink = &dummy;
}

void dlist_printf()
{
     dnode_str *p;
     printf("head_node ---->");

     for (p=head_node->rlink; p!= head_node; p=p->rlink){
         printf("%d---->", p->data);
     }
     printf("\n");
}

void dlist_insert(dnode_str *x, dnode_str *temp)
```

```
{
     temp -> llink = x;
     temp -> rlink = x->rlink;
     x -> rlink -> llink  = temp;
     x-> rlink = temp;
}
void dlist_delete (dnode_str *x)
{
     if(x == head_node) return;
     x->llink -> rlink = x -> rlink;
     x->rlink -> llink = x -> llink;
     free(x);
}
void main()
{
     dnode_str *t, &t1;
     dlist_init();
     t = (dnode_str *)malloc(sizeof(dnode_str));
     t -> data = 20;
     dlist_insert(head_node, t);
     t1 = (dnode_str *)malloc(sizeof(dnode_str));
     t1->data = 30;
     dlist_insert(hear_node, t1);
     dlist_delete(t);
     dlist_print();
}
```

7) 6번의 코드에서 dlist_printf()의 출력 형식을 좀 바꾸어 보자. 즉 다음과 같이 이중 연결 리스트를 좀 더 세밀하게 출력할 수 있도록 바꾸어 보라. 이중 연결리스트의 하나의 노드를 다음과 같이 출력한다.

〈---| llink | data | rlink | ---〉

즉, 30과 20을 가지고 있는 이중 연결 리스트는 다음과 같이 출력된다.

<---| 123456 | 0 | 111111 | ---><---| 234567 | 30 | 123456 | ---><---| 111111 | 20 | 234567 | --->

맨 앞의 노드는 헤드 노드이다. 즉 헤드 노드의 내용도 출력하라. 링크의 값은 16진수로 출력하라.

〈힌트〉

```
void dlist_print()
{
    dnode_str *p;
    printf("<---| %x | %d | %x |--->",
        head_node->llink, head_node->data, head_node->rlink);
    for (p=head_node->rlink; p!=head_node; p = p->rlink) {
        printf("<---| %x | %d | %x |--->", p->llink, p->data, p->rlink);
    }
    printf("\n");
}
```

CHAPTER 6

트리(Tree)

지금까지 우리가 다룬 자료구조들은 자료원소들 간에 수평 관계 또는 선후 관계를 가지는 것들이었다. 이 장에서는 자료원소들 간의 계층 관계 즉, 상하 관계를 나타내는 트리에 대해서 다룬다. 트리에 대한 기본적인 용어와 트리를 어떻게 표현할 것인지에 대해 소개하고, 특별하지만 많이 사용되는 이진 트리의 정의와 특성 그리고, 기억공간의 효율성을 추구하는 스레드화 이진 트리에 대해 다룬 후에 트리에 대한 응용을 다룬다.

6.1 트리의 정의

트리는 자료원소들 간의 계층 관계를 잘 나타낼 수 있다. 그림 6-1에서 '가'는 '나'보다 위에 있으며, '마'는 '나'보다 아래에 있다. '가', '나', '마' 사이에 존재하는 상하 관계는 부모와 자식 관계가 될 수도 있고, 직장에서의 상사와 부하직원의 관계도 될 수 있으며, 자료원소들의 집합과 그 원소의 관계도 될 수 있다. 우선 트리에 대한 정의는 다음과 같다.

[정의 6.1]	**트리** : 하나 이상의 노드(node)로 구성된 유한 집합으로서 다음과 같은 성질을 갖는다. 1) 노드 중에는 반드시 뿌리(root)라는 노드가 하나 있고 2) 나머지 노드들은 n (n ≥ 0)개의 부트리(subtree) T1, ..., Tn으로 분리된다.

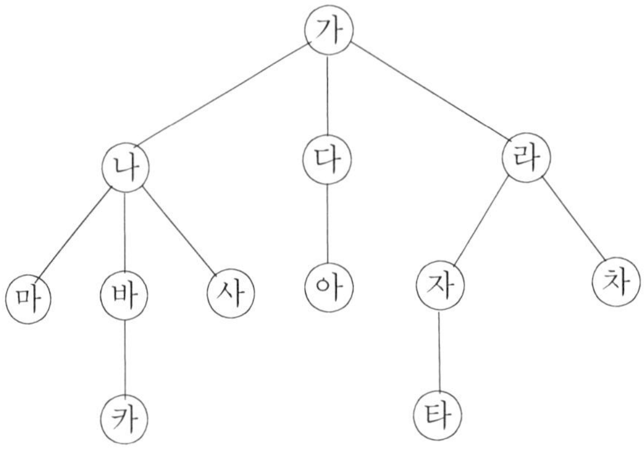

그림 6-1 트리(tree)

트리에서의 노드는 하나의 값 또는 여러 값들로 표현되는 하나의 정보 항목을 나타낸다. 예를 들어, 하나의 노드가 한 사람에 대한 나이 값만을 나타낼 수도 있고, 아니면 한 사람에 대한 '성명 나이 키 몸무게'를 집합적으로 나타낼 수도 있다. 물론 트리에는 노드 이외에 노드와 노드를 잇는 가지(branch)가 있으나, 가지에 대해서는 별로 이야기할 것이 없다.

트리에 반드시 뿌리 노드가 있어야 한다는 것은 트리에는 노드가 하나도 없는 공백 트리는 인정하지 않는다는 것을 의미한다. 트리에서 뿌리 노드를 제외한 나머지 노드들이 n개의 부트리로 분리된다는 것을 그림 6-1에서 설명한다면, '가'는 뿌리 노드가 되며, 노드 '나', '마', '바', '사', '카'의 집합은 부트리로서 그 뿌리 노드는 '나'가 된다. 이것을 그림으로 나타내면 그림 6.2(가)와 같다. '다'와 '아'도 부 트리를 구성하는 노드들이고 그 뿌리 노드는 '다'가 되며(그림 6.2(나)), 노드 '라', '자', '차', '타'가 모여 부트리를 구성하며 그 뿌리 노드는 '라'가 된다(그림 6.2(다)). 한편 노드 '마'는 부트리를 가지지 않는다.

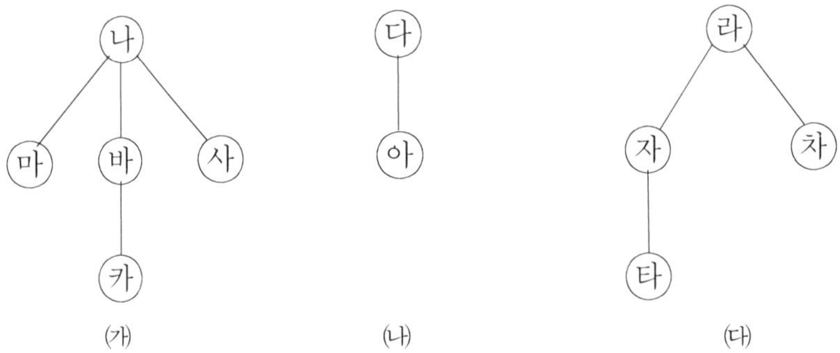

그림 6-2 부트리(subtree)

트리에서 어떤 노드의 차수(degree 또는 분기수)는 그 노드가 가지는 부트리의 개수가 된다.

그림 6-3에서 노드 '가'의 차수는 3이고, 노드 '다'의 차수는 1이며, 노드 '타'의 차수는 0이다. 노드 '나'에 대해서 노드 '가'는 부모(parent) 노드가 되고, 반대로 노드 '가'에 대해서 노드 '나', '다', '라'는 자식(child) 노드가 되며, 노드 '나'에 대해서 노드 '다'와 '라'는 형제(sibling) 노드가 된다. 물론 노드 '마'에 대해서 노드 '가'는 조부모 노드가 되며, 노드 '가'에 대한 노드 '마'는 손자 노드가 된다. 그리고 노드 '사'에 대해 노드 '아'는 사촌 노드가 된다. 또한 뿌리 노드 '가'에서 노드 '카'에 이르는 동안에 나타나는 노드 '가', '나', '바'를 노드 '카'의 조상 노드라고 할 수 있으며, 노드 '나', '바', '카'는 노드 '가'의 후손 노드라고 할 수 있다.

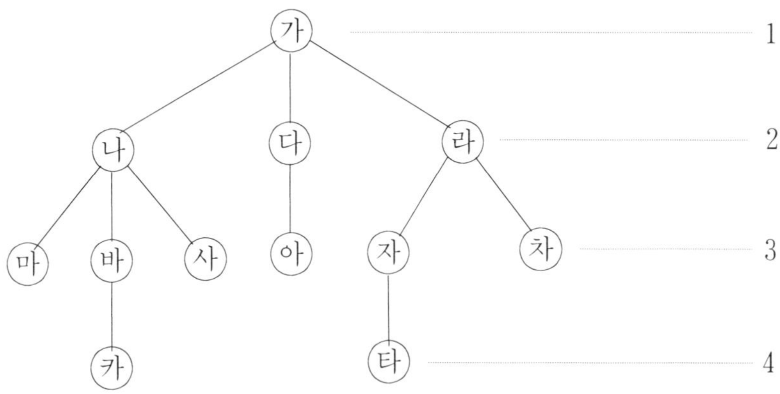

그림 6-3 노드들의 수준

트리에서 자식 노드를 가지지 않는 노드를 단말(leaf 또는 terminal) 노드라 하는데, 그림 6-3에서는 노드 '마', '카', '사', '아', '타', '차'가 이에 해당된다. 뿌리 노드를 제외한 나머지 노드 중에서 하나 이상의 자식 노드를 가지는 노드를 비단말(non-terminal) 노드라 하며, 그림 6-3에서 노드 '나', '다', '라', '바', '자'가 이에 해당된다. 다시 말하면, 단말 노드는 차수가 0인 노드이고 비단말 노드는 뿌리 노드를 제외한 노드 중에서 차수가 1 이상인 노드이다. 뿌리 노드의 수준(level)을 1이라 하면 부트리의 뿌리 노드의 수준은 2가 되며 형제 노드의 수준은 동일하다. 그림 6-3에서 노드 '가'는 뿌리 노드이기 때문에 수준이 1이고, 노드 '나', '다', '라'는 형제 노드로서 모두 수준이 2이다. 노드 '마'의 수준은 3이고, 노드 '카'의 수준은 4이다.

트리의 차수는 트리 내 노드의 차수 중 최대 차수를 말한다. 그림 6-3에서 노드 '가'의 차수는 3, 노드 '나'의 차수는 3, 노드 '라'의 차수는 2, 노드 '카'의 차수는 0 이기 때문에, 노드 '가'의 차수인 3이 가장 큰 차수가 되어 트리의 차수는 3이 된다. 트리의 높이(height) 또는 깊이(depth)는 트리의 단말 노드의 수준 중 최대 수준이 된다. 노드 '마', '사', '아', '차'의 수준은 3이고, 노드 '카', '타'의 수준은 4이기 때문에 트리의 높이는 4가 된다. 이것은 사람의 키를 잴 때 어깨에서 재지 않고 가장 높은 머리 끝에서 재는 이치와 같다.

포리스트(forest)은 트리들의 집합 즉, n(≥ 0)개의 트리의 집합을 말한다. 트리에서 뿌리 노드를 제거하면 포리스트를 얻을 수 있는데, 그림 6-4는 그림 6-1의 트리에서 뿌리 노드를 제거하여 얻은 포리스트의 예이다.

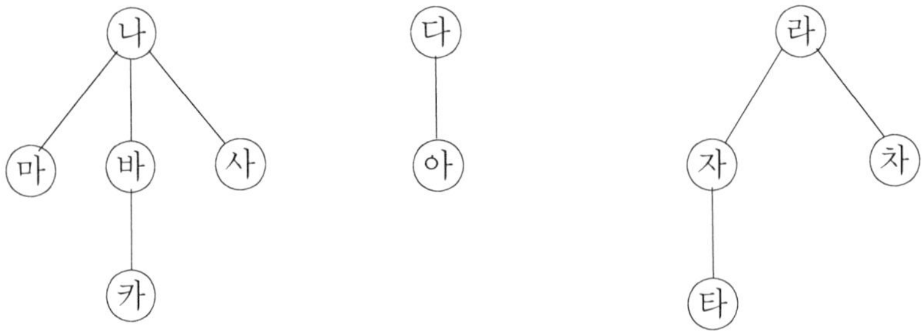

그림 6-4 포리스트 예

6.2 트리의 표현

그림 6-1은 트리를 그림으로 나타낸 것으로서, 우리가 보통 나무를 나타내는 것과는 위 아래가 바뀌었지만 여러 가지 편리성 때문에 이 방식을 따르기로 한다. 이외에도 트리를 나타내는 방법에는 여러 가지가 있다.

그림 6-1에 나타난 트리를

(가(나(마, 바(카), 사), 다(아), 라(자(타), 차)))

와 같이 리스트로 표현할 수 있다. 이러한 방법에서는 뿌리 노드가 먼저 나오고 부트리들의 목록이 이어진다. 따라서 '('를 만날 때마다 수준이 하나씩 증가하고 ')'를 만날 때마다 수준이 하나씩 감소한다.

그림 6-5는 그림 6-1의 트리를 리스트로 표현한 것으로 일정한 크기의 노드로 나타낸 것이다. 부전(tag)이 0인 경우에는 자료 부분에 실제 값이 들어가고, 부전이 1인 경우에는 자료 부분에 부트리에 대한 연결부가 들어간다.

트리를 연결 리스트로 표현할 수도 있다. 예를 들어, 그림 6-1의 트리를 그림 6-6의 (가)와 같은 노드 구조를 이용하여 (나)와 같이 표현할 수도 있다. (다)는 (나)를 배열을 이용하여 나타낸 것이다. 이와 같은 연결 리스트 표현에서는 트리의 차수만큼의 연결부 부분을 준비하는 것이 일반적이지만, (다)에 나타난 바와 같이 많은 연결부 부분이 아무런 역할도 하지 않고 낭비되고 있는 것이 큰 단점이라 할 수 있다. 물론 (라)에서와 같이 노드의 차수에 따라 가변 개수의 연결부를 사용할 수는 있지만, 이러한 경우에는 기억장소의 절약을 위해 알고리즘의 불편을 초래하는 문제가 발생한다.

부전	자료	연결부

부전 : 0 ⇒ 자료 부분이 실제 값
부전 : 1 ⇒ 자료 부분이 연결부

(가) 노드 구조

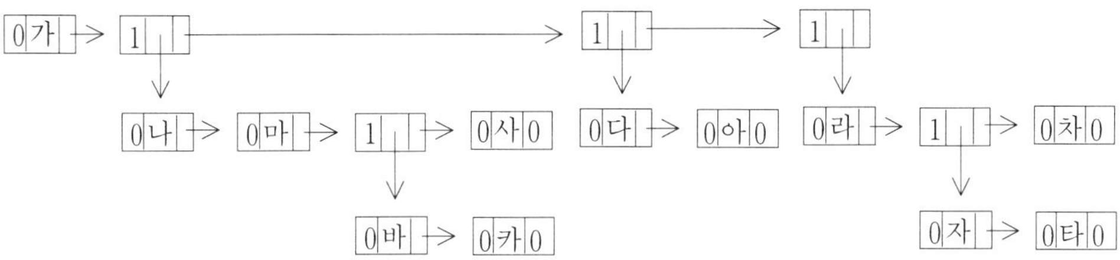

(나) 리스트 표현

그림 6-5 트리를 리스트로 표현

자 료	연결부1	연결부2	연결부3

(가) 노드 구조

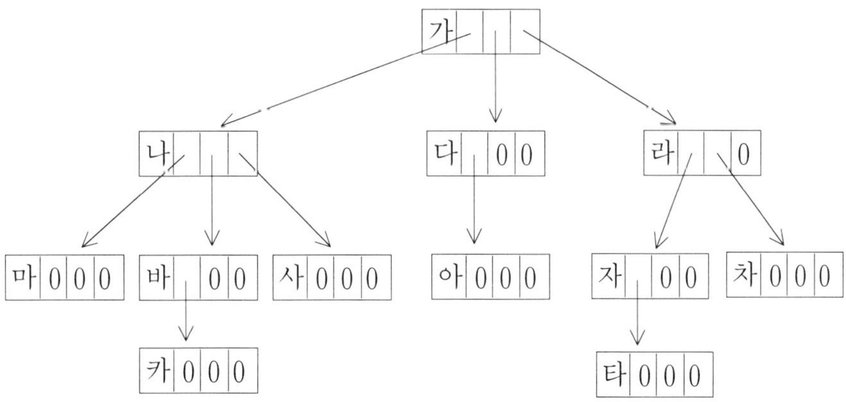

(나) 고정 개수 연결부에 의한 트리의 표현

뿌리 노드 = 4

	1	2	3	4	5	6	7	8	9	10	11	12	13	14	15	16	17
자료	다	자	사	가	–	바	나	타	아	–	라	–	카	마	차	–	–
연결부1	9	8	0	7	–	13	14	0	0	–	2	–	0	0	0	–	–
연결부2	0	0	0	1	–	0	6	0	0	–	15	–	0	0	0	–	–
연결부3	0	0	0	11	–	0	3	0	0	–	0	–	0	0	0	–	–

(다) 배열을 이용한 트리의 표현

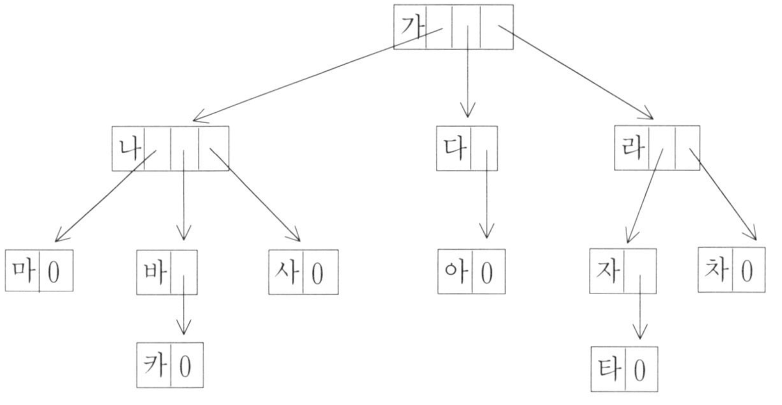

(라) 가변 개수 연결부에 의한 트리의 표현

그림 6-6 트리의 연결 리스트 표현

6.3 이진 트리(binary tree)

6.3.1 이진 트리의 정의

이진 트리는 정보처리 부문에서 자주 나타나는 중요한 자료구조로서, 트리내의 모든 노드의 차수가 2 이하이다. 즉, 이진 트리는 차수가 2 이하인 특수한 형태의 트리로서 다음과 같이 정의할 수 있다.

[정의 6.2]	**이진 트리** : 공집합이거나 하나의 뿌리 노드와 왼쪽 부트리, 오른쪽 부트리라는 분리된 두 개의 이진 트리로 구성되는 노드들의 유한집합이다.

6.1절에서 정의된 트리와 비교할 때, 이진 트리도 노드들의 유한집합이지만 공집합, 즉 노드가 하나도 없는 이진 트리가 있을 수도 있으며 항상 왼쪽 자식 노드와 오른쪽 자식 노드를 구분한다는 차이가 있다. 그림 6-7에 나타나는 트리는 모두 이진 트리이다. (가)에서는 노드가 하나도 없는 이진 트리를 나타내고 있으며, (나)에서는 뿌리 노드가 왼쪽 자식 노드만을 갖는 이진 트리를, (다)에서는 뿌리 노드가 오른쪽 자식 노드만을 갖는 이진 트리를, (라)에서는 뿌리 노드가 왼쪽과 오른쪽 자식 노드를 갖는 이진 트리를, (마)에서는 좀더 많은 노드가 나타나는 이진 트리를 보이고 있다.

여기서 주의해야 할 것은 일반 트리인 경우라면 그림 6-7의 (나)와 (다)에서 나타난 트리가 동일한 트리로 취급하지만, 이진 트리에서는 서로 다르다는 것이다. (나)에 나타난 이진 트리는 왼쪽 자식 노드만 있고 오른쪽 자식 노드가 없는데 반해, (다)에 나타난 이진 트리는 오른쪽 자식 노드만 있고 왼쪽 자식 노드는 없다는 것이다.

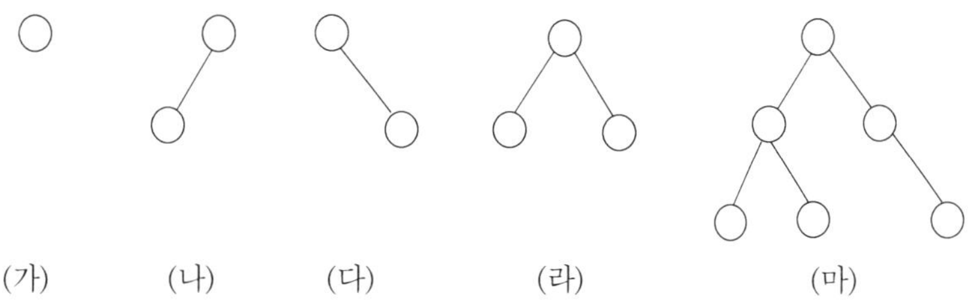

그림 6-7 이진 트리 예

이진 트리를 추상자료형으로 정의하면 [리스트 6-1]과 같다.

```
template <class KeyType>
    class BinaryTree
    {
        //object: 공백이거나 루트 노드, 왼쪽 이진 트리, 오른쪽 이진 트리로 구성되는
        //노드들의 유한 집합
        public:
            BinaryTree();
            //공백 이진 트리를 생성

            Boolean IsEmpty();
            //이진 트리가 공백이면 TRUE(1) 반환, 그렇지 않으면 FALSE(0) 반환
            BinaryTree(BinaryTree bt1, Element<KeyType> item,
```

```
        BinaryTree bt2);
        //왼쪽 서브트리가 bt1, 오른쪽 서브트리가 bt2, 루트 노드가 item을 갖는
        //이진트리를 생성

        BinaryTree Lchild();
        //IsEmpty()이면 에러 반환, 그렇지 않으면 *this의 왼쪽 서브트리 반환

        Element<KeyType> Data();
        //IsEmpty()이면 에러 반환, 그렇지 않으면 *this의 루트 노드의 데이타 반환

        BinaryTree Rchild();
        //IsEmpty()이면 에러 반환, 그렇지 않으면 *this의 오른쪽 서브트리 반환
    }
```

[리스트 6-1] 이진 트리의 추상자료형 표현

'BinaryTree()'는 공백 이진 트리를 생성하고, 이에 대한 포인터 '이진트리'를 돌려준다. 'IsEmpty()'는 '이진트리'가 공백 이진 트리인가를 묻는 것이며, 참이나 거짓 값을 돌려준다. 'BinaryTree()'는 왼쪽과 오른쪽 부트리를 가지며 뿌리 노드의 값이 '자료항목'인 이진 트리를 만들라는 것이며, 'Lchild'는 '이진트리'의 왼쪽 부트리를 찾는 것이고, 'Rchild'는 '이진트리'의 오른쪽 부트리를 찾는 것이다. 'Element<KeyType> Data()'는 '이진트리'의 루트 노드의 자료 항목을 되돌려 받는다.

'IsEmpty(BinaryTree())'는 생성된 공백 이진 트리에 대해 공백이냐고 물었기 때문에 참이 되고, 'IsEmpty(BinaryTree(BinaryTree bt1, Element<KeyType> item, BinaryTree bt2))'는 뿌리 노드의 자료 항목이 item인 이진 트리에 대해서 공백 이진 트리인 지를 물었기 때문에 거짓이 된다. 'Lchild(BinaryTree())'는 공백 이진 트리에 대해 왼쪽 부트리를 찾는 것이기 때문에 오류가 발생되며, 'Lchild(BinaryTree(BinaryTree bt1, Element<KeyType> item, BinaryTree bt2))'는 왼쪽 부트리가 bt_1, 뿌리 노드의 자료 항목이 item, 오른쪽 부트리가 bt_2인 이진 트리를 만든 후에 왼쪽 부트리를 찾는 것이기 때문에 결과가 bt_1으로 나타난다. 'Rchild(BinaryTree())'과 'Rchild(BinaryTree(BinaryTree bt1, Element<KeyType> item, BinaryTree bt2))'는 앞의 경우와 유사하다. 'Element(BinaryTree())'은 공백 이진 트리에서 뿌리 노드의 자료 항목을 찾는 것이기 때문에 오류가 발생되고, 'Element(BinaryTree(BinaryTree bt1, Element<KeyType> item, BinaryTree bt2))'는 뿌리 노드의 자료 항목이 d인 이진 트리를 만든 후에, 뿌리 노드의 자료 항목을 구하기 때문에 item이 된다.

왼쪽 경사(skewed) 이진 트리는 각 노드가 왼쪽 자식 노드만 가져서 왼쪽으로 기울어진 이진 트리를 말하여, 오른쪽 경사 이진 트리는 왼쪽 경사 이진 트리와 반대되는 경우의 이진 트리이다. 그림 6-8은 왼쪽 경사 이진 트리와 오른쪽 경사 이진 트리의 예를 보이고 있다.

(가) 왼쪽 경사트리　　　　(나) 오른쪽 경사트리

그림 6-8 경사트리

6.3.2 이진 트리의 특성

어떤 이진 트리의 깊이를 d라 할 때, 이 이진 트리는 최대 몇 개의 노드를 가질 수 있을까? 이것은 다음과 같은 보조정리를 통해서 알 수 있다.

보조정리 6-1 **수준과 최대 노드수**

이진 트리의 k 수준에서 가질 수 있는 최대 노드수는 2^{k-1}, $k \geq 1$이다.

[증명]

1) 귀납기초 : 1 수준에서는 뿌리 노드밖이 존재하기 때문에, $k = 1$인 수준에서 가질 수 있는 최대 노드수는 1인데, $1 = 2^0 = 2^{k-1}$이므로 만족한다.
2) 귀납가설 : 모든 $i(1 \leq i \leq k)$에 대해서, 수준 i에서의 최대 노드수는 2^{i-1}이라고 가정하자.
3) 귀납과정 : 귀납가설에 의하면 $k-1$ 수준에서의 최대 노드수는 2^{k-2}이며, 이진 트리이기 때문에 모든 노드는 많아야 두 개의 자식 노드만 가질 수 있다. $k-1$ 수준에는 가능한 최대 수의 노드가 있어야 하고, 또한 모든 노드가 두 개씩의 자식 노드를 가질 때, k 수준에서의 노드수가 최대가 된다. 따라서, k 수준에서의 최대 노드수는 $2^{k-2} * 2 = 2^{k-1}$이다.

보조정리 6-2 **이진 트리의 최대 노드수**

깊이가 d인 이진 트리가 가질 수 있는 최대 노드수는 $2^d - 1$, $d \geq 1$이다.

[증명]

(보조정리 6.1)에 의해서, k 수준에서의 최대 노드수는 2^{k-1}이며, 이진 트리가 최대의 노드수를 가질려면, 각 수준에서 가질 수 있는 최대 노드수를 가져야만 한다. 따라서 깊이가 d인 이진 트리가 가질 수 있는 최대 노드수는 다음과 같다.

$$\sum_{i=1}^{d}(\text{i 수준의 최대 노드 수}) = \sum_{i=1}^{d} 2^{(i-1)} = \frac{2^d-1}{2-1} = 2^d - 1$$

깊이가 d인 이진 트리가 가질 수 있는 최대 노드수는 $2^d - 1$라는 것을 위에서 살펴보았는데 이러한 특성을 가진 이진 트리를 포화 이진 트리(full binary tree)라고 하며 다음과 같이 정의한다.

[정의 6.3]	**포화 이진 트리** : 깊이가 d(d≥0)이면서 노드수가 $2^d - 1$인 이진 트리

포화 이진 트리는 단말 노드를 제외한 모든 노드들은 2개의 자식 노드를 가지는데, 그림 6-9(나)에 나타난 이진 트리는 깊이가 4이며, 노드수가 15인 포화 이진 트리이다.

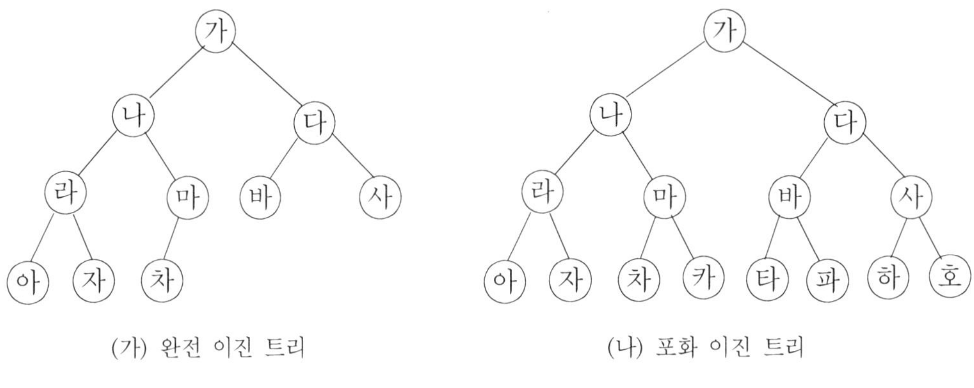

그림 6-9 포화 이진 트리와 완전 이진 트리 예

포화 이진 트리가 정의되면, 이를 이용하여 완전 이진 트리(complete binary tree)를 정의할 수 있다.

[정의 6.4]	**완전 이진 트리** : 공백 이진 트리를 포함하며, 깊이가 d(d≥1)일 때, d−1 수준까지는 포화 이진 트리를 구성하고, d 수준에서는 노드들이 왼쪽에서부터 오른 쪽으로 채워진 이진 트리

그림 6-9의 (나)는 포화 이진 트리이면서 완전 이진 트리이며, (가)는 포화 이진 트리는 아니지만 완전 이진 트리이다. 한편 그림 6-10에 나타나는 이진 트리들은 완전 이진 트리가 아니다. (가)인 경우에는 '라'의 오른쪽 자식이 없으며, (나)인 경우에는 '마'의 왼쪽 자식이 빠져있기 때문이다.

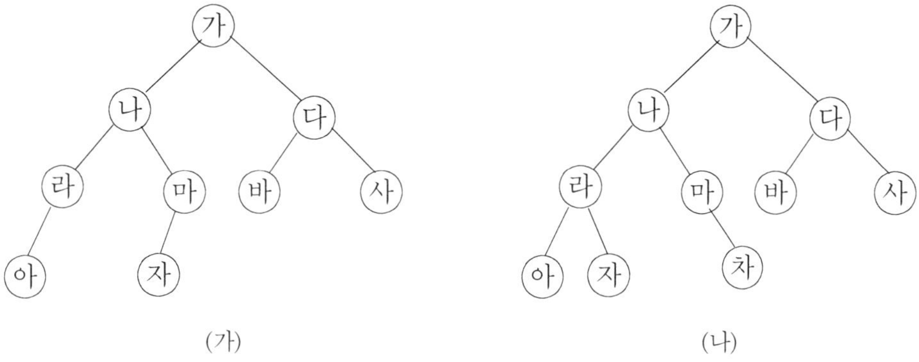

그림 6-10 불완전 이진 트리 예

여기서 한 가지 재미있는 사실은, 그림 6-9에서나 그림 6-10에서 차수가 2인 노드의 수와 단말 노드의 수 사이에는 〈표 6-1〉에서 나타나는 바와 같이 일정한 상관관계가 있다는 것이다. 즉, 단말 노드의 갯수는 항상 차수가 2인 노드의 갯수보다 하나가 많다는 것이다.

〈표 6-1〉 노드들 간의 관계

이진 트리	2차 노드 수	단말 노드 수
그림 6.9 (가)	4	5
그림 6.9 (나)	7	8
그림 6.10 (가)	3	4
그림 6.10 (나)	4	5

보조정리 6-3 차수가 2인 노드수와 단말 노드수의 상관관계

단말 노드의 수를 n_0 , 차수가 2인 노드수를 n_2라 할 때, 모든 이진 트리에 대해서 $n_0 = n_2 + 1$이다.

[증명]

n을 이진 트리의 총 노드수, n_1을 차수가 1인 노드수라고 하면,

$$n = n_0 + n_1 + n_2 \qquad (1)$$

B를 이진 트리의 총 가지수라 하면, 뿌리 노드를 제외하고, 이진 트리에 있는 모든 노드들은 자신으로 들어오는 가지를 반드시 하나씩 가져야 한다. 따라서,

$$B = n - 1 \qquad (2)$$

한편, 모든 가지들은 차수가 1 또는 2인 노드에서 뻗어 나오기 때문에,

$$B = n_1 + 2 \times n_2 \qquad (3)$$

(2)와 (3) 식에서,

$$n = n_1 + 2 \times n_2 + 1 \qquad (4)$$

(1)과 (4) 식에서,

$$n_0 + n_1 + n_2 = n_1 + n_2 + n_2 + 1$$
$$n_0 = n_2 + 1$$

6.3.3 이진 트리의 표현

(1) 배열에 의한 표현

이진 트리를 완전 이진 트리라 가정하고 이진 트리에 나타나는 노드들을 위에서 아래로, 왼쪽에서 오른쪽의 순서로 배열에 나타낼 수 있다. 그림 6-11의 (가)는 완전 이진 트리를, (나)는 불완전 이진 트리에 배열을 이용하여 표현한 것이다. 불완전 이진 트리를 배열로 표현할 때에 비어있는 자리를 반영한다는 것을 주의해야 한다.

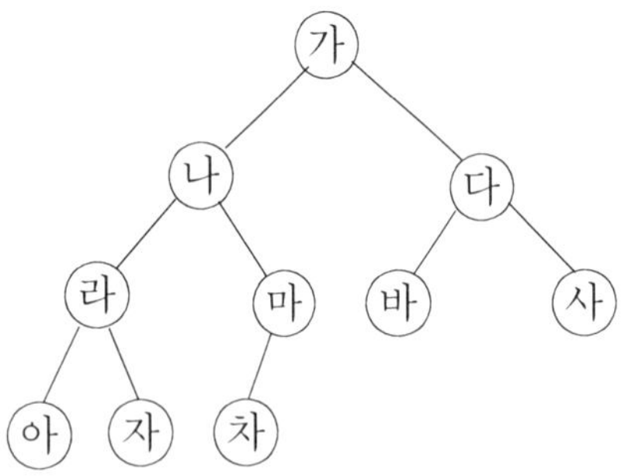

1	2	3	4	5	6	7	8	9	10
가	나	다	라	마	바	사	아	자	차

(가) 완전 이진 트리의 배열 표현

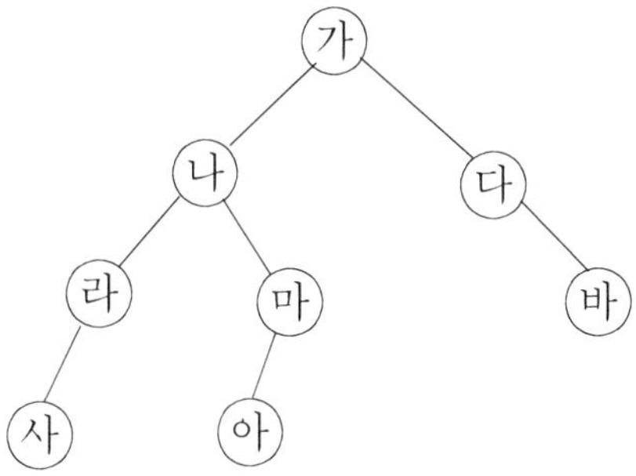

1	2	3	4	5	6	7	8	9	10
가	나	다	라	마	–	바	사	–	아

(나) 불완전 이진 트리의 배열 표현

그림 6-11 이진 트리의 배열 표현

이와 같은 방식으로 완전 이진 트리를 나타냈을 때 어떤 노드의 왼쪽 및 오른쪽 자식 노드를 쉽게 찾을 수 있다.

보조정리 6-4 **완전 이진 트리의 노드들**

n개의 노드를 가지는 완전 이진 트리의 노드들을 위에서 아래로, 왼쪽에서 오른쪽의 순서로 배열에 나타내고 배열의 첨자를 i라 한다면,

1) $2i > n$이면, i 번째 노드는 자식 노드를 갖지 않지만,
   $2i \leq n$이면, i 번째 노드의 왼쪽 자식 노드는 2i 번째에 있다.
2) $2i+1 > n$이면, i 번째 노드는 오른쪽 자식 노드를 갖지 않지만,
   $2i+1 \leq n$이면, i 번째 노드의 오른쪽 자식 노드는 $2i+1$ 번째에 있다.
3) $i = 1$이면, i 번째 노드는 뿌리 노드이기 때문에 부모 노드를 갖지 않지만,
   $i > 1$이면, $\lfloor i/2 \rfloor$번째에 i 번째 노드의 부모 노드가 있다.

[증명]

1) **〈귀납기초〉**

$i = 1$이고 $n < 2$일 때, 첫 번째 노드는 자식 노드를 갖지 않는다.

$i = 1$이고 $n \geq 2$일 때, 첫 번째 노드의 자식 노드는 두 번째에 있다.

〈귀납가설〉

$1 \leq j \leq i$, $2j > n$인 j 번째 노드는 자식 노드를 갖지 않는다.

$1 \leq j \leq i$, $2j \leq n$인 j 번째 노드의 왼쪽 자식 노드가 2j 번째에 있다.

〈귀납과정〉

(i+1) 번째 노드에 대해서, 만일 왼쪽 자식 노드가 있다면 2(i+1) 번째 위치에 있을 것이다. 왜냐하면, 2i 번째에는 i 번째 노드의 왼쪽 자식노드가 위치하고, 2i+1 번째에는 i 번째 노드의 오른쪽 자식 노드가 위치하며, (i+1) 번째 노드의 왼쪽 자식 노드는 2(i+1) 번째에 위치해야 하기 때문이다. (i+1) 번째 노드의 왼쪽 자식 노드가 없다면, 2(i+1) 번째는 (i+1) 번째 노드의 왼쪽 자식 노드의 위치이기 때문에 반드시 $2(i+1) > n$이다.

2) 배열에는 어떤 노드의 왼쪽 자식 노드 다음에 오른쪽 자식 노드가 나타나기 때문에, 항상 오른쪽 자식 노드의 첨자 값이 왼쪽 자식 노드 보다 1 만큼 크다.

3) 앞의 두 보조정리에 의한다면, 항상 부모 노드의 첨자 값은 자식 노드의 첨자 값의 반이 된다.

(2) 연결 리스트에 의한 트리의 표현

그림 6-11(가)에서 나타난 바와 같이, 완전 이진 트리를 배열로 표현한다면 기억장소의 낭비가 전혀 없게 된다. 하지만 불완전 이진 트리를 배열로 표현했을 때는 그림 6-11(나)에서 나타난 바와 같이, 기억장소가 낭비되는 단점이 있다. 또한 배열은 순차적인 표현 방식이기 때문에 노드의 삽입과 삭제로 인한 문제가 발생한다. 즉, 비단말 노드를 삽입하거나 삭제할 때 노드들의 수준이 달라지기 때문에 많은 노드들의 위치를 변경해야 하는 어려움이 있다. 이러한 문제에 대처하기 위해서 연결 리스트를 이용하여 트리를 표현한다. 이진 트리는 기껏해야 두 개의 자식 노드를 가질 수 있다는 특성을 이용하여, 그림 6-12(가)와 같은 노드구조를 사용하여, 그림 6-11(나)의 불완전 이진 트리를 그림 6-12(나)와 같이 표현할 수 있다.

왼쪽 자식	자 료	오른쪽 자식

(가) 노드 구조

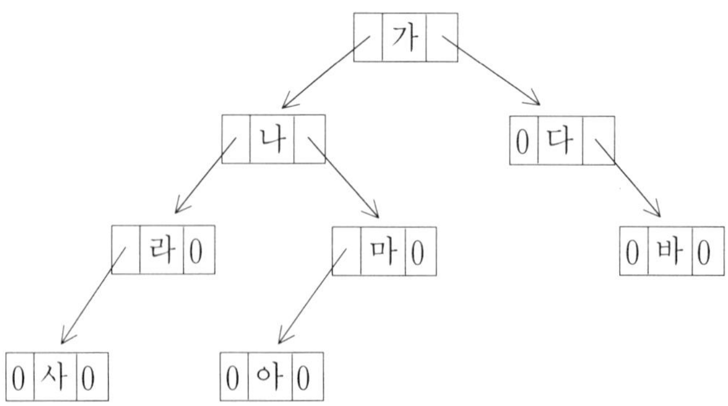

(나) 연결 리스트 표현

그림 6-12 연결 리스트를 이용한 이진 트리의 표현

이렇게 하면 새로운 노드의 삽입과 삭제를 용이하게 할 수 있으며, 기억장소도 비교적 효율적으로 사용할 수 있다. 그러나 배열을 이용한 표현과는 달리 어떤 노드의 부모 노드를 알 수 없는 문제가 발생한다. 부모 노드를 알아야만 할 경우에는 부모 노드를 가르킬 수 있는 연결부를 하나 더 두면 해결할 수 있다.

6.3.4 이진 트리의 순회(traversal)

이진 트리의 순회는 이진 트리에 있는 노드들을 한 번씩만 방문하면서 이진 트리내의 모든 노드를 방문하는 것을 말한다. 이진 트리는 기껏해야 두 개의 자식 노드를 가지기 때문에 이진 트리에 있는 노드를 방문하는 것을 뿌리 노드를 방문하는 것, 왼쪽 부트리를 방문하는 것, 오른쪽 부트리를 방문하는 세 가지로 나누어 생각할 수 있다. 왼쪽 부트리를 방문하는 것을 '좌', 오른쪽 부트리를 방문하는 것을 '우', 뿌리 노드를 방문하는 것을 '중'이라 할 때, 이진 트리의 노드를 방문하는 방식에는 '좌중우', '좌우중', '중좌우', '중우좌', '우좌중', '우중좌'의 6 가지 방식이 있다. 이 중에서 왼쪽 부트리 보다 오른쪽 부트리를 먼저 방문하는 방식은 자연스럽지 못하기 때문에 제외한다면, '좌중우', '좌우중', '중좌우'의 세 가지 방식이 남게 되고, 이를 각각 중위 순회(inorder traversal), 후위 순회(postorder traversal), 전위 순회(preorder traversal)라 한다.

(1) 중위 순회

중위 순회는 '좌중우', 즉 왼쪽 부트리를 먼저 중위 순회한 다음에 뿌리 노드를 방문하고, 마지막으로 오른쪽 부트리를 중위 순회한다. 산술 연산식을 트리 구조로 나타낸 그림 6-13의 이진 트리를 예로 들어서 설명하기로 하자.

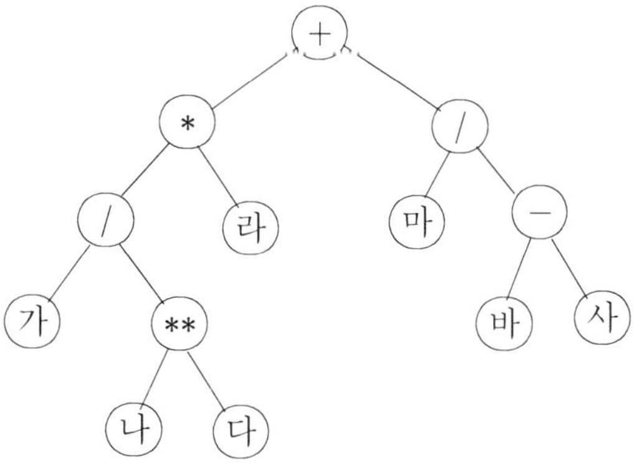

그림 6-13 산술식의 트리 표현

'+' 값을 가지는 뿌리 노드를 방문하기 전에 왼쪽 부트리를 먼저 중위 순회하여야 한다. 부트리를 중위 순회할 때에도, '*' 값을 가지는 뿌리 노드를 먼저 방문하는 것이 아니라 부트리 내의 왼쪽 부트리를 중위 순회하여야 한다. 결국 왼쪽 부트리가 공백 이진 트리가 되는 즉, 왼쪽 자식 노드를 가지지 않는 노드가 발견될 때까지 왼쪽으로 이동하여 마지막 단말 노드까지 가서 그 노드를 방문하게 된다. 따라서 최초로 방문하는 노드는 자료 항목 값이 '가'인 단말 노드이다. 편의상 이와 같은 노드의 이름을 '가'라고 부르겠다. '가'의 왼쪽 부트리가 공백 이진 트리이기 때문에 '가' 노드를 최초로 방문한 것이고, 다음에는 '가'의 오른쪽 부트리가 공백 이진 트리이기 때문에 오른쪽으로 진행할 필요가 없다. '가'를 뿌리 노드로 하는 부트리에 대한 중위 순회가 완료되었으므로, 이러한 부트리를 왼쪽 부트리로 하는 뿌리 노드인 '/'를 방문한다. 다음에는 '/'의 오른쪽 부트리를 중위 순회하여야 하기 때문에 '나 ** 다'노드를 차례로 방문하게 되고, 그 다음에는 '*' 노드를 방문하게 된다.

이러한 이진 트리의 중위 순회 알고리즘은 [리스트 6-2]와 같이 나타낼 수 있다.

```
typedef struct node *tree_pointer;
typedef struct node {
    int data;
    tree_pointer left_child, right_child;
    };

void inorder(tree_pointer ptr) {
    if (ptr) {
        inorder(ptr -> left_child);
        printf("%c", ptr -> data);
        inorder(ptr ->right_child);
    }
}
```

[리스트 6-2] 중위 순회에 대한 순환적 알고리즘

여기에서의 ptr은 뿌리 노드를 가르키는 포인터이고, ptr->left_child와 current->right_child는 각각 왼쪽 부트리와 오른쪽 부트리에 대한 포인터이다. 이 알고리즘은 공백 이진 트리가 아닌 동안은 왼쪽 부트리의 중위 순회, 뿌리 노드의 방문, 오른쪽 부트리의 중위 순회를 계속한다. 그림 6-13의 트리에 대해 이 알고리즘을 적용하여 실행을 추적하면 그림 6-14와 같다.

중위 순회 호 출	뿌리 노드 값	행위	중위 순회 호 출	뿌리 노드 값	행위
1	+		4	널	
2	*				'라' 인쇄
3	/		4	널	
4	가				'+' 인쇄
5	널		2	/	
		'가' 인쇄	3	마	
5	널		4	널	
		'/' 인쇄			'마' 인쇄
4	**		4	널	
5	나				'/' 인쇄
6	널		3	–	
		'나' 인쇄	4	바	
6			5	널	
		'**' 인쇄			'바' 인쇄
5	다		5	널	
6	널				'–' 인쇄
		'다' 인쇄	4	사	
6	널		5	널	
		'*' 인쇄			'사' 인쇄
3			5	널	

그림 6-14 중위 순회 실행 추적

이와 같은 방식으로 그림 6-13의 이진 트리를 중위 순회한 결과는 다음과 같다.

가 / 나 ** 다 * 라 + 마 / 바 – 사

이것은 우리가 보통 사용하는 산술식이지만, 산술 연산자의 우선 순위는 고려되지 않았다.

(2) 후위 순회

후위 순회는 '좌우중', 즉 왼쪽 부트리를 먼저 후위 순회한 다음에 오른쪽 부트리를 후위 순회하고 마지막으로 뿌리 노드를 방문한다. 다시 산술 연산식을 트리 구조로 나타낸 그림 6-13의 이진 트리를 예로 들어서 설명하기로 하자. '+' 값을 가지는 뿌리 노드를 방문하기 전에 왼쪽 부트리를 먼지 후위 순회하여야 한다. 부드리를 후위 순회할 때에도, '*' 값을 가지는 뿌리 노드를 먼저 방문하는 것이 아니라 부트리 내의 왼쪽 부트리를 후위 순회해야 한다. 결국 왼쪽 부트리가 공백 이진 트리가 되는, 즉 왼쪽 자식 노드를 가지지 않는 노드가 발견될 때까지 왼쪽으로 이동하여 마지막 단말 노드까지 가서 그 노드를 방문하게 된다. 따라서 최초로 방문하는 노드는 자료 항목 값이 '가'인 단말 노드이다. '가'의 왼쪽 부트리가 공백 이진 트리이기 때문에 '가' 노드를 최초로 방문한 것이고, 다음에는 '가'의 오른쪽 부트리가 공백 이진 트리이기 때문에 오른쪽으로 진행할 필요가 없다. '가'를 뿌리 노드로 하는 부트리에 대한 후위 순회가 완료되었으므로, '/'의 오른쪽 부트리를 후위 순회하여야 하기 때문에 '나 다 ** '노드를 차례로 방문하게 되고, 다음에는 이러한 부트리들을 왼쪽과 오른쪽 부트리로 하는 뿌리 노드인 '/'를 방문한다. 그 다음에는 '라' 노드를 방문하게 된다. 이러한 이진 트리의 후위 순회 알고리즘은 [리스트 6-3]과 같이 나타낼 수 있다.

```
void postorder(tree_pointer ptr) {
    if (ptr) {
        postorder(ptr -> left_child);
        postorder(ptr ->right_child);
        printf("%c", ptr->data);
    }
}
```

[리스트 6-3] 후위 순회에 대한 순환적 알고리즘

여기에서의 ptr은 뿌리 노드를 가르키는 포인터이고, ptr -> left_child와 ptr -> right_child는 각각 왼쪽 부트리와 오른쪽 부트리에 대한 포인터이다. 이 알고리즘은 공백 이진 트리가 아닌 동안은 왼쪽 부트리의 후위 순회, 오른쪽 부트리의 후위 순회, 뿌리 노드의 방문을 계속한다. 이와 같은 방식으로 그림 6-13의 이진 트리를 후위 순회한 결과는 다음과 같다.

가 나 다 ** / 라 * 마 바 사 – / +

이것이 산술 연산식에 대한 후위 표기식이 되며, 산술 연산자의 우선순위를 고려하지 않아도 되는 산술식을 얻게 된다.

(3) 전위 순회

전위 순회는 '중좌우', 즉 뿌리 노드를 먼저 방문한 다음 왼쪽 부트리를 전위 순회하고 마지막으로 오른쪽 부트리를 전위 순회한다. 다시 산술 연산식을 트리 구조로 나타낸 그림 6-13의 이진 트리를 예로 들어서 설명하기로 하자. '+' 값을 가지는 뿌리 노드를 먼저 방문한 다음에 왼쪽 부트리를 전위 순회하여야 한다. 부트리를 전위 순회할 때에도 '*' 값을 가지는 뿌리 노드를 먼저 방문하고 나서 부트리 내의 왼쪽 부트리를 전위 순회하여야 한다. 그리고 나서 부트리

내의 오른쪽 부트리를 전위 순회한다. 이러한 이진 트리의 순회 알고리즘은 [리스트 6-4]와 같이 나타낼 수 있다.

```
void preorder(tree_pointer ptr) {
     if (ptr) {
          printf("%c", ptr->data);
          preorder(ptr -> left_child);
          preorder(ptr ->right_child);
     }
}
```

[리스트 6-4] 전위 순회에 대한 순환적 알고리즘

여기에서의 ptr은 뿌리 노드를 가르키는 포인터이고, ptr -> left_child와 ptr -> right_child는 각각 왼쪽 부트리와 오른쪽 부트리에 대한 포인터이다. 이 알고리즘은 공백 이진 트리가 아닌 동안은 뿌리 노드의 방문, 왼쪽 부트리의 전위 순회, 오른쪽 부트리의 전위 순회를 계속한다. 이와 같은 방식으로 그림 6-13의 이진 트리를 전위 순회한 결과는 다음과 같다.

+ * / 가 ** 나 다 라 / 마 - 바 사

이것이 산술 연산식에 대한 전위 표기식이 된다.

(4) 수준 우선(level order) 순회

지금까지 설명한 중위, 후위, 전위 순회 방법은 순환적 알고리즘을 사용하던지 아니면 반복적 알고리즘을 사용하는 지에 관계없이 직접 또는 간접적으로 스택을 사용하게 된다. 다음에 방문할 노드들을 스택에 삽입하면서 순회를 진행하다가 더 이상 나아갈 곳이 없으면, 스택의 상단에 있는 다음에 방문해야 할 노드를 꺼내어 순회를 진행한다. 그러다 보니 스택에 삽입하고 삭제하는 연산이 많아져 성능상의 문제가 발생한다.

여기에서 살펴볼 수준우선 순회는 큐를 사용하여 수준의 순서에 따라 이진 트리에 있는 노드들을 방문하는 방식이다. 즉, 뿌리 노드를 먼저 방문하고 나서 그 왼쪽 자식 노드를 방문하며 이어서 그 오른쪽 자식 노드를 방문하는 것이다. 이렇게 하여 한 수준에 있는 노드를 모두 방문한 후에는 다음 수준에 있는 노드들을 왼쪽에서부터 오른쪽으로 방문해 간다. 따라서 각 노드를 방문할 때마다 노드에 대한 포인터를 큐에 저장하여야 한다.

이러한 수준우선 순회를 그림 6-13의 이진 트리를 가지고 설명해 보자. 우선은 뿌리 노드인 '+'를 방문하고 나서 왼쪽 자식 노드인 '*'을 방문하면서 이 노드에 대한 포인터를 큐에 저장한다. 다음에는 오른쪽 자식 노드가 되는 '/'를 방문하면서 이에 대한 포인터를 큐에 저장한다. 이제 2 수준에 있는 모든 노드를 방문하였으므로, 큐의 앞에 있는 '*'를 꺼내어 그 왼쪽 자식 노드인 '/'를 방문하고 이에 대한 포인터를 큐에 저장하고, 다시 오른쪽 자식 노드인 '라'를 방문하고 이 노드에 대한 포인터를 큐에 저장한다. 이제 '*'에 대한 왼쪽과 오른쪽 자식 노드를 모두 방문하였기 때문에 큐의 앞에 있는 '/'를 꺼내어 그 자식 노드인 '마'와 '-'를 방문하고 이에 대한 포인터들을 각각 큐에 저장한다. 이제 3 수준에 있는 노드들을 모두 방문하였으므로, 다시 큐의 앞에 있는 '/'를 꺼내어 그 자식 노드 '가'와 '**'을 방문하는 방식으로 계속하게 된다. 이러한 수준우선 순회의 알고리즘은 [리스트 6-5]와 같다.

```
void level_order (tree_pointer ptr)
/* 레벨 순서 트리 순회 */
{
    int front = rear = 0;
    tree_pointer queue[MAX_QUEUE_SIZE];
    if (!ptr) return;  /* 공백 트리  */
    addq (front, &rear, ptr);

    for ( ; ; ) {
        ptr = deleteq (&front, rear);
        if (ptr) {
            printf("%d", ptr->data);
            if(ptr -> left_child)
                addq(front, &rear, ptr -> left_child);
            if(ptr -> right_child)
                addq(front, &rear, ptr -> right_child);
        }
        else break;
    }
}
```

[리스트 6-5] 수준 우선 순회에 대한 알고리즘

여기에서의 ptr은 뿌리 노드를 가르키는 포인터이고, ptr -> left_child와 ptr -> right_child는 각각 왼쪽 부트리와 오른쪽 부트리에 대한 포인터이다. 이러한 알고리즘에 따른 결과는 다음과 같다.

+ * / / 라 마 - 가 ** 바 사 나 다

6.4 스레드화(threaded) 이진 트리

앞 절에서 이진 트리를 연결 리스트로 표현하는 것에 대해서 설명하였지만, 자세히 살펴보면 실제 노드를 가리키는 연결부보다 더 많은 널 연결부가 존재한다는 것을 알 수 있다. 그림 6-15는 그림 6-13의 이진 트리를 연결 리스트로 표현한 것인데, 13개의 노드 각각에 왼쪽 자식 노드와 오른쪽 자식 노드를 가리키는 연결부가 있으므로 모두 26개의 연결부가 존재한다. 하지만 이중에서 실제로 자식 노드를 가르키기 위해서 사용된 연결부가 12개이고, 나머지 14개의 연결부는 공백 연결부이다. 즉 2n개의 연결부가 있을 때, 이 중에서 n-1개의 연결부는 실제의 자식 노드를 가르키기 위해서 사용되지만, n+1 개의 연결부는 공백 연결부이다. 공백 연결부라는 것은 거의 아무런 역할을 하지 않기 때문에 기억공간을 낭비한다고 볼 수 있다. 이 절에서는 이렇게 낭비되는 공백 연결부를 유용하게 사용할 수 있는 스레드화 이진 트리에 대해서 설명한다.

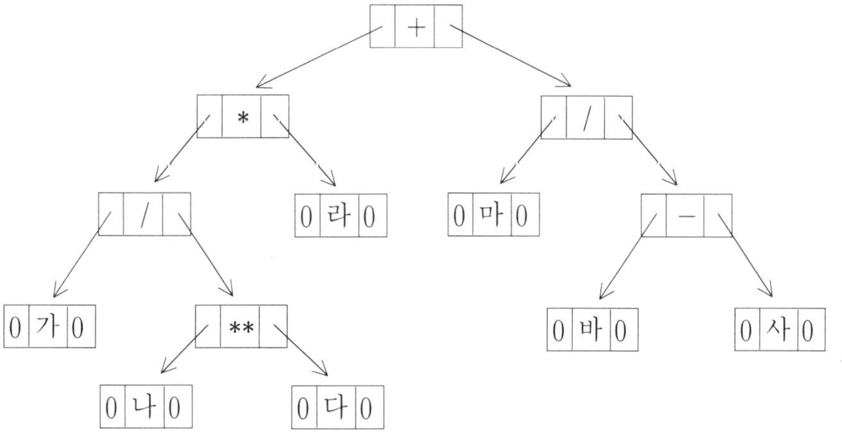

그림 6-15 이진 트리의 연결 리스트 표현

6.4.1 스레드화 이진 트리의 정의

이진 트리를 연결 리스트로 표현할 때, 공백 연결부를 다른 노드를 가르키는 스레드로 대치한 트리를 스레드화 이진 트리라 한다. 보통은 스레드로 하여금 이진 트리의 중위, 후위, 전위 순회 과정에서 바로 전 노드 또는 바로 다음 노드를 가르키도록 한다. 여기에서는 스레드가 이진 트리의 중위 순회 과정에서 바로 앞 노드(중위 선행자 : inorder predecessor)와 바로 뒤 노드(중위 후속자 : inorder successor)를 가르킨다고 가정하고 설명한다. 즉, 이진 트리를 연결 리스트로 표현하면서, 왼쪽 자식 노드에 대한 연결부가 공백일 때에는 중위 선행자를 가르키도록 하고, 오른쪽 자식 노드에 대한 연결부가 공백일 때에는 중위 후속자를 가르키도록 한다. 한 가지 문제가 되는 것은 왼쪽 또는 오른쪽 자식 노드에 대한 연결부가 실제의 자식 노드들을 가르키는 연결부인지 아니면 중위 선행자 또는 후속자를 가르키는 스레드인 지를 구별할 수가 없다. 따라서, 그림 6−16(가)와 같이 노드 구조에 왼쪽과 오른쪽 부전(tag) 부분을 더 두어서 부전이 '0'이면 연결부가 실제의 자식 노드를 가르키도록 하고, 부전이 '1'이면 연결부가 중위 선행자 또는 후속자를 가르키는 스레드라고 구분할 수 있다.

왼쪽 부전	왼쪽 자식	자 료	오른쪽 자식	오른쪽 부전

(가) 스레드화 이진 트리를 위한 노드 구조

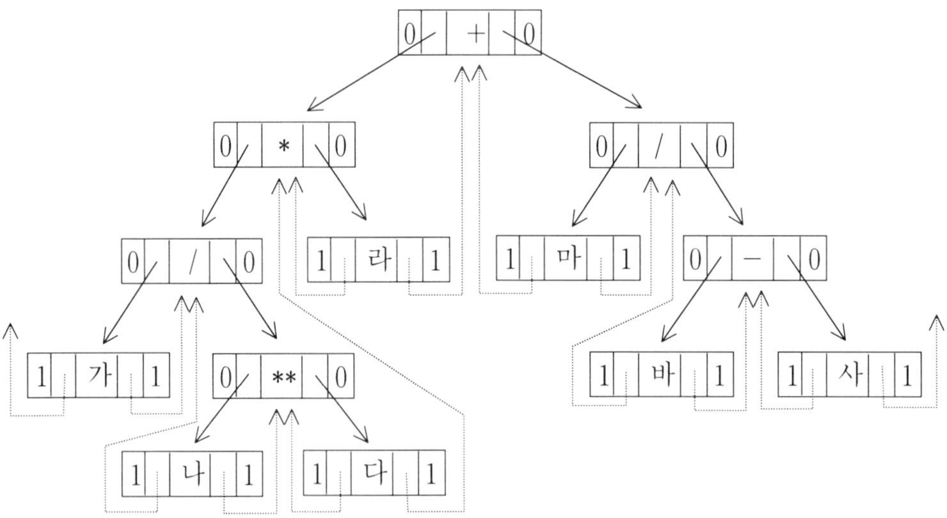

(나) 스레드화 이진 트리

그림 6−16 스레드화 이진 트리의 표현

그림 6-16(나)는 그림 6-13의 이진 트리를 스레드화 이진 트리로 변환한 것인데, 실선으로 나타낸 것은 자식 노드에 대한 연결부이고, 점선으로 나타낸 것은 중위 순회상의 후속자를 가르키는 스레드이다. 예를 들어, 노드 '라'가 방문되기 전에 노드 '*'가 방문되어야 하기 때문에, 노드 '라'의 왼쪽 자식 노드에 대한 연결부에는 노드 '*'를 가르키는 스레드가 들어가고, 노드 '라'를 방문한 후에는 노드 '+'를 방문해야 하기 때문에, 노드 '라'의 오른쪽 자식 노드에 대한 연결부에는 노드 '+'에 대한 스레드가 들어가게 된다.

한편, 노드 '가'는 첫 번째로 방문되는 노드이기 때문에 중위 선행자가 없으므로 '가'의 왼쪽 자식 노드에 대한 연결부에 들어갈 값이 없다. 그러나 모든 스레드화 이진 트리가 그림 6-17에서 처럼 하나의 머리(head) 노드를 갖는다면, 이 연결부에는 머리 노드를 가르키는 스레드가 들어가게 될 것이다. 그리고 노드 '사'는 중위 순회에서 마지막으로 방문되는 노드이기 때문에 중위 후속자가 없으므로 오른쪽 자식 노드에 대한 연결부에 들어가는 값이 없지만, 머리 노드를 갖는 스레드화 이진 트리에서는 머리 노드를 가르키는 스레드가 들어가게 된다. 머리 노드의 자료 부분에는 공백 값이 들어간다.

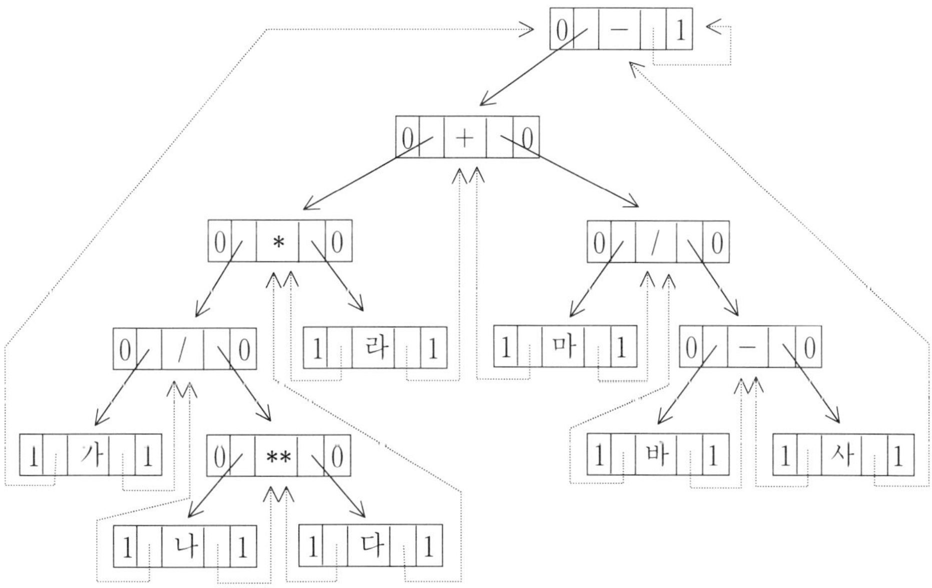

그림 6-17 머리 노드를 갖는 스레드화 이진 트리

한편 머리 노드를 갖는 공백 스레드화 이진 트리는 그림 6-18과 같이 나타낼 수 있다.

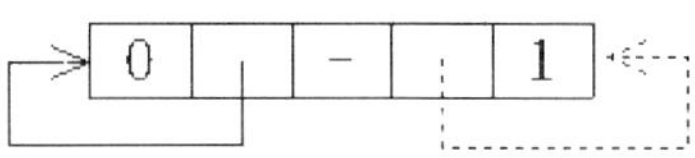

그림 6-18 공백 스레드화 이진 트리의 표현

6.4.2 스레드화 이진 트리의 중위 순회

스레드화 이진 트리를 사용한다면 이진 트리를 중위 순회하는 과정에서 스택을 사용하지 않아도 되는 이점이 있다. 앞 절의 중위 순회 알고리즘에서 살펴본 바와 같이 반복 알고리즘을 적용하면 스택을 명시적으로 사용하게 되고, 순환 알고리즘을 적용하면 순환 호출 과정에서 스택을 묵시적으로 사용하게 된다. 하지만 스레드화 이진 트리에서는 순회 과정에서의 후행자를 스레드가 가르키기 때문에 스택을 사용하지 않고 [리스트 6-6]과 같은 알고리즘에 의해 바로 후속자를 찾을 수 있다.

```
threaded_pointer insucc(threaded_pointer tree)
{
    threaded_pointer temp;
    temp=tree->right_child;
    if (!tree->right_thread)
        while (!temp->left_thread)
            temp=temp->left_child;
    return temp;
}
```

[리스트 6-6] 중위후속자 찾기 알고리즘

머리 노드를 가지는 스레드화 이진 트리를 중위 순회하는 것은 결국 [리스트 6-7]과 같이 중위 후속자를 찾는 프로시저를 여러 번 적용하면 된다.

```
void tinorder(threaded_pointer tree)
{
    threaded_pointer temp=tree;
    for(;;) {
        temp=insucc(temp);
        if (temp=tree) break;
        printf("%3c", temp->data);
    }
}
```

[리스트 6-7] 스레드화 이진 트리 중위 순회

n개의 노드를 가지는 스레드화 이진 트리에 대한 연산시간은 O(n)이 되어 앞 절의 반복적 중위 순회 알고리즘과 같지만 상수 값이 약간 작아진다.

6.4.3 스레드화 이진 트리의 노드 삽입과 삭제

지금까지는 스레드화 이진 트리에서 중위 순회를 위해서 스레드를 어떻게 사용하는가에 대해서 설명하였다. 여기에서는 스레드화 이진 트리에 새로운 노드를 삽입하는 것에 대해서 설명하고, 추가적으로 스레드화 이진 트리에 존재하는 노드를 삭제하는 문제에 대해서 간단히 설명한다.

스레드화 이진 트리에 새로운 노드를 삽입할 때, 어떤 노드의 왼쪽 자식 노드로 삽입하는 경우와 오른쪽 자식 노드로 삽입하는 두 가지 경우를 생각할 수 있다. 하지만 여기에서는 어떤 노드의 왼쪽 자식 노드로 삽입하는 경우만 다루고, 오른쪽 자식 노드로 삽입하는 것은 유사한 문제이기 때문에 생략한다. 어떤 노드의 왼쪽 자식 노드로 삽입할 경우에도, 그 노드가 왼쪽 자식 노드가 없어서 그냥 삽입만 하면 되는 경우와 왼쪽 자식 노드가 있어서 중간에 삽입하면서 스레드에 대한 연산이 필요한 경우로 나눌 수 있다.

그림 6−19(가)에서는 '가' 노드가 왼쪽 자식 노드를 가지지 않는데, '나' 노드를 '가'의 왼쪽 자식 노드로 삽입하는 경우이며, 이 때 수행되어야 할 연산은 다음과 같다.

```
'나'의 LCHILD = '가'의 LCHILD
'나'의 LTAG = '가'의 LTAG
'가'의 LCHILD = '나'        // '가'의 왼쪽 자식 노드는 '나'
'가'의 LTAG = 0            // '가' 노드는 왼쪽 자식 노드를 가짐
'나'의 RCHILD = '가'        // '나' 중위 후속자는 '가'
'나'의 RTAG = 1            // '나'의 RCHILD는 스레드
```

* LCHILD : 왼쪽 자식　　RCHILD : 오른쪽 자식
　LTAG　: 왼쪽 부전　　RTAG　: 오른쪽 부전

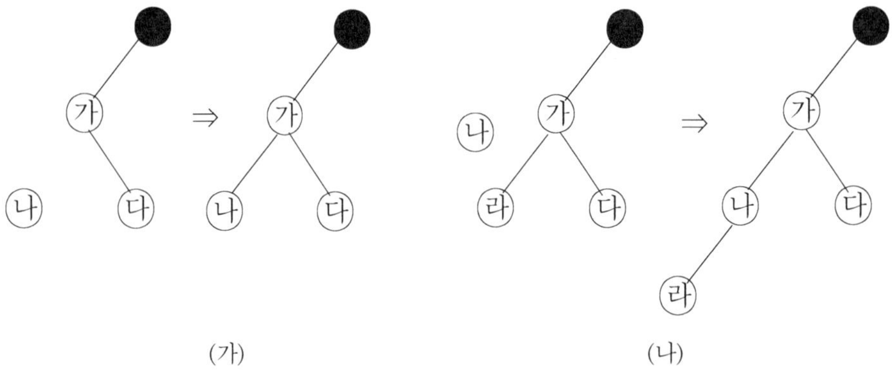

그림 6-19 스레드화 이진 트리에서 노드의 삽입

그림 6-19(나)는 '가' 노드가 '라' 노드를 왼쪽 자식 노드로 가지고 있는 상황에서 새로운 노드 '나'를 '가'의 왼쪽 자식 노드로 삽입하는 경우이다. 즉, '나' 노드를 '가' 노드와 '라' 노드의 중간에 삽입하는 것인데, 이 때 수행되어야 할 연산은 다음과 같다.

```
'나'의 LCHILD = '가'의 LCHILD     // '가'의 왼쪽 자식 노드였던 '라'가
'나'의 LTAG = '가'의 LTAG         // '나'의 왼쪽 자식 노드가 됨
'가'의 LCHILD = '나'              // '가'의 왼쪽 자식 노드는 '나'
'가'의 LTAG = 0                   // '가' 노드는 왼쪽 자식 노드를 가짐
'나'의 RCHILD = '가'              // '나'의 중위 후속자는 '가'
'나'의 RTAG = 1                   // '나'의 RCHILD는 스레드
'라'의 RCHILD = '나'              // '라'의 중위 후속자는 '나'
```

이와 같이, 스레드화 이진 트리에서 한 노드를 어떤 노드의 왼쪽 자식 노드로 삽입하는 알고리즘은 [리스트 6-8]과 같다.

```
void ThreadedTree::InsertLeft(ThreadedNode *p, ThreadedNode *c)
/* p의 왼쪽 자식으로 c를 삽입한다. */
{
     c -> LeftChild = p->LeftChild;
     c -> LeftThread = p->LeftThread;
     c -> Rightchild =p;
     c ->RightThread =True;   //Rightchild가 스레드한다.
     p -> LeftChild =c;
     p -> LeftThread = False;
```

```
        if(!c -> LeftThread){
            ThreadedNode *tmp = InorderPredec(c);
            /* c의 중위 선행 노들을 반환한다. */
            tmp -> RightChild =c;
        }
    }
```

[리스트 6-8] 스레드화 이진 트리에서의 노드 삽입

스레드화 이진 트리에 존재하는 노드를 삭제할 때에도, 그 노드의 위치에 따라 여러 경우를 고려해야 한다. 삭제될 노드가 단말 노드라면 간단하게 처리할 수 있지만, 삭제될 노드가 비단말 노드인 경우에는 삭제되는 노드의 자식 노드를 어떻게 처리할 것인 지에 대한 결정을 내려야 한다. 예를 들면, 삭제되는 노드의 왼쪽 부트리 또는 오른쪽 부트리의 뿌리 노드를 삭제된 노드 위치로 옮기는 것이다. 이와 같은 경우에 스레드를 변경하는 작업이 다소 복잡하다. 이에 대한 예는 생략하고, 특수한 경우에 대한 예를 다음 절에서 다룬다.

6.5 히프(heap)

6.5.1 히프의 정의

[정의 6.5]	최대 트리(max tree)는 각 노드의 키 값이 (자식이 있다면) 그 자식 노드의 키 값보다 작지 않은 트리이다. 최대 히프(max heap)는 최대 트리이면서 완전 이진 트리이다. 최소 트리(min tree)는 각 노드의 키 값이 (자식이 있다면) 그 자식 노드의 키 값보다 크지 않은 트리이다. 최소 히프(min heap)는 최소 트리이면서 완전 이진 트리이다

그림 6-20의 (가)는 3차인 최대 트리를, (나)는 최대 히프를 보이고 있다.

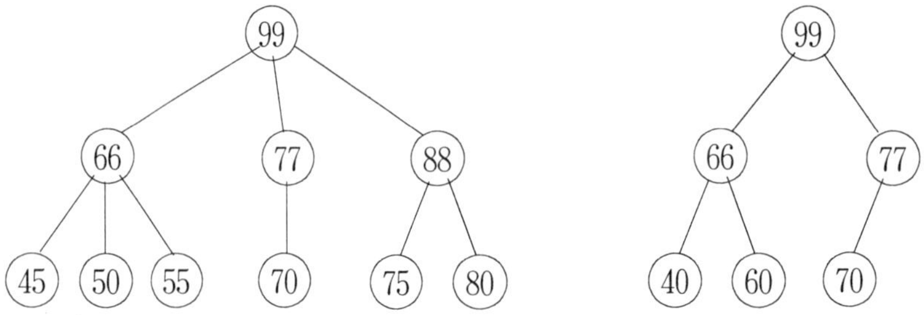

(가) 최대 트리 (나) 최대 히프

그림 6-20 최대 트리와 최대 히프 예

이들 트리들은 각기 그 정의에 의해 가장 큰 값이 뿌리 노드에 놓이게 된다. 그림 6-21의 (가)는 3 차인 최소 트리를, (나)는 최소 히프를 보이고 있다.

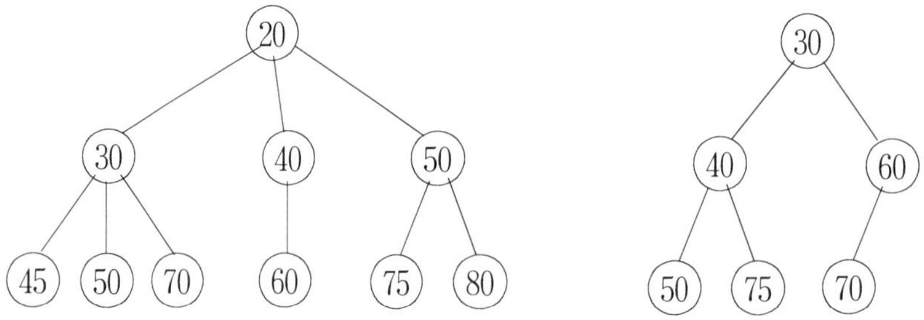

(가) 최소 트리 (나) 최소 히프

그림 6-21 최소 트리와 최소 히프 예

이들 트리들은 각기 그 정의에 의해 가장 작은 값이 뿌리 노드에 놓이게 된다. 최대 트리와 최소 트리, 최대 히프와 최소 히프는 그 개념이 반대되기 때문에, 하나를 알면 그에 대비되는 다른 것을 쉽게 알 수 있다. 따라서 이후에는 최대 히프에 대해서만 다룬다.

최대 히프에 적용할 수 있는 연산 중에는

- 새로운 히프의 생성
- 히프에 새로운 원소의 추가
- 히프에서 값이 가장 큰 원소의 삭제

등이 있다.

6.5.2 최대 히프에서의 추가

기존의 최대 히프에 새로운 원소가 추가된 후에도 최대 히프가 유지되어야 한다. 우선 최대 히프는 완전 이진 트리의 특수한 경우이기 때문에, 새로운 원소를 추가한 뒤에도 완전 이진 트리가 유지되어야 한다. 따라서 새로운 원소가 추가되는 위치는 다음과 같이 결정될 것이다.

- 최대 히프가 포화 이진 트리가 아니라면, 마지막 수준에서 최종 노드 다음 위치
- 최대 히프가 포화 이진 트리라면, 마지막 수준의 다음 수준에서 최초 노드 위치

또 한 가지 지켜져야 할 것은 추가 후에도 자식 노드들이 가지는 값 보다 부모 노드가 가지는 값이 항상 작지 않아야 한다. 따라서 새로운 원소를 추가한 후에 그 값에 따라서 조상 노드들의 값을 참고하여 값들이 조정될 수 있다.

예를 들어, 그림 6-22의 (가)와 같은 기존 히프에 80이라는 값을 가지는 새로운 원소를 추가하는 경우를 살펴보자. 우선 새로운 원소가 추가될 위치는, 기존의 최대 히프가 포화 이진 트리가 아니기 때문에, (나)에서와 같이 빗금친 노드의 위치가 될 것이다. 새로이 추가된 노드가 가지는 값이 그 부모 노드가 가지는 값 보다 작은 경우라면, 여기에서 작업을 끝내면 된다. 하지만 예에서 보듯이 추가된 노드가 가지는 값(80)이 그 부모 노드가 가지는 값(77) 보다 큰 경우라면, 노드의 값들이 조정되어야 한다. 우선 (다)에서와 같이 부모 노드와 새로이 추가된 원소의 값을 교환한다. 노드들의 값을 교환한 후에 최대 히프의 조건이 만족된다면 작업이 종료되지만, 그렇지 않으면 조상 노드들을 좇아가면서 노드들의 값을 조정하여야 한다. 만일에 추가되는 원소가 99라는 값을 가지는 경우에는 (라), (마), (바)의 과정을 거칠 것이다.

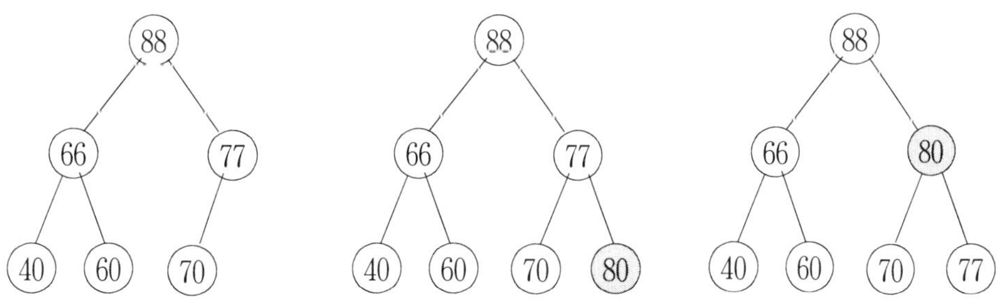

(가) 추가 전의 히프　(나) 새로운 노드의 초기 위치　(다) 원소 값 교환

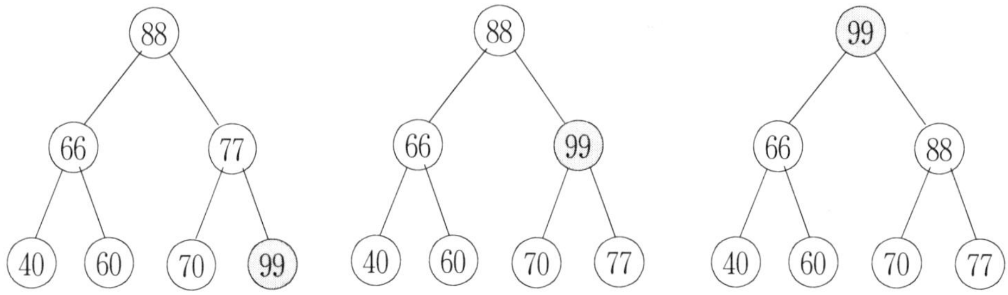

(라) 새로운 노드의 초기 위치 (마) 원소 값 교환 (바) 원소 값 교환

그림 6-22 최대 히프에서의 추가

또한 그림 6-22의 (가) 히프에 새로운 원소의 추가에 따라 부모 노드와 자식 노드의 값이 교환될 수 있으므로, 어떤 노드의 부모 노드를 찾을 수 있어야 한다. 만일 최대 히프를 연결 리스트로 구현한다면 부모 부분을 첨가하여야 할 것이다. 하지만 최대 히프가 완전 이진 트리이기 때문에, 배열을 사용하여 구현한다면 위치 값을 이용하여 그 부모 노드의 위치를 계산할 수 있다.

6.5.3 최대 히프에서의 삭제

최대 히프에서 값이 가장 큰 원소를 삭제하기 위해서는 뿌리 노드에서 삭제하여야 한다. 왜냐하면 최대 히프에서 가장 큰 값은 뿌리 노드가 가지기 때문이다. 뿌리 노드의 값을 삭제한 후에는 다시 최대 히프가 될 수 있도록 노드들을 조정하여야 한다. 즉, 마지막 노드의 값을 뿌리 노드에 옮기고 마지막 노드를 삭제한 후에 최대 히프가 유지되도록 노드들의 값을 참고하여 조정한다.

예를 들어 그림 6-23의 (가)와 같은 최대 히프에서 원소를 삭제하는 경우를 살펴보자. (나)에서와 같이 뿌리 노드에서 원소를 삭제한 후에 마지막 노드의 원소 값을 뿌리 노드로 이동시키고 마지막 노드를 삭제한다. 그리고는 (다)와 같이 자식 노드의 값을 부모 노드로 올리고, 부모 노드의 값은 자식 노드로 내려 값을 조정한다.

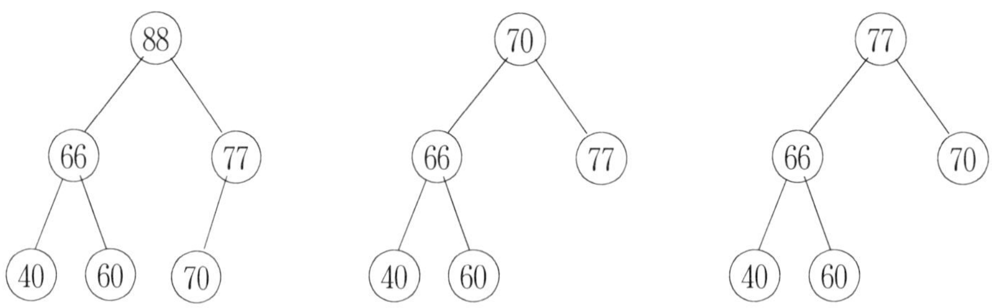

(가) 삭제 전의 히프 (나) 뿌리에 새로운 값 추가 (다) 원소 값 교환

그림 6-23 최대 히프에서의 삭제

히프에서 가장 높은 값을 가지는 원소를 삭제하는 것은 아주 효율적이지만, 임의의 원소를 삭제하는 데에는 아주 비효율적이다. 예를 들어 n개의 원소를 가지는 최대 히프가 있을 때, 임의의 한 원소를 삭제하는 데는 O(n) 시간이 필요하다. 하지만 트리에서의 삭제이기 때문에, 무순서 리스트에서 임의의 한 원소를 삭제하는 데 필요한 시간보다 훨씬 오래 걸린다. 이것은 히프에서의 임의의 원소를 삭제할 때에는 삭제 후에도 히프가 유지되도록 부가적인 작업이 필요하기 때문이다. 또한 히프에서 임의의 한 원소를 찾는 경우에도, 트리에서의 작업이기 때문에 무순서 리스트에서 임의의 한 원소를 찾는 것보다 많은 시간이 걸린다. 이것은 자식 노드를 찾는 시간이 추가적으로 들기 때문이다.

6.5.4 히프의 응용

히프는 우선 순위 큐(priority queue)를 구현하기 위해 사용될 수 있다. 우선 순위 큐는 일반 큐와는 달리 우선 순위가 가장 높거나 낮은 원소를 먼저 꺼낸다(삭제한다). 그리고 임의의 우선 순위를 가지는 원소를 우선 순위 큐에 언제든지 추가할 수 있다. 원소를 우선 순위 큐에 추가할 때에는 큐의 마지막 위치 즉, 앞에서 살펴본 바와 같이 히프의 마지막 위치에 추가한 후에, 우선 순위에 따라 히프가 성립하도록 우선 순위 값들을 조정한다. 원소를 삭제할 때에는 히프의 뿌리 노드에 있는 원소가 우선 순위가 가장 높은 것이고, 큐에서는 가장 앞에 있는 원소가 될 것인데, 이를 꺼낸 후에 남아있는 원소들의 우선 순위에 따라 히프를 재구성하면, 큐에서의 순서가 조정될 것이다.

만일 가장 높은 우선 순위를 갖는 원소를 먼저 삭제해야 하는 응용에서는 최대 히프를 사용하면 된다. 예를 들어, 교수 작업에는 학생 작업보다 높은 우선 순위를 부여해야 하는 경우라면, 운영체제의 작업 일정기(job scheduler)는 최대 히프로 구현되는 우선 순위 큐를 사용하여 처리할 수 있다.

한편 가장 낮은 우선 순위를 갖는 원소를 먼저 삭제해야 하는 응용에서는 최소 히프를 사용하면 된다. 예를 들어, 예상 수행 시간에 따라서 시간이 많은 작업에는 높은 우선 순위를 부여하고, 시간이 적은 작업에는 낮은 우선 순위를 부여해야 하는 경우라면, 운영체제의 작업 일정기는 최소 히프로 구현되는 우선 순위 큐를 사용하여 처리할 수 있다.

6.6 이진 탐색 트리(Binary Search Tree)

6.6.1 이진 탐색 트리의 정의

이진 탐색 트리는 임의의 원소를 찾는 데 있어서 어떤 자료구조보다 효율적이다.

> **[정의 6.6] 이진 탐색 트리**
>
> 이진 탐색 트리는 공백이 아니라면 다음을 만족한다.
>
> - 모든 원소는 키 값을 가지며, 키 값은 유일하다.
> - 공백이 아닌 왼쪽 부트리에 있는 키 값들은 그 뿌리의 키 값보다 작다.
> - 공백이 아닌 오른쪽 부트리에 있는 키 값들은 그 뿌리의 키 값보다 크다.
> - 왼쪽 및 오른쪽 부트리도 이진 탐색 트리이다.

그림 6-24에서는 몇 개의 이진 트리를 보이고 있는데, (가)의 이진 트리는 오른쪽 부트리의 값들이 뿌리 노드의 값보다 작기 때문에 이진 탐색 트리가 아니다. 하지만 (나)와 (다)의 이진 트리는 이진 탐색 트리이다.

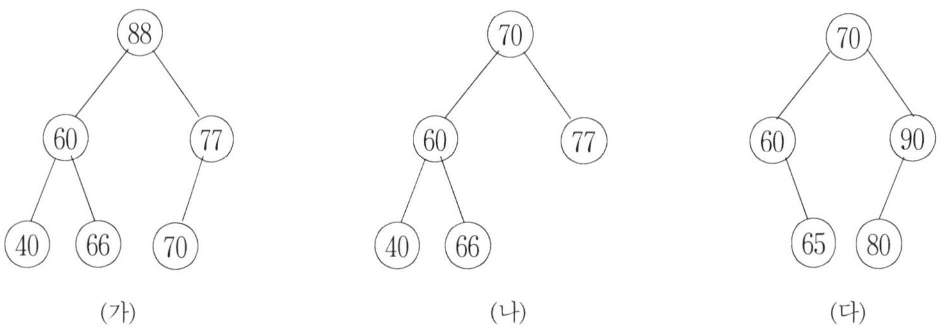

그림 6-24 이진 트리와 이진 탐색 트리 예

이진 탐색 트리에 적용할 수 있는 연산들은 다음과 같은 것들이 있다.

- 새로운 이진 탐색 트리의 생성
- 임의의 원소를 탐색
- 임의의 원소를 삽입
- 임의의 원소를 삭제

6.6.2 이진 탐색 트리의 탐색

이진 탐색 트리는 순환적으로 정의되기 때문에, 원소의 탐색 방법도 순환적으로 기술할 수 있다. 예를 들어 임의의 원소의 키 값이 key라고 가정하고 탐색 과정을 살펴보자. 탐색은 뿌리 노드에서부터 시작한다. 만일에 뿌리 노드가 없다면, 이진 탐색 트리는 공백 트리이기 때문에 탐색은 실패로 끝난다. 뿌리 노드가 존재한다면, 뿌리 노드의 키 값과 key를 비교한다. 만일 key가 뿌리 노드의 키 값과 같다면 탐색은 성공적으로 끝난다. key가 뿌리 노드의 키 값과 같지 않다면, key 값은 뿌리 노드의 키 값보다 작거나 클 것이다. key가 뿌리 노드의 키 값보다 작다면, 왼쪽 부트리를 탐색하며, key가 뿌리 노드의 키 값보다 크다면, 오른쪽 부트리를 탐색한다. 이러한 알고리즘이 [리스트 6-9]에 보이고 있다.

```
tree_pointer search(tree_pointer root, int key)
{
    if (!root) return NULL;
    if (key==root->data) return root;
    if (key<root->data)
        return search(root->left_child, key)
    return search(root->right_child, key);
}
```

[리스트 6-9] 이진 탐색 트리에서의 탐색

예를 들어 그림 6-25의 이진 탐색 트리에서 키 값이 65인 원소를 찾는다면, 우선 뿌리 노드의 키 값과 65를 비교한다. 찾고자 하는 원소의 키 값 65가 뿌리 노드의 키 값보다 작으므로, 탐색은 왼쪽 부트리에서 계속된다. 부트리의 키 값이 60이므로, 탐색은 다시 그 오른쪽 부트리에서 계속된다. 부트리의 키 값이 66이므로, 탐색은 다시 그 왼쪽 부트리에서 계속되어야 하는데, 왼쪽 부트리가 공백이므로, 탐색은 실패한다.

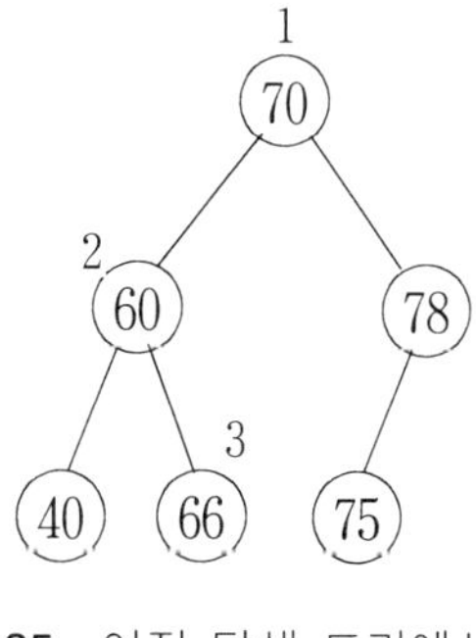

그림 6-25 이진 탐색 트리에서의 탐색

이진 탐색 트리에서의 탐색은 최악의 경우에 트리의 깊이 만큼 진행되기 때문에, 깊이가 d인 이진 탐색 트리의 탐색 시간은 O(d)이다.

6.6.3 이진 탐색 트리에서의 삽입

기존의 이진 탐색 트리에 새로운 원소를 삽입할 때에는 먼저 동일한 키 값을 갖는 원소가 이진 탐색 트리 내에 있는 지를 확인해야 한다. 이를 위해서 새로운 원소가 가지는 값으로 이진 탐색 트리를 탐색하는데, 탐색이 성공하면 삽입할 수 없는 상황이 발생하기 때문에 삽입은 실패로 끝난다. 만일 탐색이 실패한다면 바로 탐색이 종료된 지점에 새로운 원소를 삽입한다.

예를 들어, 그림 6-26의 (가)의 이진 탐색 트리에 키 값이 75인 새로운 원소를 삽입한다면, 우선 키 값 75로 이진 탐색 트리를 탐색할 것이다. 결과로서 키 값 77을 가지는 노드의 왼쪽 부트리에서 탐색이 실패하기 때문에, (나)에서와 같이 새로운 원소를 왼쪽 자식 노드로 삽입하면 될 것이다. 다시 키 값이 65인 새로운 원소를 삽입한다면, (다)에서와 같이 키 값이 60인 노드의 오른쪽 자식 노드로 삽입하면 될 것이다.

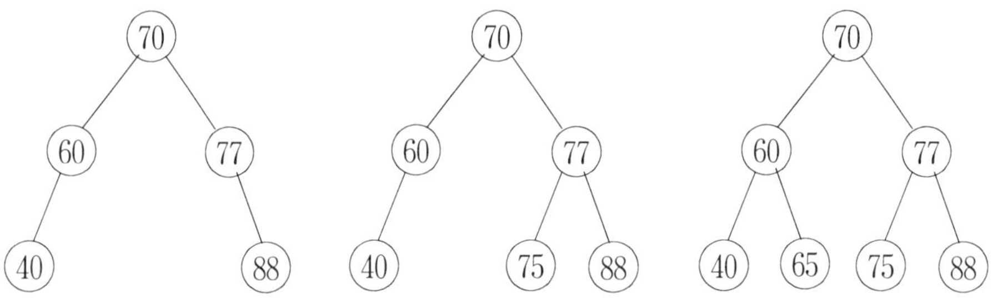

(가) 원래의 이진 탐색 트리　(나) 75인 원소 삽입　(다) 65인 원소 삽입

그림 6-26 이진 탐색 트리에서의 원소 삽입 예

6.6.4 이진 탐색 트리에서의 삭제

이진 탐색 트리에서 단말 노드의 삭제는 간단하다. 단말 노드가 왼쪽 자식 노드냐 아니면 오른쪽 자식 노드냐에 따라, 그 부모 노드의 왼쪽 또는 오른쪽 자식 노드 부분을 '공백'으로 만들고, 그 단말 노드를 반환하면 된다. 하나의 자식만을 가지는 비단말 노드의 삭제도 간단하다. 즉, 노드를 삭제한 후에 그 자식 노드를 삭제된 노드로 옮기면 된다. 두 개의 자식을 가지는 비단말 노드를 삭제할 때에는, 삭제되는 노드를 왼쪽 부트리에서 가장 큰 값을 가지는 노드나 아니면 오른쪽 부트리에서 가장 작은 값을 가지는 노드로 대체한다. 그리고 나서 선택된 부트리에서 치환된 원소를 삭제하는 과정을 계속한다.

예를 들어, 그림 6-27의 (가)에서 키 값이 88인 원소를 삭제하는 것은 (나)에서와 같이 키 값이 77인 노드의 오른쪽 자식 노드 부분을 '공백'으로 만들고, 키 값이 88인 노드를 반환하면 된다. (가)에서 키 값이 60인 원소를 삭제하는 것은 (다)에서와 같이 키 값이 60인 노드를 키 값이 40인 노드로 대체하고, 반환하면 된다. 키 값이 88인 노드를 반환하면 된다.

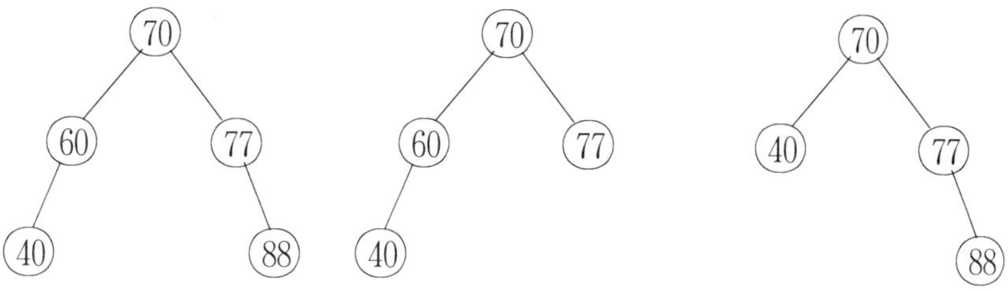

(가) 원래의 이진 탐색 트리　　(나) 88인 원소 삭제　　(다) 60인 원소 삭제

그림 6-27 이진 탐색 트리에서의 원소 삭제 예-1

그림 6-28의 (가)에서 키 값이 80인 원소를 삭제하는 것은, (나)에서와 같이 키 값이 80인 노드를 왼쪽 부트리에서 가장 큰 키 값 77을 가지는 노드로 대체한 후에, 키 값이 77인 원소를 삭제하도록 하거나, (다)에서와 같이 키 값이 80인 노드를 오른쪽 부트리에서 가장 작은 키 값 85을 가지는 노드로 대체한 후에, 키 값이 85인 원소를 삭제하도록 한다.

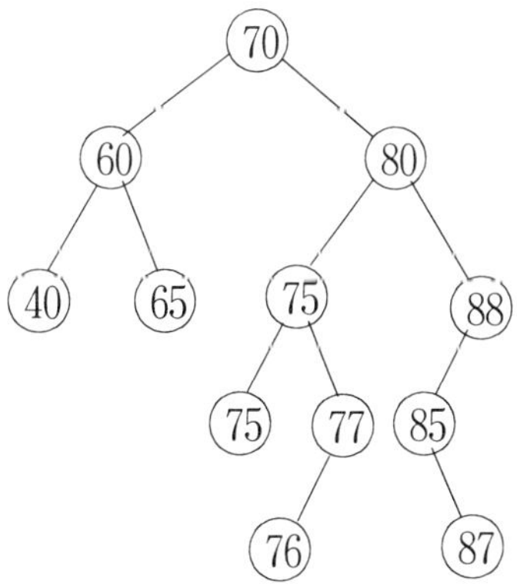

(가) 원래의 이진 탐색 트리

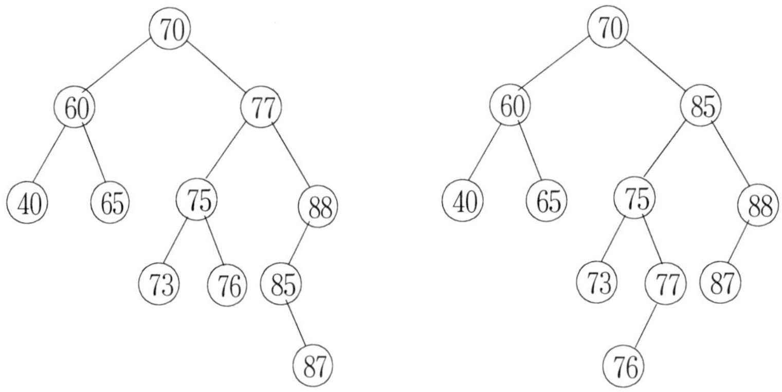

(나) 80인 원소 삭제-1 (다) 80인 원소 삭제-2

그림 6-28 이진 탐색 트리에서의 삭제 예-2

6.7 이진 트리에 대한 응용

6.7.1 이진 트리의 복사

어떤 이진 트리가 있을 때, 이 이진 트리를 그대로 복사하는 알고리즘은 [리스트 6-10]과 같다.

```
struct vt_node *
bt_copy( struct bt_node *treeptr )
{
     struct bt_node *new;

     if(treeptr == NULL) return( NULL );

     new = get_new_bt();
     new->data = treeptr->data;
     new->lchild =
     new->rchild = bt_copy{ treeptr -> rchild );

     return ( new );
}
```

[리스트 6-10] 이진 트리의 복사

이 알고리즘은 앞 절에서 본 순환적 후위 순회 알고리즘과 유사하다. treeptr이 가르키는 이진 트리를 복사하여 'new'가 가르키도록 하는 알고리즘이다. 공백 이진 트리가 아니면 왼쪽과 오른쪽 부트리를 복사하여 'new'의 왼쪽과 오른쪽 부트리가 되도록 한 다음에 뿌리 노드에 있는 자료 항목을 복사한다.

6.7.2 이진 트리의 동일성 검사

이진 트리의 동일성 검사는 두 개의 이진 트리가 있을 때, 두 이진 트리가 동일한 것인지를 검사하는 것이다. 두 개의 이진 트리가 동일하기 위해서는 노드의 순서 뿐만 아니라 위상도 동일해야 한다. 이에 대한 알고리즘은 [리스트 6-11]과 같다.

```
#define  TRUE   1
#define  FALSE  0

int bt_equal( struct bt_node *tree1, struct bt_node *tree2)
{
   int res;

   if(( tree1 == NULL && tree2 == NULL )
      Retrun( TRUE );

   res = False;
   if( tree1 -> data == tree2 -> data ){
      res = bt_equal(tree->lchild, tree2 -> lchild );
      if ( res = bt_equal(tree1 -> rchild, tree2 >rchild );
   }
   return(res);
}
```

[리스트 6-11] 두 이진 트리의 동일성 검사

두 개의 이진 트리 모두가 공백 이진 트리이면 참이 된다. 두 개의 이진 트리 모두가 공백 이진 트리가 아니라면, 우선 뿌리 노드의 자료 항목을 비교하여 같으면, 왼쪽 부트리가 서로 동일한 가를 검사하여 같은 후에야 오른쪽 부트리가 서로 동일한 가를 검사한다.

6.8 이진 트리를 이용한 트리의 표현

6.8.1 일반 트리의 연결 리스트 표현

6.2절에서 트리를 표현하는 여러 가지 방법들을 살펴보았는데, 그 중에서 크기가 일정치 않은 노드를 사용하는 경우에는 알고리즘 작성이 어렵고 크기가 일정한 노드를 사용하는 경우에는 기억공간 낭비가 발생할 수 있다.

보조정리

트리가 아래와 같은 크기가 일정한 n개의 노드를 가진 k-진 트리(트리 내의 노드의 최대 차수가 k)라 하면, nk개의 연결부 중 n(k-1) + 1개의 연결부는 그 값이 공백이다. $n \geq 1$

자 료			
자식1	자식2	. . .	자식k

예를 들어, 그림 6-29의 (가)와 같은 3진 트리를 (나)와 같이 크기가 일정한 노드로 나타낸다면, 전체 30개 연결부 중 21개 연결부가 공백이다. 이것은 전체 연결부의 약 2/3가 낭비되는 것을 의미한다.

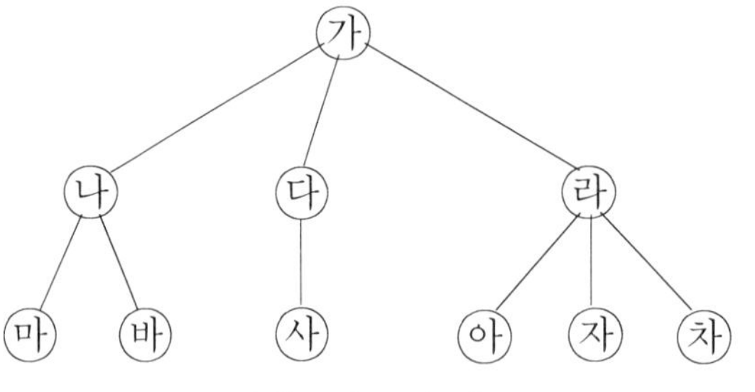

(가) 3진 트리 예

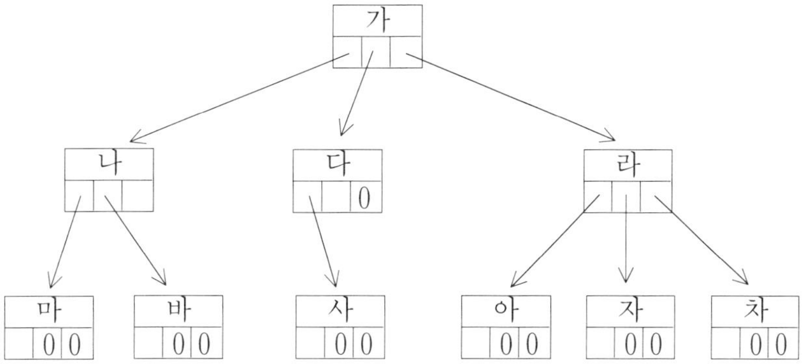

(나) 연결 리스트 표현

그림 6-29 3진 트리의 연결 리스트 표현

크기가 일정한 노드를 가지는 연결 리스트로 트리를 표현할 때 항상 공백 연결부로 인한 기억장소의 낭비가 발생하는데, 트리의 가지 수가 증가함에 따라 즉, 트리의 차수가 커짐에 따라 공백 연결부의 비율은 증가하며, 트리의 차수가 아주 컸을 때는 공백 연결부의 비율이 1에 접근하게 된다. 이것은 거의 모든 연결부가 낭비되는 것을 의미한다.

6.8.2 이진트리의 사용

우리가 앞 절에서 얻을 수 있는 결론은 트리의 차수가 증가함에 따라 크기가 일정한 노드를 가지는 연결 리스트로 트리를 표현하면 연결부들 중 상당 수가 낭비된다는 것이다. 이것을 역으로 생각하면 트리의 차수가 낮을수록 연결부의 낭비 가능성이 낮아진다는 것을 알 수 있다. 실제로 이진 트리를 크기가 일정한 노드를 가지는 연결 리스트로 표현하면 1/2 정도만 공백 연결부가 된다. 따라서 차수가 큰 트리를 이진 트리로 표현할 수만 있다면, 공백 연결부의 비율을 낮출 수 있다.

모든 트리는 이진 트리로 표현할 수 있는데, 모든 노드가 일반 트리에서의 가장 왼쪽 자식 노드와 오른쪽 형제 노드를 가지도록 함으로써 가능하다. 즉 모든 노드가 그림 6-26의 (가)와 같은 노드 구조를 갖는다면 임의의 차수의 일반 트리를 이진 트리로 변환할 수 있다. 예를 들어 그림 6-29의 (가)와 같은 삼진 트리를 그림 6-30의 (나)와 같이 표현할 수 있다. (다)는 (나)를 순수한 그림으로 표현한 것이고, 이것을 우측으로 45도 회전시키면 (라)와 같이 차수가 2인 트리가 되는데, 한 가지 주의할 것은 항상 뿌리 노드의 오른쪽 자식 노드는 없다는 것이다.

자 료	
자식 노드	형제 노드

(가) 노드 구조

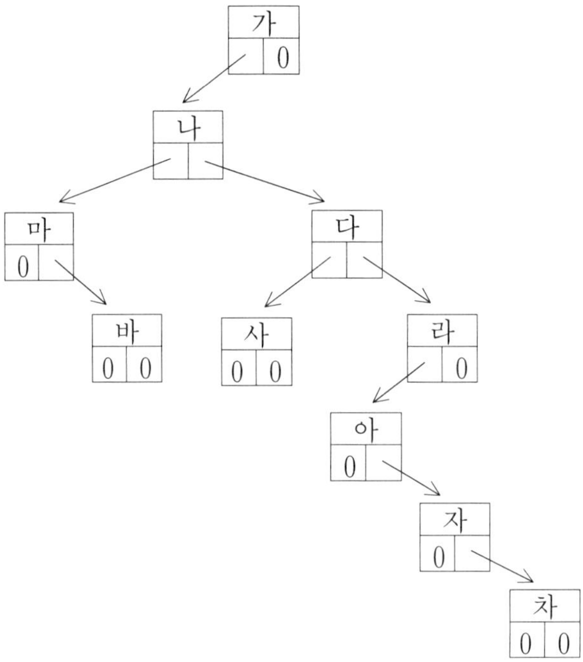

(나) 이진 트리로 표현

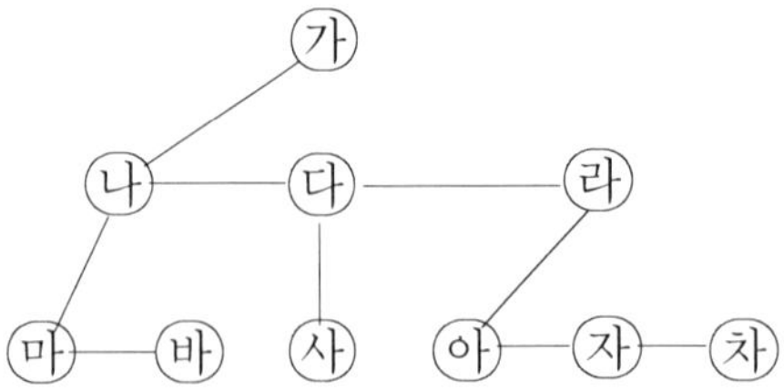

(다) 순수한 그림 표현

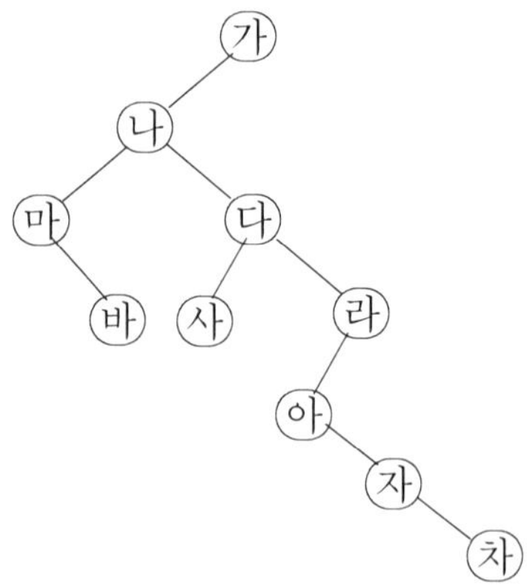

(라) 45° 회전한 그림

그림 6-30 자식과 형제노드를 이용한 트리의 표현

실 습 예 제

1 이진 트리는 다음과 같이 배열을 이용하여 저장할 수 있다. 다음의 프로그램은 배열을 이용하여 이진 트리를 저장하고 이진 트리를 중위순회하는 프로그램이다. 컴파일하고 실행하여 보라.

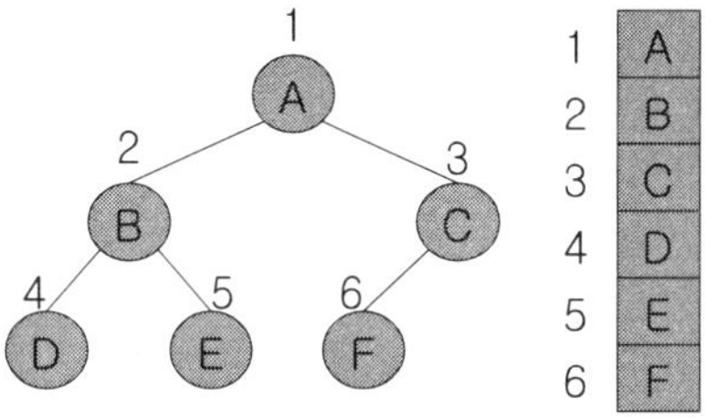

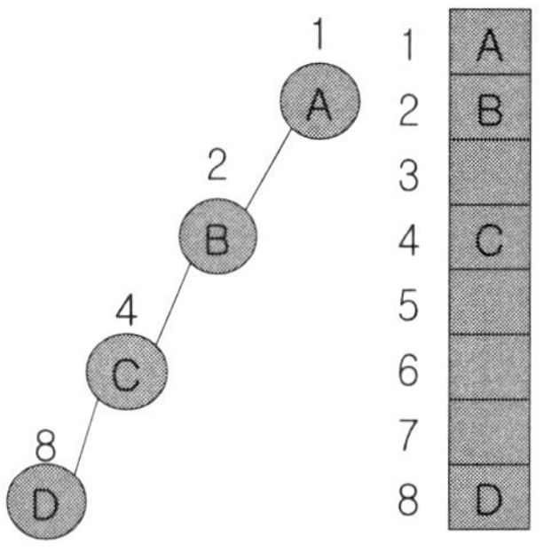


```
#include <stdio.h>

#define MAX_SIZE 1000
#char tree_array[MAX_SIZE];

void make_tree()
{
     tree_array[1] = 'A';
     tree_array[2] = 'B';
     tree_array[3] = 'C';
     tree_array[4] = 'D';
     tree_array[5] = 'E';
     tree_array[6] = 'F';
}
void inorder (int index)
{
```

```
    if (tree_array[index] == 0) {
        return;
    }
inorder (2*index);
printf ("<%c>", tree_array[index]);
inorder (2*index+1);
}
void main()
{
    make_tree();
    inorder(1);
}
```

2) 다음과 같은 이진 순회 프로그램을 컴파일, 수행하여 결과를 확인하라.

```
#include <stdio.h>
#include <stdlib.h>
#include <memory.h>
type struct tree_node {
    int data;
    struct tree_node *left_child, *right_child;
} tnode_str

tnode_str *root;

inorder (tnode_str *ptr) {
    if (ptr) {
        inorder (ptr -> left_child);
        printf ("%d", ptr-> data);
        inorder (ptr -> right_child);
    }
}
preorder (tnode_str *ptr) {
```

```
    if (ptr) {
        printf ("%d", ptr -> data);
        pinrtf (ptr -> left_child);
        printf (ptr -> right_child);
    }

}
postorder (tnode_str *ptr) {
    if (ptr ) {
        postorder (ptr ->left_child);
        postorder (ptr -> right_child);
        printf ("%d", ptr->data);
    }
}

void main ()
{
    tnode_str *n1, *n2, *n3;
    n1 = (tnode_str *)malloc(sizeof(tnode_str));
    n1 -> right_child = n3;
    n2 = (tnode_str *)malloc(sizeof(tnode_str));
    n3 = (tnode_str *)malloc(sizeof(tnode_str));

    n1 -> data = 10;
    n1 -> left_child = n2;

    n2 -> data = 20;
    n2 -> left_child = NULL;
    n2 -> right_child = NULL;

    n3 -> data = 30;
    n3 -> left_child = NULL;
    n3 -> right_child = NULL;
```

```
    root = n1;
    printf ("\ninorder\n);
    inorder(root);
    printf(\npreorder\n);
    preorder(root);
    printf("\npostorder\n");
    postorder(root);
}
```

3. 다음과 같은 이진트리 연산 함수를 작성하고 테스트하라. 함수 파라미터는 초기화된 이진 트리이다. 이진 트리는 공백 트리이거나 루트 노드 하나만 있을 수도 있다.

(a) int countreeNodes(tnode_str *tree) // 트리에 존재하는 노드의 개수를 반환한다.
(b) int countLeaves(tnode_str *tree) // 트리의 높이를 반환한다. 공백 트리이면 0이고 루트 노드만 있으면 1이다.

우선수위 큐와 Heap 트리

■ 개요

우선순위 큐를 구현하는 몇 가지의 방법이 있다. 제일 간단한 방법은 연결리스트를 사용하는 것이다. 최소값이 필요할 때마다 전체 리스트를 조사한다. 이 방법은 간단하기는 하지만 약간 속도가 느리다. 이 방법에서는 insert()는 리스트에 추가만 하면 되므로 O(1) 연산이지만 delete()는 O(N)연산이다. 왜냐하면 최소값을 찾기 위해서는 리스트 전체를 조사해야 하기 때문이다.

Heap는 여러 개의 값들 중에서 가장 큰 값이나 가장 작은 값을 빠르게 찾아내도록 만들어진 자료 구조이다. Heap는 간단히 말하면 부모 노드의 키 값이 자식 노드의 키 값보다 항상 크거나 또는 작은 이진 트리를 말한다. 2가지 종류가 존재한다.

- 최대 Heap
  부모 노드의 키 값이 자식 노드의 키 값보다 작지 않은 완전이진 트리
- 최소 Heap
  부모 노드의 키 값이 자식 노드의 킷값보다 크지 않은 완전이진 트리

Heap 트리는 완전이진 트리의 일종이다. 따라서 배열을 사용하여 나타낼 수 있다.

❶ 다음 프로그램을 입력하여 컴파일하고 수행하여 보라.

```
#include

#define MAX_ELEMENT 200
typedef struct {
    int key;
} element;
element heap[MAX_ELEMENT];
int element_number=0;

void insert_min_heap(element item) {
    int i;
    i = ++element_number;
    while ( ( i != 1 ) && (item.key <heap[i / 2].key)) {
        heap[i] = heap[i/2];
        i /= 2;
    }
    heap[i] = item;
}
element delete_min_heap() {
    int parent, child;
    element item, temp;
    item = heap[1];
    temp = heap[element_number--];
    parent = 1;
    child = 2;
    while (child <= element_number) {
        if ( (child < element_number) && (heap[child].key >
        heap[child+1].key)
        child++;
    heap[pararent] = heap[child];
    parent = child;
    child *= 2;
```

```
    }
    heap[parent] = temp;
    return item;
}
void main() {
    element e1, e2, e3, e4, e5, e6;
    e1.key = 10;
    insert_min_heap(e1);
    e2.key = 5;
    insert_min_heap(e2);
    e3.key = 30;
    insert_min_heap(e3);
    e4 = delete_min_heap();
    printf ("<%d>", e4.key);
    e5 = delete_min_heap();
    printf ("<%d>", e5.key);
    e6 = delete_min_heap();
    printf ("<%d>", e6.key);
    printf ("\n");
}
```

2) 위의 프로그램에서는 5개의 데이터를 삽입한다. 다양한 키값을 갖는 7개의 데이터를 삽입하도록 변경하라.

3) 히프 트리를 다음과 같이 출력하는 함수 print_heap()를 만들어 보라.

```
                5
        10              30
   35        40    50
```

〈힌트〉

다음의 함수를 참고하여 작성하라.

```
print_heap()
{
    int I;
    int level = 1;
    printf ("\n =======================================");
    for (i=1; I<= element_number; I++) {
        if ( I == level) {
            printf("\n");
            level *= 2;
        }
        printf ("\t %d", heap[i].key);
    }
    printf ("\n =======================================");
}
```

5. 위에서 만든 print_heap()를 이용하여 삭제시에 히프트리에 어떤 변화가 발생하는지를 관찰하시오.

CHAPTER 7

그래프(Graph)

이 장에서는 응용 분야가 다양한 그래프에 대해서 다룬다. 그래프 이론의 등장 배경과 정의, 그래프 표현 방법들을 살펴보고, 그래프의 각 정점을 탐색하는 방법과, 이중 연결 요소와 분절점에 대해서 다룬다. 마지막으로 신장 트리와 최단 경로, 임계 경로 문제들에 대해 살펴본다.

7.1 그래프의 정의

7.1.1 그래프 이론의 등장

그래프 이론은 1736년에 오일러(Euler)가 Koenigsberg의 다리 문제를 풀기 위해 적용하면서 정립되었다. Koenigsberg에는 Pregal 강이 Kneiphof 섬 주위를 흐르기 때문에, 그림 7-1(가)와 같이 4개의 지역이 다리를 통해 접해있다. 그림에서 각 지역은 '가' ~ '라'로 표시하였고, 이들 지역을 연결하는 7개의 다리는 ① - ⑦로 표시하였다. 다리 문제는 "어느 한 지역에서 출발하여, 모든 다리를 한 번씩만 통과하여 출발한 지역으로 돌아올 수 있는가?"하는 것이다. 오일러는 그림 7-1(나)와 같이, 각 지역을 정점으로 나타내고 각 지역을 잇는 각 다리를 정점 사이의 간선으로 나타내어 문제를 해결하려 하였다. 결론은 "각 정점에 연결된 간선이 짝수 개인 경우에만, 임의의 정점에서 출발하여 모든 간선을 한 번씩만 통과하여 원래의 정점으로 돌아올 수 있다!"는 것이다. 이것을 오일러의 행로(Eulerian walk)라 한다.

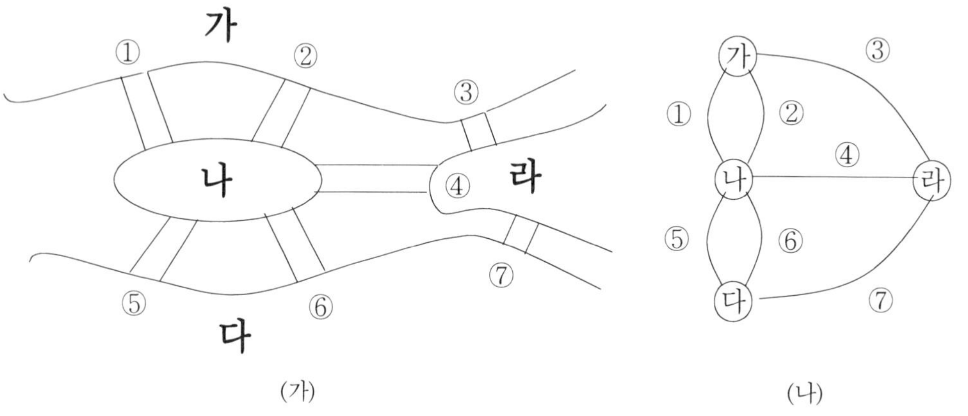

그림 7-1 Koenigsberg의 다리와 그래프 표현

7.1.2 그래프의 기본 용어들

정점은 v_1, v_2, ... v_n과 같이 표현하며, 간선은 (v_i, v_j), (v_j, v_i)과 같이 정점의 쌍으로 표현하는데, 무방향 그래프(undirected graph)는 간선의 방향이 없는 그래프로서 모든 i, j에 대해서 간선 (v_i, v_j)와 간선 (v_j, v_i)를 구별하지 않고 동일하게 취급한다. 한편, 방향 그래프(directed graph 또는 digraph)는 간선의 방향이 있는 그래프로서 간선을 $\langle v_i, v_j \rangle$, $\langle v_j, v_i \rangle$와 같이 표기하는데, 서로 다른 모든 i, j에 대해서 간선 $\langle v_i, v_j \rangle$와 간선 $\langle v_j, v_i \rangle$는 서로 구별되는 다른 간선을 나타내게 된다. 예를 들어, 그림 7-2에서의 G_1과 G_2는 무방향 그래프이고, G_3는 방향 그래프이다. 특히 G_2는 트리를 나타내는데, 트리는 그래프의 특수한 경우로 취급한다. 이들 그래프를 집합으로 표현하면 다음과 같다.

G_1 = ($V(G_1)$, $E(G_1)$)
  $V(G_1)$ = {1, 2, 3, 4}
  $E(G_1)$ = {(1,2), (1,3), (1,4), (2,3), (2,4), (3,4)}

G_2 = ($V(G_2)$, $E(G_2)$)
  $V(G_2)$ = {1,2,3,4,5,6,7}
  $E(G_2)$ = {(1,2), (1,3), (2,4), (2,5), (3,6), (3,7)}

G_3 = ($V(G_3)$, $E(G_3)$)
  $V(G_3)$ = {1, 2, 3}
  $E(G_3)$ = {⟨1, 2⟩, ⟨2, 3⟩, ⟨3, 2⟩}

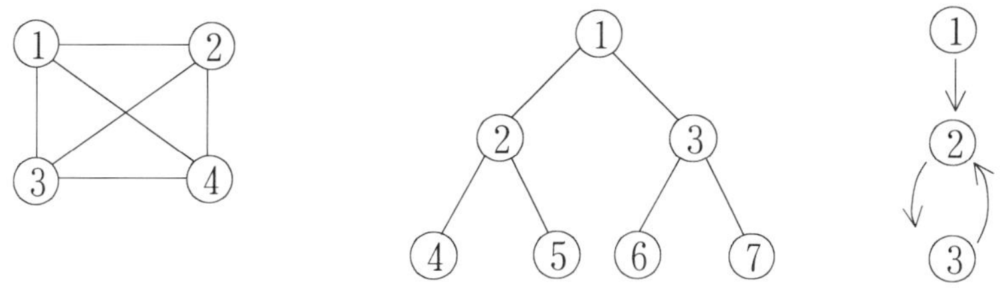

무방향 그래프(G_1)　　무방향 그래프(G_2)　　방향 그래프(G_3)

그림 7-2 그래프

무방향 그래프에서의 간선은 일반 선으로 나타내며, 방향 그래프에서의 간선은 화살표가 있는 선으로 나타낸다. 방향 그래프의 간선 $\langle v_i, v_j \rangle$에서 v_i를 간선의 꼬리(tail)라 하고 v_j를 간선의 머리(head)라 한다. 따라서 G_1과 G_2에서의 간선 (1, 2)와 (2, 1)은 동일한 간선으로 취급하며, G_3에서의 간선 ⟨1, 2⟩와 ⟨2, 1⟩은 서로 다른 간선으로 취급한다. ⟨1, 2⟩에서 '1'을 간선 ⟨1, 2⟩의 꼬리라 하며, '2'를 간선 ⟨1, 2⟩의 머리라 한다.

무방향 그래프에서 i 정점과 j 정점 사이를 연결하는 간선 (v_i, v_j)가 존재하면 정점 i와 j는 인접(adjacent)되었다고 하며, 간선 (v_i, v_j)는 정점 v_i와 v_j에 부속(incident)되었다고 한다. G_1에서 '1' 정점과 '2' 정점은 인접되어 있으며, G_2에서 '2' 정점과 '3' 정점은 인접되어 있지 않다.

어떤 정점에서 나와 다시 그 정점으로 들어가는 간선이 있다면 이러한 간선을 셀프 루프(self loop)라 한다. 그래프가 셀프 루프를 가지지 않으며 모든 두 정점 사이에는 하나 이하의 간선만이 존재할 때, 이 그래프를 단순 그래프(simple graph)라 한다. 그림 7-2에 나타나는 G_1, G_2, G_3은 모두 단순 그래프이다. 그래프의 어떤 두 정점 사이에 두 개 이상의 간선이 존재할 때, 이 그래프를 다중 그래프(multi graph)라 한다. 그림 7-3에 나타나는 그래프는 모두 단순 그래프가 아니며, (가)는 셀프 루프를 포함하는 그래프이고, (나)는 두 정점 사이에 두 개 이상의 간선을 포함하는 다중 그래프이다.

(가) 셀프루프를 포함하는 그래프　　(나) 다중 그래프

그림 7-3 비단순 그래프

그래프에 있는 모든 정점들이 인접되었을 때, 이 그래프를 완전 그래프(complete graph)라 한다. 즉, 단순 그래프이면서 n개의 정점을 가지는 무방향 그래프가 최대수의 간선을 갖는다면 이 그래프는 완전 그래프이다. 이 때의 완전 그래프가 가지는 간선의 최대 갯수는 $n(n-1)/2$

이다. n 개의 정점을 가지는 방향 그래프에서 완전 그래프가 가지는 간선의 수는 n(n−1) 이다. G_1은 완전 그래프이고 G_2와 G_3는 완전 그래프가 아니다.

$V(G_j) \subseteq V(G_i)$ 이고, $E(G_j) \subseteq E(G_i)$일 때, G_j를 G_i의 부분 그래프(sub graph)라 한다. 그림 7-4에서 (가)는 G_1, (나)는 G_2, (다)는 G_3에 대한 부분 그래프의 일부를 보인 것이다.

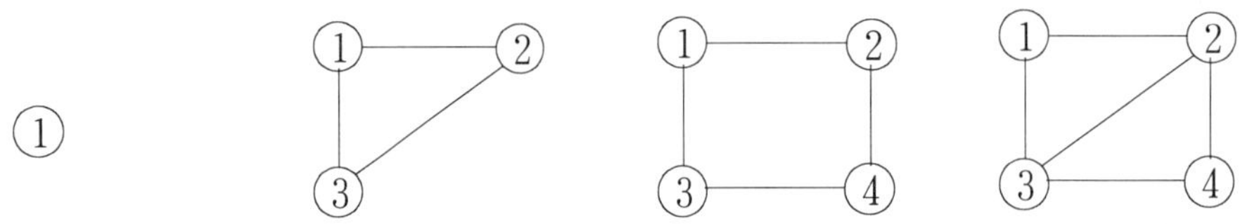

(가) G_1에 대한 부분 그래프들

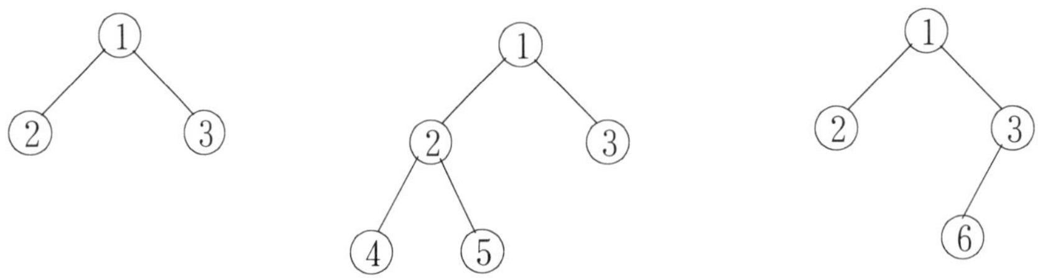

(나) G_2에 대한 부분 그래프들

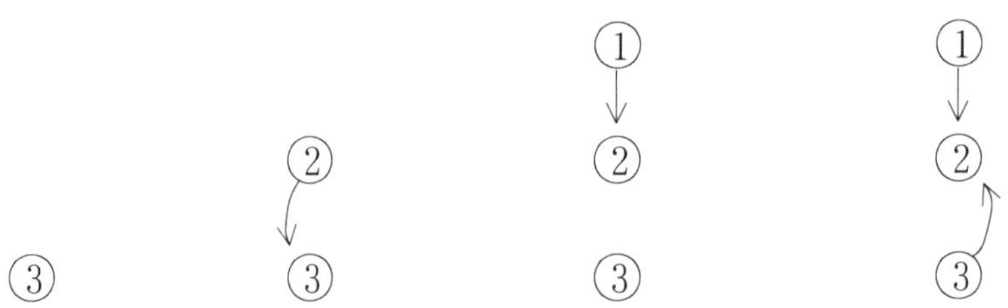

(다) G_3에 대한 부분 그래프들

그림 7-4 부분 그래프

7.1.3 그래프의 정의

그래프는 정점(vertex)들의 유한 집합과 정점을 잇는 간선(edge)들의 유한 집합으로 구성된다. 한 가지 주의해야 할 것은, 간선 집합은 원소가 하나도 없는 공집합이라도 상관이 없으나 정점의 집합은 공집합이어서는 안된다는 것이다. 이것은 공백 그래프는 인정하지 않는다는 것을 의미한다. V(G)를 G 그래프의 정점들의 집합이라고 하고, E(G)를 G 그래프의 간선들의 집합이라 할 때, G = (V, E)로 나타낼 수 있다. 이것은 $G = (V(G), E(G))$, $V(G) \neq \emptyset$를 줄여서 표현한 것이다.

그래프에 대한 추상자료형은 [리스트 7−1]과 같이 나타낼 수 있다.

```
class Graph
{
    //objects : 공집합이 아닌 정점의 집합과 무방향 간선의 집합으로
    //각 간선은 정점의 쌍임
    public:
        Graph();
        //하나의 공백 그래프를 생성

        void InsertVertex(Vertex v);
        //v를 그래프에 삽입, v는 부속된 간선을 갖지 않음

        void InsertEdge(Vertex u, Vertex v);
        //간선 (u, v)를 그래프에 삽입

        void DeleteVertex(Vertex v);
        // v와 v에 부속된 모든 간선들을 삭제

        void DeleteEdge(Vertex u, Vertex v);
        // 간선 (u, v)를 그래프에서 삭제

        Boolean IsEmpty(graph);
        // 그래프에 정점이 있으면 TRUE(1)을 반환, 정점이 없으면 FALSE(0)을 반환

        List<Vertex> Adjacent(Vertex v);
        // v에 인접한 모든 정점들의 리스트를 반환
}
```

[리스트 7−1] 그래프의 추상자료형 표현

'Graph()'은 간선뿐만 아니라 정점까지도 없는 공백 그래프를 생성한다. 그래프의 정의에서 간선 집합은 공집합이 될 수 있지만 정점 집합은 공집합이 될 수 없다고 하여 공백 그래프를 인정하지 않았으나, 그래프에 대한 연산을 수행하다 보면 정점 집합이 공집합이 될 수 있어 공백 그래프를 도입한 것을 유의하여야 한다. 'IsEmpty(graph)'는 'Graph'가 공백 그래프인지를

묻는 것이기 때문에 참이 아니면 거짓이다. 'InsertVertex(Vertex v)'는 기존의 'Graph'에 '정점 v'를 추가하여 새로운 그래프를 만들며, 'InsertEdge(Vertex u, Vertex v)'는 기존의 'Graph'에 '간선 (u, v)'를 추가하여 새로운 그래프를 만든다. 'DeleteVertex(Vertex v)'는 기존의 'Graph'에서 '정점 v'를 삭제하여 새로운 그래프를 만들며, 'DeleteEdge(Vertex u, Vertex v)'는 기존의 'Graph'에서 '간선 (u, v)'를 삭제하여 새로운 그래프를 만든다. 'Adjacent(Vertex v)'는 'Graph'에서 '정점 v'와 인접한 정점들의 목록을 돌려준다.

'IsEmpty(graph())'는 생성된 공백 그래프가 공백이냐 묻는 것이기 때문에 참이 되며, 'IsEmpty (InsertVertex(Vertex v))'는 기존의 'Graph'에 정점 v를 추가한 후에 그 그래프가 공백인 지를 묻는 것이기 때문에 거짓이고, 'IsEmpty(InsertEdge(Vertex u, Vertex v))'는 기존의 'Graph'에 간선 (u, v)를 추가한 후에 그 그래프가 공백인 지를 묻는 것이기 때문에 거짓이다. 'DeleteVertex(Graph(), Vertex v)'는 공백 그래프에서 존재하지 않는 정점 v를 삭제하려 하기 때문에 오류가 발생되며, 'DeleteEdge(Graph(), Vertex u, Vertex v)'도 공백 그래프에서 존재하지 않는 간선 (u, v)를 삭제하려 하기 때문에 오류가 발생된다. 'DeleteVertex(InsertVertex (Vertex v), Vertex v)'는 기존의 'Graph'에 정점 v를 추가하여 만들어진 그래프에서 정점 v를 삭제하는 것이기 때문에 원래의 'Graph'가 되며, 'DeleteEdge(InsertEdge(Vertex u, Vertex v)Vertex u, Vertex v)'도 기존의 'Graph'에 간선(u, v)를 추가하여 만들어진 그래프에서 간선 (u, v)를 삭제하는 것이기 때문에 원래의 'Graph'가 된다. 'Adjacent(Graph(), Vertex v)'는 생성된 공백 그래프에서 존재하지도 않는 정점 v에 인접한 정점들을 찾는 것이기 때문에 오류가 발생되며, 'Adjacent(InsertEdge(Vertex u, Vertex v), Vertex v)'는 기존의 'Graph'에 간선 (u, v)를 추가하여 만들어진 그래프에서 정점 v와 인접한 정점들을 찾는 것이기 때문에 정점들의 목록이 반환된다.

7.1.4 그래프에 대한 용어들

그래프에 존재하는 두 정점 i, j에 대해서 두 정점을 연결하는 간선들을 순차적으로 나열한 것을 두 정점에 대한 경로(path)라 한다. 이 때의 경로를 P(i,j)라고 한다면, 무방향 그래프에 대해서는 $P(i,j) = (i,v_1)(v_1,v_2) \ldots (v_{n-1},v_n)(v_n,j)$이며, 간단하게 표현하기 위해서 경로상의 정점열 i, v_1, v_2, ..., v_{n-1}, v_n, j로 나타낸다. 방향 그래프에 대해서는 $P(i,j) = \langle i,v_1\rangle\langle v_1,v_2\rangle \ldots \langle v_{n-1},v_n\rangle\langle v_n,j\rangle$ 이며, 역시 i, v_1, v_2 ,..., v_{n-1}, v_n, j로 간단하게 나타낸다. 경로의 길이는 경로상에 나타나는 간선들의 수이다. 무방향 그래프 보다는 방향 그래프에서 경로 문제가 많이 나타나기 때문에 앞으로의 예는 방향 그래프에 대한 것들이다.

그림 7-5의 그래프 G_4에서 '1' 정점에서 '6' 정점까지의 경로 중 '1, 2, 3, 4, 6'은 길이가 4인 경로이며, '1, 2, 5, 6'은 길이가 3인 경로이다. 한편 '1, 2, 3, 1, 2, 3, 4, 6'은 길이가 7인

경로가 된다.

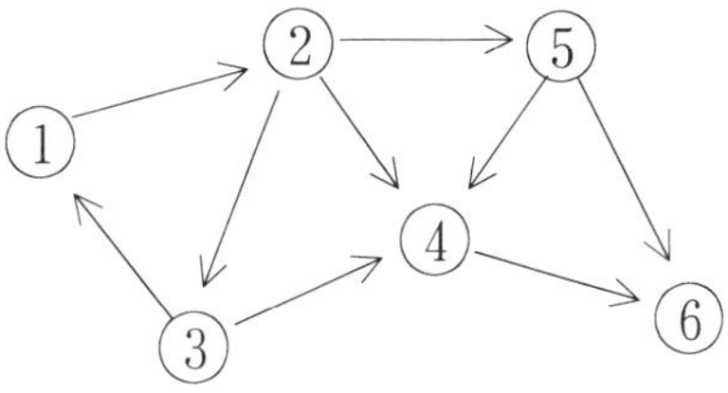

그림 7-5 그래프 G_4

두 정점 사이에 존재하는 경로 중에 처음과 끝 정점을 제외하고는 경로상의 모든 정점들이 서로 다른 경로를 단순경로(simple path)라 한다. G_4에서의 경로 '1, 2, 3, 4, 6'이나 '1, 2, 3, 1' 등은 단순경로이지만, '1, 2, 3, 1, 2, 3, 4, 6'은 정점 1, 2, 3 이 중복되어 나타나기 때문에 단순경로가 되지 못한다. '1, 2, 3, 1'과 같이 처음과 끝 정점이 같은 단순경로를 사이클(cycle)이라 한다. 다시 말하면, 처음 시작하는 정점과 끝나는 정점이 같지만 중복되는 간선이 없는 경로를 사이클이라 한다. 우리가 앞에서 살펴 보았던 트리는 사이클이 없는 그래프라고 간주할 수 있다.

그래프에 존재하는 정점 v_i와 v_j에 대해서, v_i에서 v_j까지의 경로가 존재한다면, v_i와 v_j는 연결(connect)되었다고 한다. 무향 그래프에 속하는 모든 정점 v_i와 v_j에 대해서, v_i에서 v_j까지의 경로가 존재할 때, 이 그래프는 연결된 그래프라 한다. 앞에서 살펴본 G_1과 G_2는 연결된 그래프이다.

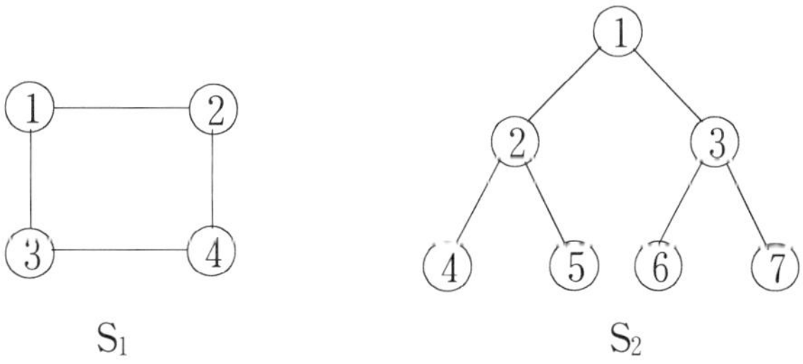

그림 7-6 두 개의 연결요소를 갖는 그래프 G_5

무방향 그래프에서 최대연결 부분 그래프(maximal connected sub graph)를 연결요소(connected component)라 한다. 그림 7-6의 그래프 G_5는 G_1과 G_2에 대한 최대연결 부분 그래프 즉, 연결요소 S_1과 S_2를 가지고 있다.

방향 그래프에 속하는 서로 다른 정점 v_i와 v_j의 모든 쌍에 대해서 v_i에서 v_j로, 또한 v_j에서 v_i로의 경로가 손재할 때 이 그래프는 강하세 연결되있다(strongly connected)고 힌다. 그림

7-7의 G_6은 강하게 연결된 그래프이고, G_7은 강하게 연결되지 못한 그래프이다.

그림 7-7 강력 / 비강력 연결 그래프

무방향 그래프에서 한 정점의 차수는 그 정점에 연결된 간선의 수이다. 따라서 G_1의 '1' 정점의 차수는 3이고 G_2의 '2' 정점의 차수도 3이지만 단말 노드에 해당하는 '4'의 차수는 1이다. 방향 그래프에서 한 정점의 차수는 그 정점으로 들어오는 간선의 수(진입 차수)와 그 정점에서 나가는 간선의 수(진출 차수)의 합으로 나타난다. G_7의 '1' 정점인 경우에 진입 차수는 1, 진출 차수는 2가 되어 정점 '1'의 차수는 3이 되며, '3' 정점인 경우에는 진입 차수는 2, 진출 차수는 2가 되어 정점 '3'의 차수는 4가 된다.

n개의 정점과 e개의 간선을 갖는 무방향 그래프에서, 정점 i의 차수를 d라고 하면, 다음과 같은 식이 성립한다.

$$e = \frac{\sum_{i=1}^{n} d_i}{2}$$

한편 n개의 정점과 e개의 간선을 갖는 유향 그래프에서, 정점 i의 차수를 d, 정점 i의 진입 차수를 I_i, 진출 차수를 O_i라고 하면, 다음과 같은 식이 성립한다.

$$e = \sum_{i=1}^{n} d_i = \sum_{i=1}^{n} (I_i + O_i)$$

7.2 그래프의 표현

그래프를 표현하는 방법으로는 행렬, 간선 리스트, 인접 리스트, 다중 연결 리스트 등이 사용된다. 이 중에서 어떤 방법이 다른 방법보다 절대적으로 더 좋다고 말할 수는 없고, 그래프를 사용하는 문제에 따라 상대적인 효율성이 나타난다.

7.2.1 인접 행렬(adjacency matrices) 표현

인접 행렬을 이용한 그래프의 표현은 n개의 정점을 갖는 그래프인 경우에 $n \times n$의 이차원 배열 Array를 준비하여 $(v_i, v_j) \in E(G)$ 또는 $\langle v_i, v_j \rangle \in E(G)$ 즉, 두 정점을 연결하는 간선이 있을 때 Array(i,j) = 1로 하고, 두 정점을 연결하는 간선이 없을 때는 Array(i, j) = 0으로 나타낸다. 그림 7-8은 앞에서 다루었던 그래프 G_1, G_2, G_3에 대해서 인접 행렬법으로 나타낸 것이다. 무방향 그래프인 경우는 대칭 행렬이 되기 때문에 $n \times n$개의 기억공간을 다 사용할 필요없이 대각선을 중심으로 위 또는 아래의 삼각 행렬만 사용할 수 있다. 방향 그래프인 경우에는 일반적으로 대칭 행렬이 되지 않는다.

	1	2	3	4
1	0	1	1	1
2	1	0	1	1
3	1	1	0	1
4	1	1	1	0

G_1

	1	2	3	4	5	6	7
1	0	1	1	0	0	0	0
2	1	0	0	1	1	0	0
3	1	0	0	0	0	1	1
4	0	1	0	0	0	0	0
5	0	1	0	0	0	0	0
6	0	0	1	0	0	0	0
7	0	0	1	0	0	0	0

G_2

	1	2	3
1	0	1	0
2	0	0	1
3	0	1	0

G_3

그림 7-8 인접 행렬법에 의한 그래프의 표현

이와 같이 그래프를 인접 행렬법으로 표현하면 두 정점 사이를 연결하는 간선이 존재하는지는 해당 정점들이 만나는 칸을 조사하면 쉽게 알 수 있다. 예를 들어, 그림 7-8의 G_2에서 2행과 4열이 만나는 칸이 1이기 때문에 정점 2와 4 사이에는 간선이 존재한다는 것을 알 수 있다. 또한 어떤 정점에 대한 차수도 간단히게 구할 수 있는데, 무방향 그래프인 경우에는 다음과 같이 정점 i의 차수를 구할 수 있다.

$$\text{무방향 그래프의 정점 i의 차수} = \sum_{j=1}^{n} Array(i,j)$$

예를 들어, G_2에 대한 인접 행렬에서 2행의 합은 3이므로 정점 2의 차수는 3이 된다.

한편, 방향 그래프를 인접 행렬로 나타냈을 경우에 행의 합은 진출 차수가 되며 열의 합은 진입 차수가 된다. 따라서 유향 그래프의 어떤 정점 i의 차수는 다음과 같이 구할 수 있다.

$$\text{유향 그래프의 정점 i의 차수} = \sum_{j=1}^{n} Array(j,i) + \sum_{j=1}^{n} Array(i,j)$$

위 식에서 '+'의 왼쪽은 i열의 합을 구하는 것이므로 정점 i의 진입 차수를 구하는 것이고, '+'의 오른쪽은 i행의 합을 구하는 것이므로 정점 i의 진출 차수를 구하는 것이다. 예를 들어, G_3에 대한 인접 행렬에서 3행의 합은 1이므로 정점 3의 진출 차수는 1이고 3열의 합은 1이므로 정점 3의 진입 차수는 1이 되어 정점 3의 진입 차수와 진출 차수를 합한 차수는 2가 된다.

그래프를 인접 행렬로 나타냈을 때, 그래프에 존재하는 총 간선수를 알려고 하거나 그래프가 연결되었는지를 알려고 하면, 인접 행렬에서 대각선상에 존재하는 원소를 제외한 모든 원소를 조사해야 한다. 즉, n^2-n개의 원소를 조사해 보아야 한다. 물론 n을 빼는 것은 대각선상의 원소는 조사할 필요가 없기 때문이다. 또한, 무방향 그래프에 대해서는 대각선 위 또는 아래의 삼각 행렬에 대해서만 조사해도 충분하므로 수행시간은 $O(n^2)$이다. 물론 정점 수에 비하여 간선 수가 비교적 적은 희소 그래프인 경우에는 더 빠른 시간 내에 연산을 수행할 수 있다.

7.2.2 간선 리스트(edge list) 표현

간선 리스트는 그래프에 존재하는 간선이 연결하는 두 정점을 이용하여 그래프를 나타내는 것으로 존재하는 간선에 대해서만 고려하므로 기억공간의 낭비를 막을 수 있다. 그림 7-9는 앞에서 살펴 본 G_1과 G_3에 대한 간선 리스트로서 그림 7-8에서 살펴 본 인접 행렬에 의한 그래프 표현 방법과 비교해 보면, 간선 리스트의 원소는 인접 행렬에서 행과 열이 교차되는 칸의 값이 0이 아닌 정점들로 구성된다.

	시작 정점	끝 정점
1	1	2
2	1	3
3	1	4
4	2	3
5	2	4
6	3	4

(가) G_1에 대한 간선 리스트

	시작 정점	끝 정점
1	1	2
2	2	3
3	3	2

(나) G_3에 대한 간선 리스트

그림 7-9 그래프에 대한 간선 리스트

7.2.3 인접 리스트 표현

앞에서 두 가지 표현 방법을 살펴보았다. 인접 행렬은 간단히 구현할 수 있어서 좋지만, 기억공간의 낭비를 초래할 가능성이 매우 높은 단점을 가진다. 간선 리스트는 존재하는 간선에 대해서만 취급하므로 기억공간의 낭비를 막을 수 있지만, 정점이나 간선이 빈번하게 삽입되거나 삭제될 때 수행 효율성에 크게 떨어지는 문제가 발생할 수 있다. 앞의 두 방법의 장점을 살리면서 단점을 극복하기 위해서, 그래프를 연결 리스트로 표현할 수 있다. 즉, 그래프상에 존재하는 간선에 대해서만 기억공간이 필요하므로 기억공간의 낭비를 막을 수 있으며, 정점이나 간선을 삽입 또는 삭제하고자 할 때는 그에 따른 연결부만 변경시키면 되기 때문에 수행 효율성이 저하되지 않는다.

인접 리스트에서는 인접 행렬의 n행을 n개의 연결 리스트를 이용하여 표현한다. 다시 말하면, 그래프의 각 정점에 대해서 하나의 연결 리스트가 존재한다. 각 연결 리스트는 머리 노드를 가지도록 표현되는데 이 머리 노드들을 모아 리스트로 표현한다. 그림 7-10은 G_1, G_2, G_3에 대해서 인접 리스트로 표현한 것인데, 각 리스트의 가장 왼쪽에는 머리 노드들의 리스트가 존재하고 이 리스트의 i번째에는 i번째 정점에 연결된 간선 중 연결 리스트에서 먼저 나오는 간선에 대한 연결부가 존재한다.

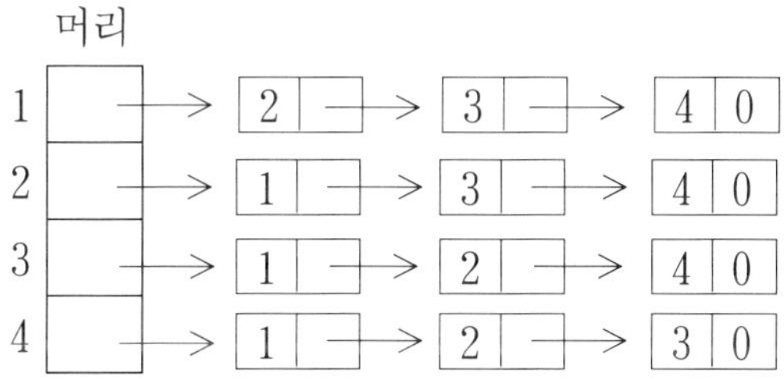

	머리
1	1
2	4
3	7
4	10

	정점	연결부
1	2	2
2	3	3
3	4	0
4	1	5
5	3	6
6	4	0
7	1	8
8	2	9
9	4	0
10	1	11
11	2	12
12	3	0

(가) G_1에 대한 인접 리스트

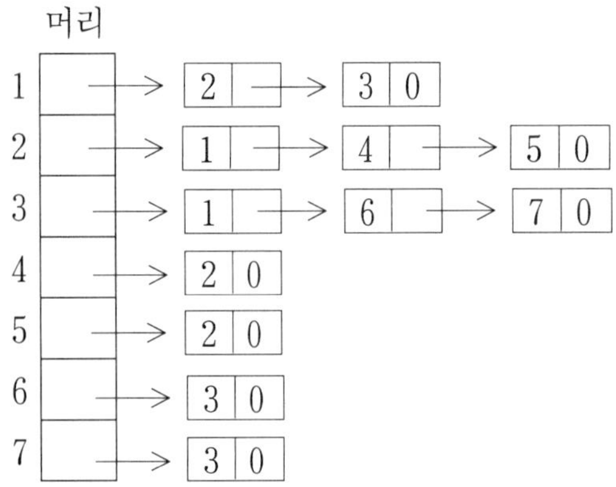

	머리
1	1
2	3
3	6
4	9
5	10
6	11
7	12

	정점	연결부
1	2	2
2	3	0
3	1	4
4	4	4
5	5	0
6	1	7
7	6	8
8	7	0
9	2	0
10	2	0
11	3	0
12	3	0

(나) G_2에 대한 인접 리스트

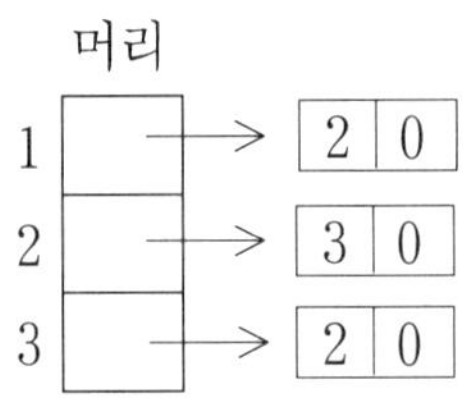

	머리
1	1
2	2
3	3

	정점	연결부
1	2	0
2	3	0
3	2	0

(다) G_3에 대한 인접 리스트

그림 7-10 인접 리스트에 의한 그래프의 표현

이것을 앞서의 간선 리스트와 비교해 보면, 간선들이 연결 리스트로 표현되었다는 것만 차이가 있다. 일반적으로 연결 리스트에서 간선들은 정점의 번호가 증가하는 순서로 나타난다. 사실 연결 리스트에서 간선이 나타나는 순서 자체는 중요한 것이 아니지만 일단 순서가 정해지면 그래프에 적용되는 모든 연산들은 표현된 순서에 따라야 한다는 것을 주의해야 한다.

n개의 정점과 e개의 간선을 갖는 무방향 그래프를 인접 리스트로 나타내면, n개의 머리 노드를 가지는 리스트와 2e개의 연결 리스트 노드가 필요하다. 각 노드는 자료를 나타내는 부분과 다음 간선을 나타내는 연결부로 나뉘어 진다. 이와 같은 인접 리스트 표현방법에서, 어떤 정점의 차수는 그 정점에 대한 인접 리스트에 나타나는 노드의 수이다. 한편, n개의 정점과 e개의 간선을 갖는 방향 그래프를 인접 리스트로 나타내면, n개의 머리 노드를 가지는 리스트와 e개의 연결 리스트 노드가 필요하다. 방향 그래프의 어떤 정점의 진출 차수는 그 정점에 대한 인접 리스트에 나타나는 노드의 수이다. 하지만 어떤 정점에 대한 진입 차수는 인접 리스트를 이용하여 직접 구할 수 없다. 이것은 인접 리스트의 모든 노드를 조사하여, 해당 정점이 나타나는 횟수를 세어야 한다. 이러한 방법은 시간이 많이 걸리고 불편하기 때문에 방향 그래프의 진입

차수를 계산하기 용이하도록 그림 7-11과 같은 역 인접 리스트를 사용한다. 이것은 어떤 노드로 들어오는 간선이 있을 때, 이 정점에 대한 리스트를 구성하는 것이다. 또 다른 방법은 그림 7-12와 같이 직교 리스트를 이용하는 것이다. 여기에서 행 연결부는 정점의 진출 차수를 구하는데 사용되고, 열 연결부는 정점의 진입 차수를 구하는데 사용된다.

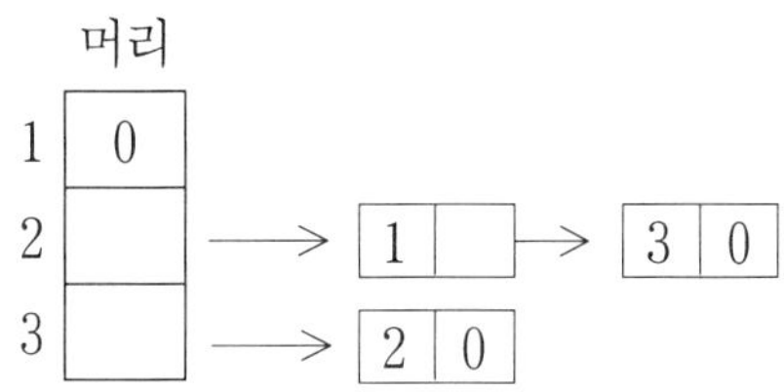

그림 7-11 G_3에 대한 역 인접 리스트

꼬리	머리	머리에 대한 열_연결부	꼬리에 대한 행_연결부

(가) 직교 리스트의 노드 구조

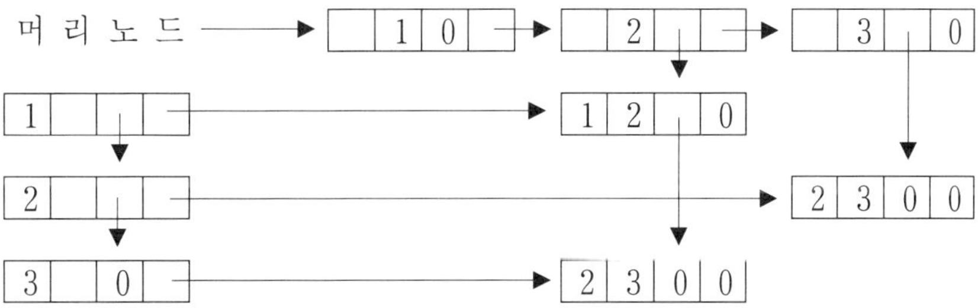

(나) G_3에 대한 직교 리스트

그림 7-12 직교 리스트에 의한 그래프의 표현

7.2.4 인접 다중 리스트 표현

무방향 그래프를 인접 리스트에 의해서 표현하면 간선 (v_i, v_j)는 두 개의 리스트에서 나타난다. 즉, 정점 v_i에 대한 리스트에서 한 번 나타나고 정점 v_j에 대한 리스트에서 다시 한 번 나타난다. 인접 다중 리스트에 의한 그래프의 표현에서는 모든 간선은 한 번만 나타나도록 하고 한 번만 나타난 노드를 여러 리스트에서 공유하도록 한다. 즉, 간선에 대한 노드는 하나만 있으나, 이 간선 노드는 간선이 연결된 두 정점의 리스트에서 공유하도록 한다. 이를 위해서 간선 (v_i, v_j)에 대한 노드에는 두 개의 연결부가 있는데, 하나는 v_i에 대한 연결부이고 나머지 하나는 v_j에 대한 연결부이다. 이것을 다음과 같이 나타낼 수 있다.

v_i	v_j	v_i에 대한 연결부	v_j에 대한 연결부

이와 같은 노드 구조를 이용하여 G_1을 인접 다중 리스트로 표현하면 그림 7-13과 같다.

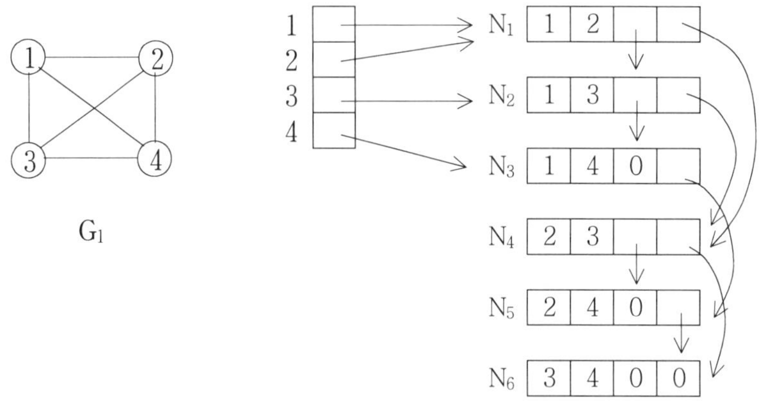

그림 7-13 G_1에 대한 인접 다중 리스트

그림에서 보면 간선 노드의 수는 간선의 수와 같고, 각 간선 노드는 다음과 같이 두 리스트에서 공유되고 있다.

정점 1에 대한 리스트 : N1 – N2 – N3
정점 2에 대한 리스트 : N1 – N4 – N5
정점 3에 대한 리스트 : N2 – N4 – N6
정점 4에 대한 리스트 : N3 – N5 – N6

예를 들어, 정점 2에 대한 리스트를 살펴보면, N1은 간선 (1, 2), N4는 간선(2, 3), N5는 간선 (2, 4)를 나타내기 때문에, 모든 간선에 2번 정점이 포함되고 있어 정점 2에 대한 리스트를 구성하게 되며, N1은 간선 (1, 2)를 나타내기 때문에 1번 정점에 대한 리스트에서도 공유되어야 하며, 나머지 노드들도 이와 같다.

7.3 그래프의 탐색

앞 장에서 이진 트리에 있는 모든 노드를 순회하는 것에 대하여 살펴보았다. 여기에서는 무방향 그래프에 있는 모든 정점을 한 번씩만 방문하는 그래프의 탐색에 대하여 살펴본다. 즉,

그래프의 한 정점이 주어졌을 때 그 정점에 연결된 모든 정점들을 탐색하는 것이다. 앞으로 설명할 그래프의 탐색 방법에는 깊이우선 탐색 방법과 너비우선 탐색 방법이 있는데, 탐색되는 그래프는 인접 리스트에 의해 표현된 것으로 가정한다.

7.3.1 깊이우선 탐색

깊이우선 탐색(DFS : Depth First Search)은 주어진 정점 v를 방문하고 v에 인접하면서 아직 방문되지 않은 한 정점 w를 취하여 w를 시작점으로 하는 깊이우선 탐색을 계속한다. 만일에 w에 인접된 모든 정점이 방문되었다면, 아직 방문되지 않은 인접 정점을 가지면서 제일 나중에 방문했던 정점 x로 되돌아가서 x를 시작점으로 하는 깊이우선 탐색을 계속한다. 지금까지 방문한 어떤 정점으로 부터도 더 이상 방문할 정점이 없을 때 깊이우선 탐색을 종료된다. 이와 같은 깊이우선 탐색 방법은 [리스트 7-2]와 같이 표현할 수 있다.

```
#define FALSE 0
#define True 1
short int visited[MAX_VERTICES];

void dfs(int v)
{
    node_pointer w;
    visited[v] = TRUE;
    printf("%5d", v);
    for (w = graph[v]; w; w = w -> link)
        if (!visited[w -> vertex])
            dfs(w -> vertex);
}
```

[리스트 7-2] 깊이우선 탐색

위 알고리즘을 예를 들어서 설명해 보자. 그림 7-14에서 (나)는 (가)에 나타난 그래프의 간선을 임의의 순서로 인접 리스트를 이용하여 표현한 것이다.

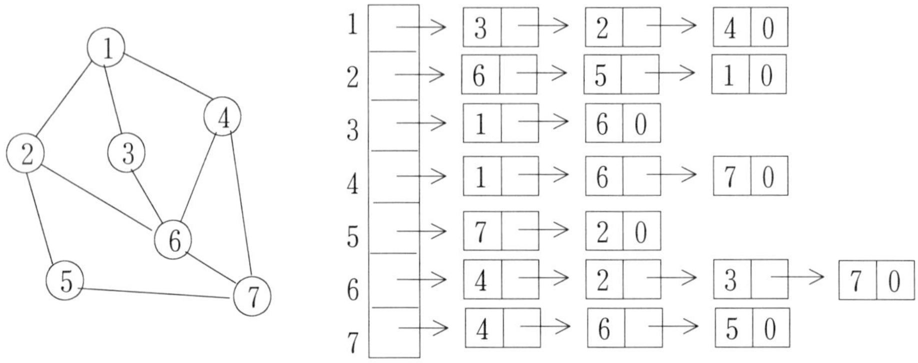

(가) 예제 그래프 (나) 예제 그래프에 대한 인접 리스트

그림 7-14 예제 그래프와 그 인접 리스트

여기에서 1번 정점을 먼저 방문하는 것으로 가정하자. 1번 정점이 방문되었다고 표시한 후, 1번 정점의 간선 리스트에서 첫 번째로 나타나는 간선에 포함된 정점 3을 선택한다. 3번 정점이 방문되었다고 표시한 후, 3번 정점에 인접한 정점 1을 선택하지만 1번 정점은 이미 방문되었으므로 3번 정점에 연결된 간선 중 (3, 1) 다음의 간선 (3, 6)에 포함된 정점 6을 선택한다. 정점 6을 방문하였다고 표시하고 정점 4를 선택한다. 4번 정점을 방문하였다고 표시한 후에 정점 1을 선택한다. 정점 1은 이미 방문되었기 때문에 그 다음에 나타나는 정점 6을 선택한다. 정점 6도 이미 방문되었다고 표시되어 있기 때문에 다음의 정점 7을 선택한다. 7번 정점은 방문되지 않은 정점이므로 7번 정점을 방문하고, 7번 정점을 방문했다고 표시하고 4번 정점을 선택한다. 4번 정점은 이미 방문되었으므로 다음에 나타나는 6번 정점을 선택한다. 6번 정점도 이미 방문되었으므로 다음의 5번 정점을 선택한다. 5번 정점은 방문되지 않았으므로 5번 정점을 방문하고, 방문하였다는 표시를 하고 인접된 7번 정점을 선택한다. 7번 정점은 이미 방문되었기 때문에 그 다음에 나타나는 2번 정점을 선택한다. 2번 정점은 방문되지 않은 정점이기 때문에 2번 정점을 방문하고, 방문하였다고 표시한 후에 인접된 6번 정점을 선택한다. 6번 정점은 이미 방문되었기 때문에 다음 정점 5를 선택하지만, 5번 정점도 이미 방문되었기 때문에 다음에 나타나는 1번 정점을 선택한다. 1번 정점도 이미 방문되었기 때문에 다음 정점을 선택하려 하지만 2번 정점의 인접 리스트는 끝이 났다. 즉, 2번 정점에 인접된 모든 정점은 이미 방문되었다. 따라서, 2번 정점이 방문되기 전에 방문하였던 5번 정점으로 돌아가 5번 정점에 인접된 정점들 중에서 방문되지 않은 정점이 있는지를 살펴본다. 이렇게 하기 위해서는 2번 정점으로 넘어가기 전에 5번 정점을 스택에 저장하여야 한다. 5번 정점에 인접된 정점 7과 2는 이미 다 방문되었기 때문에 5번 정점을 방문하기 이전에 방문했던 7번 정점으로 돌아가 방문하지 않은 정점이 있는지를 살펴본다. 이와 같은 과정을 계속하여 처음에 시작했던 1번 정점에 인접된 모든 정점들이 다 방문되었다는 것을 알고는 탐색 작업을 종료한다. 따라서 방문된 정점의 순서는 '①

③ ⑥ ④ ⑦ ⑤ ②'가 된다.

그림 7-15는 깊이우선 탐색 과정에 대한 것이다. (나)에서 간선에 붙인 숫자는 깊이우선 탐색의 순서이다. 위의 설명에서 처음에 시작했던 1번 정점에 인접된 모든 정점들이 다 방문되었다는 것을 알고는 탐색 작업을 종료한다고 했지만, 연결 그래프의 탐색인 경우에는 좀 더 간단하게 종료시킬 수 있다. n개의 정점을 가지는 연결 그래프를 탐색하는 경우에는 결국 방문하는 정점 수는 시작 정점을 포함하여 n이 될 것이기 때문에, 탐색 중간에 이미 n개의 정점을 방문했는지를 조사해 봄으로써 탐색 종료 시점을 앞당길 수 있다.

간선	방문됨 1	2	3	4	5	6	7	방문된 정점
	0	0	0	0	0	0	0	
(1, 3)	1	0	0	0	0	0	0	1
(3, 6)	1	0	1	0	0	0	0	1 3
(6, 4)	1	0	1	0	0	1	0	1 3 6
(4, 7)	1	0	1	1	0	1	0	1 3 6 4
(7, 5)	1	0	1	1	0	1	1	1 3 6 4 7
(5, 2)	1	0	1	1	1	1	1	1 3 6 4 7 5
(2, -)	1	1	1	1	1	1	1	1 3 6 4 7 5 2

(가) 탐색 과정

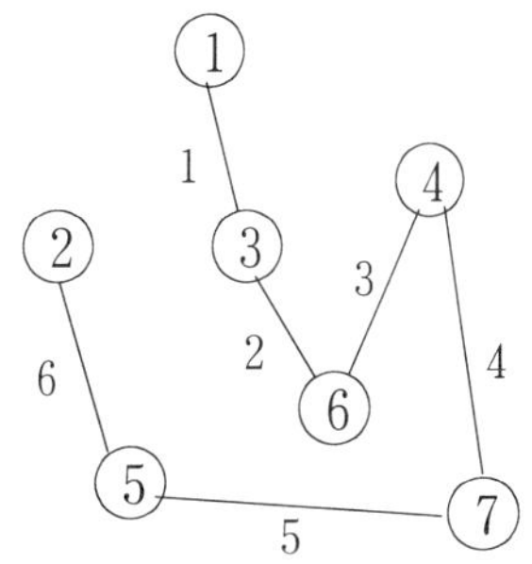

(나) 탐색 결과

그림 7-15 깊이우선 탐색 과정

그래프를 인접 리스트로 표현하였기 때문에, 정점 v에 인접한 정점들은 정점 v에 대한 인접 리스트에서 찾을 수 있다. 위 알고리즘은 인접 리스트에 있는 노드들을 많아야 한 번씩 조사하기 때문에 노드의 수를 2e라고 했을 때, 탐색에 걸리는 시간은 O(e)이다. 한편, 그래프를 인접 행렬로 표현한다면 v에 인접한 정점들을 찾는데 n열을 다 살펴보아야 하기 때문에 걸리는 시간은 O(n)이다. 그리고 방문해야 할 정점의 수가 n이기 때문에 깊이우선 탐색에 걸리는 시간은 $O(n^2)$이다.

7.3.2 너비우선 탐색

너비우선 탐색(BFS : Breadth First Search)은 깊이우선 탐색과는 달리 정점 v에 인접한 모든 정점을 방문한 다음에, v에 인접한 정점 중 하나를 택하여 다시 너비우선 탐색을 계속한다. 깊이우선 탐색 방법이 탐색 중간에 방문한 정점들에 대한 정보를 스택에 저장하는 반면에, 너비우선 탐색에서는 탐색 중간에 방문한 정점들에 대한 정보를 큐에 저장한다. 이러한 너비우선 탐색에 대한 알고리즘은 [리스트 7-3]에 나타나고 있다.

```
typedef struct queue *queue_pointer;
typedef struct queue {
        int vertex;
        queue_pointer link;
       };
void addq(queue_pointer *, queue_pointer *, int);
int deleteq(queue_pointer *);

void bfs(int v)
{
/* breadth first traversal of a graph, starting with node v the global
array visited is initialized to 0, the queue operations are similar to
those described in Chapter 4. */
      node_pointer w;
      queue_pointer front, rear;
      front = rear = NULL; /* initialize queue */
      printf("%5d", v);
      visited[v] = TRUE;
      addq(&front, &rear, v);
      while (front) {
          v = deleteq(&front);
          for (w = graph[v]; w; w = w -> linq)
              if (!visited(w -> vertex]) {
                  pirntf("%5d", w -> vertex);
                  addq(&front, &rear, w -> vertex);
                  visited[w -> vertex] = TRUE;
              }
          }
}
```

[리스트 7-3] 너비우선 탐색

이 알고리즘을 그림 7-16(가)의 그래프를 예로 들어 설명해 보자. 먼저 1번 정점을 방문하고 방문했다는 표시를 한다. 다음은 1 정점에 연결된 정점들을 정점 1에 대한 인접 리스트에서 나타나는 순서로 방문하고 방문표시를 하고 큐에 저장한다. 즉, '3, 2, 4'번 정점을 차례로 방문하고 이들 정점들을 큐에 저장한다. '3, 2, 4'번 정점 중에서 처음에 방문한 3번 정점을 큐에서 꺼내어 3번 정점에 인접된 정점을 방문하는데, 1번 정점은 이미 방문했으므로 놔두고 6 번 정점을 방문하여 방문표시를 하고 큐에 저장한다. 이제 3번 정점에 인접된 모든 정점을 방문했으므로, 큐의 맨 앞에 있는 2번 정점을 꺼내어 2번 정점에 인접된 정점들 중에서 아직 방문되지 않은 5번 정점을 방문하여 방문표시를 하고 큐에 넣는다. 큐에서 4번 정점을 꺼내어 4번 정점에 인접된 정점 중에서 방문되지 않은 7번 정점을 방문하여 방문표시를 하고 큐에 넣는다. 다시 큐에서 6번 정점을 꺼내지만 6번 정점에 인접된 '4, 2, 3, 7'은 이미 모두 방문되었다. 이러한 과정을 계속하면 큐가 비게 되어 알고리즘이 종료된다. 따라서 방문된 정점의 순서는 그림 7-16(나)에서와 같이 '① ③ ② ④ ⑥ ⑤ ⑦'이 될 것이다.

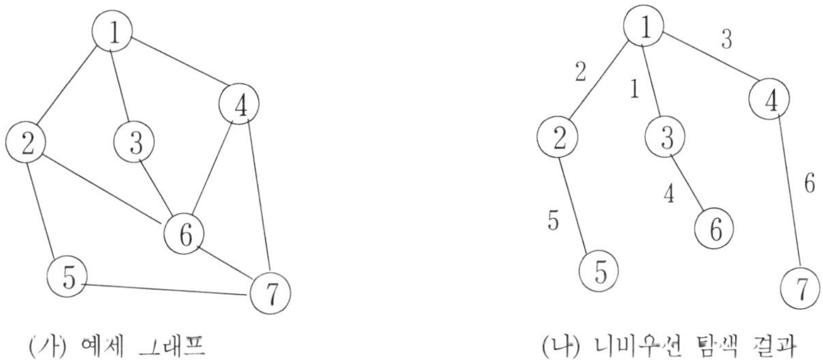

그림 7-16 너비우선 탐색 예

7.4 이중 연결 요소와 분절점

무방향 그래프에서 어떤 정점과 그 정점에 부속되는 간선들을 제거하여 그래프가 두 개 이상의 연결요소를 가진다면, 그러한 정점을 분절점(articulation point)이라 한다. 예를 들어, 그림 7-17에 나타나는 그래프에서 어떤 정점과 그 정점에 부속되는 간선들을 제거하더라도 두 개 이상의 연결요소로 나뉘어지지 않는다. 하지만 그림 7-18(가)의 그래프에서 ④, ⑤, ⑥ 번 정점 중 어느 것이나 그에 부속한 간선들과 함께 제거하면 그래프는 두 개 이상의 연결요소를 갖게 되는데, (나)에 나타난 것은 (가)에서 ⑤와 그에 부속된 간선을 제거한 예이다. 이 때 그래프에는 두 개의 연결요소가 나타난다.

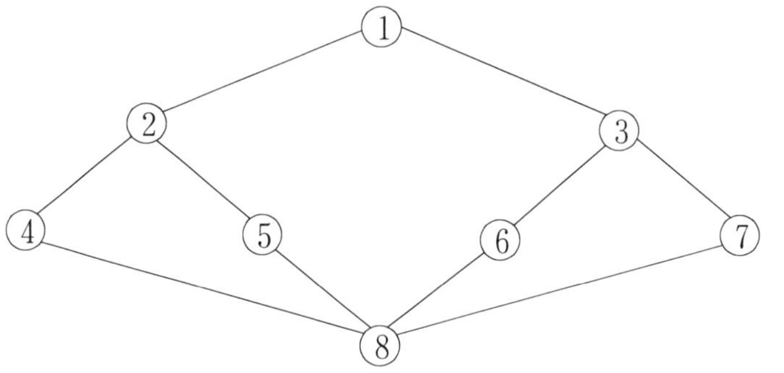

그림 7-17 연결 그래프 예

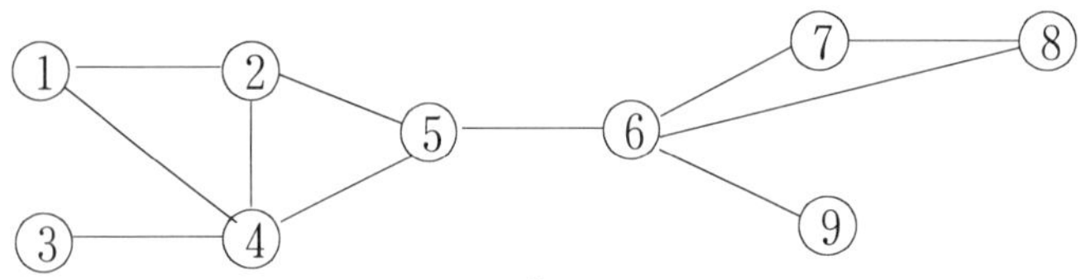

G_{10}

(가) 연결 그래프 예

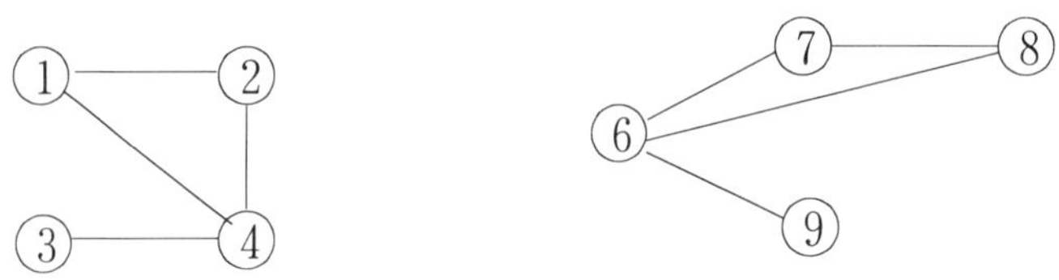

(나) 분절점의 제거로 인한 그래프의 분할

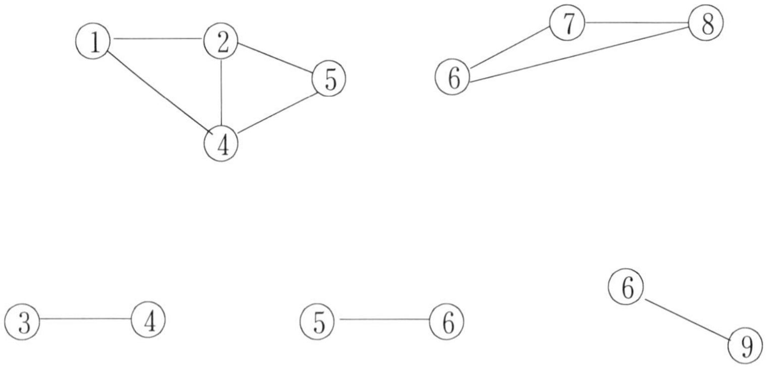

(다) 이중 연결 요소들

그림 7-18 연결 그래프와 이중 연결 요소들

분절점을 가지지 않는 그래프를 이중 연결 그래프(biconnected graph)라고 하는데, 앞의 그림 7-17에 나타나는 예제 그래프는 이중 연결 그래프인 반면에, 그림 7-18(가)에 나타나는 그래프는 분절점이 존재하기 때문에 이중 연결 그래프가 되지 못한다. 현실 사회에 대한 응용 그래프에서 분절점의 존재는 바람직하지 못하다. 예를 들어, 각 정점이 어떤 도시를 나타내고 간선이 통신회선을 나타낸다고 할 때, 분절점의 존재는 분절점에 해당하는 도시의 통신시설에 이상이 생기면 일부 도시끼리는 통신이 가능하지만 모든 도시로의 통신이 불가능해진다는 의미이다.

연결 그래프에서 최대 이중 연결 부그래프를 이중 연결 요소(biconnected component)라 한다. 예를 들어, 그림 7-17에 나타난 그래프는 분절점을 가지지 않기 때문에, 그 자체로 이중 연결 요소가 되어 이중 연결 요소는 오직 하나만 존재한다. 하지만 그림 7-18(가)에 나타난 그래프는 여러 개의 분절점을 가지기 때문에 (다)와 같은 5개의 이중 연결 요소들로 구성된다.

7.5 신장 트리

7.5.1 신장 트리의 정의

n개의 정점을 가지는 그래프에서 n개의 정점을 연결하는 최소의 간선 수는 n-1이며, 그 이유는 두 정점 사이에는 반드시 하나의 간선이 있어야 하기 때문이다. 여기에서는 그래프상에 나타나는 모든 정점을 연결하면서 간선의 수는 최소가 되는 최소 부분 그래프인 신장 트리(spanning tree)에 대해서 설명한다. 그림 7-19에서 (나), (다), (라)는 (가) 그래프에 대한 신장 트리의 일부를 보여주고 있다.

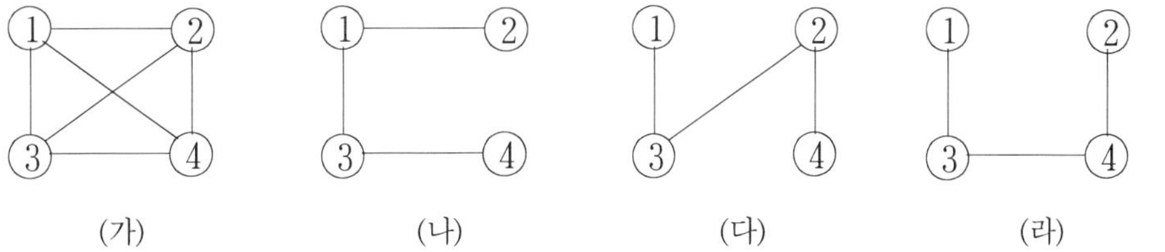

그림 7-19 그래프와 신장 트리

앞에서 우리는 그래프의 깊이우선 탐색과 너비우선 탐색을 살펴보았다. 이와 같은 탐색 방법을 사용하면 그래프에 있는 모든 정점을 한 번씩 방문하는데, 방문되는 정점들과 탐색에서 사용된 간선-어떤 정점을 방문하기 직전의 정점과 방문되는 정점을 연결하는 간선-을 나타낸다면 이것이 바로 신장 트리가 된다. 그래프를 깊이우선으로 탐색했을 때 생기는 신장 트리를 깊이우선 신장 트리(Depth First Spanning Tree)라 하고, 그래프를 너비우선으로 탐색했을 때 생기는 신장 트리는 너비우선 신장트리(Breadth First Spanning Tree)라 한다. 그림 7-20은 앞에서 살펴본 그림 7-14에 대한 깊이우선 신장 트리와 너비우선 신장 트리를 보이고 있다. 깊이우선 탐색에서도 지적한 것과 같이 인접 리스트에서 어떤 간선이 먼저 나타나느냐에 따라 정점이 방문되는 순서가 달라진다. 따라서 동일한 그래프에 대한 신장 트리일지라도 인접 리스트에서의 간선 순서에 따라 그 모습이 달라질 수 있다.

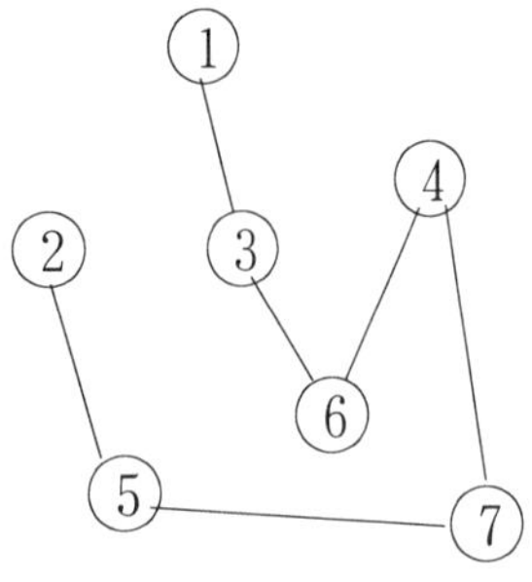

(가) 깊이우선 신장 트리

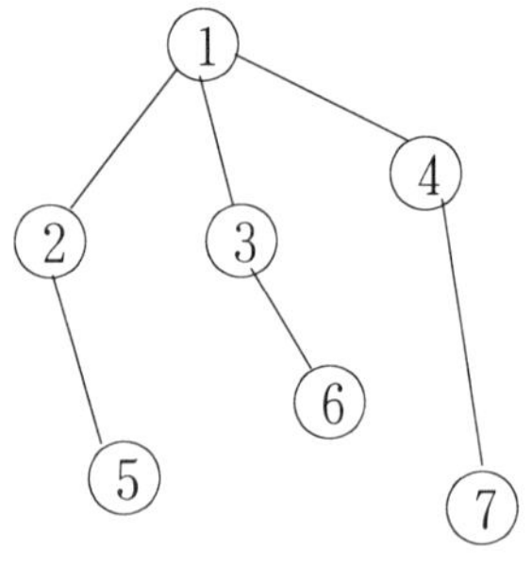

(나) 너비우선 신장 트리

그림 7-20 신장 트리

신장 트리의 특성은 신장 트리에 속하지 않은 간선을 신장 트리에 첨가하면 사이클이 생겨서 트리가 되지 않는다는 것이다. 예를 들어, 그림 7-20(가)의 깊이우선 신장 트리에는 없으나 원래의 그래프에는 존재하는 간선 (6, 7)을 깊이우선 신장 트리에 첨가한다면, (4, 6, 7, 4)의 사이클이 생기게 되고 사이클이 포함되는 그래프는 트리가 될 수 없다. 그리고 신장 트리는 원래 그래프의 최소 부분 그래프가 된다는 것이다. 즉, 신장 트리를 T, 원래의 그래프를 G라 했을 때, $V(T) = V(G)$, $E(T) \subseteq E(G)$가 되고, T의 정점들은 모두 연결되고 간선의 수는 T의 정점을 연결하는 간선의 수 중 최소가 된다.

최소 부분 그래프는 통신 네트워크 영역에서 중요한 문제이다. 정점이 도시를 나타내고 간선이 통신선로를 나타낸다고 했을 때, 모든 도시를 연결하면서 최소의 선로를 개설하는 문제를 해결할 수 있기 때문이다. 물론 선로의 비용이나 길이 등의 추가적인 문제가 포함된다면 앞에서 설명한 내용만으로는 해결할 수 없지만, 그래도 기본적인 이론을 제공한다는 측면에서 중요하다.

7.5.2 최소비용 신장 트리

앞에서 신장 트리가 통신 네트워크 등의 응용영역에서 사용될 수 있으나 선로의 비용이나 길이 등의 추가적인 정보가 주어졌을 때는 해결에 한계가 있다고 언급하였다. 여기서는 그래프의 간선에 가중치(거리, 비용 등)가 첨가된 가중치 그래프에 대한 이론을 설명한다. 그림 7-21은 가중치 그래프인데 정점을 도시라고 생각하고 간선을 두 도시를 연결하는 비용이라고 생각하자.

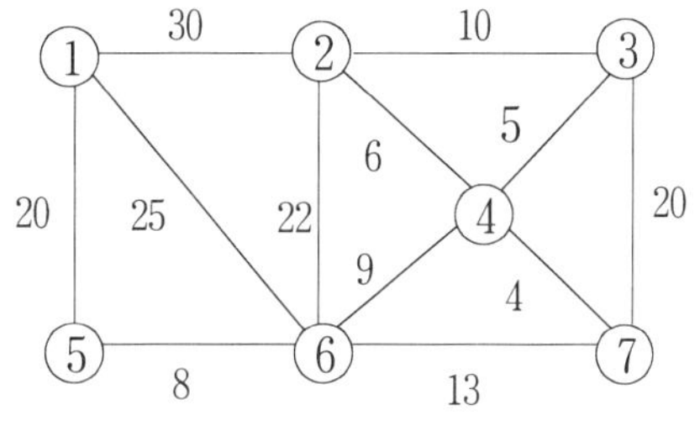

그림 7-21 가중치 그래프

우리가 관심을 갖는 문제는 어떻게 하면 최소의 비용으로 모든 도시를 연결할 수 있느냐 하는 것이다. 우선 생각해야 하는 것은 모든 도시를 포함해야 한다. 즉, 그래프 내의 모든 정점을 포함해야 하기 때문에 최소 부분 그래프를 도출해야 하는데 그래프 내에 있는 간선만 사용해야 한다. 다시 말하면, 그래프에 존재하지 않는 간선의 비용은 무한대라고 생각하여 사용하지 말아야 한다. 그리고 그래프 내에 사이클을 있으면 안된다. 최소 부분 그래프는 그래프내의 모든 정점을 포함하면서 최소의 간선으로 모든 정점을 연결하기 때문에 사이클이 존재할 수 없다. 최소비용 신장 트리를 도출하기 위한 알고리즘은 Kruskal, Prim, Solin의 알고리즘이 있으나 여기에서는 Kruskal 알고리즘을 따라 설명한다. Kruskal 알고리즘은 처음에 공백 트리에 한 번에 하나씩 간선을 추가하면서 최소비용 신장 트리를 구축한다. 우선 간선들의 집합에서 가장 비용이 적은 간선을 선택하여, 지금까지 구축한 트리에 첨가했을 때 사이클이 발생하는 지를 검사한다. 사이클이 발생하면 버리고 사이클이 발행하지 않으면 트리에 첨가하고 간선 집합에서 제거한다. 다시 간선 집합에서 최소의 비용을 갖는 간선을 선택하여 위와 같은 과정을 계속한다. 그래프에 n개의 정점이 있을 때, 최소 부분 그래프 즉 신장 트리는 n-1개의 간선을 가지므로, 간선을 트리에 첨가하는 과정에서 간선의 수가 '도시의 수 - 1'개가 되면 최소비용 신장 트리의 도출 작업이 종료된다. Kruskal 알고리즘은 [리스트 7-4]와 같다.

```
void Kruskal(Graph& G)   /* Kruskal MST 알고리즘   */
{
    Gentree A(G, n());       /* 동치 부류 배열    */
    Edge E[G, e()];       /*  최소 히프를 위한 간선들의 배열  */
    int edgecnt = 0;
    for(int i=1; i< G.n(); i++) /* 간선들을 배열에 저장한다.  */
        for(Edge w = Gfirst(i); G.isEdge(w); w=G.next(w))
            E[edgecnt++] = w;

    heap H(E, edgecnt, degecnt);   /*  간선들을 히프로 만든다.  */
    int numMST = G.n();            /*  n개의 동치 부류를 초기화한다.  */

    for(i=1; numNST>1; i++) {     /*  동치 부류를 결합한다.  */
        Edge w=H.removemin();   /*  다음으로 가장 비용이 적은 간선을 얻는다.*/
        int v = G.v1(w);
        int u = G.v2(w);

        if(A.differ(v, u) {   /*  만약 서로 다른 동치 부류에 속한다면,  */
            A.UNION(v, u);   /*  두 개의 동치 부류를 결합한다.  */
            AddEdgetoMST(G.v1(w), G.v2(w));  /* 이 간선을 MST에 추가 */
            numMST--;   /*  MST값 감소  */
        }
    }
}
```

[리스트 7-4] Kruskal의 최소비용 신장 트리의 도출

최소비용 신장 트리를 도출하는 알고리즘을 그림 7-21의 그래프를 예로 들어 설명해 보자. 간선 집합에서 최소비용을 가지는 간선 (4, 7)을 선택한다. 현재까지는 트리는 공백상태이기 때문에 이 간선을 첨가하더라도 사이클이 발생하지 않는다. 따라서 그림 7-22의 (가)처럼 간선 (4, 7)을 트리에 첨가하고 이 간선을 간선 집합에서 제거한다. 다시 간선 집합에서 최소비용 4를 가지는 간선 (3, 4)를 선택하여 사이클이 형성되지 않으므로 (나)와 같이 트리에 첨가하고 간선 집합에서 제거한다. 다시 (다), (라), (마)와 같이 최소비용의 간선 (2, 4), (5, 6), (4, 6)을 차례로 트리에 첨가한다. 다음에 선택되는 간선은 (2, 3)인데, 이 간선을 트리에 첨가하면 (2, 3, 4, 2)와 같은 사이클이 형성되기 때문에, 트리에 첨가하지 않고 버린다. 간선 (3, 7)과 (1,

5)의 비용은 모두 20으로 같은데 이와 같은 경우에는 간선 집합에서 먼저 나타나는 것을 선택하면 된다. 간선 (3, 7)을 트리에 첨가하면 사이클이 형성되기 때문에 버리고, 간선 (1, 5)는 사이클을 형성하지 않기 때문에 (바)와 같이 트리에 첨가한다. 이제 간선의 수가 '정점수 − 1'인 6개 이므로 최소비용 신장 트리의 도출작업을 종료한다. 따라서 간선 (1, 2)는 전혀 고려하지 않고 종료한다. 이러한 과정을 정리하면 (사)와 같은 결과를 얻을 수 있으며 그림 7−22(바)와 같은 최소비용 신장 트리가 도출된다.

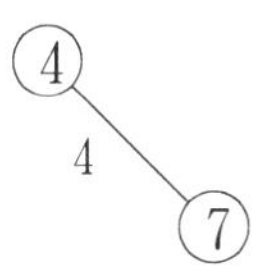

(가)

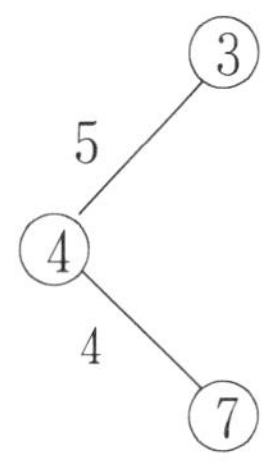

(나)

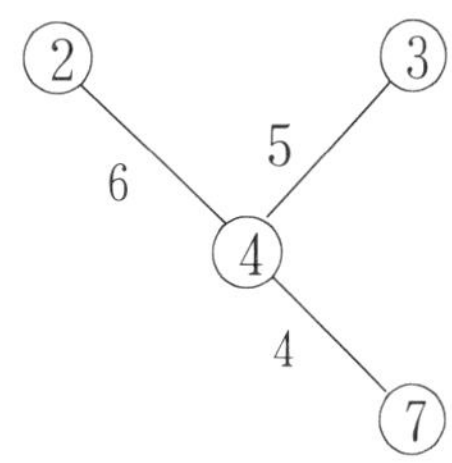

(다)

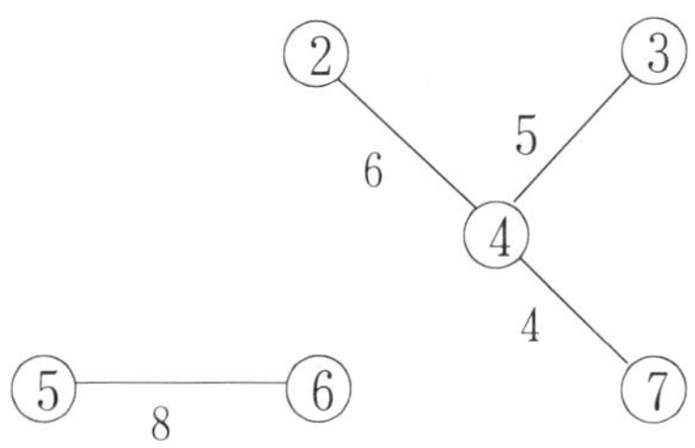

(라)

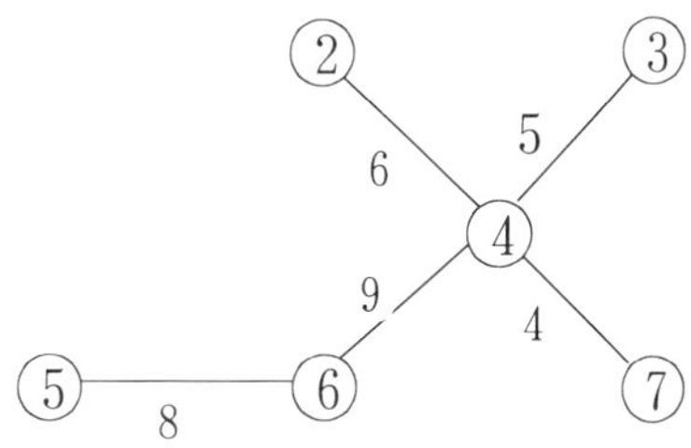

(마)

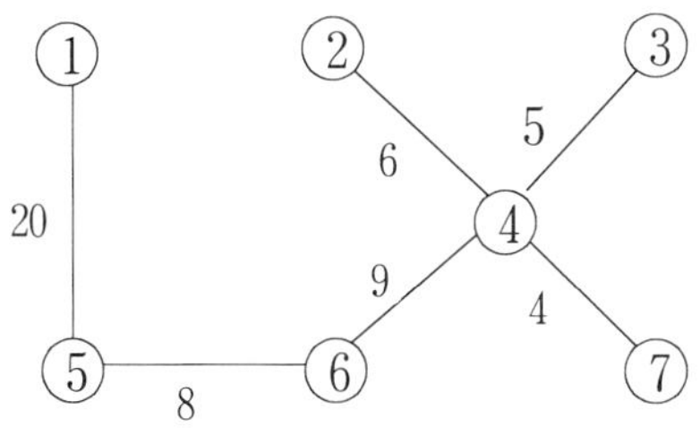

(바)

간선	가중치	조치	그림
(4,7)	4	첨가	(가)
(3,4)	5	첨가	(나)
(2,4)	6	첨가	(다)
(5,6)	8	첨가	(라)
(4,6)	9	첨가	(마)
(2,3)	10	무시	
(3,7)	20	무시	
(1,5)	20	첨가	(바)
(1,2)	30	무시	

(사)

그림 7−22 최소비용 신장 트리의 도출과정

7.6 그래프의 응용

7.6.1 최단경로(shortest path)

이번에는 그래프의 간선에 방향이 있고, 정점이 도시를 나타내고 간선은 두 도시를 연결하는 도로라고 생각하며, 간선에 붙여진 가중치는 두 도시간의 거리라고 생각해 보자. 물론 두 도시간의 거리라고 가정한 가중치는 한 도시에서 다른 도시까지의 이동시간, 비용 등 여러 가지가 될 수 있다. 문제는 한 도시에서 다른 도시로 갈 수 있는가? 갈 수 있는 경로가 여러 개 있다면 어느 경로가 최단거리가 될 것인가 하는 것이다.

여기에서는 시작정점인 출발점이 정해졌고 이 출발점에서부터 나머지 다른 도시까지의 최단거리를 구하는 문제만 생각해 보자. 가중치는 두 도시간의 거리이기 때문에 양의 정수라고 가정한다. 그림 7-23(가)에서 출발점을 1번 정점이라 한다면, 1번 도시에서 9번 도시로 가는 경로는 여러 개 있지만 최단경로는 '1 4 5 9'이며, 이 때의 거리는 14 + 11 + 8 = 33이 될 것이다. 그 외의 어떤 경로를 통하더라도 거리는 33 보다 클 것이다. 최단경로를 구하는 문제는 우선 출발지에서 모든 도시까지의 거리를 구한다. 직접 갈 수 있는 길이 있는 도시까지의 거리는 간선상의 가중치를 사용하고, 직접 갈 수 없는 도시까지의 거리는 아주 먼 거리 '∞'라고 가정한다. 이것은 직접 갈 수 없기 때문에 이러한 경로를 선택하지 않게 하기 위해서이다. 비용으로 바꾸어서 말한다면 아무리 많은 비용을 들여도 직접 갈 수 없다는 것을 의미한다. 그 다음은 출발지에서 가장 가까운 거리에 있는 도시를 선택한다. 이 도시를 '이웃도시'라 한다면, 이제는 출발지에서 이 '이웃도시'를 경과하여 모든 도시로 가는 최단거리를 구한다. 이번에는 출발지에서 '이웃도시'를 통과한 후, 가장 가까운 도시를 선택하여 위의 과정을 되풀이 한다. 모든 도시까지의 최단거리를 구한 후에 작업을 끝내게 되는데, 이러한 문제에 대한 Dijkstra의 알고리즘은 [리스트 7-5]와 같다.

```
void Dijkstra(Graph& G, int s)   /* 최단 경로의 거리를 계산한다. */
     int  D[G.n()];
     for(int i=0; i< G.n(); i++)  /* 초기화 한다.  */
         D[i] = INFINITY;
     D[s] = 0;
     for(i=0; i<G.n(); i++) {  /* 정점들을 처리한다. */
         int v = minVertex(G, D);
         G.Mark[v]= VISITED;
         if (D[v] == INFINITY) return; /* 남은 정점들은 도달할 수 없다.  */
```

```
            for(Edge w = G.first(v); G.isEdge(w); w = G.next(w))
            if(D[G.v2(w)] > (D[v] + G.weight(w))
            D[G.v2(w)] = D[v] + G.weight(w);
        }
    }
```

[리스트 7-5] Dijkstra의 최단 경로 알고리즘

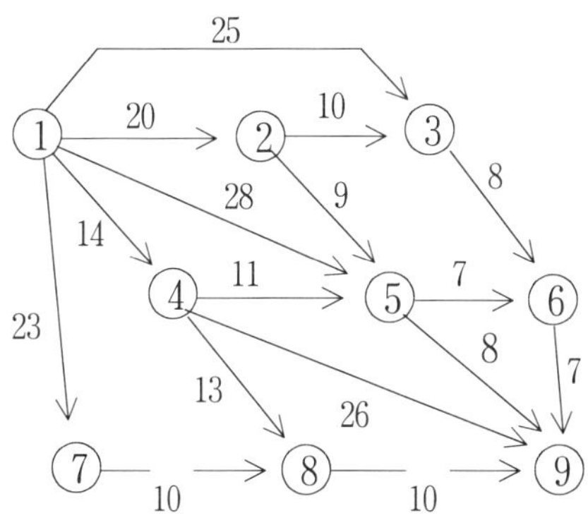

(가) 예제 그래프

	1	2	3	4	5	6	7	8	9
1	0	20	25	14	28	∞	23	∞	∞
2	∞	0	10	∞	9	∞	∞	∞	∞
3	∞	∞	0	∞	∞	8	∞	∞	∞
4	∞	∞	∞	0	11	∞	∞	13	26
5	∞	∞	∞	∞	0	7	∞	∞	8
6	∞	∞	∞	∞	∞	0	∞	∞	7
7	∞	∞	∞	∞	∞	∞	0	10	∞
8	∞	∞	∞	∞	∞	∞	∞	0	10
9	∞	∞	∞	∞	∞	∞	∞	∞	0

(나) 인접 행렬

그림 7-23 예제 그래프와 인접 행렬

순서	선택 정점	거리(D[])									방문됨(G.Mark[v])								
		①	②	③	④	⑤	⑥	⑦	⑧	⑨	1	2	3	4	5	6	7	8	9
	–	0	20	25	14	28	∞	23	∞	∞	0	0	0	0	0	0	0	0	0
(1)	1	0	20	25	14	28	∞	23	∞	∞	1	0	0	0	0	0	0	0	0
(2)	4	0	20	25	14	25	∞	23	27	40	1	0	0	1	0	0	0	0	0
(3)	2	0	20	25	14	25	∞	23	27	40	1	1	0	1	0	0	0	0	0
(4)	7	0	20	25	14	25	∞	23	27	40	1	1	0	1	0	0	1	0	0
(5)	3	0	20	25	14	25	33	23	27	40	1	1	1	1	0	0	1	0	0
(6)	5	0	20	25	14	25	32	23	27	33	1	1	1	1	1	0	1	0	0
(7)	8	0	20	25	14	25	32	23	27	33	1	1	1	1	1	0	1	1	0
(8)	6	0	20	25	14	25	32	23	27	33	1	1	1	1	1	1	1	1	0
(9)	9	0	20	25	14	25	32	23	27	33	1	1	1	1	1	1	1	1	1

그림 7-24 최단경로를 구하는 과정

위 알고리즘에서, G.Weight(w)는 각 도시간의 간선이 존재하면 두 도시간의 실제거리를, 간선이 존재하지 않으면 '∞'를 적용하여 구성한 인접 행렬이다. 그림 7-23(나)는 (가)에 대한 인접 행렬 표현이다. 배열 D[ ]는 출발지에서 다른 도시까지의 거리를 저장하고 G.Mark[v]는 지금까지 방문된 도시에 대해서는 1 방문되지 않은 도시에 대해서는 0 값을 갖는다.

이제 그림 7-23의 그래프를 예로 들어서 설명해 보자. 우선은 그림 7-24에 나타난 표의 첫 줄과 같이 거리(D[ ]) 배열부터 구성해야 한다. 거리(D[ ]) 배열에서 제일 작은 값을 가지는 1번 도시를 선택하고, 방문됨(G.Mark[v])의 1번 도시에 해당하는 란에 표시한다. 이 때에는 1번 도시에서 나머지 다른 도시까지의 거리는 변하지 않는다. 다음은 (1)에서 방문됨에는 0이면서 거리에서 가장 작은 값을 가지는 4번 도시를 선택한다. 그리고 1번 도시에서 4번 도시까지 14로 가고 나서 나머지 도시까지의 거리를 계산한다. 1번 도시에서 5번 도시까지 직접 가는 거리는 28이었지만, 4번 도시를 거치면 25로 줄어들게 되어 거리의 해당 란을 수정한다. 1번 도시에서 8번 도시까지는 직접 가는 길이 없었으나, 이제는 4번 도시를 거쳐서 8번 도시까지 갈 수 있는데, 그 거리는 27이 되어 거리의 해당 란을 수정한다. 또한 4번 도시를 거치면 '∞' 가 아니라 그보다 작은 40으로 9번 도시까지도 갈 수 있기 때문에 9번 도시에 해당하는 란도 수정한다. 거리배열의 (9)에 나타난 값들은 1번 도시에서 각 도시까지의 최단거리가 된다.

7.6.2 임계 경로(Critical Path)

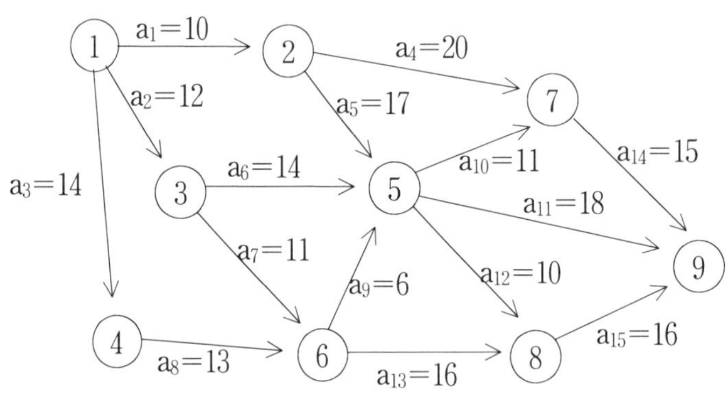

그림 7-25 간선 작업 네트워크

이번에는 그래프의 정점은 어떤 작업들의 완료를 나타내는 공정을 나타내고 간선은 어떤 작업을 나타내며 간선에 붙은 가중치는 어떤 작업에 걸리는 기간을 나타낸다고 가정하자. 이와 같은 그래프를 간선 작업(AOE : Activity On Edge) 네트워크라 한다. 어떤 프로젝트의 수행은 그 부분이 되는 작업들의 연속이기 때문에 간선 작업 네트워크는 방향 그래프로 나타낸다.

그림 7-25는 간선작업 네트워크의 예이다. 1번 정점은 프로젝트의 시작을 나타내고 9번 정

점은 프로젝트의 완료를 나타낸다고 가정하자. 프로젝트는 시작공정과 완료공정을 포함하여 9개의 공정으로 구성되며, 작업은 a_1부터 a_{15}까지 15개로 구성된다. 2번 정점은 a_1작업이 완료되는 공정을 나타내고, 5번 정점은 a_1, a_2, a_3, a_5, a_6, a_7, a_8, a_9의 작업이 완료되는 공정이라고 해석할 수 있다. a_1과 a_2, a_3는 동시에 수행할 수 있으며, a_5는 a_1작업이 완료되기 전에는 시작할 수 없고, a_9는 a_7, a_8작업이 완료되기 전에는 시작할 수 없다.

이와 같은 간선 작업 네트워크에 대해서 결정할 수 있는 사항은 첫째, '전체 프로젝트를 완료하는데 최소한의 시간은 얼마인가?' 둘째, '어떤 공정을 서둘러야 전체 프로젝트의 완료시간을 단축할 수 있는가?' 셋째, '전체 프로젝트의 완료시간에는 영향을 미치지 않으면서, 어떤 작업을 얼마만큼 늦출 수 있는가?' 넷째, '어떤 작업을 가장 일찍 시작할 수 있는 시간은 언제인가?' 등이다.

(1) 임계 경로(critical path)

간선작업 네트워크에서 어떤 작업들은 병행적으로 수행할 수 있기 때문에, 그 프로젝트를 완료하는 최소의 시간은 출발점에서 부터 완료점까지의 최장 경로상에 나타나는 기간들의 합이다. 이와 같이, 최소의 시간으로 프로젝트를 완료할 수 있도록 하는 최장 경로를 임계경로라 하고, 임계 경로상에 나타나는 작업을 임계 작업이라 한다. 따라서 그림 7-25의 간선 작업 네트워크에서의 임계 경로는 '1 4 6 5 7 9'와 '1 4 6 8 9' 두 개가 존재하며, 그 기간은 59가 된다.

(2) 최조 시간(earliest time)

어떤 작업을 시작할 수 있는 가장 이른 시간을 최조 시간이라 한다. 작업 a_i의 최조 시간을 e(i)로 나타낸다면, e(5) = 10, e(9) = 27, e(10) = e(11) = e(12) = 33이 된다.

(3) 최만 시간(latest time)

전체 프로젝트의 완료시간에는 영향을 미치지 않으면서 어떤 작업을 최대로 지연시켜, 가장 늦게 시작할 수 있는 시간을 최만 시간이라 한다. 작업 a_i의 최만 시간을 l(i)로 나타낸다면, l(1) = 6, l(2) = 7, l(3) = 0, l(5) = 16, l(9) = 27, l(10) = 33, l(11) = 41, l(12) = 33이 된다.

어떤 작업 i에 대한 최만 시간에서 최조시간을 뺀 값, 즉 l(i) − e(i)를 임계도(criticality)라 하는데, 이것은 전체의 완료 시간에는 영향을 미치지 않으면서 해당 작업을 늦게 또는 천천히 수행할 수 있는 기간을 말한다. 예를 들어, 5번 작업의 임계도는 6으로 5번 작업을 최조시간보다 6일 늦게 시작할 수도 있고, 본래 17이라는 기간이 걸릴 것을 할당된 자원을 감소시켜 23이라는 기간동안 천천히 수행할 수도 있다. 10번 작업에 대한 임계도는 0이므로 작업을 늦게 시작하거나 천천히 할 수 없으며, 최조 시간에 시작하고 주어진 11이라는 기간동안 완료하여야 한다.

이것은 10번 작업이 임계작업이기 때문이며, 임계 작업에 대한 임계도는 0이 된다. 그리고 임계 작업이 아닌 작업을 계획했던 것 보다 일찍 완료한다 하더라도 임계 경로에는 영향을 미치지 못하기 때문에, 전체 완료 시간에는 아무런 영향을 미치지 못한다. 단지 임계 작업을 일찍 끝내야 전체 일정을 줄일 수 있다. 그렇다면 임계 작업인 10번 작업을 11이라는 기간에서 5라는 기간으로 단축하여 완료했을 때 전체 완료 시간이 6이라는 기간만큼 단축될 것인가? 결과는 그렇지 않다. 분명히 10번 작업은 임계 작업이지만, 이 작업을 단축시킨다고 해도 10번 작업을 포함하지 않는 다른 임계 경로 '1 4 6 8 9'가 존재하기 때문이다. 다시 말해서, 10번 작업을 단축시킨다면 '1 4 6 5 7 9'는 더 이상 임계 경로가 될 수 없고, 임계 경로는 '1 4 6 8 9' 하나만 존재하게 된다.

실 습 예 제

1 그래프에서 두 정점 u, v 사이의 최단 거리를 찾는 알고리즘 중의 하나가 dijkstra입니다. 아래의 예제는 그래프가 인접 행렬로 표현된 배열을 로드 해 모든 노드의 쌍의 최단 거리를 구하는 프로그램이다.

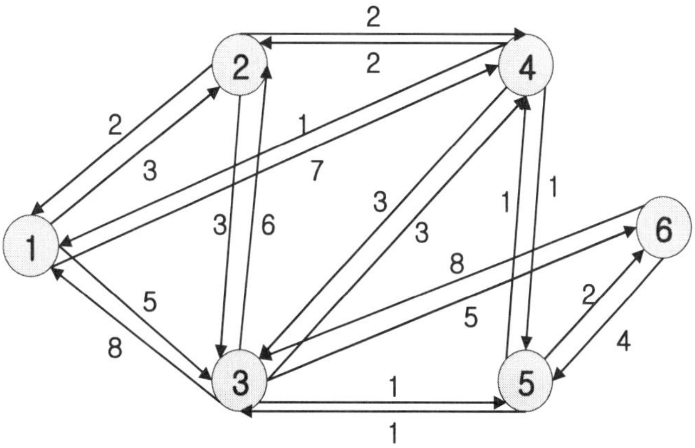


```
#include <stdio.h>

#define N 6
#define M 999

int distance[N+1];
int n[N+1]={0,0,0,0,0,0,0};
int t1[N+1][N+1];

void print_path(void);
void PATH(int k, int w);

void dijkstra(int c[N+1][N+1])
{
```

```
    int i, j, k, w, min, count;
      int s[N]={0,0,0,0,0,0};
    s[1] = 1;

printf("--------------------------------------------------------------\n");
    printf("  Dijkstra's Algorithm (S = 1)\n");
printf("--------------------------------------------- --------------\n");
    printf("I    M     |D2 Path|D3 Path|D4 Path|D5 Path|D6 Path\n");

      for(i=0;i<=N;i++)
        t1[i][0]=1;
     for(i=0;i<=N;i++)
    {
         distance[i]=c[1][i];
    }

        count=0;
    printf("1  {");
    for(j=0;j<N;j++)
    {
        if(s[j]) printf("%d",j);
        else count++;
    }
    for(j=0;j<count;j++)
        printf(".");
    printf("} ");
    print_path();
    for(i=1;i<N-1;i++)

    {
        min = M;
         for(k=2; k<=N;k++)
         {
```

```
if(distance[k]!=0)
                    if(!s[k]&& (distance[k]<min))
                  {
                        w=k;
                        min = distance[k];
                  }
            }
            s[w] = 1;
            count=0;
            printf("%d  {",i+1);
             for(j=0;j<N;j++)
            {
                  if(s[j]) printf("%d",j);
                  else count++;
            }
            for(j=0;j<count;j++)
                        printf(".");
            printf("} ");

             for(k=2; k<=N ; k++)
             {
                  if(distance[k]!=0)
                  if(distance[k]>distance[w]+c[w][k])
                  {
                      n[k]++;
                      distance[k]=distance[w]+c[w][k];
                      PATH(k,w);
                  }
             }
            print_path();
      }
}
```

```
void PATH(int k, int w)
{
    int m;
    m=n[k];
    t1[k][m]=w;
}
void print_path(void)
{
      int i,j,k,temp;
      for(k=2;k<=N;k++)
     {
            i=0;
            j=0;
           if(distance[k]!=M)
           {

printf("|%d  ",distance[k]);
                 while(t1[k][i]!=0)
                {
                      temp=t1[k][i];
                      j=1;
                      while(t1[temp][j]!=0)
                      {
                        if(t1[temp][j]!=t1[k][i-1])
                           printf("%d-",t1[temp][j]);
                           j++;
                      }
                      printf("%d-", t1[k][i]);
                      i++;
                 }
               printf("%d",k);
               if(k==6)
```

```
                printf("\n");
            }
            else if(k==6)
                {
                    printf("|%d  ",distance[k]);
                    printf("--\n");
                }
                else
                {
                    printf("|%d  ",distance[k]);
                    printf("--");
                }
        }
}

void main(void)
{
        int cost[N+1][N+1] = { 0,0,0,0,0,0,0,
                            0,0,2,5,1,M,M,
                            0,3,0,3,2,M,M,
                            0,8,6,0,3,1,5,
                            0,7,2,3,0,1,M,
                            0,M,M,1,1,0,2,
                            0,M,M,8,M,4,0};
        dijkstra(cost);
}
```

CHAPTER 8

탐색과 내부정렬

탐색과 내부정렬은 컴퓨터의 응용분야에서 많이 사용된다. 탐색은 기존의 레코드 중에서 원하는 레코드를 키를 이용하여 찾는 것이고, 내부정렬은 보조기억장치에 저장되는 화일에서가 아니라, 주기억장치 속에서 레코드가 가지는 키를 이용하여 오름차순 또는 내림차순으로 레코드들을 정렬하는 것이다. 탐색에서는 순차탐색, 이진탐색, 피보나치 탐색방법을 살펴 본다. 내부정렬은 교환정렬, 삽입정렬, 버블정렬, 쉘정렬, 퀵정렬, 합병정렬, 히프정렬 방법을 살펴 본다. 원래 탐색과 내부정렬은 레코드에 대한 탐색과 내부정렬을 설명하는 것이 원칙이지만, 설명의 편의를 위해서 레코드의 키(key)만을 자료로 취급하며, 자료들은 배열에 저장된다고 가정한다.

8.1 탐색(search)

탐색은 주기억장치 속에 저장된 자료 중에서 원하는 자료를 찾는 것을 말한다.

8.1.1 순차탐색

순차탐색은 n개의 원소를 가지는 1 차원 배열에서, 원하는 자료가 있는지를 순차적으로 탐색한다. 즉, 원소의 처음 원소가 찾고자 하는 자료인지를 검사하여 찾는 자료라면 탐색을 끝내고, 찾는 자료가 아니면 첨자를 하나 증가시켜서 다음 원소를 검사하는 것이다. 이와 같은 과정 중에서 원하는 자료를 찾게 되면 탐색을 종료하고, 배열의 마지막까지 찾아봐도 원하는 자료가 나타나지 않을 경우에는 탐색 실패로 종료한다. 물론 리스트의 처음이 아닌 마지막 원소부터 탐색할 수도 있다. 이때에는 첨자를 증가시키는 것이 아니라 감소시키면 된다. 첫 원소부터 찾는 순차탐색 알고리즘은 다음과 같다.

```
#define MAX_Size 1000
typedef struct {
        int key;
        } element;
element list[MAX_SIZE];

int seqsearch(int list[], int searchnum, int n)
{
/* n을 가지는 배열, 리스트를 탐색. 만약 list[i]=searchnum 이면 i를 반환, 만약
searchnum 이 리스트에 없으면 -1을 반환 */
        int i;
        list[n] = searchnum;
        for (i = 0; list[i] != searchnum; i++);
        return ((i < n) ? i : -1);
}
```

[리스트 8-1] 순차 탐색 알고리즘

위의 알고리즘에서, 원하는 자료를 찾았을 경우에는 그 자료가 있는 위치를 되돌려 주고, 리스트의 끝까지 살펴보았지만 원하는 자료가 나타나지 않았을 때는 '−1'을 되돌려 준다. 원하는 자료가 첫 번째 위치에 있었다면 한 번의 비교로 탐색을 종료할 수 있고, i번째 위치에 있는 자료를 찾는 경우라면 i번의 비교를 수행해야 한다. 원하는 자료가 리스트 내에 없다면 n번의 비교를 해야 한다. 따라서 최선의 경우는 1번의 비교로 종료되고, 최악의 경우는 n번의 비교를 수행해야 하기 때문에, 알고리즘의 연산시간은 O(n)이 된다. 평균적으로는 $(1 + 2 + \cdots + n) / n = (n + 1) / 2$번 비교를 수행해야 한다.

만일에 리스트 내의 원소가 오름차순 또는 내림차순으로 정렬되어 있다면, 최악의 경우에서도 탐색시간을 크게 줄일 수 있다. 리스트 내의 원소들이 오름차순으로 정렬되어 있을 때, i번째 원소까지 살펴봐도 원하는 자료가 나타나지 않았고, i번째 원소가 찾고자 하는 자료의 값보다 크다면 더 이상 탐색을 계속할 필요가 없다. 왜냐하면, i번째 이후에는 i번째 원소 값 보다 큰 값을 갖는 원소들이 나타나기 때문에, 찾고자 하는 자료가 나타나지 않기 때문이다.

8.1.2 이진탐색(binary search)

리스트가 포함하는 원소의 수가 많아진다면 순차탐색은 심각한 문제를 야기시킨다. 예를 들어, 리스트의 원소의 수가 100만이라고 하고 리스트 내에는 원하는 자료가 없다고 가정한다면, 순차탐색에서는 100만 번의 비교를 수행하고 나서야 탐색이 실패했다는 것을 결정할 수 있다. 이러한 100만 번의 비교는 상당히 긴 시간을 요하기 때문에, 원소의 수가 많아지면 순차탐색을 사용하지 않고 이진탐색을 사용한다. 그러나 이진탐색은 리스트내의 원소들이 정렬되어 있어야 한다는 선결조건이 필요하다. 여기에서는 리스트 내의 원소들이 오름차순으로 정렬되어 있는 것으로 가정한다.

이진탐색에서는 우선 리스트의 중간에 있는 원소가 찾고자 하는 자료인가를 살핀다. 그렇다면 탐색은 성공이고, 그렇지 않다면 중간의 원소 값이 찾고자 하는 자료의 값 보다 큰지 작은지를 결정한다. 만일에 중간의 원소 값이 찾고자 하는 자료의 값 보다 작다면, 리스트의 중간 이전의 원소들은 중간 원소의 값 보다 작은 원소들이기 때문에 살펴볼 필요가 없다. 반대로 중간의 원소 값이 찾고자 하는 자료의 값 보다 크다면, 리스트의 중간 이후의 원소들은 중간 원소의 값 보다 큰 원소들이기 때문에 살펴볼 필요가 없다. 이렇게 결정된 반쪽의 리스트를 가지고 다시 이진탐색 방법을 적용하면 된다. 따라서 이진탐색에서는 한 번 탐색이 실패하면 다음의 탐색공간은 원래의 탐색공간의 절반이 되도록 이분법으로 진행된다. 순차탐색에서는 탐색이 실패했을 경우, 탐색공간이 하나만 줄어드는 것과 비교해 보면 이진탐색의 효율성을 짐작할 수 있을 것이다. 찾고자 하는 자료의 값을 '자료값'이라 하여 정리하면 다음과 같다:

- 자료값 < 원소값 : 리스트의 첫 번째 원소부터 리스트의 중간 바로 이전까지의 원소에 대해 탐색을 계속함
- 자료값 = 원소값 : 탐색이 성공적으로 종료됨
- 자료값 > 원소값 : 리스트의 중간 이후 원소부터 리스트의 마지막까지의 원소에 대해 탐색을 계속함

이와 같은 이진탐색에 대한 알고리즘은 다음과 같다:

```
int binsearch(element list[], int searchnum, int n)
{
/* search list[0], ..., list[n-1] */
    int left = 0, right = n-1, middle;
     while (left <= right)  {
         middle = (left + right) / 2;
```

```
        switch (COMPARE(list[middle].key, searchnum)) {
            case -1 : left = middle + 1;
                break;
            case 0 : return middle;
            case 1 : right = middle - 1;
        }
    }
    return -1;
}
```

[리스트 8-2] 이진 탐색 알고리즘

그림 8-1은 14개의 원소를 갖는 정렬된 리스트에서 15를 찾는 과정을 나타내고 있다. 우선은 중간원소를 찾아야 하기 때문에, 중간위치가 어디인지를 결정해야 한다. 리스트의 처음 위치는 1이고 마지막 위치는 15이기 때문에 중간위치는 8=((1+15)/2)이 된다. 리스트의 8번째의 원소는 찾고자하는 15가 아니고 15 보다 큰 값이기 때문에 다음에 탐색할 때는 리스트의 왼쪽 절반만 찾아보면 된다. 새로운 중간위치는 4이고 이곳에 있는 원소는 찾고자 하는 자료 값 보다 작기 때문에 다음의 탐색공간은 새로운 리스트의 오른쪽 절반이 된다. 새로운 중간위치의 원소 값은 11이기 때문에 다음의 탐색공간은 13 하나만을 가지는 리스트가 된다. 새로운 리스트의 처음, 중간, 마지막 위치는 모두 7이기 때문에, 중간위치는 7이 된다. 리스트의 7번째 있는 원소의 값 13은 찾고자 하는 자료값 15 보다 작기 때문에, 다음의 탐색공간이 되는 새로운 리스트의 처음 위치는 이전의 중간위치보다 하나 큰 8이 되며, 마지막 위치는 변함없이 7이 된다. 이제는 처음 위치가 마지막 위치 보다 크게 나타나기 때문에, 리스트에는 찾고자 하는 자료가 없다고 결정하고 이진탐색을 종료한다.

이진탐색에서 탐색시간은 찾고자 하는 자료가 리스트의 어느 부분에 있는가에 달려있다. 찾고자 하는 자료가 리스트의 중간위치에 있다면 한 번의 탐색으로 성공할 수 있고, 최악의 경우는 리스트 내에 찾고자 하는 자료가 없을 때이다. 이 때에는 리스트를 절반씩 분할하면서, 리스트 내에 원소가 하나도 남지 않을 때까지 계속하게 된다.

예를 들어, 15개의 원소를 갖는 리스트에서 한 번 비교 후에는 7개의 원소가 남게 되며, 두 번째 비교 후에는 3개, 세 번째 비교 후에는 1개, 4번째 비교 후에는 하나도 남지 않는다. 따라서 15개의 원소를 갖는 리스트를 이진탐색할 때, 최악의 경우의 비교횟수는 4번이 될 것이다. n개의 원소를 갖는 리스트를 이진탐색할 때, k번 비교 후에는 원소의 갯수가 $(n / 2^k)$으로 줄게 된다. 원소가 하나도 남지 않으려면 $(n / 2^k)$이 1보다 작아야 한다. 따라서 $n < 2^k$이어야 하며,

k 〉 $\log_2 n$이 되기 때문에, $k = \lfloor \log_2 n \rfloor + 1$이다. 예를 들어, $n = 15$이면 $k = 4$이고, $n = 1000$이면 $k = 10$이 된다. 이것을 순차탐색의 최악의 경우인 1000번의 비교와 견주어 보면 이진탐색의 효율성을 가히 짐작할 수 있다.

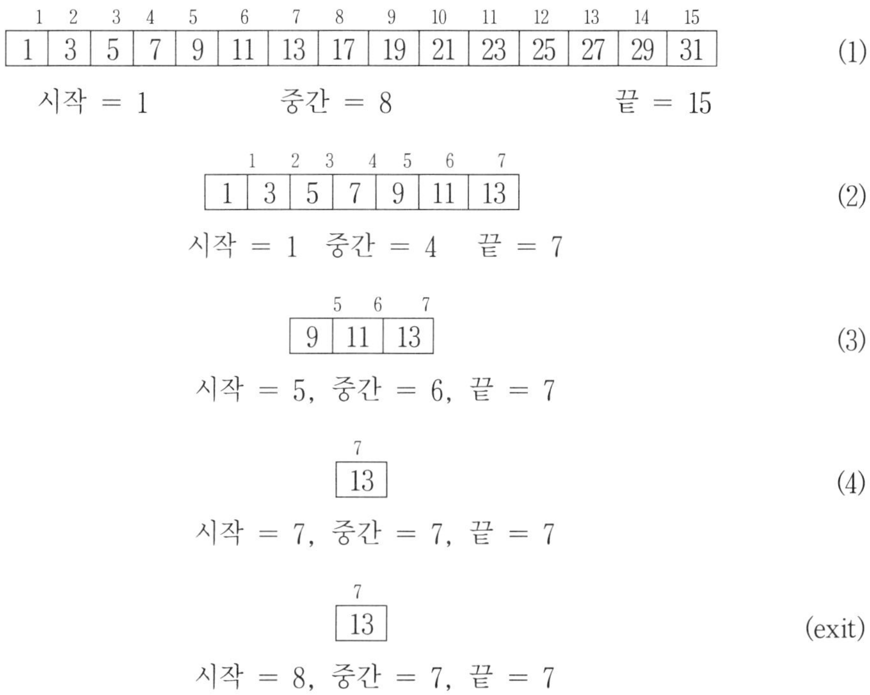

그림 8-1 이진탐색의 예

이진탐색 과정을 그림 8-2와 같은 이진 결성트리를 이용하여 설명할 수 있나.

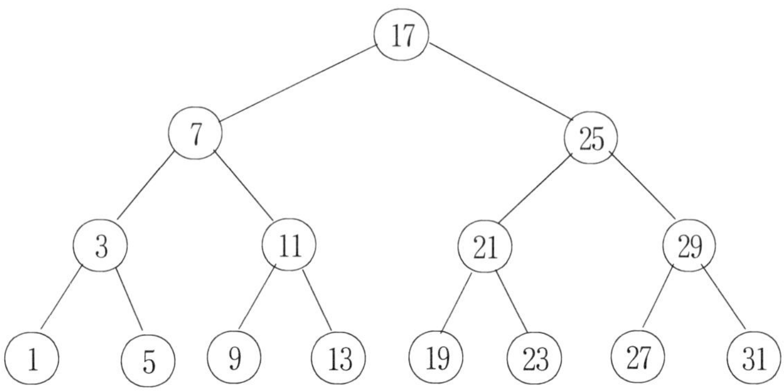

그림 8-2 이진 결정트리

이진 결정트리에서, 왼쪽 부트리의 모든 노드 값은 뿌리노드 값보다 작으며, 오른쪽 부트리의 모든 노드 값은 뿌리노드 값보다 크며, 뿌리노드는 항상 트리의 중간에 위치하는 특징이 있다. 찾고자 하는 자료 값과 뿌리노드 값을 비교하여, 같으면 탐색이 성공한 것이고, 찾고자 하는 자료 값이 뿌리노드 값 보다 작으면 다음의 탐색에서는 왼쪽 부트리를 찾아보아야 하고, 반대로 찾고자 하는 자료 값이 뿌리노드 값 보다 크면 다음의 탐색에서는 오른쪽 부트리를 찾아 보아야 한다. 최악의 경우에는 리프노드까지 찾아가 보아야 하기 때문에, 최악의 경우의 비교횟수는 트리의 깊이 만큼 될 것이고, 앞 장에서 n개의 노드를 갖는 이진트리의 깊이는 $\lfloor \log_2 n \rfloor + 1$이라는 것을 배웠기 때문에, 최악의 경우의 비교횟수는 $\log_2 n + 1$이 된다.

8.1.3 피보나치 탐색(fibonacci search)

리스트 내의 원소들이 정렬되었을 경우에 이진탐색 이외에 피보나치 수열을 이용한 탐색방법이 있다. 피보나치 수열은 $F_0 = 0$, $F_1 = 1$이며, $i > 1$일 때에는 $F_i = F_{i-1} + F_{i-2}$이다. 즉, 0, 1, 1, 2, 3, 5, 8, ... 등과 같이 나타난다. 이와 같은 피보나치 수열을 이용한 탐색은 F_i번째 원소 값과 찾고자 하는 자료 값을 비교하여 같으면 탐색이 성공한 것이고, 찾고자 하는 자료 값이 F_i번째 값 보다 작으면 i 왼쪽 리스트에서 탐색을 계속하고, 찾고자 하는 자료 값이 F_i번째 값 보다 크면 i 오른쪽 리스트에서 탐색을 계속한다. 리스트 내의 원소의 갯수가 $F_k - 1$이라고 가정한 피보나치 탐색을 정리하면 다음과 같다:

- 자료값 < F_{k-1}번째 값 : 리스트의 처음부터 $F_{k-1} - 1$까지의 부 리스트를 탐색하는데 이 때의 부 리스트의 크기는 $F_{k-1} - 1$이다.
- 자료값 = F_{k-1}번째 값 : 탐색 성공
- 자료값 > F_{k-1}번째 값 : 리스트의 $F_{k-1} + 1$부터 $F_k - 1$까지의 부 리스트를 탐색하는데 이 때의 부 리스트의 크기는 $F_k - 1 - (F_{k-1} + 1) + 1 = F_k - F_{k-1} - 1 = F_{k-2} - 1$이다.

이와 같은 피보나치 탐색에 대한 알고리즘은 다음과 같다

```
public void fibonacciSearch( int A[ ], int size, int key )
{
      int  tmp, index, adj, fmin2, fmin3;
      tmp = fiNum(size);
      adj = size - fib(tmp);
      index = fib(tmp - 1);
      fmin2 = fib(tmp - 2);
```

```
        fmin3 = fib(tmp - 3);

        if (key > A[index])   index = index + adj;

        while (index >= 0 && index < size)
        {
            if (key == A[index]) return(index);
            else
                 if (key < A[index])
                {
                    index = index - fmin3;
                    tmp = fmin2;
                    fmin2 = fmin3;
                    fmin3 = tmp - fmin3;
                }
                else
                {
                index=index+fmin3;
                fmin2=fmin2-fmin3;
                fmin3=fmin3-fmin2;
                }
        }
        return(-1);
    }
```

[리스트 8-3] 피보나치 탐색 알고리즘

알고리즘에서는 adj 값을 먼저 결정해야 한다. $F_k \leq (n + 1) < F_{k+1}$인 F_k를 $(n + 1)$에서 빼주면 된다. 이것은 KEY > LIST(F_{k-1})일 때, 탐색을 계속할 오른쪽 부 리스트의 크기가 F_{k-2}가 되도록 index값을 조정하기 위해서 필요하다. 이것을 예를 들어서 설명해 보자. 다음과 같이 원소가 30개인 리스트에서 51을 피보나치 탐색할 때,

1	2	3	4	5	6	7	8	9	10
1	3	5	7	9	11	13	15	17	19
21	23	25	27	29	31	33	35	37	39
41	43	45	47	49	51	53	55	57	59

$F_k = 21$, adj = 10, index = 13, fmin2 = 8, fmin3 = 5이 된다. 따라서 i번째 원소 값은 25이고 찾는 자료 값은 51이기 때문에(key > A[index]), index는 23(index + adj = 13 + 10)이 된다. 따라서 23번째 원소를 뿌리노드로 하는 피보나치 트리를 그림 8-3(가)와 같이 나타낼 수 있다. 그림에서 나타나듯이 피보나치 트리도 이진 결정트리이다. (가)에 나타난 그림은 리스트에서의 위치가 트리에서는 어디에 나타나는지를 보인 것이고, (나)에 나타난 그림은 실제 원소 값을 이용한 피보나치 트리이다.

특기할 사항은 첫째, 왼쪽 부트리가 $F_{k-1}-1$개의 노드를 가지면, 오른쪽 부트리는 $F_{k-2}-1$개의 노드를 가진다는 것이다. 둘째, 부모노드와 자식노드의 위치 사이에는 일정한 법칙이 있다는 것이다. 조부모 노드와 부모노드와의 위치상의 차이가 F_i일 때, 부모 노드가 왼쪽 자식이면 부모노드와 자식노드들 간의 위치상의 차이는 F_{i-1}이며, 부모노드가 오른쪽 자식이면 부모노드와 자식노드들 간의 위치상의 차이는 F_{i-2}이다.

예를 들어, 그림 8-3(가)에서 18번 노드는 뿌리노드의 왼쪽 자식노드이고, 뿌리노드의 위치와 18번 노드의 위치상의 차이는 5가 되기 때문에, 18번 노드와 그 자식노드들 간의 위치상의 차이는 3이 된다. 한편 28번 노드는 뿌리노드의 오른쪽 자식노드이고 뿌리노드의 위치와 28번 노드의 위치상의 차이는 5가 되기 때문에, 28번 노드와 그 자식노드들 간의 위치상의 차이는 1이 된다.

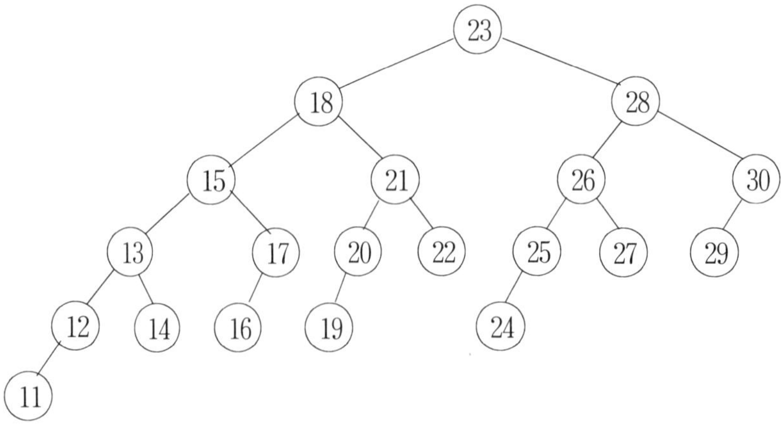

(가) 위치를 이용

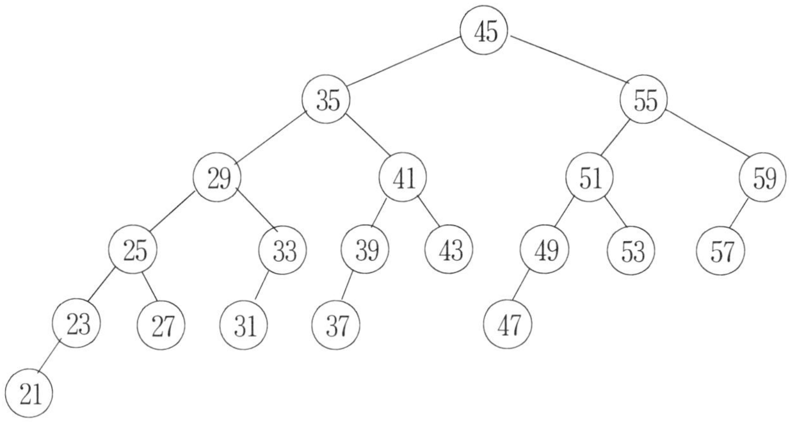

(나) 실제 원소 값을 이용

그림 8-3 피보나치 트리

피보나치 탐색과 이진탐색을 비교해 보면, 둘 다 리스트 내의 원소들이 정렬되어 있어야 한다는 조건을 가지지만, 이진탐색이 나누기 연산을 이용하는데 반해 피보나치 탐색은 더하기와 빼기 연산만 사용한다. 일반적으로 더하기와 빼기 연산이 나누기 연산보다 신속하게 처리되기 때문에, 평균적으로는 피보나치 탐색이 이진탐색 보다 더 효율적이다.

이상으로 이진탐색과 피보나치 탐색방법에 대해서 설명하였지만, 현실 세계에서는 다른 탐색방법을 많이 사용한다. 예를 들어, 가입자의 이름 순으로 기재된 전화번호부에서 어떤 사람의 전화번호를 찾을 때, 이진탐색이나 피보나치 탐색방법을 사용하는 사람은 없을 것이다. 찾고자 하는 사람의 성이 '하'씨이면 전화번호부의 뒷부분을 찾을 것이고, 찾고자 하는 사람의 성이 '강'씨이면 전화번호부의 앞부분을 찾을 것이다. 이와 유사한 방법이 보간탐색(interpolation search)법이다. 이 방법은 처음에 i = (KEY − LIST(low)) / (LIST(upper) − LIST(low)) ∗ n 인 i번째 원소와 비교한다. 이 때의 LIST(low)는 리스트에서 가장 작은 원소 값이며, LIST(upper)는 리스트에서 가장 큰 원소 값이다. 따라서 보간탐색은 리스트에 원소들이 어떻게 분포되어 있는가에 따라 그 효율이 좌우된다.

8.2 정렬(sort)

정렬은 리스트 내에 존재하는 원소들을 원하는 순서대로 정돈하는 것을 말한다. 정렬방법은 크게 내부정렬(internal sort)과 외부정렬(external sort)로 나뉘는데, 내부정렬은 리스트내의 원소 수가 많지 않아서 이들을 주기억장치 속에 저장하여 정렬하는 것을 말하며, 외부정렬은 리스트내의 원소 수가 많아서 주기억장치에 모두를 저장할 수 없기 때문에 보조기억장치에 저장해두고 정렬하는 것을 말한다. 내부정렬도 리스트 내의 원소들을 값이 커가는 순서로 정렬하는 오름차순(ascending) 정렬과 리스트내의 원소들을 값이 작아지는 순서로 정렬하는 내림차순(descentding) 정렬로 구분할 수 있는데, 여기에서는 오름차순 정렬에 대해서만 다루기로 한다. 내림차순 정렬은 오름차순 정렬과 반대로 생각하면 되기 때문에, 오름차순 정렬을 이해하면 내림차순 정렬은 자연히 이해될 것이다.

8.2.1 원시정렬(primitive sort) : 교환정렬

원시적 정렬은 가장 간단하게 수행될 수 있는 정렬방법이다. 첫 단계에서는 n개의 원소를 가지는 리스트의 첫 번째 원소와 그 이후의 원소와 비교하면서 첫 번째 원소보다 작은 값을 가지는 원소가 나올 때 마다 두 원소를 교환한다. 따라서 첫 단계가 완료되면 가장 작은 값을 가지는 원소가 리스트의 첫 번째 위치에 오게 된다. 두 번째 단계는 리스트의 두 번째 원소와 세 번째 이후의 원소들과 비교하여 세 번째에 있는 원소보다 작은 값을 가지는 원소가 나올 때 마다 두 원소를 교환한다. 따라서 두 번째 단계가 완료되면 리스트 내에서 두 번째로 작은 값이 리스트의 두 번째 위치에 오게 된다. 이와 같은 방식으로 n−1단계까지 진행하면, 리스트 내의 원소들이 값이 커가는 순서대로 정돈된다. 이에 대한 알고리즘은 다음과 같다:

```
void PRIMITIVE_SORT(int LIST[], int n) {
/* 크기 n인 정수 배열 LIST[]에서의 교환 분류 */
    int i, j, temp;      /* i는 기준 */

    for ( i = 0; i < n-1; i++)
        for ( j = i+1; j < n; j++)
            if (LIST[i] > LIST[j])
            {
                temp = LIST[i];
                LIST[i] = LIST[j];
                LIST[j] = temp;
            }
}
```

[리스트 8-4] 교환 정렬 알고리즘

위치	1	2	3	4	5	6	7	8	9
최초리스트	35	42	16	27	89	54	99	71	63
1 단계	16	42	35	27	89	54	99	71	63
2 단계	16	27	42	35	89	54	99	71	63
3 단계	16	27	35	42	89	54	99	71	63
4 단계	16	27	35	42	89	54	99	71	63
5 단계	16	27	35	42	54	89	99	71	63
6 단계	16	27	35	42	54	63	99	89	71
7 단계	16	27	35	42	54	63	71	99	89
8 단계	16	27	35	42	54	63	71	89	99

그림 8-4 원시정렬의 과정

위 알고리즘을 예를 들어서 설명해 보자. 그림 8-4의 최초 리스트의 첫 번째 원소 35와 두 번째 원소 42와 비교하여 두 번째 원소가 크므로 그대로 지나가고, 첫 번째 원소 35와 세 번째 원소 16과 비교하여 세 번째 원소가 작으므로 두 원소를 교환한다. 이제는 첫 번째 원소의 값이 16이 되어 네 번째 원소와 비교하여 첫 번째 원소가 작으므로 그대로 통과한다. 이후의 비교에서도 첫 번째 원소가 작게 되므로 변화가 없다. 이렇게 하여 1단계가 완료된다. 두 번째 단계에서는, 두 번째 원소인 42와 세 번째 원소 35가 비교되어 두 원소를 바꾼 다음, 두 번째 원소 35와 네 번째 원소 27과 비교하여 두 원소를 바꾼다. 이와 같이 기준으로 하는 위치의 원소 값과 새로 비교되는 원소 값을 비교하여, 기준으로 하는 위치의 원소 값 보다 작은 값을 가지는 원소가 나타날 때 마다 두 원소를 교환하면서 진행한다.

이 알고리즘의 복잡도를 계산해보자. 내부루프는 외부루프에서 성해지는 기준(i)에 따라서 (n − i)번 수행된다. 따라서 다음과 같은 계산에 의해서,

$$\sum_{i=1}^{n-1}(n-i) = (n-1) * \{(n-1) + (n-2) + \ldots + 1\} = (n-1) * n / 2$$

이 되므로, 알고리즘의 수행시간은 $O(n^2)$이다.

원시정렬 방법은 리스트 내의 자료들이 어느 정도 정렬되어 있느냐에 따라 리스트내의 원소들의 교환빈도가 좌우된다. 이미 오름차순으로 정렬된 리스트를 원시정렬할 때에는 원소의 교환이 한 번도 일어나지 않지만, 리스트가 내림차순으로 정렬된 경우에는 매 단계마다 (n−w') 횟수만큼의 원소교환이 있게 된다. 그리고 원소들의 정렬여부에 관계없이, 이 정렬방법은 (n−1) 단계를 수행하므로, 최악의 경우는 원소들이 원하는 순서와 반대되는 순서로 정렬되어

있는 리스트를 정렬하고자 할 때이다.

8.2.2 선택정렬(selection sort)

선택정렬의 첫 단계에서는, 리스트 내의 원소들을 처음부터 조사하여 가장 작은 값을 가지는 원소를 찾아서 리스트의 첫 번째 원소와 교환한다. 이와 같은 과정이 완료되면, 리스트에서 가장 작은 값을 가지는 원소가 리스트의 첫 번째에 위치하게 된다. 두 번째 단계에서는 리스트의 두 번째 이후의 원소들 가운데 가장 작은 값을 찾아서 리스트의 두 번째 원소와 교환한다. 따라서 리스트에서 두 번째로 작은 값을 가지는 원소가 리스트의 두 번째에 위치하게 된다. 이와 같은 과정을 계속하면 되는데, 이 방식은 제자리에 올 원소를 선택하여 제자리에 갈 수 있도록 한다는 것이다. 이와 같은 선택정렬에 대한 알고리즘은 다음과 같다.

```
void SELECTION_SORT(int LIST[], int n)
{
/* 크기 n인 정수 배열 LIST[]에서의 선택 분류 */
    int i, index, temp, min;      /* i는 기준 */

    for ( i = 1; i < n ; i++)
    {
        min = i;
        for ( index = i+1; index < n; index++)
            if (LIST[min] > LIST[index]) min = index;    /* 비교 */
            if ( min /= i)
            {
                temp = LIST[i];
                LIST[i] = LIST[min];
                LIST[min] = temp; /* 교환 */
            }
    }
}
```

[리스트 8-5] 선택 정렬 알고리즘

위 알고리즘을 예를 들어서 설명해 보자. 그림 8-5의 최초 리스트의 첫 번째 원소를 가장 작은 원소 값이라고 가정하고 두 번째 원소와 비교하는데, 두 번째 원소가 크기 때문에 그냥 통과 한다. 세 번째 원소는 첫 번째 원소보다 작기 때문에, 최소 값을 갖는 원소의 위치는 3이라고 기억한다. 이와 같은 과정을 계속하면, 리스트 중에서 가장 작은 값을 가지는 원소의 위치는 3이고, 이 원소가 위치해야 할 곳은 1이므로 두 원소를 바꾼다. 두 번째 단계에서는 리스트의 두 번째 원소 이후에서 가장 작은 값을 가지는 원소 27이 리스트의 두 번째 위치에 오도록 두 번째 원소와 교환한다. 이와 같은 과정을 8단계까지 계속하면, 리스트의 원소들이 오름차순으로 정렬된다.

이 알고리즘의 복잡도를 계산 해보자. 내부루프는 외부루프에서 정해지는 기준(i)에 따라서 (n−i)번 수행된다. 따라서 다음과 같은 계산에 의해서

위 치	1	2	3	4	5	6	7	8	9
최초리스트	35	42	16	27	89	54	99	71	63
1 단계	16	42	35	27	89	54	99	71	63
2 단계	16	27	35	42	89	54	99	71	63
3 단계	16	27	35	42	89	54	99	71	63
4 단계	16	27	35	42	89	54	99	71	63
5 단계	16	27	35	42	54	89	99	71	63
6 단계	16	27	35	42	54	63	99	71	89
7 단계	16	27	35	42	54	63	71	99	89
8 단계	16	27	35	42	54	63	71	89	99

그림 8-5 선택정렬의 과정

$$\sum_{i=1}^{n-1}(n-i) = (n-1) * \{(n-1) + (n-2) + \ldots + 1\} = (n-1) * n / 2$$

이 되므로, 알고리즘의 수행시간은 $O(n^2)$이다. 원시정렬과 비교할 때, 수행시간은 같게 나타났으나 원소의 교환빈도가 아주 낮아진다는 점에서 원시정렬 보다 우수하다고 할 수 있다. 하지만 선택정렬 방법도 리스트 내의 자료들이 정렬되어 있느냐에 관계없이 정렬을 진행하는 문제점이 있다.

8.2.3 삽입정렬(insertion sort)

삽입정렬은 이미 정렬된 부분 리스트에 새로운 원소를 제 위치에 삽입하는 방식으로 정렬을

수행한다. 첫 단계에서는 리스트의 첫 원소가 정렬된 것으로 간주한다. 두 번째 단계에서는, 리스트의 두 번째 원소를 앞의 리스트에서 제 위치를 찾아 삽입한다. 즉, 정렬안된 리스트의 두 번째 원소가 정렬된 부분 리스트의 원소보다 크면 뒤에, 작으면 앞에 삽입한다. 세 번째 단계에서는, 리스트의 세 번째 원소를 이미 정렬된 두 개의 원소를 갖는 부분 리스트에서 제 자리를 찾아 삽입한다. 이와 같은 삽입정렬의 알고리즘은 다음과 같다:

```
void insertion_sort(element list[], int n)
{
    int i, j;
    element next;
    for (i = 1; i < n; i++) {
        next = list[i];
        for (j = i-1; j >= 0 && next.key < list[j].key; j--)
            list[j+1] = list[j];
        list[j+1] = next;
    }
}
```

[리스트 8-6] 삽입 정렬 알고리즘

위 알고리즘을 예를 들어서 설명해 보자. 그림 8-6에서 보는 바와 같이, 첫 단계에서는 리스트의 첫 번째 원소가 이미 정렬되었다고 간주한다. 두 번째 단계에서는 리스트의 두 번째 요소인 42를 앞의 부분 리스트의 원소 35와 비교하여 크기 때문에 35 뒤에 삽입한다. 세 번째 단계에서는, 세 번째 요소인 16을 먼저 42와 비교하여 42가 크기 때문에 한 칸 뒤로 이동하고, 다시 35와 비교하여 35도 16 보다는 크기 때문에 한 칸 뒤로 이동시킨다. 이제 더 이상 비교할 대상이 없으므로 비어있는 자리에 16을 삽입한다. 이와 같은 과정을 리스트의 마지막 원소가 제자리를 찾을 때까지 계속 진행하면, 원소들이 정렬된다.

위 치	1	2	3	4	5	6	7	8	9
최초리스트	35	42	16	27	89	54	99	71	63
1 단계	35								
2 단계	35	42							
3 단계	16	35	42						
4 단계	16	27	35	42					
5 단계	16	27	35	42	89				
6 단계	16	27	35	42	54	89			
7 단계	16	27	35	42	54	89	99		
8 단계	16	27	35	42	54	71	89	99	
9 단계	16	27	35	42	54	63	71	89	99

그림 8-6 삽입정렬의 과정

이 알고리즘의 복잡도를 계산해 보자. 내부루프에서, 최선의 경우는 LIST(index) 〈 KEY 즉, 새로이 삽입하고자 하는 원소 값이 정렬된 리스트의 마지막 원소 보다 큰 경우인데, 이 때에는 내부루프의 조건만 비교할 뿐 내부루프 자체는 한 번도 실행하지 않고 외부루프만 (n−2)번 실행하면 된다. 최악의 경우는 새로이 삽입하고자 하는 원소 값이 정렬된 리스트의 첫 원소 값 보다 작은 경우인데, 이때에는 내부루프의 조건을 (index + 1)번 비교하고 내부루프 자체는 index 번 수행해야 한다. 한편 외부루프는 내부루프의 실행횟수와 상관없이 (n−2)번 수행되므로, 이 알고리즘의 전체 연산시간은 다음과 같다:

$$\sum_{i=?}^{n-?} \mathrm{I} ==\rangle O(n^2)$$

이상에서 설명한 삽입정렬도 리스트가 정렬되어 있는지에 상관없이 n단계의 수행이 필요하다는 문제가 있다. 또한 리스트가 부분적으로 정렬되어 있느냐에 따라 알고리즘의 효율성이 좌우되는데, 만일에 원래 리스트에서 정렬되어 있는 부분에 대해서는 정렬과정을 수행하지 않고, 정렬이 되어있지 않은 부분 리스트에 대해서만 정렬과정을 수행한다면, 전체 연산시간을 줄일 수는 있다.

8.2.4 버블정렬(bubble sort)

버블정렬은 리스트의 처음부터 바로 인접한 원소끼리 비교하여 순서가 맞지 않으면 순서대로 배치되도록 두 원소를 교환한다. 이와 같이 하여 한 단계가 완료되면 리스트에서 가장 큰 원소가 리스트의 마지막 위치로 가게 된다. 두 번째 단계에서는 리스트의 마지막 원소를 제외하고, 다시 리스트의 처음부터 인접한 원소끼리 비교하여 순서대로 배치하는 작업을 계속한다. 이와 같은 둘 째 단계가 완료되면, 리스트에서 두 번째 큰 원소가 리스트의 마지막에서 두 번째 위치에 오게 된다. 이러한 과정을 반복한다면, n개의 원소를 갖는 리스트에 대해서는 (n − 1)단계 안에 정렬이 완료될 수 있는데, 효율성을 높이기 위해서, 두 가지 사항을 추가적으로 고려한다. 첫째는 매 단계에서 마지막으로 비교하는 위치는 이전 단계에서 마지막 원소들이 교환된 위치이다. 단계가 하나씩 증가함에 따라 비교 대상이 하나씩만 감소되는 것이 아니라 리스트 중간에 정렬되어 있는 부분에 대해서는 다음 단계에서는 고려하지 않아도 된다는 생각을 이용하는 것이다. 이것에 대한 예는 뒤에서 언급하겠다. 둘째는 정렬의 각 단계에서 리스트가 이미 순서대로 정렬되었는가를 검사하여, 그렇다고 결정되면 더 이상 진행시키지 않는다는 것이다. 이와 같은 버블정렬에 대한 알고리즘은 다음과 같다.

```
void BUBBLE_SORT(int LIST[] ,int n)
{
    LATEST = n;
    for(pass=1; pass<n; pass++)
    {
    LAST = LATEST;
    for(index=1; index < LAST; index++)
        if(LIST(index) < LIST(index+1))  /* 인접 원소끼리 비교  */
        {
            temp = LIST(index);           /* 최종 교환 위치 기억 */
            LIST(index) = LIST(index+1);
            LIST(index+1) = temp;
            LATEST = index;
        }
    if(LATEST =LAST ORLATEST =1)   /* 리스트가 이미 정렬되었는가? */
    break;                        /* 전체 루프를 벗어남   */
    }
}
```

[리스트 8-7] 버블 정렬 알고리즘

위 알고리즘을 예를 들어서 설명해 보자. 그림 8-7의 첫 단계에서는 우선 첫 번째 원소 35와 두 번째 원소 42를 비교하여 두 번째 원소가 크기 때문에 그대로 통과하고, 두 번째 원소 42와 세 번째 원소 16을 비교하여 세 번째 원소가 작기 때문에 두 원소를 바꾼다. 이제 세 번째 원소 42와 네 번째 원소와 비교하여 두 원소를 바꾼다. 네 번째 원소가 된 42와 다섯 번째 원소를 비교하여 다섯 번째 원소가 크므로 그대로 통과한다. 다섯 번째 원소 89와 여섯 번째 원소 54를 비교하여 서로 교환하고, 여섯 번째 원소 89와 여덟 번째 원소 99를 비교하여 그대로 통과하고, 여덟 번째 원소 99와 아홉 번째 원소 77과 비교하여 서로 교환하고, 아홉 번째 원소가 된 99와 열 번째 원소 63을 비교하여 서로 바꾼다. 이제 더 이상 비교할 원소가 없으므로 1단계 과정을 종료하는데, 마지막 교환위치는 8이다. 두 번째 단계도 첫 단계와 마찬가지로 리스트의 첫 번째 원소와 두 번째 원소의 비교부터 시작하여 과정은 똑같이 진행되지만, 첫 단계에서 마지막 교환위치인 8 번째 원소까지만 비교한다. 4단계에서는 교환되는 원소가 없으므로 3 단계의 결과가 이미 정렬된 결과라는 것을 알게 되어 정렬과정을 종료한다.

위치	1	2	3	4	5	6	7	8	9	
최초리스트	35	42	16	27	89	54	99	71	63	
1 단계	35	16	27	42	54	89	71	63	99	최종 = 8
2 단계	16	27	35	42	54	71	63	89	99	최종 = 7
3 단계	16	27	35	42	54	63	71	89	99	최종 = 6
4 단계	16	27	35	42	54	63	71	89	99	최종 = 6

그림 8-7 선택정렬의 과정

이 알고리즘의 연산시간을 구해보자. 최선의 경우는 정렬하고자 하는 리스트가 이미 원하는 순서대로 정렬된 경우인데, 이때에는 한 단계의 실행으로 정렬이 완료된다. 최악의 경우에는 정렬하고자 하는 리스트가 원하는 순서의 반대로 정렬되어 있는 경우이다. 이 경우에는 원소의 교환횟수도 가장 많고, 정렬단계도 가장 길다. 예를 들면, 그림 8-8과 같은 경우이다. 첫 단계에서 첫 번째 원소 99는 8번의 비교 끝에 9번째 자리로 가고, 두 번째 단계에서 두 번째 원소 89는 7번의 비교 끝에 8번째 자리로 간다. 이와 같이 진행되어, 총 비교횟수는 36번이다. 일반적으로 n개의 원소를 갖는 리스트가 정렬하려는 순서와 반대로 정렬되었을 때는 다음과 같은 계산에 의해서,

$$\sum_{i=1}^{n-1}(n-i) = n(n-1)/2$$

총 연산시간은 $O(n^2)$이 된다. 이것은 선택정렬이나 삽입정렬과 같은 복잡도를 보이고 있으며 최악의 경우는 지금까지의 정렬보다도 비효율적이지만, 정렬중간에 정렬이 완료될 수 있는 가능성이 있으며, 평균적으로는 지금까지의 어떤 정렬방법 보다도 우수하다.

위치	1	2	3	4	5	6	7	8	9
최초리스트	99	89	71	63	54	42	35	27	16
1 단계	89	71	63	54	42	35	27	16	99
2 단계	71	63	54	42	35	27	16	89	99
3 단계	63	54	42	35	27	16	71	89	99
4 단계	54	42	35	27	16	63	71	89	99
5 단계	42	35	27	16	54	63	71	89	9
6 단계	35	27	16	42	54	63	71	89	99
7 단계	27	16	35	42	54	63	71	89	99
8 단계	16	27	35	42	54	63	71	89	99
9 단계	16	27	35	42	54	63	71	89	99

그림 8-8 최악의 경우의 버블정렬의 과정

8.2.5 쉘정렬(shell sort)

앞에서 살펴본 버블정렬에서는 자기 위치에서 멀리 떨어진 원소인 경우에는 여러 번의 교환이 이루어지기 때문에 효율성이 떨어진다. 이것은 버블정렬이 인접한 원소들끼리만 비교하기 때문에 자리를 옮기더라도 한 자리 밖에는 옮길 수 없다. 쉘정렬에서는 멀리 있는 원소들끼리 비교하도록 하여, 자리를 옮기게 될 경우에는 큰 폭으로 자기 자리를 찾아갈 수 있도록 개선하였다. 쉘정렬에서는 리스트에 있는 원소들이 여러 개의 부리스트를 구성하도록 하는데, 한 부리스트에 들어가는 원소들은 간격이 멀리 떨어진 원소들로 구성한다. 이러한 부리스트를 앞에서 설명한 정렬방법 중 하나를 선택하여 독립적으로 정렬하는데, 정렬이 진행되면서 원소들 간의 간격이 좁아져 부리스트 수가 줄어들고, 각 부리스트의 원소 수는 늘어난다. 최종적으로는 원소들 간의 간격을 1로 하여, 전체를 하나의 리스트로 만들어 정렬 수행한다. 이와 같은 쉘정렬에 대한 알고리즘은 다음과 같다:

```
void Shell(int item[], int count)
{
register int begin, inc=count;
```

```
do {
     inc = inc/3+1; // 간격을 계산한다.
     for(begin=0; begin<inc; begin++)
          Insert(begin, inc, item, count);
          // 계산된 간격으로 삽입을 한다.
     } while(inc>1);
}
```

[리스트 8-8] 쉘정렬 알고리즘

위 알고리즘을 예를 들어서 설명해 보자. 그림 8-9의 첫 단계에서는, 원소들간의 간격을 5로 하여 5개의 부리스트를 독립적으로 버블정렬하고 있다. 두 번째 단계에서는, 원소들간의 간격을 3으로 하여 3개의 부리스트를 버블정렬한다. 세 번째 단계에서는, 원소들간의 간격을 1로 하여 버블정렬을 수행한다. 첫 단계와 둘째 단계는 부리스트의 길이가 짧기 때문에 정렬시간이 길지 않다. 셋째 단계도 정렬시간이 많이 걸리지 않는데, 이것은 앞의 두 단계에서 각 원소들이 자기위치 근방에 와 있기 때문이다.

간격을 어떻게 결정하는 것이 좋은지에 대한 명확한 방법은 아직 밝혀지지 않고 있지만, 실험에 의하면 i번째 단계에서는 $(2^{k-i}-1)$을 간격의 값으로 사용하는 것이 좋다고 한다. 여기에서 $k = \lfloor \log_2 n \rfloor +1$, $1 \le i \le \lfloor \log_2 n \rfloor$ 이며, 결국은 1, 3, 7, 15, 31, ...의 역순으로 간격을 결정한다. 그리고 쉘정렬에서의 복잡도를 구하는 것은 간격을 어떻게 잡느냐 하는 것과 리스트의 원소들의 정렬상태에 파악해야 하기 때문에 아주 난해한 문제이기 때문에 생략한다.

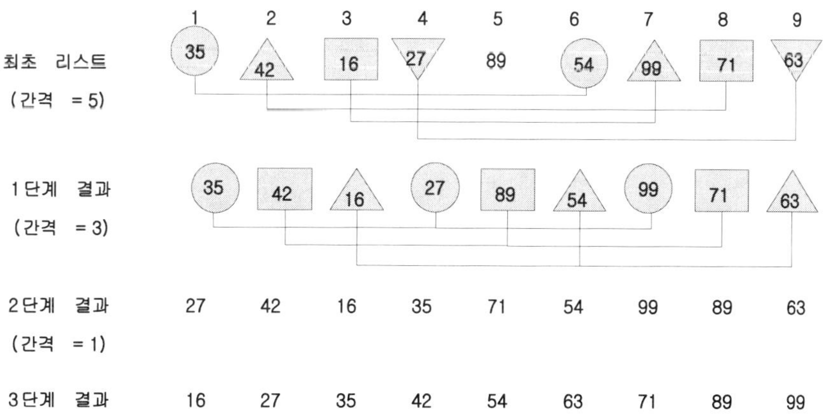

그림 8-9 쉘정렬의 과정

8.2.6 합병정렬(merge sort)

(1) 정렬된 두 리스트의 합병

합병정렬을 살펴보기 전에 정렬이 되어있는 두 개의 리스트를 합병하여, 정렬된 하나의 리스트로 만드는 것에 대해서 살펴보자. 두 리스트를 '가'와 '나'라고 한다면, '가'와 '나'는 모두가 정렬되어 있기 때문에, '가'의 첫 원소와 '나'의 첫 원소를 비교하여, '가'의 첫 원소가 '나'의 첫 원소보다 작으면 '가'의 첫 원소를 합병 리스트 '다'의 첫 원소로 삽입한다. 다음은 '가'의 두 번째 원소와 '나'의 첫 번째 원소 중에서 작은 원소를 '다'에 삽입한다. 이와 같이 정렬된 두 리스트에서 한 원소씩 비교하여, 그 중 작은 원소를 합병 리스트에 삽입하는 방식으로 진행하여 두 리스트에 있는 모든 원소가 합병 리스트에 삽입되면 합병작업이 완료된다. 이와 같은 합병 알고리즘은 다음과 같다:

```
merge(LC, LA, LB, m, n)
{
    ia = 1;
    ib = 1;
    ic = 1;

    while( ia <= m and ib<=n){
      if( LA[i] <= LB[j] )
        LC[k+1] = A[ I++];
      else
        LC[k+] = LB[j++];
    }

    if(ia <= m)
      while ( ia <= m )
        LC[ic++] = LA[ia++];
    else
      while ( ib <= m )
       LC[ic++] = LB[ib++];
}
```

[리스트 8-9] 합병정렬 알고리즘

위 알고리즘을 예를 들어 설명해 보자. 그림 8-10에서와 같은 두 개의 정렬된 리스트가 있다고 할 때, ia가 가르키는 LA의 첫 번째 원소 1과 ib가 가르키는 LB의 첫 번째 원소 2를 비교하여 LA의 첫 번째 원소가 작으므로, LA의 첫 원소 1을 LC의 첫 원소로 삽입하고, ia와 ic 값을 1 만큼 증가시킨다. 이제 LA의 두 번째 원소 3과 LB의 첫 번째 원소 2를 비교하여 작은 2를 LC에 삽입한다. 이와 같이 두 리스트의 원소를 비교하여, 그 중 작은 원소를 LC에 삽입하다가, (사)에서 처럼 어느 한 쪽 리스트의 모든 원소가 LC로 이동된 후에는, (아)에서 처럼 다른 리스트에 남아있는 모든 원소를 비교작업 없이 LC로 옮긴다.

이제 이 알고리즘의 복잡도를 계산해 보자. LC = LA + LB = n 이라고 가정하자. 루프내에서 두 리스트를 비교하여 작은 원소 하나씩을 합병 리스트에 삽입한다. 어느 한 쪽 리스트의 원소가 모두 합병 리스트로 옮겨지는 경우는, 다른 리스트의 남아있는 모든 원소를 비교없이 합병 리스트로 옮기면 되기 때문에, 가장 많은 비교횟수가 발생하는 최악의 경우는 두 리스트의 마지막 원소까지 서로 비교해야 하는 경우이다. 이 경우에는 n(LA+LB) 번 비교하게 되므로, 이 알고리즘의 복잡도는 O(n)이다.

이러한 합병연산은 하나의 리스트에 대해서도 적용할 수 있다. 그림 8-10에 나타난 것과 같이, 하나의 리스트를 두 개의 정렬된 리스트로 간주할 수 있다. 그러면 앞의 방법에서 i와 j가 동일한 리스트의 원소를 가리키는 것으로 바꾸고, 알고리즘을 약간만 수정하면 되는데, 수정된 알고리즘은 다음과 같다.

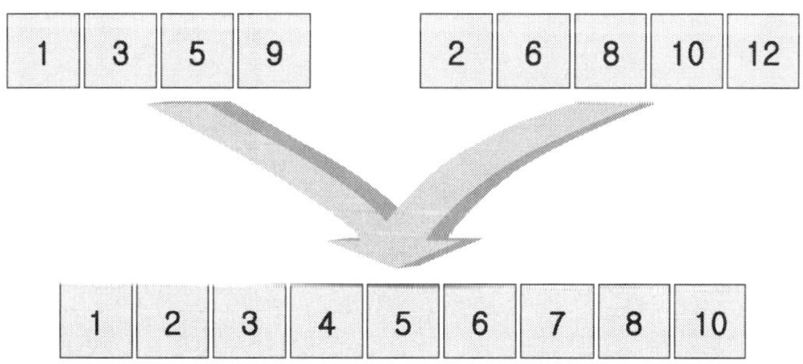

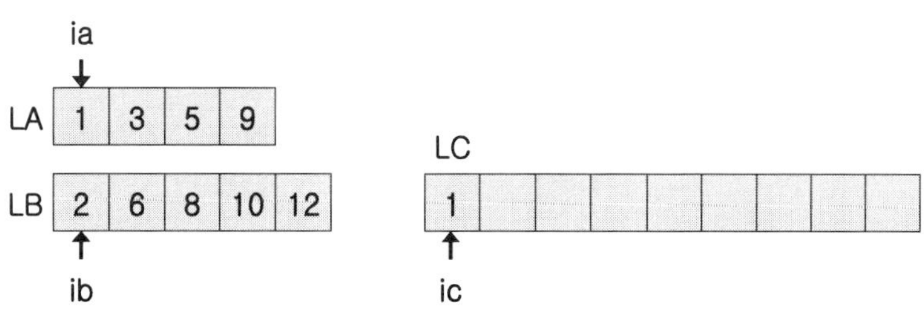

(가)

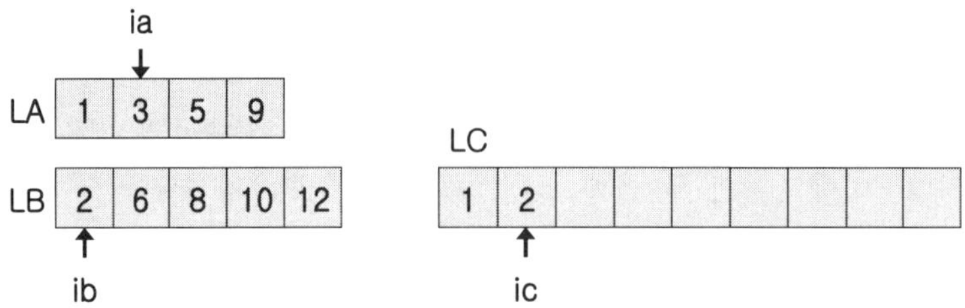
ia
LA 1 3 5 9
LB 2 6 8 10 12
ib
LC
1 2
ic

(나)

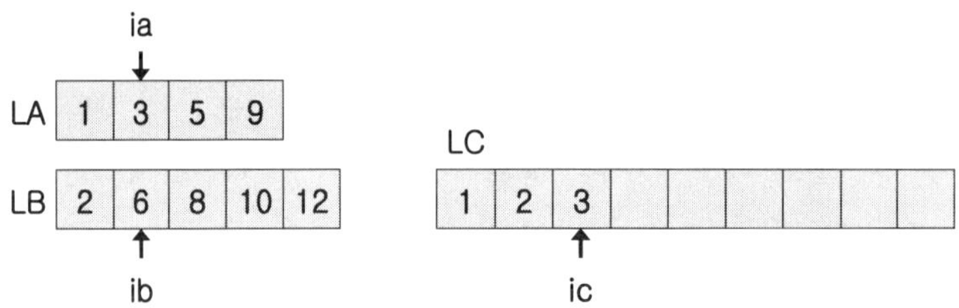
ia
LA 1 3 5 9
LB 2 6 8 10 12
ib
LC
1 2 3
ic

(다)

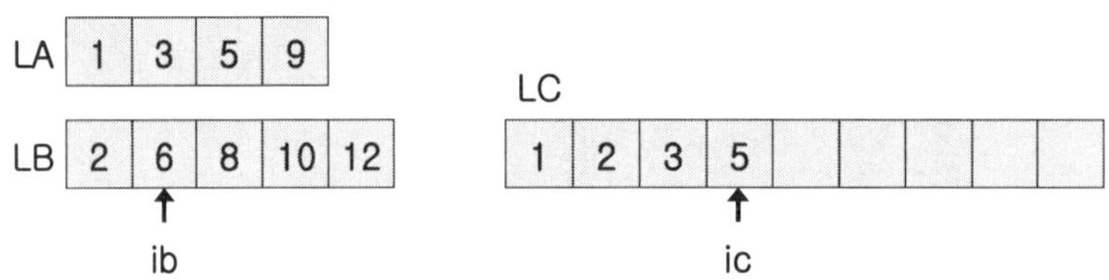
LA 1 3 5 9
LB 2 6 8 10 12
ib
LC
1 2 3 5
ic

(라)

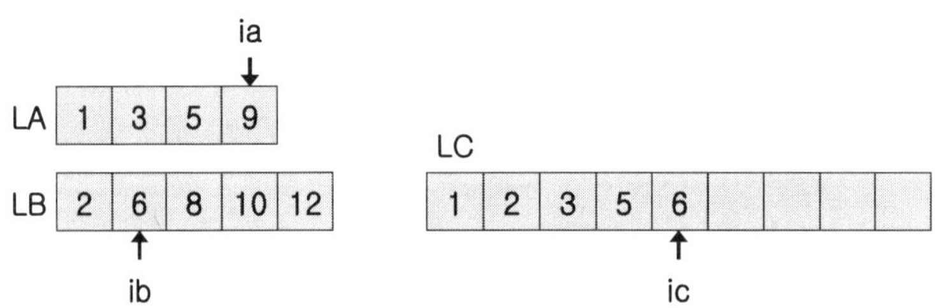
ia
LA 1 3 5 9
LB 2 6 8 10 12
ib
LC
1 2 3 5 6
ic

(마)

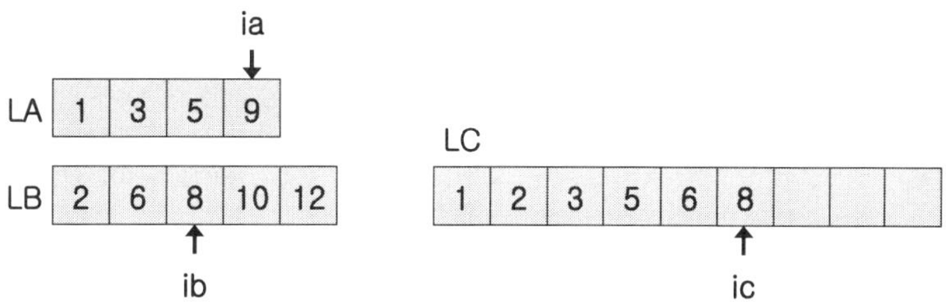

(바)

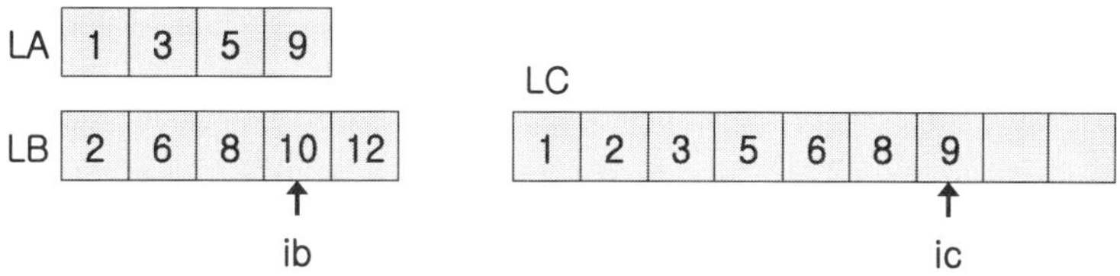

(사)

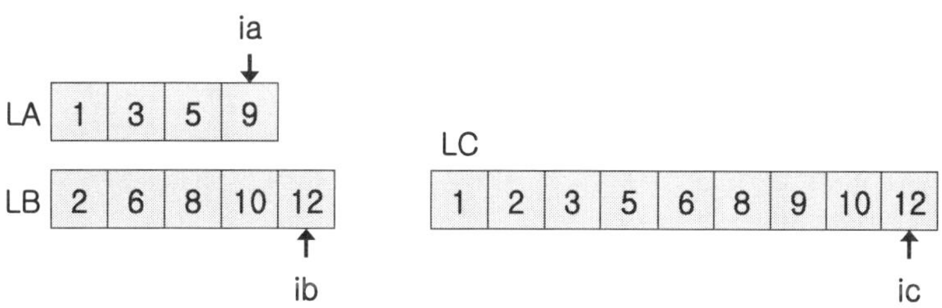

(아)

그림 8-10 정렬된 두 리스트의 합병

(2) 이원합병(2 way merge) 정렬

앞에서 설명한 합병은 정렬된 두 개의 리스트를 하나의 리스트로 합병하는 것이었다. 이러한 합병을 이원합병(2_way merge)이라 한다. m개의 리스트를 하나의 리스트로 합병하는 것을 m_원합병이라 한다. 여기에서는 이원합병에 대해서 취급하기로 한다.

이원합병 정렬의 첫째 단계에서는, n개의 원소를 가지는 리스트를 하나씩의 원소를 갖는 n개의 부리스트로 간주하여 이원합병을 시도한다. 인접한 리스트끼리 합병하게 되는데, 첫 번째 부리스트는 두 번째 부리스트와, 세 번째 부리스트는 네 번째 부리스트와, ... 합병하여 전체 부리스트의 갯수를 반으로 줄인다. 다음에는 일차합병된 부리스트를 가지고 앞에서와 같은 과정을 반복한다. 결국 모든 부리스트가 하나의 리스트로 합병될 때까지 합병하는 과정을 반복함으로써, 리스트 내의 원소들을 정렬하게 된다. 이와 같은 알고리즘은 다음과 같다.

```
void mrg_pass( int to[], int from[], int size, int len )
{
    int low = 0;

    while ( low < size - 2*len )
    {
        merge ( to, from, low, low+len-1, low+2*len-1 );
        low += 2 * len;
    }

    if( low+len-1 < size )
    {
        merge( to, from, low, low+len-1, size);
    } else
    {
        while( low <= size )
        {
            to[low] + from[low];
            low++;
        }
    }
}
```

[리스트 8-10] 이원 합병 정렬 알고리즘

이제 이 알고리즘을 예를 들어서 설명하자. 그림 8-11에서의 첫 단계는 리스트를 길이가 1인 9개의 부리스트로 나누는 것이다. 이러한 9개의 부리스트를 인접한 쌍끼리 합병정렬하면 1단계 결과를 얻을 수 있다. 한 가지 주의할 것은 9번째 부리스트는 쌍을 이루지 못하고 그대로 합병된다는 것이다. 이제 부리스트의 수는 9개에서 5개로 줄었다. 이 5개의 부리스트들을 인접한 것끼리 다시 합병정렬을 수행하면, 2단계 결과를 얻는다. 여기에서도 마지막 부리스트는 쌍을 이루지 못하기 때문에 인접된 부리스트와 정렬하는 과정없이 그대로 합병된다. 다시 2단계 결과인 3개의 리스트에 대해서 앞의 두 부리스트에 대하여 합병정렬한 다음에 쌍을 이루지 못한 마지막 부리스트를 합병하면 3단계 결과를 얻는다. 이제는 2개의 부리스트만 존재하므로, 이것을 합병정렬하면 하나의 결과 리스트를 얻는다.

이 알고리즘의 복잡도를 계산해 보자. n개의 원소를 갖는 리스트를 합병정렬할 때 정렬단계는 ⌈$\log_2 n$⌉ 즉, $\log_2 n$이 정수가 아닐 때에는 바로 위의 정수 값이 된다. 합병정렬의 각 단계에서의 비교횟수는 n에 비례하기 때문에, 합병정렬의 복잡도는 $O(n \log_2 n)$이 된다.

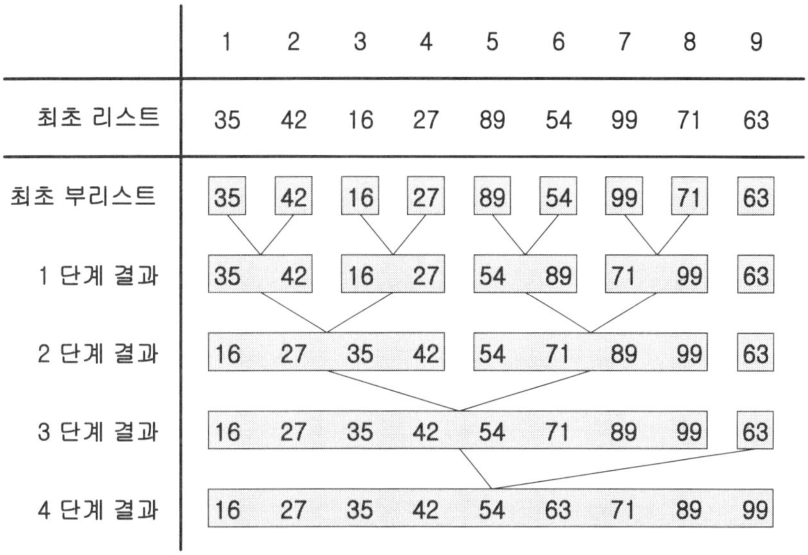

그림 8-11 이원합병 정렬

8.2.7 퀵정렬(quick sort)

퀵정렬 또는 분할교환 정렬(partition-exchange sort)도 앞에서 살펴 본 선택정렬 등과 같이, 리스트 중의 한 원소를 제 위치에 갖다 놓는 방식을 취한다. 선택정렬 등은 리스트 중의 한 원소를 제일 마지막 또는 제일 앞에 갖다 놓는데 반해, 퀵정렬에서는 한 원소가 리스트의 중간에 올 수 있다는 점에서 다르다. 퀵정렬에서의 첫 단계는 리스트 중의 한 원소를 선택하여, 이 원소가 리스트 내에서 제 위치를 찾도록 한다.

이와 같이 선택된 원소를 피벗(pivot) 원소라 한다. 퀵정렬 과정에서 피벗원소 보다 작은 원소들은 피벗원소의 왼쪽에 위치하여 하나의 부리스트를 구성하도록 하고, 피벗원소 보다 큰 원소들은 피벗원소의 오른쪽에 위치하여 하나의 리스트를 구성하도록 한다. 따라서 피벗원소가 전체원소들 중에서 중간 크기라면, 이 원소를 중심으로 같은 크기를 갖는 두 개의 리스트가 좌우로 있게 될 것이다. 다음 단계는 앞에서 분할된 부리스트를 독립적으로 퀵정렬한다. 이와 같은 과정을 부리스트가 원소를 하나 이하 가질 때까지 계속한 다음에 정렬되지 않고 남아있는 부리스트를 선택하여 같은 과정을 되풀이한다. 따라서 현재 정렬되지 않는 부리스트의 시작과 끝 위치를 기억해두어야 하는데, 이를 위해서 스택을 사용한다. 전체 정렬이 완료되는 것은 부리스트의 시작과 끝 위치를 저장하는 스택이 비게 되는 경우이다. 두 개의 부리스트 중 어느 쪽을 먼저할 것인지는 사람마다 다르겠지만은, 원소 수가 많은 부 리스트를 나중에 하는 것이 좋다. 왜냐하면, 원소 수가 많은 부리스트를 다시 퀵정렬하다 보면 부리스트 수가 많아져서 스택에 저장해야 되는 자료가 많아지기 때문이다. 여기에서는 설명의 편의상 항상 왼쪽의 부리스트를 먼저 처리한다고 가정하여 진행한다. 그리고 피벗원소는 가능하면 전체 리스트의 원소 가운데서 중간 값을 가지는 원소로 하는 것이 이상적이지만, 중간 값을 갖는 원소를 찾는 것이 쉽지 않다. 일반적으로는, 리스트의 첫 번째 원소를 피벗원소로 가정한다. 이와 같은 퀵정렬에 대한 순환 알고리즘은 다음과 같다.

```
void sort(int a[], int left, int right)
{
    int i = left, j = rinight, temp;
    int x = (left + right) / 2;
    do {
        while (a[i] < x) i++;
        while (a[j] > x) j++;
        if (i <= j)
        {
            temp = a[i]; a[i] = a[j]; a[j] = temp;
            i++; j--;
        }
    } while (i <= j);
    if (l < j) sort(a, left, j);
    if (i < r) sort(a, i, right);
}
```

[리스트 8-11] 퀵 정렬 알고리즘

앞 알고리즘을 예를 들어서 설명해 보자. 그림 8-12에서, 퀵정렬의 첫 번째 단계는 최초 리스트의 첫 번째 원소 35를 피벗원소로 하여, 오른쪽으로 진행하면서 이 값 보다 큰 최초의 원소인 42를 찾고, 다시 뒤에서 왼쪽으로 진행하면서 피벗원소 값 보다 작은 최초의 원소 27을 찾는다. 이 때의 left의 값은 2, right의 값은 4이므로 left의 값이 right의 값 보다 작기 때문에 두 원소를 교환한다. 다시 left를 3부터 시작하여 증가시키면서 피벗원소 보다 큰 첫 번째 원소 42를 찾고, right를 3부터 시작하여 감소시키면서 피벗원소 보다 작은 첫 번째 원소 16을 찾는다. 이 때의 left는 4, right는 3이다. 이제는 left의 값이 right의 값 보다 크기 때문은 두 원소를 교환하는 것이 아니라, 피벗원소 35와 right에 위치한 16을 교환하여 1 단계를 완료한다. 그러면 원래의 리스트가 피벗원소였던 35를 중심으로 하여, 피벗원소 보다 작은 원소들은 왼쪽에, 피벗원소 보다 큰 원소들은 오른쪽에 배열되어, 두 개의 부리스트로 나눌 수 있다. 두 번째 단계에서는 첫 단계에서 분할된 리스트 중 왼쪽 부리스트 [16 27]을 선택하여 다시 퀵정렬을 수행한다. 왼쪽 부리스트에 대한 정렬이 완료되면, 정렬되지 않은, 방금 정렬을 수행한 부리스트의 오른쪽 부리스트가 있으면 바로 그 부리스트를 선택하고, 오른쪽 부리스트가 없으면 그 윗 단계에서 오른쪽 부리스트가 되는 부리스트를 선택하여 퀵정렬을 수행한다. 따라서 셋째 단계에서는 부분 리스트 [42 89 54 99 71 63]을, 첫 번째 원소인 42를 피벗원소로 하여, 퀵정렬한다.

	1	2	3	4	5	6	7	8	9	Low	Upper
최초 리스트	35	42	16	27	89	54	99	71	63	1	9
1 단계 결과	16	27	35	42	89	54	99	71	63	1	2
2 단계 결과	16	27	35	42	89	54	99	71	63	4	9
3 단계 결과	16	27	35	42	89	54	99	71	63	5	9
4 단계 결과	16	27	35	42	71	54	63	89	99	5	7
5 단계 결과	16	27	35	42	63	54	71	89	99	5	6
6 단계 결과	16	27	35	42	54	63	71	89	99	9	9
7 단계 결과	16	27	35	42	54	63	71	89	99		

그림 8-12 퀵정렬의 과정

이상에서 살펴본 퀵정렬에서 한 가지 알아두어야 할 사항이 있다. 부리스트의 원소 수가 9개 이하인 경우는 퀵정렬이 버블정렬 보다 늦어진다는 것이다. 왜냐하면, 퀵정렬은 부리스트의 시작과 끝 위치를 스택에 저장하기 때문에, 스택에 대한 처리작업으로 많은 시간을 소비하기 때문이다. 따라서 부리스트의 원소 수가 9개 이하인 경우는 다른 정렬방법을 사용하는 것이 전체적인 효율을 증진시킨다.

8.2.8 히프정렬(heap sort)

지금까지 살펴본 정렬방법은 선형 자료구조를 이용한 정렬이었지만, 여기서 살펴볼 히프정렬은 히프라는 비선형 자료구조를 이용하여 자료들을 정렬하는 방법이다.

(1) 히프의 정의

히프라는 비선형 자료구조는 다음과 같이 정의된다.

1) 완전 이진트리이다. 즉, 리프노드가 아닌 노드들은 모두 두 개의 자식노드를 가지며, 마지막 수준에서의 리프노드들은 왼쪽에서 부터 채워진다.
2) 부모노드가 가지는 자료 값은 자식노드들이 가지는 자료 값 보다 크거나 같다.

히프에 대한 두 번째 정의에서, 부모노드가 가지는 자료 값이 그 자식노드들이 가지는 자료 값 보다 크다고 했는데 이러한 히프를 최대히프(max heap)라고 하고, 반대로 부모노드가 가지는 자료 값이 그 자식노드들이 가지는 자료 값 보다 작은 히프를 최소히프(min heap)라고 구분하기도 한다. 그러나 여기에서는 최대히프에 대해서만 다루기로 한다.

그림 8-13에는 두 개의 완전 이진트리를 나타내고 있으나, 이 중에서 히프는 T_2뿐이다. 히프는 완전 이진트리이기 때문에 제 5 장에서 언급한 바와 같이, 기억공간을 낭비함이 없이 리스트를 이용하여 표현할 수 있다. 그림 8-14는 그림 8-13의 T_2를 리스트로 표현한 것이다. 히프를 리스트로 표현했을 때, i번째 노드의 왼쪽 자식노드가 있다면 그 위치는 2i가 될 것이고, i번째 노드의 오른쪽 자식노드가 있다면 그 위치는 2i+1이 될 것이다. 한편 i번째 노드의 부모노드의 위치는 항상 $\lfloor i/2 \rfloor$이다. 그림 8-14 T_2에서 예를 든다면, 3번째 원소의 왼쪽 자식에 해당하는 원소는 6번째의 42이고, 3번째 원소의 오른쪽 자식에 해당하는 원소는 7번째인 35이며, 3번째 원소의 부모에 해당하는 원소는 1번째인 99이다.

히프를 구성하는 데는 두 가지 방식을 생각할 수 있다. 한 가지는 기존의 히프에 한 원소씩 첨가하면서 새로운 히프를 구성하는 것이고, 다른 한 가지는 히프가 아닌 완전 이진트리를 구성한 다음에 히프로 조정하는 것이다. 여기에서는 후자의 방식을 따라 히프를 구성하는 것에 대해서 다루기로 한다.

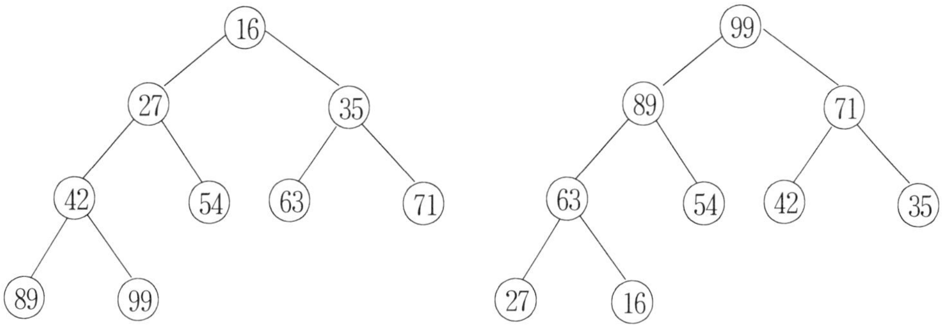

T1　　　　　　　　T2

그림 8-13 완전 이진트리와 힙프

1	2	3	4	5	6	7	8	9
99	89	71	63	54	42	35	27	16

그림 8-14 히프에 대한 리스트 표현

다음의 알고리즘은 뿌리노드를 제외한 왼쪽 부트리와 오른쪽 부트리는 히프의 성질을 만족하는 완전 이진트리를 히프로 조정하는 것이다.

```
int adjust(int , int n)
{
/* 힙에서 루트 원소 삭제; underflow시에 0을 리턴, 성공 루트 리턴 */
    int item, temp, parent=0, child = 1; /* 최초 루트가 부노드 */
    if(n==-1)
    {                                       /* underflow check */
        printf("Heap is empty\n");
        return(0);
    }
    item = heap[0];                    /* 루트 원소 할당 */
    heap[0] = heap[n--];        /* 마지막 원소를 루트 이동, 원소개수 감소 */
    while(child<=n)
    { /* 자노드가 존재하는 동안 루트에서 하향식 */
```

```
        if(child<n && heap[child] < heap[child+1]) /* 좌측 자노드 */
            child++; /* 좌측 자노드를 비교 대상으로 선택 */
        if(heap[child] > heap[parent])
        { /* 부노드와 자노드를 */
            temp = heap[child];
            heap[child] = heap[parent];
            heap[parent] = temp;
        }
    parent = child; /* 현 자노드를 다음 부노드로 */
    child = parent*2 + 1; } /* 새로운 좌측 자노드 */
    return(item); /* 최대값 리턴 */
}
```

[리스트 8-12] 완전 이진 트리를 히프로 구성하는 알고리즘

위 알고리즘을 예를 들어서 설명해 보자. 그림 8-15의 (가)에서 root를 3이라 하여 조정 알고리즘을 호출하였다면, 35를 가지는 노드는 자식노드들 중 큰 값을 가지는, 즉 71을 가지는 노드와 교환되어 (나)와 같은 부분 히프를 생성한다. 다시 root를 2라 하여 조정 알고리즘을 호출하면, 27을 가지는 노드는 자식노드들 중 큰 값을 가지는 노드와 교환되어 (다)와 같은 부분 히프를 생성한다. 이제 뿌리노드를 제외한 왼쪽 부트리와 오른쪽 부트리가 히프이기 때문에, root를 1이라 하여 조정 알고리즘을 호출하면, (라)와 같이 root의 자식노드들 중 큰 값 71을 가지는 노드는 16을 가지는 노드자리로 가고, 그 다음 노드들 중에서 큰 값 63을 가지는 노드가 그 부모자리로 가고, 더 이상의 자식노드가 없기 때문에, 원래 뿌리노드에 있던 16이 마지막으로 자리를 옮긴 자리에 들어가서 (마)와 같은 전체 히프를 구성하게 된다.

이와 같은 알고리즘이 n개의 노드를 가지는 완전 이진트리에 대해서 적용된다면, 많아야 (트리의 깊이)번 만큼 수행하면 된다. 트리의 깊이는 $\lceil \log_2 (n+1) \rceil$ 이 되므로, 이 알고리즘의 연산시간은 $O(n\log_2 n)$이다.

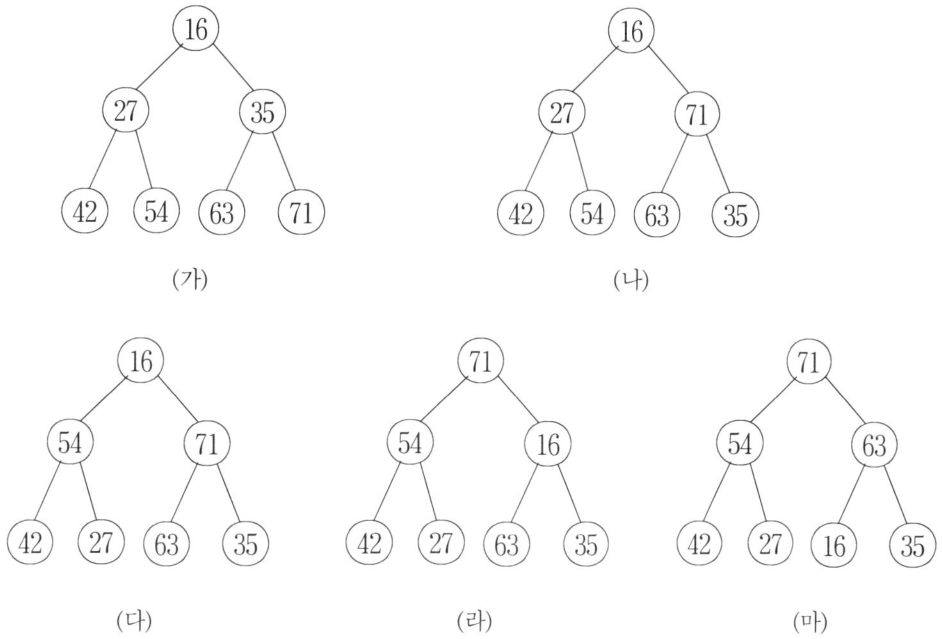

그림 8-15 완전 이진트리를 히프로 조정

(2) 히프정렬

히프정렬은 두 단계로 진행된다. 첫 단계에서는 뿌리노드의 자료 값과 히프의 마지막 노드의 자료 값을 교환한다. 히프의 뿌리노드에는 전체 노드의 자료 값 중 가장 큰 값을 가지기 때문에, 이 자료 값을 제일 뒤로 옮기고, 제일 마지막 노드에 있던 값을 뿌리노드의 자리에 옮긴다. 이제는 뿌리노드의 자료 값 때문에 히프가 되지 않지만, 뿌리노드의 왼쪽 부트리와 오른쪽 부트리는 히프의 성질을 만족한다. 따라서 이와 같은 완전 이진트리에, 앞에서 설명했던 수정 알고리즘을 적용하면 히프를 만들어 낼 수 있다. 물론 이 때의 노드 수는 원래 히프의 노드 수보다 하나 적도록 해야 한다. 새로 히프가 구성되면 다시 앞서의 과정을 거치게 된다. 이와 같은 과정을 히프에 노드가 남아있지 않을 때까지 계속 수행하면 된다. 히프정렬에 대한 알고리즘은 다음과 같다.

```
void hsort(int a[], int n)
{
    /* n개의 정수 배열 a[]를 힙분류 */
    int i, temp;
    for(i=n/2-1; i>=0; i--)
        adjust(i, n);
    for(i=n-1; i<= 1; i--) {
        temp = a[i]; a[i] = a[0]; a[0] = temp;
        adjust(1, i-1);
    }
}
```

[리스트 8-13] 히프 정렬 알고리즘

위 알고리즘을 예를 들어서 설명해 보자. 그림 8-16의 (가)에 나타난 원소들을 완전 이진트리로 표현하면 (나)와 같은 트리가 된다. (나)의 트리는 9개의 노드를 가짐으로, 4(9/2)번째 노드를 뿌리노드로 하는 부트리를 히프로 구성하는 것을 시작으로 하여 (다)와 같은 최대 히프를 구성한다. 최대 히프가 구성되면, 뿌리노드의 자료 값과 마지막 노드의 자료 값을 교환하고 마지막 노드를 트리에서 제거하는데, 결과가 그림 8-17(가)에 나타나 있다.

1	2	3	4	5	6	7	8	9
35	42	16	27	89	54	99	71	63

(가) 최초 리스트

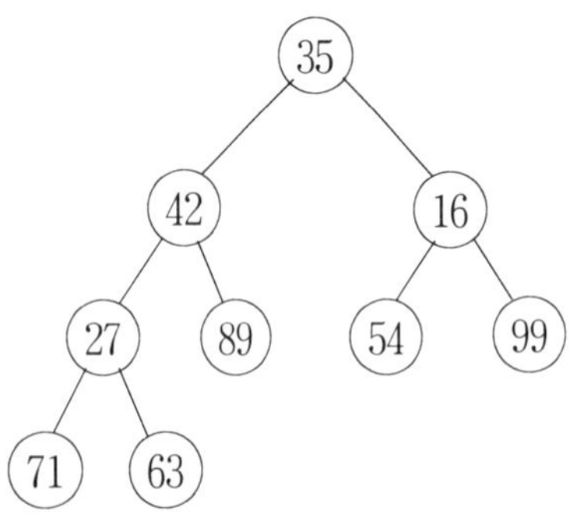

(나) 완전 이진트리 표현

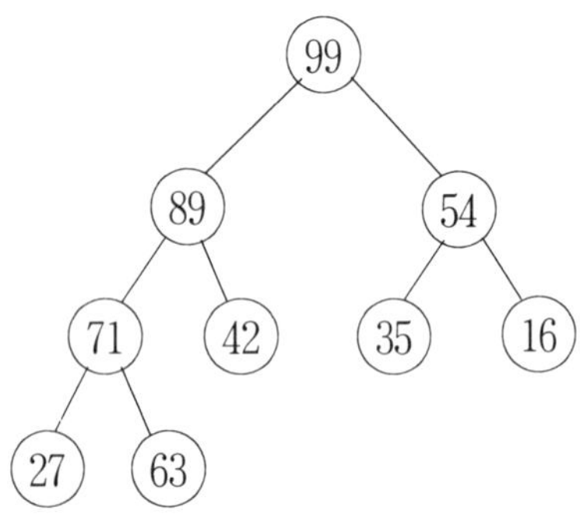

(다) 최대 히프

그림 8-16 히프 구성

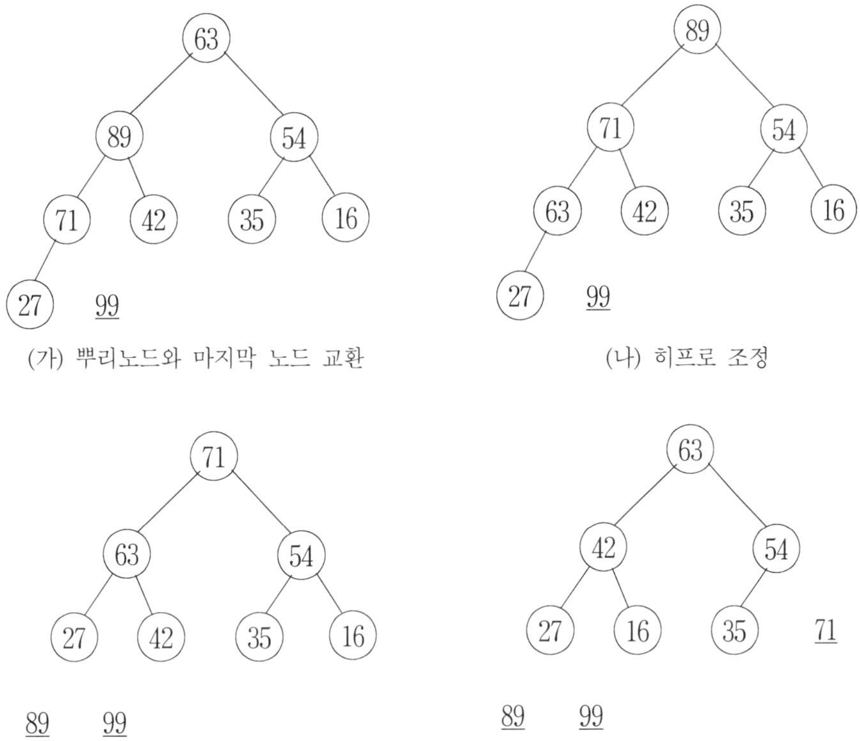

(가) 뿌리노드와 마지막 노드 교환　　(나) 히프로 조정

(다)　　(라)

그림 8-17 히프 정렬과정의 일부

(가)는 히프가 아니기 때문에 조정 알고리즘을 이용하여 (나)와 같은 히프로 재구성한다. 다시 뿌리노드의 자료 값과 마지막 노드의 자료 값을 교환하고, 마지막 노드를 트리에서 제거하고 나서 새로운 히프를 생성한다. 이러한 결과가 (다)에 나타나 있고, (라)는 한 단계 더 진행한 결과이다. 이러한 과정을 히프에 하나의 노드가 남을 때까지 계속한다.

히프정렬에 대한 복잡도를 구해보자. 리스트가 n개의 원소를 가진다고 했을 때, 이것을 완전 이진트리로 나타내면, 이 트리의 깊이는 $2^{d-1} \le n < 2^d$인 d가 될 것이다. i($\le$ d) 수준에서의 노드는 기껏해야 2^{i-1}개이다. 알고리즘의 첫 번째 루프는 자식을 가지는 노드에 대해서만 한 번씩 조정 알고리즘을 호출하므로, 이 루프에 걸리는 시간은 그 수준에 있는 노드 수와 노드가 이동될 수 있는 거리를 곱한 결과들의 합으로 나타낼 수 있다. 따라서

$$\sum_{i=1}^{d} 2^{i-1} * (d-i) = \sum_{i=1}^{d-1} 2^{d-i-1} * i \le \sum_{i=1}^{d-1} (i/2^i) < 2n \quad ==> O(n)$$

두 번째 루프는 조정 알고리즘을 (n - 1)번 호출하기 때문에, 이에 대한 연산시간은

((n - 1) * ADJUST의 실행시간) 즉, O(nlog$_2$n)이다. 따라서 알고리즘 전체의 연산시간은 O(nlog$_2$n)이 된다.

이상의 정렬방법에 대한 연산시간 및 기억장소의 사용에 대해서 비교하면 다음과 같다.

정렬방법	평균연산시간	최악의 연산시간	기억장소의 사용
원시정렬	$O(n^2)$	$O(n^2)$	원래의 배열 그대로 사용
선택정렬	$O(n^2)$	$O(n^2)$	원래의 배열 그대로 사용
버블정렬	$O(n^2)$	$O(n^2)$	원래의 배열 그대로 사용
쉘 정렬	$O(n(\log_2 n)^2)$	$O(n\sqrt{n})$	원래의 배열 그대로 사용
합병정렬	$O(n\log_2 n)$	$O(n\log_2 n)$	n개의 추가 기억장소 필요
퀵 정렬	$O(n\log_2 n)$	$O(n^2)$	$\log_2 n$개의 추가장소 필요
히프정렬	$O(n\log_2 n)$	$O(n\log_2 n)$	원래의 배열 그대로 사용

실 습 예 제

1. 이진 탐색 트리 이진 탐색 트리는 모든 노드의 오른쪽 서브트리에는 현재 노드값보다 큰값들이, 왼쪽 서브트리에는 현재 노드값보다 작은 값들이 저장되어 있는 트리를 의미한다. 이진 탐색 트리는 탐색에 사용된다. 이진 탐색 트리에서 중요한 3가지의 연산은 탐색, 삽입, 삭제 연산이다. 이진 탐색 트리의 생성은 삽입 연산을 통하여 이루어진다.

   탐색 연산은 이미 만들어져 있는 이진 탐색 트리에서 특정한 값을 찾는 것이다. 찾고자하는 값을 루트노드값과 비교한다. 루트보다 작으면 왼쪽 서브트리로 이동하고 크면 오른쪽 서브트리로 이동한다. 이러한 과정을 원하는 값을 찾거나 실패할 때까지 되풀이하면 된다.

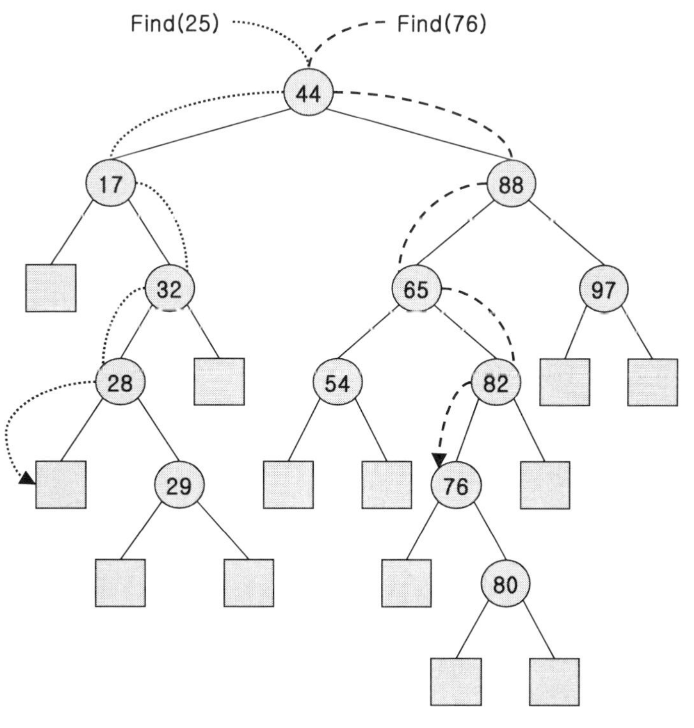

삽입 연산은 먼저 탐색 연산을 실시한 후에 탐색이 실패한 위치에 삽입하면 된다. 삭제 연산은 가장 어려운 부분이다. 문제는 노드를 삭제한 다음, 다시 이진 탐색 트리의 조건에 맞도록 전체 트리를 바꾸는 것이다. 삭제시에는 다음의 3가지 경우에 따라 서로 다른 알고리즘을 수행한다.

- 삭제하려는 노드가 단말 노드일 경우 → 그냥 해당 노드를 삭제한다.
- 삭제하려는 노드가 하나의 왼쪽이나 오른쪽 서브 트리중 하나만 가지고 있는 경우 → 노드를 삭제하고 서브 노드를 위로 올린다.
- 삭제하려는 노드가 두 개의 서브 트리 모두 가지고 있는 경우 → 노드의 이동을 최소화하기 위하여 왼쪽 서브트리에서 가장 큰 값이나 오른쪽 서브트리에서 가장 작은 값을 삭제 노드의 위치로 옮긴다.

1-1. 이진 탐색 트리는 다음과 같이 노드의 오른쪽에는 노드 값보다 큰값이, 왼 쪽에는 작은 값이 저장되어 있는 트리로서 데이터의 탐색이 무척 효율적인 트리이다. 탐색하는 방법에는 순환적인 방법과 비순환적인 방법이 있다. 다음과 같은 프로그램을 입력하고 컴파일, 실행하여 보라.

```
#include <stdio.h>
#include <stdlib.h>
#include <memory.h>

typedef struct tree_node {
     int key;
     struct tree_node *left_chlid, *right_child;
} tnode_str;

tnode_str *root

tnode_str *binary_search_tree(tnode_str *node, int key)
{
     if (node == NULL) return NULL;
     if (key == node -> key ) return node;
     else if (key < node->key)
```

```
        return binary_search_tree(node->left_child, key);
    else
        return binary_search_tree(node->right_child, key);
}
tnode_str *binary_search_tree1(tnode_str *node, int key)
{
    while(node != NULL) {
        if (key == node->key) return node;
        else if (key < node->key) node = node->left_child;
        else node = node->right_child;
    }
    return NULL;
}

void main()
{
    tnode_str *n1, *n2, *n3, *n4, *n5;
    n1 = (tnode_str *)malloc(sizeof(tnode_str));
    n2 = (tnode_str *)malloc(sizeof(tnode_str));
    n3 = (tnode_str *)malloc(sizeof(tnode_str));
    n1->key = 20;
    n1->left_child = n2;
    n1->right_child = n3;

    n2->key = 10;
    n2->left_child = NULL;
    n2->right_child = NULL;

    n3->key = 30;
    n3->left_child = NULL;
    n3->right_child = NULL;

    root = n1;
```

```
    n4 = binary_search_tree(root, 10);
    printf("순환적인 탐색 = %d\n", n4->key);

    n5 = binary_search_tree1(root, 30);
    printf("반복적인 탐색 = %d\n", n5->key);
}
```

1-2. 앞의 코드를 수정하여 다음과 같은 이진 탐색 트리를 만들어 보라. 이 트리에서 60을 탐색하여 보라.

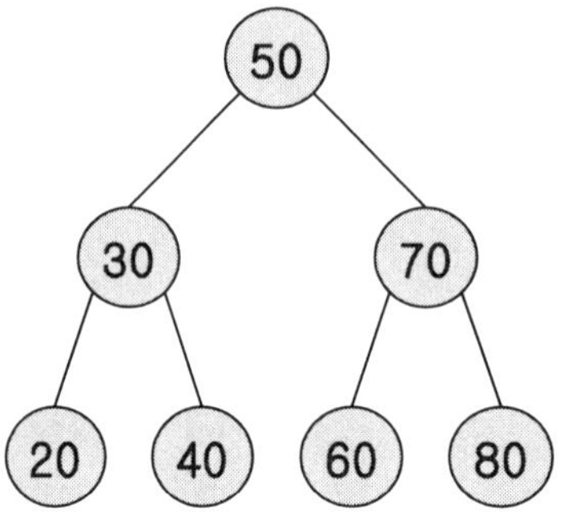

1-3. 앞의 프로그램에 탐색 경로를 표시하는 코드를 추가하여 보자. 즉 다음과 같은 트리에서 20을 탐색하면 다음과 같이 표시되어야 한다.

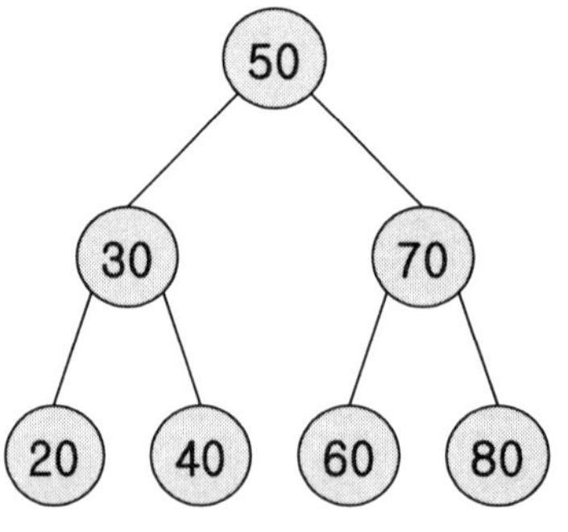

탐색 경로 : 50 – 30 – 20

② Heep 정렬

Heap 정렬은 최소 Heap를 사용하여 가장 작은 원소를 차례대로 추출하여 정렬하는 방법을 사용한다. 최소 히프는 이진트리의 특수한 형태인 완전이진트리이고 부모 노드의 값이 자식 노드의 값보다 항상 작은 트리이다. 따라서 루트 노드의 값은 트리 내의 나머지 노드의 값보다 가장 작은 값을 가지게 된다.

2-1. 다음은 Heap 정렬을 구현한 프로그램 소스이다. 이를 Visual C++ 컴파일러를 이용하여 입력, 컴파일, 수행하고 결과를 기록하라.

```
#include <stdio.h>
#include <stdlib.h>
#define MAX_SIZE 100
#define SWAP (x, y, t) ( (t) = (x), (x) = (y), (y) = (t))
int list[MAX_SIZE];
int n;

void adjust (int root, int n)
{
    int child, temp;
    temp = list[root];
    child = 2*root;
    while (child <= n)
    {
        if (child < n && list[child]>list[child+1])
            child++;
        if (temp < list[child])
            break;
        esle
            list[child/2] = list[child];
        child = child * 2;
    }
    list[child/2] = temp;
}
void heap_sort()
```

```
{
    int I, temp;
    for ( I = n/2; I > 0; I++)
        adjust(i, n);
    for (i = n-1; I > 0; I--)
    {
        SWAP(list[1], list[i+1], temp);
        adjust(1, I);
    }
}

void main()
{
    int I;
    printf ("Enter the number of numbers to generate : ");
    scanf ("%d", &n);
    for (i=1; I <= n; I++)
    {
        list[i] = rand() % 100;
        printf("%5d", list[i]);
    }
    heap_sort();
    printf("\n\nSorted array : \n");
    for (i = 1; I <= n; I++)
        printf ("%5d", list[i]);
    printf("\n");
}
```

2-2. 2-1의 프로그램을 수행시켜보면 다음과 같이 출력이 나타난다. 첫 번째 숫자는 정렬이 안되어 있음을 알 수 있다. 이유는 무엇인지 생각해보고 이 버그를 수정하라.

```
Enter the number of numbers to generate : 10
   41    67    64    0     69    24    78    58    62    64

Sorted array :
   41    78    69    67    64    62    58    34    24    0

Press any key to countinue
```

참 고 문 헌

[1] Parker, Alan, Algorithms and Data Structures in C++, CRC Pr/Llc
[2] Lambert, K,A, Understanding Program Design and Data Structures with C++, West
[3] Flamig,B., Practical Data Structures in C++, Wiley
[4] Ford,W., Data Structures with C++, Prentice Hall
[5] Langsam,Y., Data Structures Using C and C++, Prentice Hall
[6] Roberge, James, Data Structures in C++ : A Laboratory Course, Jones & Bartlett
[7] Roberge,J., Data Structures in C++, Heath
[8] Shiflet,A.B., Data Structures in C++, West
[9] Kruse,R.L., Data Structures and Program Design in C++, Prentice Hall
[10] Main,M., Data Structures and Other Objects Using C++, Addison Wesley
[11] Goodrich, Michael T./Tamassia, Toberto, Data Structures and Algorithms in C++, Wiley
[12] Weiss,M.A., Data Structures and Algorithm Analysis in C++ H/C, Benjamin/Cummings
[13] Budd,T.A., Classic Data Structures in C++, Addison-Wesley
[14] Dale, C++ Plus Data Structures 3/E, Jones and Bartlett
[15] Saumyendra,S, C++ Object-Oriented Data Structure, Springer
[16] Nyhoff, Larry R., C++:An Introduction to Data Structures, Prentice-Hall, 1999
[17] Weiss,M.A., Algorithms,Data Structures, and Problem Solving with C++, Addison & Wesley
[18] Sedgewick, Robert, Algorithms in C++: Fundamentals, Data Structures
[19] Sorting, Searching, and Graph, Addison-Wesley, 2001
[20] Parker,A., Algorithmes and Data Structures in C++ H/C, CRC
[21] Ammeraal,L., Algorithms and Data Structures in C++, Wiley
[22] 신동준, VC++와 함께 배우는 자료구조와 알고리즘, 기전연구사, 664쪽, 2002년
[23] 홍봉희, 자료구조를 위한 C++프로그래밍, 홍릉과학출판사, 474쪽, 2002년
[24] 민용식, C++자료구조론, 정일, 404쪽, 2002년
[25] 류관희, C++을 이용한 자료구조, 미래컴, 653쪽, 2002년
[26] 강동중,이종근, C++로 구현한 자료구조, 사이텍미디어, 540쪽, 2001년(번역)
[27] 우진운 외, C++로 구현한 자료구조론, 이한출판사, 490쪽, 1999년(번역)
[28] 주낙근 외, C++로 구현한 자료구조론, 정익사, 398쪽, 1999년
[29] 김수희 외, C++ 자료구조론, 인터비젼, 606쪽, 1999년(번역)

찾 아 보 기

기타

영문

한글

저자 약력

김 행 곤

기 간	근무기관명	직위(급)
1978년 5월 ~ 1979년 5월	NASA(美 航空宇宙局)	研究員
1979년 8월 ~ 1983년 3월	陸軍防空學教	教官
1988년 1년 ~ 1989년 1월	Bell Lab.	研究員
1987년 3월 ~ 1990년 2월	韓國電氣通信公社	專任研究員
1990년 3월 ~ 1992년 9월	曉星女子大學校	專任講師
1992년 10월 ~ 1996년 2월	大邱曉星가톨릭大學校	助教授
1996년 3월 ~ 2001년 2월	大邱曉星가톨릭大學校	副教授
2000년 12월 ~ 2002년 2월	美 센트럴 미시건大學 교환 연구 교수	副教授
2001년 3월 ~ 2002년 8월	大邱가톨릭大學校	副教授
2002년 9월 ~ 2006년 현재	大邱가톨릭大學校	教授

도서출판 그 린

임베디드 시스템 개발을 위한 **자료구조**

초판 인쇄일 ▶ 2006년 3월 2일
초판 발행일 ▶ 2006년 3월 6일
저자 ▶ 김 행 곤
발행처 ▶ 도서출판 그린
발행인 ▶ 윤 덕 우
출판등록 ▶ 제8-161호(1995. 5. 3.)

주소 ▶ 서울시 서대문구 연희동 219-20 (우)120-828
전화 ▶ 02)333-2574, 2575
Fax ▶ 02)333-2561
E-mail ▶ greenpress@greenpress.co.kr
Homepage ▶ http://www.greenpress.co.kr

정가 : 15,000원

ISBN : 89-5727-074-4

※ 무단 복제를 금함. 잘못된 책은 바꾸어 드립니다.